古代中國의 理解 I

古代中國의 理解 I

초판 1쇄 발행 1994. 12. 26
초판 3쇄 발행 2003. 11. 10

엮은이   서울大學校東洋史學硏究室
펴낸이   김경희
펴낸곳   (주)지식산업사
주소   서울시 종로구 통의동 35-18
전화   (02)734-1978(대)
팩스   (02)720-7900

긴터넷한글문패 지식산업사
인터넷영문문패 www.jisik.co.kr
전자우편 jsp@jisik.co.kr, jisikco@chollian.net

등록번호 1-363
등록날짜 1969. 5. 8

ⓒ 서울大學校東洋史學硏究室, 1994
ISBN 89-423-2019-8 93900

책 값 15,000원

이 책을 읽고 지은이에게 문의하고자 하는 이는 지식산업사 e-mail로 연락 바랍니다.

발 간 사

근래 우리 나라의 중국사 연구는 전체적으로 보면 비교적 활발하며 그 수준도 상당히 높아지고 있다. 그러나 중국 고대사 분야는 연구 인력도 적어 독자적인 연구 모임도 없으며, 그 수준은 '연구'라기 보다는 개별적인 '학습'의 단계를 벗어 나지 못하고 있으니, 자연 이렇다 할 성과도 거의 없는 실정이다. 물론 이와 같은 상황은 우리에게 커다란 책임이 있다. 당초 해방 직후 근대적인 중국사 연구는 중국 고대사에 남다른 조예와 열정을 가지신 故 金庠基 박사에 의해 주도되었기 때문에 고대사 연구는 다른 분야에 비해 유리한 출발을 하였고, 김박사의 뒤를 이어 閔斗基 박사 등이 주로 漢代史를 중심으로 뛰어난 업적을 내고 있었기 때문에 60년대 초 까지만 해도 중국 고대사 연구는 사실상 한국 중국사 연구를 선도하였다고 해도 과언은 아니다.

그러나 70년대 이후 김박사의 은퇴와 민두기 박사의 연구 관심의 전향이 (근현대사로의) 겹치면서 중국 고대사 연구는 갑자기 저조해 졌으며, 민박사의 변함 없는 지도와 격려에도 불구하고 중국사 연구자를 가장 많이 배출하고 있는 서울대 동양사학과에도 중국 고대사에 관심을 갖는 학생이 극히 드물었다. 1989년 서울대 동양사학과 31명의 동문이 36편의 글을 모아 《講座 中國史》 전 7책을 발간하였을 때 고대사 분야는 겨우 3명의 글 4편이 참여한 것은 이러한 실정이 그대로 반영된 것이었다.

이 때 우리는 크게 자성하였으며, 특히 민두기 박사를 대신하여 중국 고대사 강의를 담당해 온 필자는 선배들의 훌륭한 전통을 계승 발전시키지 못한 책임을 통감하지 않을 수 없었다. 그러나 자성과 새로운 각오가 곧 문제를 해결해 주는 것은 아니며 학문의 세계는 비약이 없는 법이다. 우리가 할 수 있는 것은 알찬 '학습'의 부단한 축적뿐이었다. 그래서 처음 우리는 일정한 주제를 중심으로 공동 '학습'하는 문제도 생각해 보았다. 그러나 전체 인력이 부족한 현실에서 그것은 오히려 이해의 시각을 좁힐 뿐아니라 관점의 획일화를 초래할 우려가 많다고 판단하여, 소수의 '학습자'가 각기 관심사를 '학습'하여 이해의 폭을 서로 보완하는 길을 선택하였으며, '독창적인 연구' 보다는 '고대 중국의 이해'라는 목표를 세워 좁은 문제를 깊게 천착하는 것 보다는 큰 흐름을 폭 넓게 조망하는 입장을 견지하기로 하였다. 그러나 이것은 자칫 개론적 상식의 확대에 그칠 우려가 있기 때문에 胡適의 명언 "大膽的假說 小心的考證"을 좌우명으로 삼기로 하였다.

'학습'은 일정한 점검이 필요한 법인데, 마침 1992년은 우리의 은사 민두기 박사의 회갑년이었다. 민 박사는 성격상 회갑 기념 논총 류를 극히 싫어하였을 뿐아니라 사실 우리들의 엉성한 글들은 오히려 '축하'를 욕되게 할 우려가 많았다. 그래서 우리는 은사의 회갑을 축하하는 '행사' 보다는 그 시점에서 우리의 '학습'을 점검하는 목표를 세웠고, 특히 이것을 계기로 중국 고대사 관계의 전문 잡지를 부정기적으로나마 낼 수 있지 않을가 하는 소박한 희망도 품었다.

그러나 역시 예상대로 우리의 역량은 아직 부족하였다. 결국 1992년이 끝날 때까지도 우리는 점검할 만한 '학습'도 하지 못하고 만 것이다. 그래서 우리는 계속 '학습'하였으며, 새로 참여한 젊은 세대의 열의도 진지하여, 지금이나마의 결과를 일단 얻었다. 물론 함께 '학습'한 사람 중에는 아직도 자신의 성과에 만족하지 않아 이 책에는 일단 참여할 것을 포기하였다. 우리들의 글 역시 부끄럽기는 마찬가지이며, 아직도 우리에게 새로운 자극을 주고 있는 민두기 박사에게 누가 될 것이 두렵다. 그러나 그럼에도 불구하고 출판의 만용을 부린 것은 이 시점에서 우리의 적나라한 모습을 공개함으로써 더욱 냉철한 우리의 점검을 마치고 새로운 시작을 할 수 있기를 바라기 때문이었다. 앞으로 더욱 짧은 시간안에 더욱 다양한 주제에 보다 많은 사람이 보다 성숙한 성과를 보고할 것을 우리를 지켜보는 모든 분들께 다짐한다.

1994년 11월

李 成 珪

古代中國의 理解

1

발간사

殷周時期 川西平原에서의 靑銅文明의 形成과 發展
　　:古代 地域文明의 형성에 대한 一摸索 ……………………… 金 秉 駿　1

戰國時代 國家와 小農民 生活
　　:李悝 '盡地力之敎'의 재검토를 중심으로 ………………… 李 成 珪　97

戰國時代의 戰爭呪術과 그 觀念構造 ……………………… 李 成 九 157

秦漢代 말[馬]의 이용과 需給 構造 ……………………………… 鄭 夏 賢 241

湖北省 江陵縣 鳳凰山 10호 前漢墓의 화물명세서와 그 物品 분석
　　:麻의 재배와 가공과정을 중심으로 하여 ……………… 朴 東 憲 299

殷周時期川西平原靑銅文明的形成與發展
：關于古代區域文明形成的探索 …………………………… 金 秉 駿 1

戰國時代國家與小農民生活
：關于李悝'盡地力之敎'的再認識 ………………………… 李 成 珪 97

戰國時代戰爭呪術及其觀念構造 ………………………………… 李 成 九 157

秦漢代'馬'的利用及供需結構 ………………………………… 鄭 夏 賢 241

湖北省江陵縣鳳凰山10號前漢墓的貨物淸單及其物品分析
：以'麻'的栽培與加工過程爲中心 ……………………………… 朴 東 憲 299

殷周時期 川西平原에서의 靑銅文明의 形成과 發展
— 古代 地域文明의 형성에 대한 一摸索 —

金 秉 駿[*]

머리말
Ⅰ. 文字資料에 보이는 殷周時期 蜀國
Ⅱ. 四川盆地 新石器文化의 諸 遺跡
Ⅲ. 川西平原 靑銅文明의 성격
　1. 城市와 靑銅器의 출현
2. 祭祀權力의 성장
Ⅳ. 周邊地域 諸文化와의 比較
　1. 中原地域 殷周文化와의 관계
　2. 其他 周邊文化와의 관계
맺음말

머 리 말

중국의 신석기문화가 '中原의 先進性과 이것에 의해 자극된 周邊文化의 後發'이라는 전통적 도식에서 벗어나, 기원과 계통이 다른 여러 신석기문화가 병행하면서 발전했다고 이해하는 소위 '多中心發展論'은 이제 점차 많은

---

* 한림대 사학과 교수

학자들에 의해 받아들여지고 있다.[1] 아직도 중원을 중심으로 한 문화의 선진성을 주장하는 견해들이 여전히 남아있기는 하지만[2], 중국 각 지역으로부터의 고고발굴이 보고되는 최근 고고관계 잡지 몇 권만 일람해도 중원의 것과는 다른 내용을 보여주면서도 중원과 비슷한 수준까지 발전하고 있었던 많은 신석기문화를 쉽게 확인할 수 있다. 그런데 이와 같이 신석기문화의 다원성을 인정하는 연구자들도 청동기시대 혹은 문명단계의 진입과 관련해서는 중원을 중심으로 발전했다는 사고가 일반적이라는 점에 주의할 필요가 있다.[3] 신석기시대는 비슷한 시기에 시작하여 발전했지만, 각 지역에 따라 발전속도의 불균형이 생겼고, 이후 더욱 발전의 편차가 커지게 되어 결국 중원을 중심으로 청동문명이 발전하게 되었다는 것이다. 殷周시기가 되면 이 점은 보다 분명해져, 중원에 위치한 殷周문명의 선진성이 두드러진 반면 각 지역에서 형성된 문화들은 기껏해야 중원으로부터의 문화적 영향하에 형성된 종속적 지방유형에 지나지 않는 것으로 이해한다.

사실 殷墟의 발굴 이래 현재까지 이루어진 고고학성과와 연구에 따르는 한 殷周시기 중원문명의 선진성은 분명코 부정할 수 없다. 또 良渚文化와 같은 주변의 주요한 신석기문화들은 殷周시대에 들어와 계속 발전하지 못하고 소멸해버렸고, 山東省 益都縣 蘇埠屯에서 발견되는 문화나 湖北省 黃陂縣 盤龍城과 陝西省 西安市 老家坡유지의 문화들처럼 신석기문화를 이어 성장한 몇몇 지역의 문화들도 殷으로부터의 강한 영향을 받는 종속적 단계로 규정되어 있다.[4] 甲骨文과 金文 등의 문자자료를 통해서도 殷周시기의 통치범위가 매우 넓게 분포되어 있다는 것을 확인할 수 있는데, 이것도 주

1) 李成珪, 〈中國文明의 起源과 形成〉, 서울大學校 東洋史學硏究室 編, 《講座 中國史》 Ⅰ, 지식산업사, 1989, p.31.
2) 安志敏, 〈論環渤海的史前文化—兼評"區系"觀点〉, 《考古》 1993-7.
3) 牟永抗·吳汝祚, 〈水稻·蠶絲和玉器 —中華文明起源的若干問題—〉, 《考古》 1993-6, pp.544- 545 ; 李先登, 〈關于中國古代文明起源的若干問題〉, 《天津師大學報》 1988-2 ; 蔣樂平, 〈文明起源硏究略說〉, 《考古與文物》 1993-5.
4) K.C.Chang, *Shang Civilization*, Yale University Press, 1980 ; 宋新潮, 《殷商文化區域硏究》, 陝西人民出版社, 1991 ; 伊藤道治, 〈殷代史硏究〉, 同氏著, 《中國古代王朝の形成》, 創文社, 1976.

변 문화에 대한 殷周문명의 강한 영향을 뒷받침 해주는 것이라 하겠다. 그러나 중원지역과 유사한 정도의 수준을 갖춘 신석기문화가 어떤 이유로 더 이상 발전하지 못했는가라는 의문도 충분히 해결되지 못했을 뿐 아니라, 戰國시기에 이르러서도 楚文化를 비롯해 주변문화가 중원과 다른 독특한 성격을 갖추고 있다면 그보다 훨씬 앞선 시기에 殷周문명에 의해 주도된 획일적 청동문명을 상정하는 것은 무리가 아닐 수 없다는 의문이 드는 것도 지극히 자연스러운 일이다.

　殷周시기 선진적 중원문명과 주변문화의 공백이라는 도식에서 벗어나지 못했던 이유는 무엇보다 지역문명 실체에 대한 연구가 뒤따르지 못했던 데에서 기인한다. 사실 은허를 비롯해 중원지역의 여러 유적이 엄청난 규모로 발굴·조사되고 있는 반면, 殷周시기 지역문명을 밝혀줄 유적은 매우 적은 상태에 불과하고, 발견된 것이라고 해도 주로 殷周문명의 강한 영향을 보여주는 것 이상을 찾지 못했으므로, 지금까지 殷周文明의 선진성을 지나치게 강조한 것도 어찌보면 당연한 일일지 모른다. 그런데 최근 이상의 문제를 해결하는 데에 결정적인 단서를 제공해 줄 고고발굴이 이루어졌는데, 중원 이외의 지역에서 殷周시기에 해당하는 대규모 청동기물이 발견됨에 따라 지역문명의 공백을 충분히 메꿀 수 있게 해주는 좋은 계기가 마련되었던 것이다. 그 중에서도 江西省 新干縣 大洋洲에서 발견된 商墓출토 靑銅文明과[5] 四川省 廣漢市 三星堆에서 발견된 청동문명은 그 청동기의 양이 엄청날 뿐 아니라, 중원의 문명과 일정한 관계를 가지면서도 매우 특징적인 요소를 갖추고 있어 가장 많이 학계의 주목을 받고 있는 것들이다.

　필자는 이 중 四川 西部지역의 三星堆유지에 주목함으로써 지역문명의 형성과 발전을 검토해 보고자 한다. 新干 大洋洲지역을 비롯한 다른 지역에 청동문명이 존재할 가능성이 적어서가 아니라, 四川지역이 다른 어느 곳보다 중원과 문화적 성격을 달리하는 지역문명의 존재를 쉽게 확인할 수 있을 가능성이 있기 때문이다. 첫째, 四川지역은 秦嶺산맥, 大巴山과 같은 높고

---

5) 彭適凡·楊日新, 〈江西新干商代大墓文化性質芻議〉, 《文物》 1993-7.

4

험준한 산맥으로 사방이 둘러싸인 분지지형이라는 지리적 요건을 갖는데, 이 때문에 중원지역을 비롯한 인접지역과의 교통이 불편할 수밖에 없었다. 따라서 그만큼 중원문명과는 문화적 성격을 달리하는 청동문명이 성장할 가능성이 높아진다고 할 수 있을 것이다. 두번째는 四川지역의 先秦 史蹟에 대한 문헌자료가 상대적으로 풍부하다고 할 수 있기 때문이다. 고고자료만을 갖고도 청동문명과 國家權力의 존재를 추정하지 못하는 것은 아니지만, 문헌자료에 의해 그것이 확인된다면 보다 수월하게 입증할 수 있다. 이런 점에서도 四川지역에서 중원과 다른 문화적 성격의 지역문명을 확인하는 작업은 다른 지역보다 편리한 요인을 갖추고 있다고 할 수 있다.

한편 四川지역에서의 청동문명에 대한 고찰은 단지 殷周시기 지역문명의 존재를 검토할 수 있다는 데에 그치지 않는데, 殷周시기 四川지역을 단위로 한 청동문명의 특징은 이후 이 지역에서 전개되는 역사의 독특한 측면을 설명해 줄 수도 있을 것이라는 기대가 가능하다. 즉 戰國시대 이후 四川지역은 다른 많은 부족의 이동과 교류가 이루어졌던 곳이었고, 특히 秦에 의해 점령된 이후 遷徙와 같은 형태를 통한 中原지역과의 빈번한 물적·인적교류는 四川지역이 더 이상 西南夷와 같은 夷의 지역으로 취급되지 않게끔 하였다.[6] 그럼에도 불구하고 이 지역은 秦漢帝國에서 여전히 다른 지역과 구별되는 특수한 문화적 위상을 갖고 있었고 그 때문에 행정상 특별히 다루어지기도 하였다.[7] 그러므로 이러한 현상을 이해하기 위해서는 중원과의 본격적인 교류가 시작되는 戰國시대 이전으로 소급되는 이 지역만의 특수한 문화적 성격을 찾아볼 필요가 있다는 것이다.

四川지역에서 殷周시기에 해당되는 靑銅器가 발견되었던 것은 廣漢市 三星堆유적에서가 처음이 아니다. 이미 1930년대 廣漢 月亮灣에서는 다량의 玉石器와 靑銅器가 발견되었을 뿐 아니라, 이후 계속해서 彭縣 竹瓦街유지에서나 新繁縣 水觀音유지에서 靑銅器窖藏이 발견되었던 것이다. 그러므로

---

6) 祁慶富,《西南夷》(吉林敎育出版社, 1990).
7) 秦漢시대 범죄인들이 遷徙刑에 처해져 가게 되는 곳이 주로 이곳 四川지역이기 때문에, '遷蜀刑'이라고까지 불리운다.

殷周시기에 이미 四川지역에서 청동기를 제작하고 있었다는 점은 벌써 오래전부터 확인된 셈이다. 다만 전술하였듯이 중원의 殷周문명의 도입이라는 각도에서 이해되었을 뿐이다. 이 때가 바로 중화민국의 정부가 重慶으로 옮겨갔었던 시점이었기 때문에 더욱 중원과 四川지역과의 긴밀한 관계가 강조되기도 하였을 것이다.

물론 1940년대에 발견된 靑銅器와 玉石器가 중원의 그것과 약간 기형을 달리한다는 점에 착목하여 '巴蜀文化'라는 명칭을 제기하기도 했고[8], 일찍이 顧頡剛은 巴蜀의 독립성을 밝히고자 문헌자료의 세밀한 분석비판에 기초하여 四川지역과 중원과의 관계를 단절시켜 보기까지 했다.[9] 다만 이러한 연구들은 기껏해야 중원의 기물과 약간 차이가 있다는 점을 강조한다거나, 혹은 문헌에서의 중원과의 관계가 신뢰할 수 없다는 정도에 그칠 수밖에 없었으므로, 독자적 지역문명의 상을 구축했다고는 볼 수 없다.

역시 새로운 고고학자료에 의해 특수성이 강조될 수 있었던 것은 1980년대에 들어와서 본격화된 三星堆유지의 발굴에 의해서였다. 특히 1986년 1·2호 靑銅器物坑의 발굴이 보고되면서부터는 종래 막연히 '巴蜀文化'를 상정하고 있었던 연구자들이 본격적으로 廣漢 三星堆를 중심으로 한 靑銅文明에 관심을 가지게 되었던 것이다. 1·2호갱에서 출토된 靑銅人像들이 그 어디에서도 유례를 찾을 수 없는 독특한 성격을 보여줌에 따라 三星堆의 靑銅文明이 다른 지역과는 구분되는 토착적 요소를 강하게 지니고 있었다는 점이 강조되었다. 한편 1·2호갱을 둘러싼 三星堆유지에서는 성벽을 비롯해 많은 유물이 신석기시대에서 周初까지 발견되었을 뿐 아니라 成都를 비롯한 川西평원에 동일한 문화가 발견됨으로써, 이 지역 文明의 발전과정을 순차적으로 정리할 수 있게 해주었다. 요컨대 최근 三星堆유지의 발굴을 비롯한 四川 西部지역의 平原지대에서 발견된 殷周시대의 유지와 器物로부터

---

8) 林向, 〈近五十年來巴蜀文化與歷史的發現與硏究〉, 李紹明 林向 徐南洲 主編, 《巴蜀歷史·民族·考古·文化》, 巴蜀書社, 1991 ; 敖天照 劉雨濤, 〈廣漢三星堆考古記略〉, 위의 책 ; 段渝, 〈解放後的巴蜀文化硏究〉, 《當代四川史硏究》 1993-1.
9) 이 글들은 顧頡剛, 《論巴蜀與中原的關係》(四川人民出版社, 1981)에 재수록되어 있다.

이 지역에 위치하고 있었던 청동문명의 존재와 그 특수성을 설명할 수 있는 가능성이 생겼다는 것이고, 이는 주변문화의 공백이라는 문제를 일면이나마 해결해 줄 수 있을 것이다.

그러나 四川 西部지역의 청동문명이 하나의 지역문명으로서의 의미를 갖기 위해서는 단지 이 지역에 중원과 다른 청동기가 발견되었다는 것만으로는 부족하다. 가령 중원문명과 구별하기 위해 川西평원의 특수한 부분을 지나치게 강조하게 된다면 도리어 다른 지역과는 차단된 고립된 문명을 상정하게 될 수밖에 없는데, 주변문화로부터 폐쇄된 지역안에서의 독자성을 강조한다면 그 문화의 형성과정을 이해하기도 어려울 뿐 아니라 그 이상의 문화발전을 기대하기도 어렵다는 문제를 안게되는 것이다.[10] 따라서 川西지역에서의 지역문명을 부각시키기 위해서는 인접한 선진적 문명과의 교류를 통해 계속적으로 새로운 문화를 유입하고 스스로의 특징을 발전시키는 이른바 문명의 중심지로서의 성격을 강조할 필요가 있다고 생각한다. 물론 중원 및 인접지역과의 교류를 검토하는 데에서 주의할 것은 그것이 문화의 이식인지 아니면 상호교류에 의한 발전인지를 구별해야 하는 것이다. 川西지역을 중심으로 활발한 문화교류와 그에 기초한 독자적 성장과정이 확인되어야 한다는 것이며, 이것이 만족되지 못하는 경우 역시 선진적 중원문명의 종속적 지방유형으로 위치지워지기 때문이다.

川西平原을 중심으로 한 지역문명의 존재는 주로 고고학자료에 의해 입증될 수밖에 없지만, 그것이 문자자료에 의해 뒷받침된다면 그 설득력을 훨씬 더할 것이다. 四川지역의 경우에는 다른 지역보다 상대적으로 많은 문헌자료가 남아있음에도 불구하고, 사료의 성격상 고전승 이상의 의미를 부여하지 않았었다. 그러나 전술한 대로 이 지역에서 상당히 발달된 문명단계를 확인하게 된 만큼, 풍부한 문헌자료를 재검토하여 볼 필요성이 생긴 것이다.

---

10) 사실 주변지역에서 중원문명과 다른 지방적 성격을 찾는다는 것은 그리 어려운 일이 아니다. 殷의 중심지역에서도 지역에 따라 약간의 차이를 발견할 수 있으며, 鄭州城을 그대로 옮겨놓았다고 평가되는 湖北省 黃陂縣 盤龍城에서의 유물도 약간이나마 그 지역의 토착적 요소를 발견할 수 있기 때문이다.

다만 고고자료에 의해 문헌자료를 재검토할 필요성이 생긴 것이지, 문헌자료가 곧 신뢰할 수 있는 자료가 되었다는 것은 아니다. 그러므로 문헌자료의 용어를 그대로 빌어 이 곳의 지역문명을 '巴蜀'文化라든지 혹은 '蜀'文明이라든지 하는 용어로 규정하기 위해서는 보다 조심스러운 입장에서 양자의 관련성을 타진해 보아야 한다고 생각한다.[11]

본고에서는 이상과 같은 시각에서 먼저 문헌자료와 甲骨文 등 문자자료에서 보이는 蜀國에 대한 고전승을 살펴보고, 이어서 고고자료를 통한 川西지역의 지역문명을 복원해 본 뒤 양자의 관련성을 신중하게 점검하는 방식을 취하고자 한다.[12] 즉 문자자료를 통해 川西지역의 문명단계가 어느 시기까지 소급되며 구체적으로 蜀國의 역사는 어떻게 전개되었고 또 중원과의 관계는 어떠했는지 알아본 뒤, 이를 각각 고고자료에 의해 검증하기 위해 먼저 청동문명 이전의 신석기문화가 언제까지 소급되는지, 그 이후 형성된 청동문명의 단계는 어느 정도에 해당되는지, 그리고 인접한 지역의 제문화와는 어떤 관계를 가지고 있는지를 차례로 살펴보기로 하겠다. 아울러 이 글이 殷周시기에서 戰國시기까지 독특한 문화적 지역특성을 발전시켜온 巴蜀文化가 秦漢帝國의 통일적 문화로 편입해 들어가는 과정을 살피려는 필

---

11) 현재 학계에서 사용되고 있는 '巴蜀文化'라는 개념은 지리적으로는 四川지역 전체의 문화를 포괄하는 개념이며, 시간적으로는 적어도 춘추전국시기까지를 포괄하고 있다. 또 크게는 전근대시기 전체에 걸친 四川지역의 풍습이라는 개념으로 사용되기도 한다. (袁庭棟, 《巴蜀文化》, 遼寧敎育出版社, 1991) 그러므로 본고에서 다루고자 하는 殷周시기로 그 시기를 국한시킬 경우 정확한 개념이 되지 못한다. 특히 천동지역을 의미하는 巴지역에서 殷周시기까지 올라가는 유적을 거의 찾을 수 없고 川西평원의 蜀지역에서만 이를 확인할 수 있는 이상 '巴蜀文化'라는 개념은 부정확하다고 밖에 볼 수 없다.
  이 때문에 많은 논저들은 청동기시대에 들어온 이후의 문화에 대해서는 '早期 巴蜀文化'(趙殿增, 〈巴蜀原始文化的硏究〉, 徐中舒 主編, 《巴蜀考古論文集》 文物出版社, 1987)라는 명칭을 자주 사용하거나 '早蜀文化'라는 명칭을 사용하지만, 戰國시대의 蜀文化와 殷周시기 川西지역의 청동문명간에 계승관계가 분명히 정리되어야 하는 전제가 필요하다.
12) 川西지역의 경우에도 많은 지역에 걸친 새로운 고고조사가 최근 급증하고 있으며, 廣漢 三星堆에서만도 새로운 제사갱의 발굴 가능성을 강하게 시사하는 최근의 연구성과를 고려할 때, 또 발굴된 1・2호갱의 기물도 아직 다 공개되지 않은 상태에서 성급한 논단은 피해야 할 것이다.

자의 구상의 緒論에 해당한다는 점을 명기해둔다.

Ⅰ. 文字資料에 보이는 殷周시기 蜀國

四川지역과 관계되는 기록은 《尙書》, 《史記》, 《山海經》을 비롯한 많은 문헌에서 찾을 수 있지만, 戰國시대 이전의 고대 四川지역의 역사·문화를 가장 상세히 전해주는 현전하는 문헌자료는 역시 《蜀王本紀》와 《華陽國志》라고 해야 할 것이다. 그러나 三星堆에서의 발굴이 있기 전까지만 해도 많은 연구들은 《華陽國志》와 《蜀王本紀》 등에 기록되어 있는 巴蜀관계 기록의 대부분을 후대의 史家들이 만들어내고 덧붙인 것들이라고 보았고, 기껏해야 四川지역에 전해져 내료오는 민간전승이라고 보았을 뿐이었다. 그래서 이들 기록에 의거해서 四川지역의 古史를 복원하는 데에 주저하였고 매우 조심스러웠다.[13]

《蜀王本紀》의 경우[14], 현재 그 일부가 집존되어 있을 뿐이어서 기록사이에 순서나 논리전개 또한 분명치 않다는 문제를 가지고 있을 뿐 아니라 아직 저자와 시대에 대해서도 의견의 일치가 이루어지지 못한 형편이다.[15] 심지어 같은 《蜀王本紀》에서 인용한 것으로 되어 있는 기록들조차 서로 다른 내용을 전하고 있는 형편이고 보면, 《蜀王本紀》에 대한 자료분석은 처음부터 명백한 한계가 있다고 하지 않을 수 없다. 또한 蜀王이 각각 수백년씩

---

13) 狩野直禎, 〈古代巴蜀史の再構成 —傳承時代—〉, 《東洋史硏究》 34-4, 1975.

14) 본고에서는 (淸) 嚴可均 校輯, 《全上古三代秦漢三國六朝文》 (中文出版社, 1981 三版) 本을 사용함.

15) 徐中舒·羅開玉은 《蜀王本紀》의 내용에 농후한 讖緯說이 보이고, 또 도교의 성격을 보이는 '靑羊觀'과 같은 기록이 있다는 점을 들어 그 저자가 揚雄이 아니라 後漢末의 譙周라 주장한다.(徐中舒, 〈論<蜀王本紀>成書年代及其作者〉, 《社會科學硏究》 1979-1 ; 羅開玉, 〈'繁靈決玉山'縱橫論—兼析'蜀王本紀'的寫作背景〉, 《四川師院學報》(哲史版) 1984-1. 반면 蒙默을 비롯한 대부분의 연구들은 기존의 견해와 마찬가지로 저자를 揚雄이라고 보고 시기도 前漢末을 넘지 않을 것이라고 한다.(蒙默, 《四川古代史稿》, 四川人民出版社, 1988)

통치하였고, 그들은 죽지 않고 神이 되었다는 식의 내용이 담겨져 있어, 그
것들이 민간에 전승되어오는 전설에 지나지 않는다는 평가를 받게 된 점도
《蜀王本紀》의 신빙성에 문제점을 던지기에 충분하였던 것이다. 사정은 《華
陽國志》[16]라고 해서 크게 낫지 않다. 東晉시기 常璩에 의해 만들어졌다고 하
는 《華陽國志》는 《蜀王本紀》와 달리 저자와 저작시대가 분명한 것이 사실
이지만[17], 저자의 주관, 저작 당시의 시대분위기에 의해 원자료가 적지 않게
왜곡되었다는 지적도 있어[18] 《華陽國志》에 대해서도 그 자료의 신빙성을 의
심하지 않을 수 없는 형편이다. 하물며 巴蜀지역과의 관계도 아직 명확히
설명되지 않은 《山海經》, 秦漢시대의 역사적 실제가 주가 되는 《史記》《後
漢書》의 西南夷관계 기록 등에서 殷周시기에 해당하는 보다 신빙성 있는
자료를 기대할 수도 없는 실정이다.[19]

그러나 《蜀王本紀》와 《華陽國志》가 당시까지 전해져 내려왔던 많은 문헌
을 잘 정리하고 있다는 점도 있으므로[20] 비록 신뢰하기 어려운 고전승이 많
다고 해도 先秦시기 蜀지역의 역사를 일정정도 담고 있었을 것이라는 추정
이 불가능한 것은 아니다. 더욱이 최근 三星堆를 비롯한 川西평원의 여러
고고학자료 발굴을 통해 이들 문헌자료의 전승이 어느 정도는 확인될 수 있
을 것이라는 가능성이 열린 것도 사실이다. 역시 전설적 요소가 많다고 지
적되어온 夏文化의 탐색이 조심스럽게 진행되고 있는 것과 마찬가지로, 先
秦文獻의 대체적 윤곽이 고고학 발굴성과에 의해 사실에 근접하고 있다는
점을 전제로 현재의 사료의 신빙성을 긍정적으로 재검토하는 노력이 필요
하다고 생각한다. 다만 기본적으로 이들 문헌자료에서 구체적인 역사적 사
실을 추출하겠다는 것은 무리한 일이라고 생각하며, 따라서 우선은 《蜀王本

---

16) 본고에서는 任乃强 校注, 《華陽國志校補圖注》(上海古籍出版社, 1987)본을 사용함.
17) 任乃强의 해제에 따르면 판본에 따른 차이로 보아 후대의 가필을 배제할 수 없다.
18) 劉重來, 《常璩與<<華陽國志>>》(成都, 四川人民出版社, 1985) ; 顧頡剛, 〈<<蜀王本
紀>>與<<華陽國志>>所記蜀國事〉, 同氏著, 《論巴蜀與中原的關係》, 四川人民出版社,
1981.
19) 이외에도 三巴記(蜀漢의 譙周)를 비롯해 楊厚, 秦芯 등의 巴蜀관계 기록이 있다고
전해지나, 현전하지 않는다.
20) 《華陽國志》가 참고한 자료는 序志에 기록되어 있다.

紀》와《華陽國志》등 여러 자료에 나뉘어 있는 蜀國에 관한 고전승을 가능
한한 모두 총괄하여 시간순서에 따라 서술함으로써 그 대략적인 내용이 무
엇인가를 살피고자 한다.

蜀國에 대한 上古觀에서는 蜀國의 기점이 얼마나 오래전까지 소급되고
있는가? 중원지구에 해당되는 고전승은 中國 最古의 帝王으로 三皇을 들고
있으며, 司馬遷도 夏殷周의 시조가 人皇에까지 소급된다는 고전승을 기록하
였지만, 蜀國에 대한 전승도 역시 '蜀之爲國, 肇於人皇'[21]이라 되어 있다. 중
원에서의 시점과 동일한 시기에 蜀國이 시작되었다는 뜻이다. 宋代 羅泌의
《路史》는 漢代 이후의 緯書인《春秋命歷序》에 따라 開闢에서 春秋末까지를
10紀로 나누고 1紀의 시작을 人皇에 두어 고전승을 정리하였는데, 이에 따
르면 7기에 해당되는 循蜚紀에 鉅靈氏가 蜀을 다스렸다고 하고, 이어 8기에
해당되는 因提紀에 蜀山氏의 통치를 기록하고 있다.[22] 이와 같이 오래전부
터 蜀國을 통치했다는 전승이 있는가 하면, 中原의 중요한 시조로 일컬어지
는 伏羲나 女媧 그리고 神農氏까지 모두 四川지역에서 출생하였다는 내용
의 전승도 緯書나《路史》에서 찾아볼 수 있다.

이들 전승이 太古시기에 해당되는 神話에 해당되기 때문에 구체성이 결
여되어 있는 반면, 黃帝의 자손과 蜀國을 연결시키는 전승들은 보다 구체적
인 계보를 전하고 있다.《史記》의〈五帝本紀〉에는 黃帝와 四川지역을 직접
연결하는 기록이 보이지 않는 반면,〈三代世表〉의 뒷부분에는 褚少孫이 '蜀
王, 黃帝後世也'[23]라 기록하고 있으며,《世本》에서도 蜀國과 黃帝의 후세자
손을 연결시키고 있다.[24] 즉 黃帝의 2명의 嫡子중 少皥가 그의 통치를 계승
하고[25], 또 다른 자식인 昌意는 若水(지금의 四川 雅礱江)에 거주하면서 蜀

---

21)《華陽國志》卷3 蜀志.
22)《路史》(四部備要本) 前紀 卷3 p.1 '皇次四世, 蜀山倏六世……凡六十有八世, 是爲因提
之紀'.
23)《史記》卷13〈三代世表〉.
24)《史記》卷13〈三代世表〉司馬貞〈史記索隱〉'按《系本》, 蜀無姓, 相承云黃帝後世子孫
也. 且黃帝二十五子, 分封賜姓, 或于蠻夷, 蓋當然也'. 蒙文通,《巴蜀古史論述》(四川人
民出版社, 1981) p.37에서는 원래의《蜀王本紀》에 역시 黃帝의 후손이라는 설이 기록
되어 있었지만, 輯本과정에서 빠진 것이라고 한다.

山氏의 딸을 아내로 맞아 高陽 즉 顓頊을 낳게 되었으며, 顓頊은 삼촌인 少暤를 이어 천하를 통치하고 그의 자손들을 蜀에 分封하여 대대로 侯伯으로 삼았다고 한다.[26] 또 한편 玄囂 즉 少暤의 손자인 帝嚳도 顓頊과 마찬가지로 그 자손이 蜀에 분봉되어 蜀王이 되었다고 전한다.[27]

夏王朝를 개창하였다는 禹도 고전승에 의하면 蜀國과 적지 않은 관련이 있는 것으로 나타난다. 그런데 전승상의 夏王朝는 황하중류의 河南省과 山西·河北省 일부에 위치하고 있는 것으로 나타나있고, 또 蜀王의 계보는 이미 顓頊과 帝嚳의 후예로 연결되어 있으므로, 夏王朝의 개창자인 禹는 四川지역과 관계가 없어 보이지만, 禹의 출생을 전하는 기록들은 의외로 대부분 四川지역과의 관련을 지적한다. 즉 司馬遷도 '禹興于西羌'이라 하였으며[28], 《蜀王本紀》에서는 '禹本汶山郡廣柔縣人, 生于石紐, 其地名痢兒畔, 禹母吞珠孕禹, 坼副而生于縣塗山, 娶妻生子名啓'[29]라 하여 보다 구체적으로 그 출생을 전하는데, 秦漢시대 西羌은 甘肅省에서 四川북부에 걸친 넓은 지역에 위치하고 있으므로 四川省 서부고원 지대로 비정한 《蜀王本紀》의 기록과 모순없이 이해할 수 있다. 禹와의 관련은 단지 출생에 그치지 않는데, 禹가 治水가 四川지역에도 이루어졌을 뿐 아니라[30], 治水에 성공한 후 中國을 九州로 나누어 그 중 巴蜀지역을 梁州로 불렀으며[31], 夏의 구성원을 會稽에서 소집하였을 때 巴蜀에서도 이에 참가하였다는 전승이 남아있다.[32]

이상에서 殷代이전으로 소급되는 蜀國 관련 고전승을 살펴본 결과, 비록

---

25) 《大戴禮記》〈帝系篇〉에 따르면 靑陽이라고도 일컬어지는 그가 泜水에 거주하였다고 되어 있는데, 일반적으로는 河南省에 비정하지만 논자에 따라서는 泜水를 四川의 沱江에 비정하기도 한다.
26) 《大戴禮記》〈帝系篇〉. 《華陽國志》 卷1에서나('五帝以來, 黃帝高陽之支庶,出爲侯伯') 《山海經》의 〈海內經〉에서도('黃帝妻雷祖, 生昌意, 昌意降處若水, 生韓流, 韓流…取淖子, 曰阿女, 生帝顓頊') 약간의 자구만 틀릴 뿐 대동소이한 내용이 전한다.
27) 《華陽國志》 卷3 蜀志.
28) 《史記》〈六國年表序〉.
29) 《蜀王本紀》 p.415 右上.
30) 《尚書》〈禹貢〉 '嶓冢導漾, 東流爲漢……岷山導江, 東別爲沱'.
31) 《華陽國志》 卷1 '及于治水, 命州巴蜀以屬梁州'.
32) 《華陽國志》 卷1 '會諸侯于會稽, 執玉帛者萬國, 巴蜀往焉'.

中原에 비해 많은 전승이 있는 것은 아니지만, 蜀國을 중원의 고전승이 시작하는 人皇의 시점까지 소급시켜 두고 있는 점을 확인할 수 있었다. 또 이후 중원문명의 중요한 始祖들을 모두 蜀國과 관련시켜 두고 있다는 점도 특이할 만한 일인데, 伏羲, 女媧, 神農氏를 비롯해 黃帝와 그의 후예에 해당되는 顓頊, 帝嚳들이 이 곳에서 출생하였거나 아니면 이 곳에 거주하면서 통치하였다는 것이다. 夏王朝의 禹의 출생 및 치수의 공적을 蜀지역과 관련시켜 두었다는 것도 흥미롭다.

과연 蜀國의 기원이 中原지역과 동일한 정도로 소급될 수 있는지, 夏代보다 훨씬 오래된 시점부터 두 지역간의 밀접한 교류가 있었는지, 그 사실 여부가 매우 의심스러운 이같은 고전승은 우선 이를 전하는 자료들이 전국말 이후 성립되었다는 점을 고려하면 수월하게 이해할 수 있을 것이다.[33] 즉 戰國시대 이후 중국내의 여러 민족들은 문화성격의 차이에 관계없이 그들의 기원을 華夏民族의 三皇이나 黃帝에 연결시키기 시작하였고, 그리하여 三皇이나 黃帝를 정점으로 각국의 祖先이 혈연적으로 결합된 형태가 만들어지고 있었는데[34] 이상의 蜀國 관련 고전승은 이같은 과정을 거친 결과라고 보아야 한다는 것이다.[35] 다만 현재로서 더 이상의 추론은 불필요하지만 蜀國 관련 고전승은 단지 그들의 시조를 중원의 시조와 연결시키는 데에 그치지 않고, 중원의 시조의 활동을 모두 蜀지역과 관련시키고 있을 정도로 중원과 밀접한 관계를 강조하고 있고 또 蜀國의 기원도 殷代보다 훨씬 이전으로 소

---

33) 巴蜀을 중국의 영역에 넣기 시작한 《禹貢》도 전국시대에 성립된 것이며, 기타 《史記》를 비롯해 《蜀王本紀》《華陽國志》 모두 漢代 이후 성립된 것들이다.

34) 李成珪,〈戰國時代 統一論의 形成과 그 背景〉,《東洋史學研究》8·9合, 1975, p.82 ; 谷苞,〈再論中華民族的共同性〉, 費孝通 等著,《中華民族多元一體格局》, 中央民族學院出版社, 1989, p.64.《國語》晋語4에는 黃帝의 자손 25인 중에 14명이 姓을 얻어 모두 12姓이 만들어졌다는 기록이 전하는데, 이들 각각의 성이 중국 전지역의 민족에 연결된다는 인식이 전국시대 이후 보편화되었다.

35) 이와 관련해서는 《華陽國志》의 저자인 常璩가 大一統사상을 강조했기 때문이라는 지적도 있지만, (劉重來,《常璩與<<華陽國志>>》, 四川人民出版社, 1985)《華陽國志》와는 달리 蜀지역의 자주성을 강조했다고 평가되는 《蜀王本紀》에서도 동일한 내용의 고전승이 확인되므로, 기록의 개별적 배경에서가 아니라 漢代 이후의 사회관념의 변화에서 그 원인을 찾아야 한다고 생각한다.

급시키고 있다는 점만큼은 주의해 둘 필요가 있다고 생각한다.[36]

　중원과의 관련을 보여주는 것 외에도 蜀國 관련 고전승은 蜀國 자체의 구체적인 계보와 그 전개를 전하고 있는데, 이는 蜀지역에 독립된 정치권력이 존재했는지 여부를 가늠하는 데 중요한 의미를 갖는다. 《華陽國志》를 비롯해 蜀國 관련 기록들은 蜀國의 시조를 蠶叢이라는 인물에서 찾는다.

> ① 周失紀綱, 蜀先稱王. 有蜀侯蠶叢, 其目縱, 始稱王. 死, 作石棺・石槨. 國人從之. 故俗以石棺槨爲縱目人塚[37]
> ② 蜀王之先名蠶叢, 後代名曰柏灌, 後者曰魚鳧. 此三代各數百歲, 皆神化不死, 其民亦頗隨王化去[38]
> ③ 此則蠶叢自王, 杜宇自帝, 皆周之叔世[39]

　①②③의 기록들은 모두 蠶叢이 처음으로 왕을 칭하기 시작했다는 내용을 전한다. 그 절대적 연대에 대해서는 커다란 편차를 보이는데, 《華陽國志》의 기록인 ①③의 경우는 '周失紀綱''周之叔世'의 시점인 西周末로 보는 반면, 《蜀王本紀》의 기록인 ②의 경우에는 '從開明已上至蠶叢積三萬四千歲'[40]라 하여 훨씬 그 시기를 앞서 잡는다. 顧頡剛의 지적대로 《華陽國志》는 그 저자인 常璩의 '民無二王' 관념 때문에 周王이 존재하는 시기에 王을 설정할 수 없었던 데에 반해[41], 《蜀王本紀》는 蜀지역의 독자성을 강조하였기 때문에 이같은 차이가 생겼다고 보는 것이 무난할 것 같다.[42] 어쨌든 蠶叢시기 稱王을 하는 정치적 단계에 진입했다는 것이며, 이로부터 蜀國의 계보가 비

---

36) 李學勤, 〈三星堆與蜀國古史傳說〉, 《華夏文明》 第3輯, 北京大學出版社, 1992 ; 李學勤, 〈《帝系》傳說與蜀文化〉, 《四川文物 三星堆古蜀文化研究專輯》, 1992 등은 中原과의 밀접한 관계를 기정사실로 받아들인다.
37) 《華陽國志》 卷3 蜀志.
38) 《蜀王本紀》 p.414 上右.
39) 《華陽國志》 序志 p.727.
40) 《蜀王本紀》 p.414 上右. 판본에 따라 그 시기는 '四千歲''三千歲'등의 차이가 있지만 《華陽國志》의 시기와 크게 차이가 나는 것은 마찬가지이다.
41) 顧頡剛, 〈《蜀王本紀》與《華陽國志》所記蜀國事〉, 同氏著, 《論巴蜀與中原的關係》, 四川人民出版社, 1981, p.78.
42) 羅開玉, 〈'鱉靈決玉山'縱橫論—兼析'蜀王本紀'的寫作背景〉, 《四川師院學報》(哲史版) 1984-1.

로소 시작되었다는 데에 모든 자료가 일치한다.

이 蠶叢에 대해서는 ①에서도 보이듯이 몇가지 특징이 덧붙여져 있다. 즉 '縱目'의 형상을 하고 있다는 점과 그 부족이 石棺葬의 습속을 가지고 있다는 것이 그것이다.[43] 한편 이같은 특징은 茂汶 지역일대의 羌族전설에서도 거의 그대로 보이는데, 이에 따르면 이 지역에 羌族이 들어오기 전에 '戈基'라는 거주민이 있었고 그들은 '縱目''有尾'의 특징을 가졌으며 이후 羌族에 밀려나면서 대량의 石棺葬을 남겼다고 한다.[44] 즉 蠶叢이라는 구체적인 명칭은 보이지 않아도 '縱目'이라든지 '石棺葬'과 같은 특징은 공통적으로 나타난다. 戈基人의 전설 외에도 縱目의 형상을 부족의 神으로 받드는 예가 四川 서부지역에서 자주 보이는데, 이것들도 蠶叢이라고 분명히 지칭되지는 않지만 縱目이라는 공통적인 특징을 갖추고 있다.[45] 따라서 과연 '縱目'형상의 기원이 川西高原지역이었는지 아니면 川西평원의 蜀지역이었는지 알 수는 없어도, 적어도 川西平原지대를 비롯해 川西高原지대에 걸쳐 분포한 종족들은 그들의 선조가 縱目형상을 하고 있었을 것이라 생각하고 있었다고 보아도 좋을 것이다. '縱目'에 관해서는 눈이 수직으로 길게 찢어져 있는 모양, 눈에 문신을 한 형상 혹은 눈이 바깥으로 튀어나온 형상 등 여러 해석이 있지만[46], 어떤 해석이든 일반적 형상이라기 보다는 始祖가 갖게 되는 신비적 요소가 강조된 모습인 것만은 분명하다.[47]

---

43) 蠶叢과 石棺葬의 풍습이 연결된 것은 《古文苑》 注引 《先蜀記》 '蠶叢始居岷山石室中'에서도 볼 수 있다.

44) 林向, 〈<<羌戈大戰>>的歷史分析 ―兼論岷江上游石棺葬的族屬―〉, 《中國歷史論叢》 20, 1984.

45) 《邛峽縣志》卷2 '蜀中古廟多有蘭面神腺, 而上傀儡如蠶, 金色, 頭上額中有縱目'이라고 되어있는 것도(范小平, 〈廣漢商代縱目青銅面像研究〉, 《四川文物 三星堆遺址研究專輯》, 1989, p.59에서 재인용) 蠶叢이라는 구체적인 명칭과 연결되지는 않았지만 縱目을 언급하고 있고, 근대 灌縣 二王廟의 신상이 三眼의 모습을 하고 있다는 것도(林向, 〈周原卜辭中的蜀〉, 《考古與文物》 1985-6, p.68) 縱目과 연결시킬 수 있는 형태라고 지적된다.

46) 巴家云, 〈三星堆遺跡青銅"縱目"人面像研究 ―兼和范小平同志商霍―〉, 《四川文物》 1991-2.

47) 한편 蠶叢의 蠶字를 보건대 그 부족은 野蠶을 생산하였을 것이라는 추측도 적지 않은데, (王燕芳, 〈試論蜀史的兩個問題〉, 《成都文物》 1989-1 ; 石湍, 〈記成都交通巷出土

始祖 蠶叢의 이후에는 柏灌과 魚鳧의 시대로 蜀國의 계보가 이어진다. 蠶叢과는 달리 그 표현이 매우 간결한데, 특히 柏灌의 경우는 아무런 설명도 없어 겨우 그 명칭을 통해 柏이 많이 나는 지역인 지금의 灌縣 근처의 부족이었을 것이라고 막연한 추정을 하고 있는 정도이다.[48] 魚鳧에 대해서는 '王田於湔山, 忽得仙道, 蜀人思之, 爲立祠於湔'[49]이라는 전승이 남아있어, 湔山(지금의 川西지역의 茂縣)이 위치한 川西평원에서 농경생활을 하였으며 蠶叢과 마찬가지로 稱王을 하고 있었을 것이라고 추정된다.[50] 다만 《蜀王本紀》②의 기록에서는 蠶叢, 柏灌, 魚鳧가 차례로 이어졌고 그 각각은 '數百歲'동안 지속되었다고 전하고 있는 반면,《華陽國志》③의 기록에서는 蠶叢의 稱王과 杜宇의 稱帝의 시점이 모두 '周之叔世'라 하여 두 시기의 간격을 그리 길지 않게 설명하고 있어, 柏灌과 魚鳧의 시대가 매우 짧은 시간이었다는 모순이 생기게 된다. 또 蠶叢, 柏灌, 魚鳧가 모두 神이 되어 죽지 않게 되었고, 그 백성들 역시 왕을 따라 갔다는 《蜀王本紀》②의 전승은 蠶叢, 柏灌, 魚鳧가 각각의 백성을 따로 거느린 별개의 부족이었을 수도 있다는 것을 말해주기도 한다. 그러나 두 기록 모두 蜀國의 계보가 蠶叢, 柏灌, 魚鳧의 순서로 이어지고 있었으며 이들 모두 稱王을 하는 정치단계였다는 점에 대해서는 동일하다.

杜宇의 단계에 들어서면 보다 많은 기록들이 전해지면서, 蜀國에 대한 古傳承이 구체적 형태를 띠어간다. 다만 《蜀王本紀》와 《華陽國志》에 나타난 기록들간에 약간의 차이가 있으므로 양자를 비교하면서 蜀지역에 전해져온

的一件蠶紋銅戈〉,《考古與文物》1980-2) 이것 역시 일단은 후대 蜀지역에 蠶業이 성행하였기 때문에 그것을 단지 소급한 결과에 지나지 않을 것이라고 보는 것이 좋을 것이다.

48) 徐朝龍,《謎の古代王國 ―三星堆遺跡は何を物語るか》(日本放送出版協會, 1993) pp.66-69. '灌'字로부터 관개수리사업에 특별한 능력을 갖춘 부족이었을 것이라고까지 추정하기도 한다.

49)《華陽國志》卷3 蜀志.

50) 童恩正,《古代的巴蜀》(四川人民出版社, 1979) p.60 ; 郭聲波,〈巴蜀先民的分布與農業的起源試探〉,《四川文物》1993-3 ; 胡昌鈺·蔡革,〈魚鳧考 ―也談三星堆遺址―〉,《四川文物 三星堆古蜀文化研究專輯》, 1992.

고전승을 정리하는 편이 좋을 것 같다.[51] 먼저 《蜀王本紀》에는

① 後有一男子名杜宇, 從天墮, 止朱提. 有一女子名利, 從江源井中出, 爲杜宇妻
② 乃自立爲蜀王, 號曰望帝, 治汶山下, 邑曰郫, 化民往往復出, 望帝積百餘歲
③ 荊有一人 名鱉靈, 其尸亡去 荊人求之不得鱉靈尸 隨江水上至郫 遂活與望帝相見 望帝以鱉靈爲相 時玉山出水 若堯之洪水 望帝不能治 使鱉靈決玉山 民得安處 鱉靈治水去後 望帝與其妻通慚愧 自以德薄不如鱉靈 乃委國授之而去 如堯之禪舜 鱉靈卽位 號曰開明帝 帝生盧保 亦號開明
④ 望帝去時子規鳴 故蜀人悲 子規鳴而思望帝 望帝杜宇也 後天墮

라는 기록이 전해지는데, 이에 대해 《華陽國志》는

①′ 後有王曰杜宇, 敎民務農, 一號杜主, 時朱提有梁氏女利, 游江源, 宇悅之, 納以爲妃
②′ 移治郫邑, 或治瞿上. 七國稱王, 杜宇稱帝, 號曰望帝, 更名浦卑, 自以功德高諸王, 乃以褒斜爲前門, 熊耳・靈關爲後戶, 玉壘・峨眉爲城廓, 江・潛・綿・洛爲池澤, 以汶山爲畜牧, 南中爲園苑
③′ 會有水災, 其相開明, 決玉壘山以除水害. 帝遂委以政事, 法堯舜禪讓之義, 禪位於開明
④′ 帝升西山隱焉, 時適二月, 子鵑鳥鳴, 故蜀人悲子鵑鳥鳴也, 巴亦化其敎而力農務, 迄今巴蜀民農, 時先祀杜主君

라는 거의 유사한 기록을 전하고 있다. ①①′은 杜宇의 출현과 혼인에 관한 부분이다. 먼저 ①은 杜宇가 朱提에 이르러 江源의 우물에서 나온 利라는 여자와 혼인하였다고 하였고, ①′는 朱提의 利라는 여자가 江源에서 노닐다가 杜宇와 만나 혼인하게 되었다고 하여, 지명의 차이는 있어도 거의 같은 전승을 전하고 있다. 다만 杜宇의 출현에 대해 ①에서는 하늘로부터 내려왔다는 신화적 성격이 더욱 강조되고 있다.

---

51) 많은 연구들은 《華陽國志》가 《蜀王本紀》보다 시기가 늦고, 또 常璩의 유학적 소양 때문에 민간전승을 삭제했으므로 《蜀王本紀》가 보다 신빙성이 높다고 하나, (蒙默,《四川古代史稿》 p.31 ; 顧頡剛, 〈<<蜀王本紀>>與<<華陽國志>>所記蜀國事〉, 同氏著,《論巴蜀與中原的關係》, 四川人民出版社, 1981) 《蜀王本紀》의 시기도 정확하지 않을 뿐 아니라(주 15 참조) 常璩가 여러 자료를 참조했다는 것(주 20 참조) 등으로 보아 반드시 어느 하나가 보다 신뢰할만하다고 할 수는 없다.

②②′는 杜宇의 치세에 관한 내용이다. 이 부분에서는 杜宇의 시대가 蠶叢·柏灌·魚鳧의 三代보다 발전된 정치조직을 갖게 되었던 점이 강조된다. 먼저 중원의 7국이 稱王을 하자 스스로의 공덕이 諸王보다 높다하여 稱帝를 했다는 것, 그리하여 望帝라고 불리웠다는 것은 이전의 稱王 단계에서 발전된 형태 혹은 적어도 王權이 충분히 발달된 상태가 이 단계에 형성되었다는 것을 전하고 있는 것이다. 특히 이 때에 '化民往往復出'했다는 ②의 기록이 흥미로운데, 여기에서의 '化民'은 蠶叢, 柏灌, 魚鳧가 神化한 뒤 '隨王化去'했다는 백성들을 지칭하는 것으로 보인다. 따라서 '隨王化去'한 이유를 다른 부족이 통치하게 됨에 따라 이동했던 것이라고 볼 수 있다면, 이제 반대로 '化民往往復出'했다는 것은 杜宇의 시기에 그만큼 많은 부족을 통치하게 되었다는 것으로 볼 수 있을 것 같다. 또 통치의 범위와 도읍이 분명하게 언급되고 있는데, 郫와 瞿上에 도읍을 두고 통치하였으며, 통치의 범위도 북으로는 褒斜, 남으로는 熊耳·靈關까지, 그리고 玉壘·峨眉, 江·潛·綿·洛, 汶山, 南中을 모두 포함하고 있었다고 한다. 이들 지역을 ②′에서 각각 前門·後戶·城郭·池澤·蓄牧·園苑로 표현한 것은 지리적 특성을 달리하는 여러 지역을 통치의 범위에 포함하고 있었다는 것으로 이해된다.

③③′에서는 杜宇의 시기에 水災가 있었고, 鱉靈(開明)이 이를 해결했고 결국 그에게 왕위를 잇게 했다는 내용이 전해진다. 이러한 내용은 보다 늦은 시기에 다른 형태의 전설로도 나타나는데, 神人을 만난 杜宇가 神人으로부터 '杖'을 받아 그것으로 홍수의 惡龍을 물리쳤다는 내용이 그것이다.[52] 홍수와 같은 水災의 해결이 왕조의 교체를 가져올 만큼 중시되었던 것은 이미 농경생활을 주된 산업으로 하고 있었다는 것을 의미하며[53], 동시에 국가가 이를 독려하고 관여하고 있었다는 것도 의미하는데, 이 점은 杜宇가 백성들에게 농업을 장려했고 이웃한 巴도 그 영향을 받아 힘써 농업에 종사했다는 ①′과 ④′의 기록에서 여러번 강조되고 있는 내용이기도 하다. 한편

---

52) 季智慧, 〈樹·金杖·邛與蜀文化〉,《四川文物 三星堆遺址研究專輯》, 1989, p.67.
53) 馮廣宏, 〈洪水傳說與鱉靈治水〉, 李紹明等 主編,《巴蜀 歷史·民族·考古·文化》, 巴蜀書社, 1991.

18

③③' 모두 왕조의 교체가 전쟁을 동반한 극적인 방법에 의해서가 아니라 禪讓의 형태로 이루어졌다는 데에는 일치하지만, 鱉靈이 荊楚지방에서 왔다는 ③의 기록과 ④④'에 杜宇가 물러난 후 子規가 되어 슬피 울었고 이를 蜀人들이 슬퍼했다는 기록으로 보아 외래 종족 출신인 鱉靈에 의해 쫓겨났다고 보아야 할 것 같다.

그런데 이상과 같은 杜宇시대의 전승은 중국의 각 부족 설화가 갖는 전형적 구성요소를 갖추고 있다는 점에서 주목된다. 첫째, 각 부족은 三皇五帝를 둘러싼 계보로 통합되면서도 각각의 시조를 갖게 되는데, 보통 이들은 신이나 사람이 이물을 삼킨다든지 혹은 사람이나 동물이 신과 결혼을 하면서 탄생한다.[54] 杜宇의 경우에 하늘에서 떨어졌다는 기록도 이러한 전형적 형태의 일종이라고 할 수 있다. 둘째, 많은 전설들은 주변부족과의 혼인을 통한 부족의 성장을 설명한다. 杜宇가 朱提의 여인과 결혼을 하게 되는 것도 이런 입장에서 이해해 볼 수 있다. 셋째, 始祖가 종종 문명의 중요한 요소와 결부되어 있기 마련인데, 三皇이 불·목축·농경과 연결되어 있는 것이나 巴族의 선조로 알려진 廩君務相이 물에 뜰 수 있는 土船을 만들 수 있어 다른 부족에 승리할 수 있다는 전설들이[55] 그 예이다. 杜宇가 백성들에게 농경을 가르쳐 주었다는 것도 결국은 이러한 형태에 속한다. 넷째, 거의 전지역에 널리 보편화되어 있는 홍수설화이다. 아직 관개시설을 제대로 갖추지 못한 농경단계에서 발생하는[56] 이 홍수설화는, 홍수가 생존에 대한 무서운 재난이 되기 때문에 이를 해결하는 자가 백성들을 통치할 수 있는 자격을 부여받는 구조를 갖는다. 華夏민족의 경우 禹의 治水가 유명하지만, 이외에도 苗族·瑤族·畲族에게도 마찬가지의 구조의 홍수설화가 남아있다.[57] 농경단계에 진입한 蜀지역 杜宇의 시기에 홍수재난이 등장하고 이를 극복

---

54) 袁珂, 《中國神話通論》(巴蜀書社, 1993) p.54.

55) 《後漢書》西南夷列傳, p.2840.

56) 徐旭生, 《中國古史的傳說時代》(科學出版社, 1960) p.131.

57) 王紀潮·唐剛卯, 〈巴人虎圖騰辨析〉, 湖北省考古學會選編, 《湖北省考古學會論文選集》(二) 1991, p.159.

한 자가 이후 통치를 맡게 되는 형태는 전형적 홍수설화에 해당한다. 더구나 ③에서는 아예 '若堯之洪水'라 하여 중원에서의 형태와 유사하다는 것을 명시하였다. 다섯째, 堯舜의 禪讓에 관한 문제인데, 다른 지역에서 그리 자주 눈에 뜨이는 것은 아니지만 ③의 '如堯之禪舜'이나 ③'의 '法堯舜禪讓之義'라는 기록에서도 알 수 있듯이 杜宇와 鼈靈의 왕조교체에 대한 전승이 이를 모델로 하여 만들어졌을 것임이 분명하다. 결국 杜宇시대에 대한 후대의 전승은 중국의 다른 부족 설화와 유사한 구조를 갖고 있다는 셈이 되는데, 이것은 杜宇의 전승이 후대에 재구성된 것이라는 것을 재삼 말해주고 있는 것이다.[58]

따라서 고전승에 나타나는 내용을 그대로 사실로 받아들일 수 없다는 것은 명백하다. 다만 이들 전승 속에 일관되게 강조하는 것은 蠶叢, 柏灌, 魚鳧의 시대에 초기적인 형태이지만 왕권이 형성되고 있었고, 적어도 杜宇시기에 들어오면 이전보다 훨씬 발전된 王權이 성장하고 있었다는 점이며, 따라서 적어도 구체적인 내용의 사실 여부를 떠나더라도 이 지역에 國家와 그 王權의 존재가 戰國 이전까지 소급되고 있는 것으로 이해하면 좋을 것 같다.

한편 이같이 蜀國을 상정할 수 있다면 중원을 비롯한 인접한 諸文明과는 어떤 관련을 맺고 있었을까? 앞서 이미 蜀國의 기원이 夏代 이전까지 소급되며, 그 始源에서부터 中原과는 매우 밀접한 관련을 맺고 있었다는 고전승을 살펴보았지만, 殷代 이후에는 甲骨文을 비롯해 보다 구체적인 자료에 근거하여 양자간의 관계가 어떠하였는가에 대해 살펴볼 수 있다. 이 점은 단지 蜀國과 중원과의 교류관계를 설명할 수 있을 뿐이 아니라, 동시에 蜀國이 중원문명에 대해 얼마나 독립적일 수 있었는가를 살피는 데에 도움이 될 것이다.

甲骨文,《尙書》牧誓篇,《逸周書》世俘篇과 같은 中原의 자료에서는 적지

---

58)《華陽國志》의 '開明氏 …凡王蜀十二世'에서 1世를 30년으로 잡는다면 대략 360년 정도의 기간동안 開明氏가 통치한 것이 되는데, 開明氏가 秦에 의해 멸망한 시점이 기원전 316년이므로 杜宇와 開明의 교체시점은 대략 기원전 676년정도, 春秋初로 보아야 한다. 또《蜀王本紀》나《華陽國志》에 기재된 鼈靈의 시대는 대부분 戰國시대이므로 殷周시대의 蜀國을 杜宇와 開明의 교체시점까지로 보면 충분할 것이다.

않게 蜀國의 명칭이 등장한다.《尙書》나《逸周書》는 모두 한 시기에 만들어
진 것이 아니지만, 蜀과 관련된 부분이 기록되어 있는《尙書》牧誓篇은 西
周에서 戰國初까지로[59],《逸周書》의 世俘篇은 西周시기의 것으로[60] 그 성립
연대를 추정하고 있으므로,《華陽國志》나《蜀王本紀》보다 신뢰성을 갖는
것으로 볼 수 있을 것이다.《尙書》牧誓篇에는 蜀이 周와 함께 滅商에 참여
했다는 기록이 있는데[61], 周와 蜀이 함께 滅商에 참여했다는 사실은 우선 殷
末이라는 시점에 周原에서 멀지 않은 곳에 蜀이 존재하고 있었을 것이라는
점과, 殷과는 적대적인 관계에 있었다는 것을 말해주는 것이다. 한편《逸周
書》의 世俘篇에는 伐紂에 성공한 이후 곧 伐磨・百偉, 伐宣方, 伐蜀을 명령
하였다는 것과 蜀에서 돌아와 戰功을 보고하는 내용이 적혀있다.[62] 伐蜀을
명령한 시점과 돌아와 戰功을 보고한 시점의 간격이 5일밖에 걸리지 않았
으므로[63] 교통이 충분히 발달되지 못했던 당시로서는 蜀이 殷의 수도로부터
멀리 떨어져 있지 않은 곳에 위치하고 있었을 것이라는 추정이 가능하다.[64]
그러나 함께 滅商에 참여한 蜀軍에 대한 공격이라는 의미의 伐蜀일 수도 있
고[65], 殷周시기의 지명이 반드시 한 지역에만 있었던 것이 아니라는 점을[66]
고려한다면 蜀이 陝西 남부, 川西평원에 위치하고 있었을 가능성을 배제할

59) 顧頡剛의 경우에는 西周시기로, 蔣善國은 戰國시기까지는 내려가지 않는다는 견해
   이며, (蔣善國,《尙書綜述》, 上海古籍出版社, 1988, pp.26-227) 반면 陳夢家는 戰國시
   기로, (陳夢家,《尙書通論》, 中華書局, 1985, p.321) 松本雅明은 戰國초기로 그 성립연
   대를 추정한다. (松本雅明,《春秋戰國における尙書の展開 ―歷史意識の發展を中心に》,
   東京, 風間書房, 1966, pp.185-188)
60) 鄭良樹 編著,《續僞書通考》(臺灣學生書局, 1984) pp.1037-1040.
61)《尙書》牧誓篇 '西土之人 …… 庸・蜀・羌・髳・微・廬・彭・濮人'.
62)《逸周書》世俘篇 '甲子, 朝至接于商, 則咸劉商王紂……康子, 陳本命伐磨・百偉, 命伐
   宣方, 新荒命伐蜀. 乙巳, 陳本命新荒自蜀磨至, 告禽霍侯, 俘艾佚侯, 小臣四十有六'.
63) 周와 함께 참여한 伐商전쟁이 승리로 끝난 甲子일에서 伐蜀을 命한 康子일까지는
   36일이 지났고, 康子일에 실제 명령이 떨어진 후 乙巳일에 蜀에 승리를 거두고 돌아
   오기까지는 5일밖에 걸리지 않았다는 것이다.
64) 顧頡剛,〈古代巴蜀與中原的關係及其批判〉, 同氏著,《論巴蜀與中原的關係》, 四川人民
   出版社, 1981, p.61 p.69.
65) 林向,〈三星堆遺址與殷商的西土 ―兼析殷墟卜辭中的'蜀'的地理位置―〉,《四川文物
   三星堆遺址研究專輯》, 1989.
66) 尙志儒,〈西周金文中的豊國〉,《文博》1991-4.

수도 없다. 다만 蜀의 위치가 어디였던 간에, 滅商에 즈음하여 동맹관계에
있었던 周와의 관계도 잠시뿐이었고, 다시 '伐蜀'으로 상징되듯이 적대적인
관계가 되었다는 것에 주목할 필요가 있다.

한편 殷末周初 伐蜀 이후 蜀은 周와 관련된 문헌자료에 거의 보이지 않게
된다.[67] 물론 《逸周書》王會篇에는 蜀人이 成王을 朝見한 기록이 있고[68], 《竹書
紀年》에도 蜀人이 夷王에게 瓊玉을 헌납했다는 기록이[69] 남아있는 것으로
보아서는 일정한 교류가 있었다고 보아야 하겠지만, 周初 이후 문헌자료에
거의 나타나지 않다가 戰國시대에 들어서 다시 빈번하게 등장한다면 적어
도 문헌자료에 의거하는 한 그만큼 西周시기 양자간의 정치적 관계는 소원
했다고 보는 편이 무난할 것 같다. 결국 殷末周初의 시점에서 군사적 동맹
을 하던 혹은 전쟁을 하던 殷과도 周와도 일정한 접촉을 하고 있었던 것이
지만, 동시에 적대적 관계에 있었다는 점을 강조한다면 殷이나 周의 통치
영역 안에 포함되지는 않았다는 것을 의미하기도 한다.[70]

이러한 추정은 殷末周初 殷墟와 周原에서 발견된 甲骨文을 통해서도 확
인된다. 甲骨文에서 '蜀'字는 그림 1에서와 같은 형태로 새겨져 있다. 《說文
解字》에서는 '從虫, 上目象蜀頭形'이라고 되어 있지만[71], 甲骨文에서는 이
중에서 '虫'字가 빠지고 目이 강조된 형태로 표시되었던 것이 후대의 '蜀'字
가 되었다고 한다.[72] 그런데 이것이 蜀지역에서의 자칭이 아니라 商왕조와
그 貞人집단이 蜀지역에 살고 있는 자들을 표현하기 위한 통칭이라면[73], 그
리고 甲骨文의 형태가 대상의 형상에서의 특징을 중심으로 표기된다는 원

---

67) 楊榮新, 〈早期蜀文化與廣漢三星堆遺址〉, 《四川文物 三星堆遺址研究專輯》, 1989.
68) 王會篇의 성립은 秦漢之際 정도로 내려간다.(鄭良樹 編著, 《續僞書通考》, 臺灣學生書
   局, 1984, pp.1037-1040)
69) 《竹書紀年》'夷王二年, 蜀人·呂人來獻瓊玉'.
70) 段渝, 〈蜀文化考古與夏商時代的蜀王國〉, 《四川文物》 1994-1에서는 甲骨文에 '蜀'이
   '蜀方'이라 불리우지 않았다는 점을 중시하여, 殷의 四方에도 포함되지 않는 곳이라
   고 한다.
71) 《說文解字》(中華書局, 1963本) p.279下.
72) 다만 陳夢家는 이 字를 후세의 '荀'國이라고 釋讀한다. (《殷墟卜辭綜述》, 中華書局,
   1988, p.295)
73) 林向, 〈周原卜辭中的蜀〉, 《考古與文物》 1985-6.

칙에 따른다면 甲骨文의 '蜀'字도 그들의 가장 특징적인 부분을 형상화하였을 것이라는 가정을 해 볼 수 있다. 그렇다면 결국 殷人들에게는 蜀人의 目이 독특한 특징으로 받아들여졌을 것이라고 일단 추측해도 좋을 것 같다. 이 점은 蜀國의 시조로 일컬어지는 蠶叢이 '縱目'의 형상을 하고 있었다는 전승을 연상케 한다.

蜀자가 나오는 殷墟에서의 甲骨文은 42조에 달하는데[74], 그것들은 대략 다음과 같은 3가지 종류로 구분된다. 첫째는 전쟁에 관련된 것들로써, '征蜀'이 여러번 보이는 것으로 보아 蜀과의 빈번한 전쟁이 있었음을 알 수 있다.[75] '伐缶于蜀'과 같은 卜辭는 직접 蜀을 공격한 것은 아니지만 蜀지역에서 일어나는 전쟁을 보여주는 것이며, '蜀射三百'도 '射'가 군대를 의미하므로 蜀의 군대를 의미한다고 보아도 좋을 것 같다. '至蜀有事'의 '事'도 戰果를 의미하는 경우가 많으므로 蜀과의 전쟁과 관련된 것으로 생각된다. 두번째는 농사와 관련된 것으로, '蜀其受年'이라는 복사는 蜀지역에 풍년이 들 것인지를 묻는 내용이다. 재앙이 있는지를 묻는 내용인 '齔蜀'도 농사와 관련이 있다고 할 수 있다. 셋째는 그 의미가 분명하지 않은 것들이면서도 蜀지역에서 제사를 비롯한 무언가 중요한 일을 행하고 있다고 생각되는 것들인데, '蜀御' '示蜀不用' '在蜀' '至蜀'들이 그것이다.

이와 같이 甲骨文에 蜀과 관련한 기록들이 나타나는 것은 그만큼 殷왕조의 입장에서 蜀지역에 대해 상당한 관심을 가지고 있었다는 것을 의미한다. 특히 풍년을 묻는다든지 다른 중요한 행사를 한다는 것은 중요한 지역으로 간주되고 있었다는 증거이다. 그러나 그 관계는 우호적이지는 않았던 것으로 보이는데, '征蜀'과 같은 전쟁관련 기사가 많이 보이는 것이 이를 잘 말해준다. 그 결과가 어느 편의 승리였는지는 알 수 없지만 '蜀射三百'에서 보듯이 蜀도 적지 않은 군사력을 동원할 수 있는 단계였다고 보아야 할 것 같다.

甲骨文에 나오는 蜀의 위치에 관해서는 대략 현재의 川西지역에 위치한다

---

74) 林向, 〈三星堆遺址與殷商的西土 —兼析殷墟卜辭中的'蜀'的地理位置—〉, 《四川文物 三星堆遺址研究專輯》, 1989.
75) 董其祥, 〈甲骨文的巴與蜀〉, 同氏著, 《巴史新考》, 重慶出版社, 1983.

는 전통적인 견해, 陝南일대, 殷의 서북지역, 山西 西南部, 山東지역 등의 견해로 나뉘어져 있다.[76] 그 중 '蜀'지역의 풍년여부가 점쳐지는 것에 주목하여, '受年'의 예는 보통 殷왕조의 경제적 기반이 되는 지역에서 행해지는 것이 보통이므로 甲骨文의 '蜀'도 殷왕조의 수도와 매우 가까운 지역에 있었을 것이라는 추정이 있다. 그러나 다른 한편 빈번한 전쟁기록이 보이는 것으로 보아서는 殷왕조의 영역이라기 보다는 殷과 적대적 관계에 있었을 가능성이 더 크며, '受年'도 반드시 그 지역의 생산물을 공납할 필요가 없는 이상 그만큼 농경이 발전한 단계였음을 보여주는 것으로 파악하면 충분하다.

한편 陝西省 岐山 鳳雛村에서 발견된 甲骨文중에는 '伐蜀' '克蜀'의 기록이 발견되는데, 이 甲骨文은 西周 초기에서 중기까지 사이의 것으로 추정된다.[77] 그러므로 周代에 들어와서도 蜀과의 전쟁이 자주 있었다고 보아도 좋을 듯하다. 또 成王시기 <班簋>에는 '作四方望, 秉·緐·蜀·巢'라는 金文기록이 보이는데, 이 곳에서는 蜀을 周의 경계로 표시하고 있지만[78] 蜀지역과 周가 일정한 관계를 맺고 있었다는 것도 아울러 알려준다. 이와 같이 周代에 들어와서도 周의 영역 밖에 위치하며 周와 전쟁을 하곤 했다는 것을 甲骨文과 金文을 통해서 알 수 있다. 다만 더이상의 자료를 찾을 수 없다는 점으로부

---

76) 唐蘭, 《天壤閣甲骨文存考釋》(北平輔江大學出版社) p.54에서는 '巴方'과 '蜀'이 지금의 촉의 촉에 있다는 견해를 제시한다. 董作賓, 〈殷代的羌與蜀〉,《說文月刊》3-7(巴蜀文化專號)에서는 甲骨文중에 蜀과 羌이 매번 같은 片에 심지어는 같은 辭에 나오는 점에 근거하여 陝南 일대에 있었던 것이지 전통적 생각대로 成都에 있었던 것이 아니라고 한다. 童書業, 〈古巴國辨〉,《文史雜誌》2, 1943에서는 漢水의 상류에 있었다가, 春秋戰國시대에 四川으로 南遷했다고 하고, 島邦男(李伯謙, 〈城固銅器群與早蜀文化〉,《考古與文物》1983-2에서 재인용)은 蜀은 黃河 河曲의 西南쪽, 대체적으로 지금의 陝西 동남의 商縣, 洛南 일대에 위치한다고 하고, 李伯謙, 〈城固銅器群與早蜀文化〉,《考古與文物》1983-2에서는 漢水상류에 蜀을 비정한다. 郭沫若, 《卜辭通纂》p.119에서는 殷의 '西北之敵'이라 한다. 胡厚宣, 〈卜辭中所見之殷代農業〉,《甲骨學商史論叢》第2集에서는 山東의 蜀, 지금의 泰安에서 남쪽으로 汶山에 이르는 지역이 모두 蜀의 강역이라고 한다. 이외에도 殷代 주변의 西南之國이라는 陳夢家, 〈商代地理小記〉,《禹貢半月刊》6·7합간, 1937의 견해, 徐中舒, 〈巴蜀文化初論〉,《四川大學學報》1959-2의 南土之國이라는 견해 등등이 있다. 段渝, 《當代四川史研究》p.29 ; 徐中舒, 〈殷周之際史迹之檢討〉,《歷史語研究所集刊》7-2, 1936 參照.

77) 林向, 〈周原卜辭中的蜀〉,《考古與文物》1985-6.

78) 郭沫若, 〈<<班簋>>的再發現〉,《文物》1972-9.

24

터 蜀과 周의 교류가 항상적으로 매우 활발하였다고까지 하기는 곤란할 것
같다. 甲骨文과 金文과 같은 문자자료를 통해 본 蜀國은 殷周시대에 中原과
밀접한 관련을 가지고 교류를 행하고 있었으며, 그 관계가 주로 전쟁기사로
표현되는 것으로 보아서 蜀國은 殷周의 주변지역에서 상당한 군사적 역량을
갖춘 단계까지 성장하고 있었다고 추측할 수 있을 것 같다.

　반면 蜀國에 관한 많은 전승을 정리하고 있는 《華陽國志》나 《蜀王本紀》
에서는 蜀國과 중원과의 관계가 매우 소원한 것으로 기록되어 있다. 즉 전
술한 殷末 伐紂와 관련해 蜀國이 참여했다는 《尙書》의 기록을 재록한 것을
제외하고는 중원왕조와의 교류를 보여주는 내용을 찾기 어렵다. 七國이 稱
王을 하자 杜宇는 이들 보다 功德이 뛰어나다고 스스로 생각하고 稱帝하였
다거나, 혹은 杜宇의 시기가 '周失綱紀'의 시점이라든가 하여 그 시점만을
비교하고 있는 정도에 그칠 뿐이다. 이 점은 《華陽國志》에 '有周之世, 限以
秦巴, 雖奉王職, 不得與春秋盟會, 君長莫同書軌'[79]라 하여 周代에서 春秋시
기에 이르는 기간 蜀지역이 독립적이고 폐쇄적이었다고 지적한 데에서 더
욱 분명해진다. 그러므로 앞서 중원측 자료에서 살펴본 두 지역간의 접촉을
이와 같은 각도에서 이해한다면 蜀지역과 중원과의 교류를 지나치게 강조
할 수 없으며, 다만 활발한 교류가 일정정도 이루어지고 있으면서도 동시에
어느 정도의 폐쇄성으로 인해 중원과 구별되는 蜀지역의 독립적인 성격도
가능했을 것이라고 이해해야 할 것 같다.

　이상에서 문자자료에 나타나는 蜀國을 검토해 보았다. 그 始源이 중원에
서와 같이 殷代보다 훨씬 이전 시기까지 소급된다는 점, 구체적으로 蜀國
나름의 계보가 마련되어 있을 뿐 아니라 상당히 발전된 王權이 강조된다는
점, 그리고 中原의 殷周와 일정한 교류가 확인되지만 그렇다고 이들의 영역
안에 포함되어 있었다고는 보기 어려우며 독립적인 성격도 갖추고 있었을
것이라는 점 등을 추정할 수 있었다. 전술했듯이 이들 문헌자료 중 많은 부
분이 오랜 시간을 지나면서 여러가지 사실들이 서로 뒤섞여 버린 것을 漢代

---

79) 《華陽國志》 卷3 蜀志.

·이후에 다시 인위적으로 시간순서에 따라 재구성한 것이며, 또 甲骨文에 나타난 蜀國도 과연 川西지역에 위치한 것이었는지도 불분명한 상태이다. 그러므로 이상과 같은 문헌자료의 내용을 사실로 받아들이는 데에는 신중한 태도가 필요한 것이며[80], 이를 위해서는 최근 三星堆와 成都를 비롯해 川西지역에서 발견되는 고고자료와의 조심스러운 대비가 있어야 할 것이다. 이하 고고자료를 통해 殷周시기 川西지역의 청동문명에 접근해 보고자 한다.

II. 四川盆地 新石器文化의 諸遺跡

蜀의 역사를 중원의 太古시기까지 소급시켰던 古傳承이 漢代 이후 재구성된 것이라는 점은 이미 지적했지만, 고고유물자료를 통해본 蜀지역의 역사는 과연 어느 시기까지 소급될 수 있을까? 또 중원의 전승에서 등장하는 始祖와도 밀접한 관련을 갖고 있다는 점을 살펴보았지만, 川西지역의 선사문화가 중원에서의 그것과 비슷한 정도로 소급될 수 있는 것인가? 이같은 문제를 해결하기 위해서 우선 청동문명이 형성되기 이전의 단계 즉 川西지역에서 발견되는 신석기문화로부터 논의를 전개시켜 보도록 한다. 물론 단지 시기적으로만 소급한다면 구석기문화의 존재를 확인하는 작업부터 필요하다고 할 것이며, 四川지역에서도 곳곳에 상당히 시기가 올라가는 구석기문화가 발견되므로 쉽게 川西지역에서의 선사문화가 중원지역 못지 않게 소급된다고 할 수 있을지 모른다.[81] 그러나 이후 문명과의 연결이 확인되지 않는 구석기문화의 존재는 별 의미를 갖지 못하는데, 蜀國 관련 고전승은 太古에서 시작하여 戰國, 秦漢시기까지 연결되는 하나의 문명계보를 마련하고 있으므로 蜀國 관련 고전승의 의미도 이후 문명과의 연계될 수 있는 가

---

80) 李學勤, 〈《帝系》傳說與蜀文化〉, 《四川文物 三星堆古蜀文化硏究專輯》, 1992은 종전 그 사료적 신빙성이 문제시되어온 《帝系》의 내용까지 역사적 사실에 접근한 것이라고 평가하기까지 한다.
81) 蒙默, 《四川古代史稿》(四川人民出版社, 1988).

능성을 갖는 신석기문화의 출현에서부터 찾아야 할 필요가 있다고 생각하기 때문이다. 결국 이러한 과정은 다른 한편 이후 川西지역에서 확인되는 청동문명이 이 지역의 자생적 발전과정속에서 형성되었는가 아니면 외부문화의 이식인가라는 중요한 문제를 설명하는 기초가 될 것이다.

四川지역에서 발견되는 신석기문화중 중요한 것으로는 四川 동부, 湖北省 서부의 川峽지구에 위치한 신석기 중만기의 大溪文化, 四川 남부지구 禮州에서 발견된 신석기문화, 그리고 川西高原山區의 汶川, 理縣에서 발견된 신석기문화 등을 들 수 있다. 이 중 曲腹杯·筒形瓶이 가장 전형적 器形인 大溪文化는 湖北省 서쪽지역을 중심으로 屈家嶺문화, 湖北龍山文化로 발전하여 長江 중류의 신석기문화 계열을 형성하였던 것이고, 또 大溪文化의 동쪽 경계는 江漢평원을 중심으로 江西省까지 확대되었던 반면, 서쪽 경계는 단지 四川 동부 峽口에 이르렀을 뿐 四川盆地내에서는 일부 영향을 찾을 수 있다는 점을 제외하고는 발전하지 않았다고 보아야 한다. 즉 비록 신석기문화의 명명 자체는 四川省의 大溪지역으로 되어 있지만, 정확한 의미에서 四川省의 신석기문화라고는 하기 어렵다는 것이다.

四川 남부지구 禮州에서 발견되는 신석기문화는 平底·夾砂器를 주된 도기기형으로 하는 한편 錐刺紋과 劃紋이 가장 많이 발견되는데, 이후 川西지역에서 발전하는 문화와 유사한 유물들이 확인되지 않는 반면 전체적 성격이 雲南省 元謀縣 大墩子유지와 매우 밀접한 관계가 있는 것으로 지적된다. 따라서 川西平原지역의 문화와 연결되는 것이 아니라 甘肅 남부에서 四川 西部고원을 따라 雲南省에 이르는 西部 고대민족문화의 일부분이라고 지칭된다.[82] 인접한 凉山州에도 신석기유적이 발견되는데, 普格縣의 小興場유지, 喜德縣의 四合村 유지와 瓦木村 유지, 鹽源縣의 前所公社 烏丘유지, 甘海公社 轎頂山유지가 소개되어 있다. 다만 禮州유지가 정식으로 발굴되었던 것과는 달리 인접한 凉山지구의 신석기문화는 매우 간단한 보고에 그치고 있을 뿐이다. 이 곳의 도기 형태도 平底가 위주이며, 圈足器는 소량 발견되고,

---

82) 禮州遺址聯合考古發掘隊, 〈四川西昌禮州新石器時代遺址〉, 《考古學報》 1980-4.

尖底器나 圜底器는 발견되지 않는데, 이러한 특징들은 역시 西昌 禮州유지나 雲南省 元謀縣 大墩子유지에서 발견된 기물들의 특징과 일치한다.[83]

四川 서부고원지구의 汶川·理縣 등지에서 발견되는 신석기문화유적은 泥質灰陶가 가장 많고 彩陶도 발견되며 소량의 黑色陶器를 포함하고 있는데, 이러한 것들은 甘肅의 馬家窯문화와 유사한 측면을 보이고 있고, 후대 川西지역에서 발견되는 기형들은 보이지 않는다.[84]

이상에서 살펴본 四川지역의 신석기문화는 현재까지의 발굴자료로 보건대 그 어느 것도 지리적으로나 시기적으로 殷周시기 청동문명과 직접적으로 연결되지 않는다.[85] 그러나 위에서 살펴본 諸유지는 비록 문화의 성격이 분명하고 또 대부분이 정식으로 발굴된 것이기는 해도, 이후 청동문명이 발전하게 되는 지역의 주변에 해당되는 곳이다. 이들 주변지역의 신석기문화가 이후 청동문명의 기물과 연관되지 않는다고 해서 곧바로 四川省 신석기문화와 川西평원의 청동문명간에 문화적 격절을 상정할 수는 없는 것이다. 역시 후에 四川省의 청동문명이 성장하게 되는 중심으로써 川西평원지역의 신석기문화에 대한 검토가 필수적이다. 가령 이 지역에서도 이후 청동문명과 연결되는 신석기문화를 찾을 수 없다면 양자간에 문화적 격절이 있다고 할 수 있겠지만, 그렇지 않다면 다른 지역으로부터의 이동에 의한 결과라기보다는 川西지역의 청동문명이 자생적으로 신석기문화로부터 발전하였던 것을 의미하게 될 것이다.

川西평원에서는 체계적인 신석기문화 발굴이 보고되지 않았었지만, 최근 廣漢縣 三星堆유지의 발굴에서 발견된 1기에서 2기까지의 문화층으로부터 이 지역의 신석기문화를 확인할 수 있게 되었다. 이 곳에서 확인된 신석기문화는 비록 그 시기가 大溪문화와 禮州문화에 뒤늦는 것으로 판정되었지

83) 黃承宗, 〈四川涼山州新石器時代文化調査〉, 《考古與文物》 1990-4.
84) 沈仲常·黃家祥, 〈從新繁水觀音遺址談早期蜀文化的有關問題〉, 徐中舒 編, 《巴蜀考古論文集》, 1987.
85) 趙殿增, 〈巴蜀原始文化的研究〉, 徐中舒 主編, 《巴蜀考古論文集》 文物出版社, 1987 ; 楊榮新, 〈早期蜀文化與廣漢三星堆遺址〉, 《四川文物 三星堆遺址研究專輯》, 1989, pp.46-47 ; 蒙默, 《四川古代史稿》(四川人民出版社, 1988).

28

만, 어쨌든 이 지역의 청동문화에 선행하는 신석기문화가 발견되었다는 점에 그 중요한 의미가 있다.

우선 B.P.4700~4000에 해당되는 三星堆유지 1기의 문화층에서는 극히 적은 양의 도기만이 완전한 형태를 갖추고 있지만, 이들 도기들에는 泥質灰陶와 夾砂褐陶의 두 종류가 확인되며, 기형은 罐, 盆, 缸 등의 平底器가 위주이고, 鏤空圈足豆도 있지만, 小平底나 三足器는 발견되지 않는다. 그런데 이 문화유적은 최근 四川 북부지역에서 확인되는 몇군데 유지의 성격와 유사성을 보여주고 있다. 즉 川北지구의 綿陽 邊堆山, 廣元 張家坡·鄧家坪·魯家墳 등의 유지에서 大溪文化와는 구별되며 연대는 大溪文化에 뒤이은 신석기문화를 발견하였는데[86], 이들의 기형들의 대부분이 平底器이고 豆와 三足器·尖底器는 보이지 않는다는 점이 두드러진 특징으로 지적된다.[87] 이 외에도 夾砂褐陶가 泥質灰陶와 黑陶와 공존하고 있다는 점 등이 三星堆 1기 문화층의 유물들과 일치하고 있는 것이다.[88] 따라서 器底에 繩紋이 새겨져 있다는 등 약간의 차이가 없는 것은 아니나 동일한 신석기문화 유형에 넣을 수 있을 것 같다. 三星堆유지 1기의 시기에 어느 정도 일정한 범위를 갖는 신석기문화가 川西평원과 川北지역에 존재하고 있었다고 보아도 좋을 것이다.

한편 三星堆유지 2기 문화층에서 발견되는 도기는 夾砂褐陶를 위주로 하되, 일정한 양의 泥質灰陶와 泥質橙黃陶가 발견된다. 기형은 小平底罐, 高柄豆, 圈足豆, 陶盃, 平底盤, 鳥頭柄器 등이 발견된다. 시기는 殷代 早期에 해당된다. 三星堆유지 3기 문화층은 이 곳으로부터 靑銅器가 발견되기 때문에 이미 청동문명의 시기로 보아야 하지만, 신석기문화와의 관계를 고찰하는

---

86) 王代升,〈綿陽市四十年文物考古綜述〉,《四川文物》1991-5 ; 鄭若葵 唐志工,〈廣元市魯家墳新石器時代遺址調査記〉,《四川文物》1992-3. 물론 신석기조기에 해당되는 中子鋪 營盤梁유지도 조사되었다.〈廣元出土大量有地層根據的細石器〉,《中國文物報》1991.2.3.
87)〈四川省 考古文物新發現〉,《中國考古學年鑑 1991》, 文物出版社, 1992, p.272.
88) 蒙默,《四川古代史稿》(四川人民出版社, 1988) ; 陳德安,〈三星堆遺址〉,《四川文物》1991-1.

데에 도움이 되므로 간단히 언급하면, 이 시기 도기는 여전히 夾砂陶를 위주로 하고 소량의 泥質灰陶와 泥質紅褐陶가 보인다. 기형은 2기에서 자주 보이는 小平底罐, 陶盉, 高柄豆, 圈足豆 외에 尊形器, 觚形器, 甗形器 등이 발견되며, 그 중에서도 가장 특징적인 것은 이 시기 말기부터 尖底盞과 器座가 발견된다는 점이다. 이러한 三星堆 2기, 3기의 도기기형들도 주변의 川西평원 유역에서 유사한 형태를 찾을 수 있다. 1960년대 발굴되기 시작한 廣漢縣 月亮灣의 유지에서도 夾砂陶를 위주로 하고 小平底罐과 高柄豆, 圈足盤, 器座가 발견되어 三星堆유지 2기와의 문화적 일치가 두드러진다. 三星堆 3기의 기형들과 유사한 도기들은 보다 많이 발견되는데, 여러 지역에서 小平底罐이 점차 줄어드는 한편, 尖底器가 출현하고 있는 현상을 확인할 수 있다. 成都 十二橋유지의 조기에 해당하는 도기들중에는 小平底罐, 高柄豆, 圈足豆, 陶盉, 鳥頭柄器과 함께 尖底罐이 발견되며, 新繁縣 水觀音 조기 유적에서 발견되는 도기들도 마찬가지의 기형을 보이므로, 三星堆 3기 유지와 동일한 유형으로 보아도 좋을 것이다.[89]

이와 같이 三星堆유지에서 발견되는 신석기문화는 大溪文化나 禮州문화, 그리고 汶川·理縣의 것과는 구별되지만, 반면 川西평원 일대에 동일한 기형이 발견되는 것으로 보아 三星堆유지를 포함한 이 일대에 동일한 신석기문화가 널리 분포하고 있었다는 것을 의미하는 것으로 보아도 좋을 것 같다. 다만 殷周시기의 청동문명 단계에는 川西평원을 비롯해 四川 동부지역의 川峽지구 그리고 湖北省 서쪽지역까지 동일한 문화유형이 발견되고 春

---

89) 이들 川西平原지역보다 조금 동남쪽에 위치한 嘉陵江 중하류 유역에서 발견된 신석기문화는(重慶市博物館,〈四川嘉陵江中下游新石器時代遺址調查〉,《考古》1983-6) 동쪽의 大溪文化와도 계통을 달리하며, 서남쪽의 禮州 신석기문화나 서북쪽의 理縣·汶川의 신석기문화와도 전혀 공통점을 찾을 수 없다고 하지만, 출토된 泥質褐陶 및 內褐外黑의 尖底器, 細泥內紅外陶의 小口高領瓮 등은 형태상 川西평원의 廣漢·水觀音유지의 그것과 유사한 면을 보여주고 있다.(沈仲常·黃家祥,〈從新繁水觀音遺址談早期蜀文化的有關問題〉, 徐中舒 編,《巴蜀考古論文集》, 1987) 물론 釜·瓮·罍·大口缸의 陶器조합을 구성하고 있고, 素面이 많은 대신 문양이 있는 陶器가 적다는 것이나, 三足器가 거의 보이지 않는다는 점, 그리고 夾砂釜와 夾砂罐을 취사기로 사용한다는 것은 三星堆 3기유지와 동일한 유형으로 볼 수만은 없게 하지만, 三星堆 3기유지와 동일한 기형이 발견된다는 점은 유의해 둘 필요가 있다.

秋戰國시기에 이르면 四川 남부지역과 四川 서부고원지역까지 하나의 문화
범위에 포괄하게 되었던 것이지만, 그보다 앞선 신석기문화 단계에서는 四
川 남부지역과 서부 고원지역이 동일한 유형에 속하는 반면 四川 동부지역
을 비롯한 다른 지역들은 전혀 다른 신석기문화를 발전시키고 있는 것이다.
여러 종류의 신석기문화가 四川省 각 지역에서 성장하고 있었다고 밖에 이
해할 수 없다.

이제 문제는 三星堆유지를 비롯한 川西평원의 신석기문화가 자생적으로
발전했는지 그리고 이후 청동문명과 계승관계를 찾을 수 있는지 여부를 살
펴보는 것이다. 이를 위해서는 한 지역에서 시기적인 문화의 차이를 보여줄
수 있는 자료가 필요한데, 이 점에서 三星堆유지의 1기에서 4기에 걸친 문
화층은 매우 적절한 자료가 된다. 특히 3기 문화층부터는 청동기가 발견되
므로 1기에서 3·4기까지의 발전과정에 대한 검토는 곧 신석기문화와 청동
문명과의 계승관계를 밝히는 결과를 가져올 수 있다.

三星堆유지의 문화층 1기에서 4기까지는 각 시기마다 상이한 도기유형이
발전한다. 예를 들어 1기에는 平底器가 위주였던 반면, 2기 이후에는 小平
底罐·陶盃 등의 기형이 새로이 출현하고, 3기부터는 尖底罐이 출현하였던
것이다.[90] 따라서 각 시기 사이의 문화적 단절이 강조될 가능성이 크다. 그
러나 새로운 기형이 발전되고 있다는 것은 분명하지만, 3기의 문화층에는 2
기 문화층에서의 기본적인 기형이 그대로 발견되고 있으며, 4기의 문화층에
도 3기 문화층에서 보이는 기형을 찾아볼 수 있다. 물론 이전 시기의 기형
이 점차 줄어들고 새로운 기형이 점차 많아지고 있지만, 동일한 기형이 계
속 발견되고 있다는 점으로 보아 적어도 2기에서 4기까지는 계승관계를 갖
고 있다고 할 수 있을 것이다.

成都에서 발견되는 유지들에서도 이같은 계승관계를 설명할 수 있다. 成
都 十二橋유지는 三星堆유지만큼 시기가 소급되지 않아도 조기, 중기, 만기

---

90) 陳顯丹·陳德安, 〈三星堆遺址的文化特徵〉, 李紹明等 主編, 《巴蜀 歷史·民族·考古
·文化》, 巴蜀書社, 1991.

사이의 도기기형의 변화를 찾을 수 있다. 조기의 기형이 小平底罐과 尖底罐이 동시에 보이는 三星堆 3기의 도기와 동일하다는 점은 앞서 지적했지만, 중기가 되면 尖底罐이 증가하는 반면 小平底罐이 현저하게 줄어들고 있으며, 만기에는 小平底罐을 더 이상 찾을 수 없으며 尖底器가 대부분을 차지하게 된다.[91] 여기에서도 小平底罐의 감소와 尖底器의 증가라는 각 시기마다의 차이가 있기는 해도, 이전 시기와 동일한 기형이 다음 시기에서 상당수 발견되고 있는 점에서 조기, 중기, 만기 문화사이에 분명한 계승관계가 존재한다고 볼 수 있는 것이다.

한편 三星堆 유지의 발굴보고에는 1기 문화층과 2기 문화층 사이에 간격층이 존재하고, 무엇보다도 1기와 2기의 기형의 차이가 다른 문화층간의 차이보다 훨씬 크다는 점이 지적된다. 즉 2기에서부터 출현하기 시작한 小平底罐과 陶盉가 그 양이 줄어들고는 있어도 4기까지 발견되는 등 동일한 기형의 연속이 확인되는 반면, 1기에서의 기형과는 커다란 차이를 보인다는 것이다. 따라서 2기에서 4기까지의 문화층의 차이는 동일한 문화적 계승관계로 볼 수 있지만, 1기와 2기 사이에는 무언가 상당한 문화적 격절이 존재한다는 것이다. 더욱이 1기와 2기 사이에 아무 물건도 없는 간격층이 6~18cm 정도 있다는 것으로 보아 이 사이에 무언가 커다란 변동이 있었을 가능성은 크며, 이 점과 관련하여 이 때를 즈음하여 외부민족이 이동해 들어왔을 가능성을 지적하는 연구들도 참조할 만하다.

그러나 3기 이후 발견되는 尖底器가 2기에서는 발견되지 않는다고 해서 2기와 3기의 문화적 격절을 강조할 수 없는 것과 마찬가지로, 1기와 2기 사이의 문화적 차이도 지나치게 강조해서는 곤란하다. 1기에서 발견된 대표적 도기인 鏤孔圈足豆도 2기에서 계속 확인되는 등 두 시기 사이에 공통성도 적지 않기 때문이다. 새로운 기형의 출현을 곧바로 외부민족이 이동해 들어온 결과라고 단정할 수도 없다. 가령 成都지구에서 보이는 圜底器가 三星堆 유지에서는 보이지 않지만 그렇다고 이들 간에 문화주체의 차이를 강조할

---

91) 四川省文管會 等,〈成都十二橋商代建築遺址第一期發掘簡報〉,《文物》1987-12.

수 없는데[92], 成都출토의 圓底器도 尖底器와 함께 발견된다는 점에서 尖底器를 만든 종족과 다른 종족에 의해 圓底器가 만들어졌다고 생각할 수 없다.[93] 따라서 1기와 2기 사이에는 상당한 문화변동이 있었을 가능성이 농후한 것은 사실이나, 2기의 문화층이 1기를 계승하고 있다는 점을 부정할 수도 없는 것이다.

결국 2기에서 4기까지는 시간의 경과에 따른 문화적 변모이며, 1기와 2기 사이에는 상대적으로 민족의 이동 등과 같은 변동의 가능성도 많지만 기본적으로 계승관계를 갖는 것으로 보아야 할 것 같다. 이는 곧 1~2기에 해당하는 신석기문화와 3~4기의 청동문명간에 기본적인 계승관계가 있었다는 것을 의미하는 것이기도 하다. 물론 이 정도의 설명만으로 川西지역 청동문명의 자생적 발전을 충분히 설명할 수 있다고는 생각하지 않는다. 특히 三星堆 2기 문화층에서 출토된 陶盉는 중원의 河南 二里頭유지에서 출토된 것과 매우 유사하기 때문에[94], 川西지역에서 본격적으로 청동문명이 시작하기 이전에 川西평원과 중원간에는 어떤 방식에 의해서든지 일정한 교류가 있었다고 볼 수 있다. 陶器의 대부분은 중원의 다른 신석기문화와도 구별되는 것이므로 陶盉라는 기형 하나만으로 그 이상 의미를 확대할 수는 없는 것이며, 또 이를 근거로 민족의 이동까지를 설명하는 것도 부당한 것이지만, 川西평원에서 발전하는 청동문명에서 외부로부터의 문화유입을 부정할 수는 없다.

다만 이 지역의 신석기문화의 시기는 C14 편년 수치가 많지 않아 명확히 단정할 수는 없지만, 三星堆유지에 대한 편년치가 B.P.4170~2875에 해당하고, 그 중 1기는 B.P.4700~4000에 그리고 2기는 殷代 早期에서 中期까지에

---

92) 宋治民,〈早期蜀文化的再探討〉,《成都文物》1989-1, 1989-2.

93) 王毅,〈成都市區蜀文化遺址的新發現〉, 李紹明等 主編,《巴蜀 歷史·民族·考古·文化》, 巴蜀書社, 1991.

94) 四川省文物管理委員會·四川省博物館·廣漢縣文化館,〈廣漢三星堆遺址〉,《考古學報》1987-2, p.250 ; 李學勤,〈三星堆與蜀國古史傳說〉, 田昌五 編,《華夏文明》第3輯, 北京大學出版社, 1992, p.239 ; 孫華,〈巴蜀文物雜識〉,《文物》1985-5 등. 특히 陶盉의 管流·扁袋足의 형태는 두 지역간의 영향관계를 보여주기에 충분하다고 지적한다.

해당한다고 한다.[95] 주변의 신석기문화도 약간의 차이가 있지만 대략 이 정도에 머문다고 할 수 있다. 물론 四川省 동부의 大溪文化의 경우 그 연대가 中原의 신석기문화와 비슷하다고 할 수 있지만, 川西평원에 국한시킬 경우 신석기문화의 시기는 중원의 신석기문화와 비교할 경우 훨씬 그 시기가 뒤떨어진다고 해야 하는 것이다. 따라서 문화적 교류가 있었다고 해도 그것은 二里頭期에서 殷 早期 이상으로 소급되지 않는다. 결국 川西평원에서 발견되는 신석기문화는 中原을 비롯한 인접 지역과 구별되는 것으로서 이후 청동문명으로의 계승·발전과정을 찾아 볼 수 있다는 것이며, 중원과의 교류가 없었던 것은 아니지만 매우 늦은 시점에서야 비로소 확인된다는 점에 주의해야 하는 것이다.

Ⅲ. 川西平原 靑銅文明의 성격

문헌자료에서는 川西평원에 독자적인 왕의 계보를 가진 蜀國이 존재하였다는 전승이 전해지고 있는데, 고고자료에서는 이러한 점이 확인될 수 있는 것인가? 이 지역에서는 아직 해독가능한 문자가 발견되지 않았으므로 蜀國이었는지 아닌지 판별이 불가능하다고 한다면, 과연 이 지역에서는 國家조직에 비정할 만한 사회조직이 확인되는 것인가? 일반적으로 청동문명의 존재는 상당히 발전된 사회조직의 형태를 의미하는 것이므로 川西평원에서 청동문명의 존재를 확인하는 작업은 곧 이 지역에서 발전하고 있는 사회조직을 설명하는 방법이 될 수. 있을 것이다.

이를 위해 먼저 청동기가 출현하는 등 川西평원이 최소한의 문명단계에 진입하였다는 점을 살펴보기로 한다. 일단 최소한의 문명이 확인되어야 이 지역의 사회조직을 전제할 수 있게 되고, 그래야 이를 뒷받침하는 정치권력

---

95) 〈放射性炭素測定年代報告(十四)〉, 《考古》 1987-7 ; 趙殿增, 〈巴蜀文化的考古學分期〉, 《中國考古學會第四次年會論文集》, 文物出版社, 1983.

의 존재도 추정해 볼 수 있기 때문이다. 다만 단순히 청동기가 출현했다는 것만으로는 청동문명의 존재를 충분히 설명할 수 없는 것이며, 적어도 그 지역에서 발전하는 사회조직이 어떠한 방법에 의해 유지되는가를 설명할 수 있어야 청동문명의 성격에 조금이나마 접근할 수 있을 것이다. 三星堆와 成都지역을 중심으로 발견된 청동기와 기타 기물을 통해 이를 검토해 보기로 한다. 다만 각각의 유물에 대한 편년이 분명하지 않고 대략적인 추정만을 하고 있을 뿐이므로 시기구분에 따른 청동문명의 발전을 설명할 수는 없다. 대략 殷代 중기에서 周初까지의 시기로 추정하는 유물을 종합적으로 이해함으로써 川西평원에서의 청동문명의 성격을 검토할 뿐이다.

1. 城市와 靑銅器의 출현

일반적으로 문명의 조건을 둘러싸고는 지리할 정도로 많은 논의가 있어 왔지만, 최근에는 그 조건에 관해서 대략적인 동의가 이루어지고 있는 편인데, 그것은 城市의 존재, 문자의 출현, 청동기의 출현으로 정리할 수 있을 것 같다. 과연 川西지역에서는 어느 정도 문명의 조건이 갖추어져 있는 것일까? 모든 조건들이 갖추어져야 비로소 문명의 단계에 들어섰다는 것은 아니지만, 蜀文明의 존재를 확인하기 위해서는 우선 이같은 조건의 검색과정이 불가피하다.

城市가 출현했다는 것을 가장 직접적으로 보여주는 것은 城墻의 존재이다. 1984년에서 1989년까지의 조사로 三星堆유지에서는 동쪽 길이 1100m, 서쪽 600m, 남쪽 180m의 성장이 발견되었다. 남아있는 성벽의 두께는 5~40m, 높이는 2~5m라고 한다. 처음에는 인공성벽의 여부가 불확실하였지만 1989년 이후 본격적인 성벽조사가 이루어짐에 따라 이것들이 인공성벽이라는 것이 명백하게 확인되었고, 성벽의 일부에는 깊이 2.8m의 濠溝가 발견되기도 하였다. 바로 이와 같은 성장의 존재가 문명의 조건의 하나인 성시의 존재를 증명하는 자료로 자주 인용되고 있다.[96](그림 2)

다만 성벽위에 三星堆 2기문화층이 疊壓되어 있는 것으로 보아 성벽이 三星堆문화 2기에 축조되었다고 생각되는데[97], 이 2기의 문화층은 3기나 4기의 문화층에 비해 그 출토기물로부터 상대적으로 문명의 성격을 찾기 어렵다는 점에 주의해야 한다. 또한 인공적 夯築의 방법을 사용하기는 했으나 그 夯層이 매우 불규칙한 것으로 보아 원시적 형태에 머물고 있다는 지적도 있다.[98] 그러므로 이 성벽의 존재를 문명의 발전과 관련하여 과도하게 평가해서는 안된다. 그러나 성벽의 夯築방식이 鄭州商城과 같은 정도로 발전되지 못했다고 이 지역에서의 문명의 존재를 부정할 수도 없다. 중원지역 龍山文化 말기의 古城과 內蒙古지역에서 발견되는 古城群의 성벽 건축방식이 모두 후대의 성벽처럼 매우 발전된 형식이 아닐 뿐 아니라 三星堆의 성벽규모에 비해 훨씬 작아도 그 유지에서 발견되는 기물로 보아 이미 초기 문명 단계에 들어간 것으로 보고 있으며, 특히 최근 河南・山東지역을 중심으로 발견되는 龍山文化 中末期의 城堡들도 그 夯築방식이 불규칙하고 城堡형식이 원시적 형태를 띠고 있지만[99] 역시 황하중하류의 초기 문명의 출현가능성을 소급시키는 것으로 받아들여지고 있다.[100] 그러므로 이들 지역의 城堡보다 커다란 규모를 갖는 三星堆의 성벽은 문명의 존재를 가리키는 표지로

96) 曉昆,〈三星堆遺址社會性質初探,《四川文物 三星堆遺址研究專輯》, 1989 ; 趙殿增,〈三星堆考古發現與巴蜀古史研究〉,《四川文物 三星堆古蜀文化研究專輯》, 1992.

97) 趙殿增,〈三星堆考古發現與巴蜀古史研究〉,《四川文物 三星堆古蜀文化研究專輯》, 1992.

98) 趙殿增,〈近年巴蜀文化考古綜述〉,《四川文物 三星堆遺址研究專輯》, 1989.

99) 張學海,〈泰沂山北側的龍山文化城〉,《中國文物報》 1993.5.23 ; 安金槐,〈對于河南・山東龍山文化城址的淺見〉, 中國考古學會第九次年會 提出論文, 1993.11. 이들 성보의 형식은 臺城으로, 수재를 막는 데에 편리하는 등 나름대로 지형적 차이를 고려한 결과이지만, 규모가 三星堆의 그것만큼 크지 않을 뿐 아니라 점차 성내의 면적이 점차 작아지게 되고 확장하기 곤란하고 돌출된 지면때문에 생기는 여러가지 단점이 있다고 지적된다.

100) 湖南省 澧縣 城頭山에서도 직경은 325m, 높이(東北角墻 4m, 東南角 3.6m, 西北角 4m, 西南角 5m)의 屈家嶺文化 城墻이 발견되었고, 江漢평원과 洞庭湖 서북쪽에도 石首走馬崗, 天門土城, 江陵陰湘城 등 몇개의 早期城址가 출현하게 되는데, 이것들도 夯築방식이 원시적이기는 하나 공공권력의 존재를 배경으로 성립되었다는 점이 지적된다. (湖南省文物考古研究所・湖南省澧縣文物管理所,〈澧縣城頭山屈家嶺文化城址調査與試掘〉,《文物》 1993-12)

36

충분하다고 할 수 있을 것이다. 각변의 길이가 최소한 600m이상에 이르고 그 두께가 5～40m에 달하는 성벽을 인공적으로 쌓았다는 것은 엄청난 노동력의 동원을 강제할 수 있는 정치조직의 존재 이외에는 설명할 수 있는 방법이 없다.

한편 成都를 비롯해서 川西지역의 다른 유적에서는 殷周시기의 성장이라고 할만한 것을 전혀 찾을 수 없다.[101] 그러나 그렇다고 해서 이들 지역에 성시가 발전하지 않았다는 것을 의미하지 않는다. 모든 문명단계의 城市에서 성벽이 발견되지는 않기 때문인데, 二里頭 궁전지와 殷墟에서 성벽이 발견되지 않는다는 사실로 미루어 성벽이 곧 성시의 표지가 되지 않는다는 점이 지적되기도 했다.[102] 사실 성벽은 외부의 적의 침입을 막기 위한 방어의 기능이 가장 중요하며 중국고대의 都城도 대개 이러한 軍事城堡에서 발전하였으므로[103], 방어의 기능이 충족된다면 굳이 대규모의 성벽을 쌓을 필요는 없다고 해야 할 것이다. 安陽의 殷墟도 洹水와 濠溝가 都城의 역할을 충분히 하고 있기 때문에 성벽이 없었던 것이라고[104] 하지만, 앞서 본 三星堆에서도 3면만이 성장이 발견된 것은 북쪽에는 鴨子河로 성벽을 대신했기 때문이라고 볼 수 있다. 따라서 成都에서는 秦의 滅蜀이후에야 비로소 토벽이 세워졌다고 하지만[105], 주변의 여러 하천으로 성장의 역할을 충분히 대신할 수 있었으므로[106] 성벽이 발견되지 않는다고 해서 이 지역에서의 문명의 단계를 지나치게 축소시킬 필요는 없다고 본다.

101) 段渝,〈巴蜀古代城市的起源·結構和罔絡體系〉,《歷史硏究》1993-1, p.24, p.28.
102) 이 문제는 성시의 출현에 관한 엇갈린 주장과 밀접히 연관되어 있다. 즉 성시가 기존의 취락에서 발전했다고 주장하는 경우에는 성벽의 출현의 의미가 문명의 조건이 되는 데에 미흡한 반면, 취락이 아니라 새로운 집주의 과정에서 성시가 발전했다는 주장(예를 들어 張光直,〈關于中國初期"城市"這個槪念〉, 同氏著,《中國靑銅時代》2集, 三聯書店, 1990)이라면 성벽의 존재가 곧 성시의 출현을 의미하게 된다.
103) 鄒衡,〈中國古代的早期城市〉,《海岱考古》1집, 1989 ; 董琦,〈論我國史前時期的城堡〉,《北方文物》1988-4.
104) 朱楨,〈商代後期都城硏究綜述〉,《殷都學刊》1989-1 (→ 復引報刊資料 K21 1989-8) 참조.
105) 譚繼和,〈成都建城問題續考〉,《成都文物》1989-1.
106) 羅開玉,〈成都城的形成和秦的改建〉,《成都文物》1989-1.

결국 성벽을 갖춘 三星堆는 물론 그렇지 않은 成都지역도 성시가 발전되었을 가능성이 있다는 것이지만, 이 점은 성벽과 아울러 성벽으로 둘러싸인 내부의 유적지에서 계층분화의 단계를 확인함으로써 더욱 분명해질 것이다. 고고자료상으로는 묘장의 수장품의 多寡 혹은 가옥규모의 차이에서 드러날 수 있는데, 殷周시기 川西지역에서 발견되는 묘장의 수가 절대적으로 부족하므로 대신 三星堆와 成都등지에서 발견되는 가옥유지를 살펴보고자 한다.

1980년 三星堆유지내에서는 18좌의 방옥유지를 발견했는데[107] 1986년 다시 많은 건축유지를 발견하였다.[108] 모두 나무구조의 건축들로서 지면위에 건축된 것으로 추정되는데, 木骨泥墻·榫卯접합의 형태를 보여주며 보통은 $20m^2$정도이지만 그 중에는 몇개의 방으로 이루어진 $70m^2$정도의 가옥도 발견되었다. 이 정도의 규모를 가진 대형가옥은 궁전일 것이라고 종종 지적되곤 한다.[109] 적어도 밀집된 소규모 가옥유지와 함께 규모가 큰 대형가옥들이 위치하는 것으로 보아 계급분화의 가능성을 엿볼 수 있다.[110]

한편 成都 十二橋유지에서도 나무구조의 대형 건축유지가 $15,000m^2$규모의 지역에 밀집되어 있음이 발견되었다.[111] 이 곳에는 대형 地梁式 궁전과

---

107) 원보고(四川省文管會·省博物館·廣漢縣文化館, 〈廣漢三星堆古遺址〉, 《考古學報》 1987-2)에서는 1기문화에 속하는 早期房屋과 2기문화에 속하는 晚期房屋으로 구분하나, 黃家祥, 〈<<廣漢三星堆遺址>>的初步分析〉, 《考古》 1990-11에서는 1기문화에 속하는 房屋이 없다고 주장함으로써 모두 2기문화에 속한다는 견해를 보인다. 그러나 원보고에서도 지적하였듯이 晚期房屋에서는 3기에 해당하는 유물들이 발견된다는 점과 2기의 房屋도 시기의 早晚이 있다는 것을 지적하고 있음에 유의해야 할 것이다.

108) 陳顯丹, 〈論廣漢三星堆遺址性質〉, 《四川文物》1988-4.

109) 陳顯丹, 〈論廣漢三星堆遺址性質〉, 《四川文物》 1988-4 ; 曉昆, 〈三星堆遺址社會性質初探〉, 《四川文物三星堆遺址研究專輯》, 1989. 다만 이미 仰韶期에도 실면적 $60m^2$에 달하는 方形주거지가 발굴되었고, (陝西省考古所涇水隊, 〈陝西邠縣下孟村發掘報告〉, 《考古》 1960-1) 赤峰石城유지 40호에는 $78.54m^2$의 거주지가 발견되었으므로, (佟柱臣, 〈赤峰東八家石城地勘査記〉, 《考古》 1957-6) 三星堆유지에 $70m^2$에 이르는 대형 가옥유지가 있다는 것만으로 城市 출현을 운운하는 것은 증거가 부족하다고 해야 할 것이다.

110) 孫智彬, 〈三星堆遺址性質補證〉, 《四川文物 三星堆遺址研究專輯》, 1989, p.64는 宮殿 地로서는 규모가 작다고 지적하고 일반 노예주귀족의 가옥정도일 것이라고 한다.

111) 四川省文管會 等, 〈成都十二橋商代建築遺址第一期發掘簡報〉, 《文物》 1987-12. 기본적으로 완전하게 보존되어 있으며, 문화의 내함은 三星堆유지와 매우 유사하며, 발전의 연속성을 찾을 수 있다.

소형 干欄式 건축이 혼재되어 있는데, 地梁式으로 세워진 이 곳의 대형가옥
은 殘長 4~8m에 달하는 地梁이 60~90cm의 거리를 두고 배열되면서 건물
의 기초를 이루고 있으며, 榫卯의 결합방식을 사용하고 있다는 데에서 그
큰 규모와 건축술을 확인할 수 있는 반면, 干欄式의 일반가옥에서는[112] 竹葉
을 사용하여 나무를 연결하거나 혹은 매우 간단한 榫卯방식을 사용하고 담
장도 작은 나무가지로 그물형의 구조를 만든 후 竹葉으로 덮는 형식을 사용
하고 있다. 이 대형유지에 대해서도 三星堆에서와 마찬가지로 대형궁전으로
보는 주장들이 많다.[113] 三星堆의 대형방옥에 비해 그 규모가 매우 크기 때
문에 타당한 견해처럼 보이며, 아울러 그 구조가 매우 선진적이라는 지적을
참고한다면 적어도 부족수장의 가옥이었을 가능성이 높다.[114] 따라서 十二橋
유지는 대형가옥으로 대표되는 통치계층과 소형가옥에 거주하는 일반인들
이 밀집하여 있었던 대규모 거주유지라고 볼 수 있을 것이며, 이는 곧 이
지역에서의 일정한 정도의 계급분화를 의미하는 것이기도 하다.

그러나 古代의 대형방옥에는 수장의 주택 이외에도 공공주택, 집회가옥,
남녀 공소 등의 용도가 있으므로[115], 三星堆와 成都 十二橋유지의 대형방옥
도 이러한 경우에 해당될 수 있다는 가능성을 남겨두어야 하는 것이다. 따
라서 단순한 가옥유지의 규모보다는 오히려 성벽에 둘러싸여진 성시의 전
체규모에 주목하는 편이 더 낳을 듯싶다. 성벽에 의해 둘러싸여진 三星堆유
지의 면적은 사방 2.6km²에 달한다고 한다. 이 면적은 같은 시기 殷代의 偃

112) 河姆渡유적의 干欄유적, 廣東省 高要 茅崗, 이외에도 浙江省 吳興 錢山漾, 江蘇省
丹陽 香草河, 江西省 淸江 營盤里, 雲南省 劍川 海門口, 雲南省 晋寧 등 유사한 기후
를 가진 지역에서 干欄式 건축을 찾을 수 있다.(李克能,〈鄂東地區西周文化分析〉,《東
南文化》 1994-3) 長江 이남지역의 습한 기후를 피하기 위해 일반인들이 干欄式 건축
을 사용하였을 것이라고 추측하기도 하지만, 그렇다고 이들 지역에서 목조 혹은 토담
으로 만든 건축도 자주 발견되므로 일괄해서 말하기는 곤란하다. 마찬가지로 成都 十
二橋유지에서의 干欄式 방옥도 단순히 기후조건만으로 설명하기는 곤란한 것이다.
113) 四川省文管會 等,〈成都十二橋商代建築遺址第一期發掘簡報〉,《文物》 1987-12.
114) 談繼和,〈成都古爲巢居氏族居住地續說 —成都十二橋干欄式遺存的新啓示—〉,《成都
文物》 1988-1 ; 孫智彬,〈三星堆遺址性質補證〉,《四川文物 三星堆遺址研究專輯》,
1989, p.64.
115) 汪寧生,〈中國考古發現中的"大房子"〉,《考古學報》 1983-3.

師 商城이 1.9km²의 규모를 가지고 있었고, 鄭州商城이 2km²정도의 규모를 가지고 있었던 것에 비해 오히려 더 큰 것이다.[116] 이것만으로 그 사회조직을 논한다는 것은 성급한 것이겠지만, 적어도 상당히 발달된 정치조직의 존재를 상정하기에는 충분하다고 해야 한다. 더우기 성벽의 바깥쪽에도 12km²에 걸쳐 적지 않은 유물이 밀집되어 발견되고 있는데[117] 같은 시기 殷의 남쪽 기지의 성격을 갖는 湖北省 盤龍城의 규모가 70,000m², 西周前期 長江중류유역에서 규모가 가장 크다고 하는 湖北省 黃陂縣 魯臺山 兩周유지가 1.3km²였다는 것과[118] 비교해 보면 이 지역을 통치하는 조직의 정치역량을 충분히 추측해 볼 수 있을 것이다. 成都 또한 十二橋유지를 중심으로 동서 5km, 남북 3km에 걸쳐 殷代의 유지들이 계속 발견되는 것으로 보아[119] 十二橋유지는 전체유지의 일부라고 판단되며 따라서 殷周시기 成都의 성시 규모는 훨씬 컸을 것으로 추정된다. 뿐만 아니라 殷周시기의 묘장이 발견되지 않는 것도 당시 묘지가 城市 바깥에 두어지는 규칙으로 보건대 이들 지역을 성시가 성장한 지역으로 보아도 별 문제가 없다고 생각된다.[120]

결국 三星堆유지는 12km²에 달하는 유지의 범위에 걸쳐 성시를 형성하면서, 대규모의 성벽을 갖추고 있고, 성벽안에는 成都만큼의 대규모유지는 아니더라도 밀집된 가옥들의 형태를 통해 통치계층의 성장을 엿볼 수 있었다. 成都에서는 三星堆와 같은 성벽을 찾을 수 없으나 매우 광범위한 범위에 걸친 거주유지를 확인할 수 있었으므로 三星堆와 마찬가지로 城市가 형성되어 성장하고 있었다고 보아도 좋을 것 같다.[121]

---

116) 段渝, 〈蜀文化考古與夏商時代的蜀王國〉, 《四川文物》 1994-1.
117) 陳德安, 〈三星堆遺址〉, 《四川文物》 1991-1.
118) 湖北省博物館・北京大學考古專業 盤龍城發掘隊, 〈盤龍城1974年度田野考古紀要〉, 《文物》 1977-1 ; 黃陂縣文化館・孝感地區博物館・湖北省博物館, 〈湖北黃陂魯臺山兩周遺址與墓葬〉, 《江漢考古》 1982-2.
119) 王毅, 〈成都市蜀文化遺址的發現及其意義〉, 《成都文物》 1988-1. 宋治民은 尖底器의 비중이 많아지는 商代後期~西周後期에 비정하며(宋治民, 〈早期蜀文化的再探討〉, 《成都文物》 1989-1), 成都 시내 蜀文化유지중에서 가장 이른 夏商之際로 비정하는 경우도 있다.(王毅, 〈成都市區蜀文化遺址的新發現〉, 李紹明等 主編, 《巴蜀 歷史・民族・考古・文化》, 巴蜀書社, 1991)
120) 羅開玉, 〈成都城的形成和秦的改建〉, 《成都文物》 1989-1.

두번째 문명의 조건은 문자의 출현인데, 川西평원지역의 경우 아직 이 점은 분명치 않다. 다만 최근 그 존재를 인정하고자 하는 몇몇 연구가 보이기 시작했는데, 三星堆유지에서 발견된 도기에 각선부호가 그려져 있고, 成都 十二橋유지 殷代문화층에서 출토된 陶紡輪에서도 作房의 소재를 표시하는 것처럼 보이는 문자가 발견되었으며, 또 三星堆 2호갱에서는 殷代문화층에서 출토된 것보다 좀더 복잡한 형태의 글자로 판명되는 문자가 새겨진 石邊璋이 발견되었다는 것이다.[122](그림 3) 그러나 발견된 것들은 모두 매우 원시적이고 초보적인 형태의 부호에 그치고 있으며, 기껏해야 청동문명 이전의 신석기문화에서도 발견되는 陶文字의 범위를[123] 결코 넘지 못하는 것이다. 따라서 현재로서는 川西지역에 문자가 출현했다고 보기 힘들다.[124] 다만 四川지역에는 전국시기에 중원의 문자와는 다른 계통의 巴蜀文字가 출현하는데, 戰國시대의 巴蜀文字가 갑자기 형성되었을 리 없으므로 그 문자의 형성을 殷周시기까지 소급해 볼 가능성이 있으며[125], 또한 江西 吳城유지에서나[126] 太湖유지[127]에서 매우 특징적인 부호 혹은 도문이 출토됨으로써 각 지역에서 문자형성과정이 확인되고 있고 있다는 것도 川西평원지역에서의 문자형성과정이 진행되었을 가능성을 남겨두게 한다. 특히 최근 山東省 丁公유지에서 중원의 甲骨文과는 별개의 계통으로 인정되는 용산문화 말기의 문자가 발견되어 연구자간의 논의가 한창이지만[128], 적어도 고대 지역문명에서

---

121) 이외에도 성시의 존재를 보여주는 것으로 폭 1.5m, 깊이 0.4-1.2m의 溝가 발견되었으며, 그 방향이 房屋의 배열과 같은 방향으로 향해져 있기 때문에 배수시설은 아닌 가라는 추측이 있다. (狩野直禎, 〈廣漢發見の古代祭祀坑遺跡〉, 《京都女子大學宗敎・文化硏究所紀要》 2, 1989, p.63)

122) 段渝, 〈巴蜀古文字的兩系及其起源〉, 《成都文物》 1991-3.

123) Cheung Kwong-yue, "Recent Archaeological Evidence Relating to the Origin of Chinese Characters", David N. Keightley ed., *The Origins of Chinese Civilization*, University of California Press, 1983.

124) 子規, 〈三星堆國際學術討論會綜述〉, 《中國史硏究動態》 1992-7.

125) 段渝, 〈巴蜀古文字的兩系及其起源〉, 《成都文物》 1991-3.

126) 唐蘭, 〈關于江西吳城文化遺址與文字的初步探索〉, 《文物》 1975-7.

127) 張明華・王惠菊, 〈太湖地區新石器時代的陶文〉, 《考古》 1990-10.

128) 王恩田・田昌五・劉敦愿・嚴文明 等, 〈專家筆談丁公遺址出土陶文〉, 《考古》 1993-4 ; 徐基, 〈龍山文化丁公陶書簡論〉, 《東南文化》 1994-3.

중원의 문자와 다른 계통의 문자의 발전이 이른 시기부터 있었을 가능성을
시사했다는 점은 주목해두어야 할 것이다.

　세번째는 청동기의 출현인데, 문명의 존재를 확인할 때에 필수적으로 꼽
히는 조건이다. 청동주조기술이 자생적으로 발전했는지 외부로부터 받아들
인 것인지에 따라 문명의 전체적 성격도 크게 달라지지만, 청동기는 사회의
내부적 발전이 없이 단지 외부로부터의 청동기 유입만으로 결코 발전되지
못한다는 점에 주의하여야 한다.[129] 청동기를 주조하기 위해서는 동·아연·
주석의 채광을 비롯한 芯范과 外范의 제작이 준비되어야 할 뿐 아니라 冶煉·
澆鑄등의 많은 주조과정을 거쳐야 하는데, 이러한 과정에는 엄청난 노동력
과[130] 주조기술의 축적이 필요하고 아울러 이를 강제하는 정치권력의 존재
가 필요하기 때문이다. 바로 이런 점에서 청동기의 출현은 그 지역에서 상
당한 정치권력이 뒷받침된 문명이 존재했다는 것을 보여주는 중요한 표지
가 되는 것이다. 그러므로 청동기가 川西평원지역에서 주조되고 있었던 사
실이 확실하다면, 설령 紅銅단계로부터의 점진적 발전이 보이지 않는다고
하여도 그것은 바로 사회의 내부적인 발전이 성숙되었다는 것을 의미하며
따라서 일단 문명 그 자체의 존재를 증명하는 데에는 아무런 문제가 되지
않는다. 新繁縣 水觀音墓葬과 漢源 및 彭縣 竹瓦街에서 출토된 청동기들은
빨리는 殷代早期에서 周代에 이르는 시기에 해당되는데, 그 중 일부는 직접
중원으로부터 유입되기도 하였지만, 대부분은 중원의 문양이나 器形에서 중
원의 영향이 있기는 해도 나름대로의 독자적 성격을 갖추면서 川西평원지
역에서 주조되었던 것들이다.[131] 또 三星堆 1·2호갱에서 출토된 1톤에 가까
운 엄청난 규모의 청동기들의 경우에도 바로 주변에서 芯范이 발견되었다
는 보고가 있을 뿐 아니라[132] 다른 어느 곳에서도 찾을 수 없는 독특한 모습

129) 李先登, 〈試論中國古代靑銅器的起源〉, 《史學月刊》 1984-1.
130) Ursula Martius Franklin, "On Bronze and Other Metals in Early China", David N.
　　Keightley ed., The Origins of Chinese Civilization, University of California Press,
　　1983.
131) 四川省博物館·彭縣文化館, 〈四川彭縣西周窖藏銅器〉, 《考古》 1981-6.
132) 四川省文物管理委員會 等, 〈廣漢三星堆遺址一號祭祀坑發掘簡報〉, 《文物》 1987-10, p.4.

을 갖추고 있다는 점으로 미루어 이 지역에서 주조되었다는 점을 분명히 확인할 수 있다. 더구나 그 규모가 1톤에 가깝다고 하는데, 청동기 주조에 필요한 재료인 동·아연·주석의 양은 보통 만들어지는 청동기의 몇배에 달한다고 하므로 1톤에 해당하는 三星堆 청동기를 가능케 한 당시의 사회구조를 상정한다면, 川西지역에 충분히 발전된 청동문명이 존재했다는 데에는 아무런 이견을 제기할 수 없을 것이다.

각 지역마다의 특수한 사정이 고려되어야 하기 때문에 문명의 조건을 한두가지 갖추었다고 해서 곧바로 문명이 존재했다고는 할 수는 없지만, 川西지역의 三星堆와 成都지역에는 대규모 성장, 가옥유지, 그리고 엄청난 양의 청동기의 존재라는 기본적인 조건이 동시에 갖추어져 있다는 점에서 川西지역을 중심으로 한 청동문명의 존재, 그리고 이를 가능케 한 대규모 정치권력의 존재를 부정할 수는 없을 것이다.

다만 마지막으로 川西지역 청동문명의 범위를 고찰해 둘 필요가 있다. 川西지역의 몇몇의 유적지와 유물의 문화성격이 비록 일정한 문명단계에 오른 것은 사실이라 해도, 가령 그것들 사이에 공통된 문화를 찾지 못하고 각각 유적지별로 완전히 다른 별개의 문화를 대표하게 된다면, 각각의 유지는 흩어진 작은 문화유적 정도의 의미 이상을 갖기 어려우며 이는 다시 일정한 범위를 아우르는 정치조직의 부재를 의미하게 되므로 그만큼 川西지역의 청동문명은 그 의미가 축소되기 때문이다.

실제로 川西지역의 많은 유적들은 각 유적마다 특별한 문화특성을 가지고 있다. 특히 三星堆와 成都의 유적들은 시간적 차이를 감안한다 하더라도 적지 않은 문화적 차이를 보여주고 있다. 앞서 살펴본 대로 三星堆에서는 대규모의 성벽이 발견되는 반면, 成都지구에서는 戰國시대 이전에는 성벽을 확인할 수 없다는 점도 그 커다란 차이이며, 또 三星堆의 건축들에서는 지면건축이 주종을 이루고 있는 반면 成都 十二橋의 유지에서는 干欄式 건축이 주를 이루고 있다는 점, 三星堆에는 木骨泥墻의 건축형식이 사용되는 반면 成都에서는 그물모양으로 얽은 나무에 竹葉을 덮는 형식이 사용되었다

는 차이도[133] 확인할 수 있다. 三星堆의 유지가 成都의 유지보다 시간상 앞
서는 것은 사실이지만 최근 成都주변에서 殷代의 기물이 적지 않게 발견되
는 것으로 보아 三星堆유지와 같은 시기에 成都 또한 성시의 발전을 이루고
있었다고 한다. 이처럼 단지 시간의 경과만으로 양자간의 차이를 설명하기
곤란하다면 각각을 三星堆類型과 成都類型으로 명명해도 좋을 것 같다.[134]
많은 다른 연구들이 이를 묵시적으로 따르는 것도 이러한 유적별 차이를 인
정한 결과이다.[135]

　川西지역에서 발견된 殷周시기 묘장은 매우 드문 편이어서 명확한 구분
이 어려운 형편이지만, 대략 다음과 같은 구분이 가능하다. 우선 新繁 水觀
音의 早期묘장과 三星堆유지의 4좌 묘장에서 볼 수 있는 형태인데, 형태는
불규칙한 土坑墓이며, 葬具가 없다.[136] 두번째는 新繁 水觀音의 후기묘장인
데, 많은 수의 陶罐이 묘갱의 주위를 둘러싸고 있는 형태로서 청동기의 수
장품이 보인다. 세번째는 石棺葬인데, 일반적으로는 春秋戰國시기의 묘장으
로 알려져 있지만, 최근 발굴조사 결과 茂汶 城關 제1조(Dm13-16)가 西周
까지 앞당겨질 수 있다는 보고를 비롯해[137] 극히 일부이기는 해도 殷周시기
까지 소급될 수 있다고 지적된다.[138] 이와 같이 묘장의 형식에서도 지역별로
차이가 존재했을 가능성이 있는 것이다.

133) 王毅,〈成都市蜀文化遺址的發現及其意義〉,《成都文物》1988-1.
134) 羅開玉,〈三星堆遺址與古代西南文化關係初論〉,《四川文物 三星堆遺址研究專輯》,
　　 1989.
135) 段渝,〈巴蜀古代城市的起源·結構和罔絡體系〉,《歷史研究》1993-1 ; 莊文彬,〈三星
　　 堆文化與西南地區文化傳播的源流〉,《四川文物》1992-2.
136) 羅開玉,《古代西南民族墓葬研究》(中國四川大學 考古學博士學位論文, 1989) p.13에
　　 서는 三星堆의 墓葬의 경우 墓主가 여성과 어린아이로 판명되었기 때문에, 葬具가 없
　　 다는 것을 특징적 요소로 받아들일 수 없다고 한다.
137) 林向,〈成都平原早期蜀文化遺存初析〉,《成都文物》1988-3.
138) BP 3500년 정도까지 거슬러 올라가는 丹巴縣 罕格依유지에서 石砌長方形의 방옥
　　 과 1좌의 묘장이 발견되었다는 보고가 있는데, (《考古文物新發現》,《考古學年鑑 1991
　　 》, 文物出版社, 1992, p.273) 그 묘장의 형태가 어떤 것인지 정확한 보고가 없는 현재
　　 속단하기는 어렵지만, 주변에 대량의 石棺葬이 분포되어 있다는 것, 방옥의 형태가
　　 石砌形이었다는 것으로 보아 石棺葬의 연대도 상당히 소급될 가능성이 충분하다고
　　 생각된다.

그러나 넓은 지역을 통치하는 사회조직을 상정한다면, 그 안에는 생활풍습이나 묘장풍습을 달리하는 여러 집단이 얼마든지 있을 수 있다는 점을 간과해서는 곤란하다. 즉 이상에서 살펴본 지역별 차이는 결코 청동문명의 문화적 주체가 달랐다거나 혹은 이들 지역을 아우르는 정치조직의 부재를 의미하는 것은 아니라는 것이다. 성벽의 유무는 그 지형에 따라 얼마든지 다를 수 있고, 건축양식도 그 지방의 기후와 관련된다는 지적이 있다. 묘장의 경우에도 두번째 유형인 新繁 水觀音의 후기묘장의 경우 다른 곳에서는 찾을 수 없는 특수한 단 하나의 예에 지나지 않고, 세번째 石棺葬도 川西高原지대의 岷江 상류에 국한된다는 지역적 한계가 있는 반면, 川西평원에 해당하는 지역에서는 첫번째에 해당하는 토갱묘가 발견될 뿐이라는 점에 유의해야 한다.

각 유지마다의 문화적 차이는 본래 무엇보다 도기의 형태에서 드러나기 마련이다. 신석기문화 단계에서 川西평원의 문화와 동부, 남부의 신석기문화가 다른 유형이었던 것은 이미 지적했던 바이지만, 이는 신석기문화 단계에서 문화의 주체가 달랐다는 것을 말해주는 것이었다. 그러나 청동문명의 단계에 들어선 뒤에는 도기 형태의 차이가 전혀 발견되지 않는다는 것은 아니지만, 이전 신석기문화 단계보다 훨씬 넓은 지역에 걸쳐 공통된 문화성격이 확인된다는 점을 주목할 필요가 있다.[139] 三星堆유지의 小平底陶罐, 尖底罐, 高柄豆, 陶盃 등과 같은 기본적 전형기물이 모두 成都 十二橋 商周유지, 新繁 水觀音 商周유지, 成都 指揮街 周代유지, 雅安 沙溪 西周유지 등 川西평원과 주변 구릉지구에 집중되어 출토되고, 일정한 유사성과 계승관계를

---

139) 종종 여러 부족의 연합적 성격을 강조하기 위해 三星堆유지에서는 陶塑 혹은 石彫의 馬, 羊, 猪, 鷹, 杜鵑, 鼠, 鷄冠, 蛙 및 각종 鳥類, 그리고 虎紋, 云紋 등이 발견된다는 점이 강조된다. 이것들은 각각 靈이 있다는 애니미즘사상에 기원한 토템의 성격이 강하며, 따라서 여러 토템이 한 곳에 모여있다는 것은 이들 종족의 연합을 암시한다는 것이다. (巴家云,〈三星堆遺址所反映的蜀人―些宗敎問題的硏究〉,《四川文物 三星堆遺址硏究專輯》, 1989, p.56 ; 熊傳新,〈商周靑銅器的動物造型和紋樣與古代圖騰崇拜〉,《南方民族考古》第3輯, 1990) 그러나 三星堆유지의 시대는 토템이 기능하는 시대가 이미 지났던 때이므로, 三星堆유지의 여러 동물상징을 부족의 토템 혹은 그 혼적·역사라고 해서는 곤란하다는 문제가 있다.(張光直,〈談"圖騰"〉,《中國文物報》1993. 8.22.)

갖는다는 것이 그 대표적 예이다.[140]

川西평원 지역에 공통된 문화성격은 단지 도기에 그치지 않는데, 오히려 도기보다 청동기에서 훨씬 분명한 문화적 공통성을 찾을 수 있다. 三星堆, 彭縣 竹瓦街, 漢源 등지에서 발견된 청동기는 그 종류와 기형, 문양 등 모든 면에서 지역간의 차이점을 발견할 수 없을 정도로 동일한 모습을 보여준다. 사실 앞서 지적한대로 청동기의 출현은 대규모의 노동력과 원료 공급이 필요한 만큼 그 정치권력이 상당한 규모의 지역을 장악하고 있어야 하는 것이다. 그런데 여기에 동일한 형태의 청동기가 川西평원지역에 공통적으로 확인된다면, 이 지역을 하나의 정치권력에 의해 통합되는 청동문명으로 이해해도 전혀 문제가 없을 것이라 생각한다. 비록 건축양식과 묘장양식에 약간의 차이가 있는 것은 그만큼 넓은 지역을 포함하고 있는 데에서 생긴 자연스러운 결과라 해야 할 것이다.

2. 祭祀權力의 성장

이처럼 川西평원의 넓은 지역에 공통적인 청동문명이 확인된 이상, 이 지역에 거주하고 있었던 여러 집단을 하나의 청동문명으로 통합할 수 있었던 정치권력의 존재가 분명하게 부각될 필요가 있다. 夏代에 비정되는 중원의 여러 유적이 정치권력의 존재 가능성을 암시하지만 殷代와 같은 구체적 왕권의 존재를 확인하기 어렵기 때문에 더 이상의 적극적 평가를 받지 못하는 것과 마찬가지로, 川西평원에서의 청동문명도 보다 구체적인 왕권의 존재를 점검해야 비로소 그 성격이 분명해 질 것이다. 다만 殷代와 같이 王墓가 발견되는 것도 아니므로, 그 대신 여러 집단을 하나의 청동문명으로 통합하고 그것을 유지할 수 있었던 기제가 어떤 것이었는지 확인하는 방법을 사용하

---

140) 四川大學歷史系考古敎硏組,〈廣漢中興公社古遺址調査簡報〉,《文物》1961-11 ; 陳顯丹,〈廣漢三星堆遺址發掘槪況, 初步分期〉,《南方民族考古》2輯, 1989 p.227 ; 沈仲常 黃家祥,〈從新繁水觀音遺址談早期蜀文化的有關問題〉, 徐中舒 編,《巴蜀考古論文集》, 1987.

46

기로 한다. 즉 川西평원을 통합하고 있었던 정치권력이 과연 어떠한 방법으로 유지될 수 있었는가를 살펴봄으로써 이 지역 청동문명의 성격에 접근해 보고자 하는 것이다.

먼저 川西평원에서의 왕권의 존재를 구체적인 고고자료를 통해 확인해 보도록 한다. 川西평원의 청동문명은 매우 넓은 지역에서 공통적으로 확인되는 만큼 그 안에 여러 집단을 포함하고 또 그들을 통합하는 정치권력의 존재가 있었을 것이라고 추측했었지만, 三星堆 1·2호갱에서 발견된 여러 종류의 靑銅立人像·靑銅人頭像·靑銅人面像들은 이러한 가능성을 보다 분명하게 설명해주고 있는 것 같다. 우선 三星堆 1·2호갱 모두에서 출토된 靑銅人頭像은 다른 지역에서 발견되지 않았던 독특한 人頭像일 뿐 아니라 매우 사실적으로 만들어져 있어 川西지역에 거주하고 있던 구체적인 인물을 표현한 것으로 이해하고 있다. 그런데 이것들이 일률적으로 동일한 모습이 아니라 서로 다른 모습을 보여주고 있다는 점이 주목된다. 1·2호갱의 발굴보고에서도 이들 靑銅人頭像의 모습이 매우 다르다는 점에 주목하여, 코의 형태·머리모양의 처리 등의 기준을 두고 1호갱에서 출토된 13점의 人頭像을 A형, B형, C형의 3가지로, 2호갱에서 출토된 41점의 人頭像을 A형, B형, C형, D형의 4가지로 분류하고 있지만[141], (그림 4) 각각의 유형에서도 차이를 발견할 수 있다. 물론 얼굴의 기본적 골격과 인상은 거의 대부분 매우 유사하다. 즉 1호갱의 A형의 코가 특이할 뿐 다른 人頭像의 눈, 코, 입의 기본적 형태는 동일하므로, 이들 일군의 靑銅人像들은 기본적으로 동일한 혈통에 속하는 인물을 형상화했다고 볼 수 있다. 그러나 머리 혹은 冠모양에서 쉽게 눈에 띄는 靑銅人像간의 많은 차이는 이들이 결코 하나의 부족이라고 볼 수 없게 한다. 《史記》를 비롯한 문헌자료에서도 중국고대에 있어서 부족간의 차이를 잘 나타내주는 것으로 머리모양이 언급되는데, 三星堆 靑銅人頭像들에서 보이는 머리모양의 차이도 단지 한 사회의 계층에 따라

141) 四川省文物管理委員會 等,〈廣漢三星堆遺址一號祭祀坑發掘簡報〉,《文物》1987-10 ; 四川省文物管理委員會 等,〈廣漢三星堆遺址二號祭祀坑發掘簡報〉,《文物》1989-5.

생긴 것이라기[142]보다는 상이한 부족을 의미하는 것이라고 이해해야 할 것이다. 이런 부족간의 차이는 三星堆 1·2호갱에서 출토된 여러 人像들의 의복에서도 찾을 수 있는데, 대형 靑銅立人像의 경우 左衽의 모습을 하는 반면, 또 다른 靑銅跪坐人像의 경우에는 右衽의 의복을 보여주고 있다. 의복의 左衽, 右衽 또한 중화민족과 주변민족을 가늠하는 주요기준이 되었던 만큼 부족간의 문화적 차이를 보여주는 것이라고 하겠다. 이와 같이 靑銅人頭像에서 보이는 차이는 서로 다른 부족을 표현한 결과일 가능성이 가장 크다고 생각한다.[143]

한편 靑銅人頭像의 크기를 통해 각 靑銅人頭像간의 관계를 살펴보자. 출토된 靑銅人頭像들의 크기는 대부분 비슷하다. 물론 발굴보고에 따르면 1호갱의 A형이 29cm, B형이 47cm, C형이 37.5cm이고, 2호갱의 A형이 36.5cm, B형이 34cm, C형이 46.6cm, D형이 13.3cm의 차이가 있지만, 이중 1호갱의 A형, 2호갱의 D형은 완전한 상태가 아니며, 나머지 人頭像의 차이도 특수한 머리모양 때문에 생긴 차이이지 人頭像 자체의 크기의 차이라고 하기는 어렵다. 결국 1·2호갱의 靑銅人頭像은 비슷한 크기를 가지고 있다고 해야 하는데, 상이한 부족을 의미하는 靑銅人頭像의 크기가 비슷하다면 이들 부족간의 정치적 지위도 유사한 것이라고 보아도 무난하지는 않을까? 이들 靑銅人頭像이 따로따로 발견되었다든지 혹은 이들간에 어떠한 관계도 인정하기 어려운 상황이라면 이러한 접근은 불가능하다. 그러나 같은 지역 혹은 동일한 갱에서 함께 출토되었던 이상 이들 靑銅人頭像 사이에는 일정한 관계가 맺어져 있었을 것이라고 충분히 추정되며, 그렇다면 비슷한 크기의 靑銅人頭像은 그 지위도 비슷했으리라는 추측도 그다지 무리한 것만은 아니

---

142) 徐朝龍, 《謎の古代王國 ─三星堆遺跡は何を物語るか》 (日本放送出版協會, 1993) p.114.

143) 기본적인 골격이 유사하다는 점을 고려하면, 동일한 부족출신이었던 것들이 세대를 지나면서 여러 지파로 나뉘어져 갔던 것으로 이해해두는 것이 가장 무난할 듯하다. 羌族의 예이기는 하나 《後漢書》西羌傳 '其後子孫分別, 各自爲種, 任隨所之, 或爲旄牛種, 越嶲羌是也 ; 或爲白馬種, 廣漢羌是也 ; 或爲參狼種, 武都羌是也'와 같은 기록은 같은 부족의 分族현상을 보여주는 것으로 참고할만하다.

라고 생각된다.

결국 다량의 靑銅人頭像이 한 곳에서 발견되었다는 것은 비슷한 지위에 있었던 상이한 부족들이 무엇인가의 원인에 의해 한 곳에 모여있었다는 뜻으로 이해할 수 있을텐데, 과연 무엇때문에 이들이 한 곳에 모이게 되었는지는 알 수 없어도 여러 부족을 한 곳에 모이게 할 수 있었다면 적어도 이들을 통합하는 정치권력이 존재하고 있다는 것을 말해주고 있는 것이라 할 수 있을 것이다. 여기에서 2호갱에서 출토된 靑銅人像 중 가장 규모가 큰 靑銅立人像에 주목해 보자.(그림 5) 人頭만이 아니라 全身을 표현하고 있는 이 靑銅立人像은 높이가 163.5cm이며 臺座를 합하면 260cm에 달한다. 50여개의 靑銅人頭像이 비슷한 크기인데 반해 靑銅立人像은 全身이 표현되었고 그 크기도 靑銅人頭像의 4배정도에 이른다는 것인데, 이들 사이에도 일정한 정치적 관계가 있었다는 가정이 가능하다면 靑銅立人像은 靑銅人頭像들보다 우월한 지위에 있었던 자라고 보아도 좋을 것 같다. 한편 靑銅立人像은 전체크기에 비해 상당히 과장된 크기의 손에 무언가를 쥐고 있는 형상을 보이고 있다. 그것이 무엇인가를 둘러싸고 玉琮說[144], 王杖說[145], 神筒說[146] 등의 견해가 있지만 어느 견해이든지 모두 그것이 제사와 관련되어 있다는 점에는 이견이 없다.[147] 또 복잡한 문양을 한 3겹의 옷을 입고 있다는 점[148], 좌우 손목과 발목에는 鐲을 하고 있으며, 태양과의 교류를 의미하는 것으로 추정되는 花狀의 관을 쓰고 있다는 점들은 모두 靑銅立人像이 제사를 관장하는 巫師의 성격을 보여주기에 충분하다.

얼굴의 기본적 형태가 다른 靑銅人頭像과 같다는 점에서 결코 신비화된

---

144) 沈仲常,〈三星堆二號祭祀坑靑銅立人像初記〉,《文物》1987-10.
145) 孫華,〈關于三星堆器物坑若干問題的辨證〉,《四川文物》1993-4 등에서는 玉琮의 일반적 형태가 외방내원의 모습을 하고 있는 데에 반해서, 청동입인상의 손안의 구멍은 둥글게 파켜 있다는 점을 들어 玉琮說을 반대한다.
146) 錢玉趾,〈三星堆靑銅立人像考〉,《四川文物 三星堆古蜀文化硏究專輯》, 1992.
147) 徐朝龍,《謎の古代王國 —三星堆遺跡は何を物語るか》의 경우는 아예 아무것도 들고 있지 않았다는 의견을 제시하지만, 그도 과장된 손의 모습이 제례와 관련되어 있다는 점을 부정하지는 않는다.
148) 王予・王亞蓉,〈廣漢出土靑銅立人像服飾管見〉,《文物》1993-9.

상상의 인물이 아니라 川西평원지역의 실제인물을 상징하였고, 또 전체 크기가 青銅人頭像보다 훨씬 큰 것으로 보아 이 青銅立人像은 青銅人頭像이 상징하는 여러 부족들을 통합하는 주도적 지위에 있었던 자로 보아도 좋을 것이다. 여기에서 殷代의 왕의 성격이 신권적 성격을 갖춘 巫師의 장 (shaman-king)이라는 점을 고려한다면 이 青銅立人像도 제사를 담당하는 巫師이면서 동시에 王일 수 있다는 견해도[149) 참조할 만하다. 특히 이 青銅立人像과 손의 모습을 비롯해 기본적으로 동일한 형상을 보이지만 그 크기가 훨씬 못미치는 자그마한 青銅立人像이 같은 坑에서 발굴되었는데[150),(그림 6) 이들도 그 형상으로부터 제사를 관장하는 巫師들로 추정되므로 결국 260cm에 달하는 대형青銅立人像이 여러 巫師들을 거느리는 지위에 있으면서 三星堆유지내의 제사를 총괄하는 최고의 권위자 곧 王이었을 가능성이 높아지는 셈이다. 물론 지나친 추론에 지나지 않을 수 있지만, 이 青銅立人像의 지위가 王인지 아니면 단지 巫師였는지 분명히 할 수는 없어도 어쨋든 三星堆유지내에서 여러 부족들을 통합하는 중심이 되었을 것이라고 보는데에는 별 문제가 없는 것 같다. 이러한 측면에서 川西평원 지역에 위치한 여러 집단들을 통합하는 정치권력이 존재하였을 것이라는 앞서의 추정이 이들 青銅人像들을 통해 어느 정도 확인된다.

　다음은 이같은 정치권력이 어떠한 방법으로 유지될 수 있었는가에 대해 살펴보기로 한다. 川西평원에서의 청동문명이 어느 한 순간에 그치는 것이 아니라면, 정치권력을 계속 유지할 수 있는 기제가 마련되어야 하는 것이다. 青銅立人像의 형상을 한 자가 제사를 통해 여러 부족들을 통합하였을 수 있다는 추정을 앞서 해 보았지만, 이 점을 보다 분명히 하기 위해서는 이 지역에서 발견된 청동기의 종류를 살펴볼 필요가 있다. 청동기가 문명의 조건이라고 하는 것은 복잡한 청동기의 제작과정을 강제하는 정치권력이 존재했기 때문이지만, 이것은 동시에 그 정치권력이 무언가 중대한 필요가 있었

---

149) 沈仲常, 〈三星堆二號祭祀坑青銅立人像初記〉, 《文物》 1987-10.
150) 다만 이 청동입인상에 대해서는 최근에서야 매우 간단한 소개가 발표되었다. 陳顯丹, 〈三星堆珍寶鑒賞〉, 《文物天地》 1993-3.

기 때문에 이처럼 힘들고 복잡한 과정을 강제했다는 뜻도 된다. 이같은 필요가 결국은 정치권력이 스스로의 사회조직을 유지하기 위한 것이라고 생각되므로, 만들어진 청동기의 종류를 통해 당시 정치권력의 성격을 짐작할 수 있다는 것이다.

중국내의 기타 지역에서와 마찬가지로 川西평원지역에서도 많은 종류의 武器가 발견된다. 주지하듯이 이미 상당한 국가조직이 갖추어져 성장했다는 殷周시기 그리고 춘추시기까지도 국가의 통합을 유지하기 위해서는 통합을 강제하는 무력이 전제되지 않으면 안된다. 殷墟에서 발견된 甲骨文에서도 殷과 주변지역의 빈번한 전쟁이 확인되지만, 殷墟 西北崗에 위치한 殷王墓의 단 1좌에서 銅矛 731건, 銅戈 72건, 각종 형식의 銅冑가 약 141구 등 엄청난 양의 청동병기가 발견되었다는 사실만으로도 殷代 이후 군사력의 필요성을 실감케 한다.[151] 하물며 아직 중원에서와 같은 국가조직이 완전히 드러나지 않은 川西평원지역의 청동문명 단계에서라면 군사적 필요는 더욱 강조되어야 할 것이다. 사실 川西평원지역에서 발견되는 청동기중에는 병기가 차지하는 비중이 상당히 높다고 지적된다.[152]

즉 新繁 水觀音 晚期 墓葬에서는 청동기가 7건 발견되었는데, 그 중 銅戈가 3건, 銅矛가 1건, 銅鉞이 1건이었고, 나머지 2건이 斧, 削과 같은 공구이었고[153], 漢源에서 출토된 8건의 청동기도 銅戈 2건과 銅鉞 3건의 병기와, 銅鑿 1건, 銅斧 2건의 工具로 이루어져 있다.[154] 1959년 발견 彭縣窖藏 출토 청동기 21건중에서는 銅戈 8건, 銅戟 1건, 銅鉞 2건, 銅矛 1건, 銅錛 1건 등 모두 13건이 병기이었고[155], 1980년 彭縣의 또 다른 곳에서 발견된 窖藏에서의 청동기 17건중에서도 10건이 병기에 해당된다.[156] 청동병기의 비중이 59~72%에 이를만큼 많은 양을 차지하고 있는 것이다. 사실 청동기의 분류에서

151) 成東·鍾少異, 《中國古代兵器圖集》(解放軍出版社, 1990) p.19.
152) 杜乃松, 〈論巴蜀靑銅器〉, 《江漢考古》 1985-3.
153) 四川省博物館, 〈四川新繁縣水觀音遺址試掘簡報〉, 《考古》 1959-8.
154) 岳潤烈, 〈四川漢源出土商周靑銅器〉, 《文物》 1983-11.
155) 王家祐, 〈記四川彭縣竹瓦街出土的銅器〉, 《文物》 1961-11.
156) 四川省博物館·彭縣文化館, 〈四川彭縣西周窖藏銅器〉, 《考古》 1981-6.

공구로 분류된 것들도 얼마든지 兵器로서의 성격을 갖고 있기 때문에, 청동 공구를 병기에 포함시킨다면 川西평원 지역에서 발견된 청동병기의 비중은 더욱 높아질 것이다. 만들어진 청동기 중에 청동병기의 비중이 높다면 이는 곧 군사력에 대한 정치권력의 관심이 표현된 것이라고 보아도 무난할 것 같다. 이같이 뛰어난 성능을 갖는 청동병기를 장악한 정치권력은 이 무력을 바탕으로 그들의 영역을 확대시킬 수 있었을 뿐 아니라 다른 외적으로부터도 스스로를 방어할 수 있었을 것이기 때문이다.

그러나 군사력에 바탕한 전쟁만으로 통합된 사회가 계속 유지되기를 기대하기는 어렵다. 이보다는 항시적인 기제가 마련되어야 하는 것이며, 따라서 '전쟁'과 함께 다른 이념적·제도적 보증이 필요하게 된다. 殷에서 '帝'를 정점으로 형성된 종교적 관념과 그에 부수된 제사체계로 여러 부족에 대한 殷王의 지배를 확인·보증하였고, 西周에서 封建制度와 天命思想을 통해 왕조의 지속적 유지를 정당화했던 것은 이러한 이유에서이다.[157] 1차 문자자료가 거의 없는 川西평원지역에서 西周에서와 같은 이념적이거나 제도적 장치를 찾아내는 것은 거의 불가능하지만, 靑銅禮器가 발견된다는 것으로부터 殷代와 유사한 제사체계가 이 지역 청동문명을 유지하는 통합기제로 작용했을 것이라는 점을 대략적으로나마 추측해 볼 수 있을 것 같다.

川西평원지역에서 청동병기와 함께 청동기의 주종을 이루는 것은 靑銅禮器이다. 앞서 지적한대로 新繁縣 水觀音 유지, 漢源 유지, 彭縣의 청동기窖藏에서 출토된 청동기에서는 전체적으로 병기의 비중이 더 많기는 해도, 여전히 30% 정도의 靑銅禮器가 발견되고 있었다는 점을 간과해서는 곤란하다. 더욱이 三星堆 1·2호갱에서는 오히려 청동병기의 양이 극히 적은 반면, 청동예기의 비중이 훨씬 높게 나타난다. 즉 2호갱에서 戈形器라고 불리우는 병기가 약간 발견될 뿐이지만, 罍·尊·盤·彝·器蓋와 같은 靑銅容器와 銅鈴(그림 7), 爬龍柱形器(그림 8)와 같이 그 용도가 분명치는 않아도 禮器의 일종이라고 추정되는 기물들이 이보다 훨씬 많이 발견되는 것이다. 이

---

157) 李成珪, 〈中國文明의 起源과 形成〉, p.54.

와 같이 靑銅禮器가 다량으로 출토되고 있다는 것은 곧 이러한 禮器를 사용한 제사가 이 사회에서 중시되고 있음을 보여주고 있는 것이며, 동시에 禮樂으로써 등급화되는 단계의 사회가 발전하고 있음을 의미한다고도 볼 수 있다. 청동문명의 발전이 다른 어느 지역보다 상대적으로 늦었다고 생각되는 福建지역에서 비록 청동기가 발견되었다고 해도, 공구와 병기 이외에 청동예기가 발견되지 않는다는 사실은[158] 이러한 점을 약간이나마 시사해준다고 하겠다.

물론 이들 靑銅禮器만으로는 제사체계의 구체적인 성격을 알 수는 없다. 중원에서 발견되는 靑銅禮器가 天地간의 교통을 매개하고 조상들의 精靈과의 교통을 가능케 해줌으로써 통치권의 정당성을 보증받는 역할을 하고 있었듯이[159], 川西평원지역에서의 靑銅禮器도 같은 역할을 하고 있었을 것이라는 추측을 할 뿐이다. 다만 殷代에는 엄청난 희생을 바치면서 帝와 자연신에 대해 매우 빈번히 제사의례가 치루어지고 있다는 것을 甲骨文을 통해 확인할 수 있었고, 西周에서도 조상신에 대한 제사의례가 金文을 통해 확인되는 반면, 이같은 점이 문자에 의해 확인되지 않는 川西평원지역에서 단지 靑銅禮器가 출토된다는 것만으로 곧 제사체계의 존재를 확언할 수 없을지도 모른다.[160]

대신 三星堆에서 발견된 2개의 器物坑과 成都에서 발견된 羊子山 土臺는 이 지역에서 대단위 제사권력이 성장하고 있었다는 것을 일부나마 말해주고 있다. 먼저 成都 羊子山의 土臺부터 살펴보자. 成都의 羊子山은 殘高 10m, 臺底 103.6㎡, 最上層 31.6㎡의 3급 方形 土臺로서 先秦시대 最大의 土臺로 알려져 있는데(그림 9),[161] 우선은 이를 만들기 위해서 130여 만 이

---

158) 林劍, 〈福建新石器文化與靑銅文化槪述〉, 《考古》 1994-5.

159) Chang Kwang-chih, *Art, Myth and Ritual ; The Path to Political Authority in Ancient China*, Harvard University Press, 1983, p.101.

160) 禮器는 靑銅禮器만이 아니라 옥으로 만든 禮器도 다수 눈에 띈다. 그 중에서도 琮, 牙璋은 고래로부터 자연숭배신앙에 사용되었던 것이기 때문에(《周禮》 '璋邸射以祀山川, 以造贈賓客', 周南泉, 〈中國古代玉石璋研究〉, 《考古與文物》 1993-5) 蜀지역의 신권적 성격을 알게 해주지만 역시 구체적 제사체계를 이해하는 데에는 한계가 있다.

161) 그 시기와 관련해서는 西周-戰國說(四川省文管會, 〈成都羊子山土臺遺址淸理報告〉,

상의 흙벽돌이 사용되었고 또 그 각각의 흙벽돌은 일일히 작은 개인용 夯具를 사용하여 고르게 하는 작업에 의해 만들어졌을 것이라는 발굴보고를 통해[162], 이러한 노동력을 강제할 수 있었던 배후에 이 정도의 노동력을 강제할 수 있는 강력한 정치권력이 존재하고 있었다는 것을 확인할 수 있다. 그런데 이와 동시에 이러한 토대의 건축을 강제할 수밖에 없었던 그 정치권력의 필요가 고려되지 않으면 곤란하다. 이 土臺의 사용목적과 관련해서 觀望, 集會, 제사의 장소가 거론되지만, 良渚文化의 瑤山유지와[163] 규모는 달라도 그 형태가 비슷하다는 것을 고려하면 羊子山 土臺 역시 대규모 제사의례와 관련된 것으로 이해하는 편이 나을 것 같다.[164] 단지 觀望과 集會를 위해 이러한 엄청난 규모의 노동력을 동원하였다는 것은 쉽게 이해하기 곤란하기 때문이다. 결국 제사집행의 장소를 건축하기 위해 대대적인 役事를 시행했다는 것인데, 이를 통해 당시 이 지역에서 정치권력이 제사집행을 대단히 중요하게 여겼다고 추측해 볼 수 있다.

보다 구체적 제사의 형태는 三星堆 1·2호갱의 기물을 통해서 분명해진다. 1986년에 三星堆 남쪽 성장 주위에서 발견된 1·2號坑의 성격과 관련해서는 제사갱설을 비롯, 전쟁으로 인한 종묘파괴설, 厭勝說[165], 窖藏說[166], 墓葬陪葬坑說, 蜀王火葬坑說[167] 등 아직도 논의가 분분하다. 가장 많은 연구자들

《考古學報》1957-4), 商代說(林向, 〈羊子山建築遺址新考〉, 《四川文物》1988-5)이 있는데, 최근의 많은 연구들은 후자의 입장을 지지하는 편이다.

162) 四川省文管會, 〈成都羊子山土臺遺址淸理報告〉, 《考古學報》1957-4.

163) 浙江省文物考古硏究所, 〈余杭瑤山良渚文化祭壇遺址發掘簡報〉, 《文物》1988-1.

164) 林向, 〈羊子山建築遺址新考〉, 《四川文物》1988-5.

165) 林向, 〈蜀酒探源 ―巴蜀的'薩滿式文化'硏究之――〉, 《南方民族考古》1, 1987. 영험물을 고의적으로 훼손하는 '厭勝'성의 활동을 의미하며, 이러한 厭勝은 杜宇와 開明 간의 정권교체를 일으켰던 홍수와 관련된 '神像失寵'이었으리라 추측한다. 그러나 이것도 엄청난 재부의 파괴와 2개의 坑의 존재를 설명할 수 없다는 점에서는 마찬가지의 난점을 갖는다.

166) 이 견해는 彭縣지구에서도 窖藏器物이 발견되었다는 사실을 근거로 하고 있다. 다만 갱내부의 출토유물들이 제사용기임과 동시에 대부분 불에 그을려져 있었다는 점 등으로 보아 기타 지역의 교장과는 성격을 달리하고 있다는 문제가 있다.

167) 墓葬陪葬坑說과 蜀王火葬坑說 등은 1986년 '巴蜀的歷史與文化'學術討論會에서 발표된 의견들로서, 부근에 묘장이 발견되지 않으므로 陪葬坑이라 할 수 없으며, 또 1호갱에서 대량의 燒骨이 발견된 것만으로 蜀王을 매장한 것이라고 설명할 수는 없다.

에 의해 채택되는 제사갱설은 출토유물이 대부분 禮器이며 동시에 불에 그
을려져 구덩이에 버려져 있다는 사실에 주목하여 '燎祭'·'埋葬'의 과정을 갖
는 祭祀의 결과라고 한다. 그러나 제사갱설은 당시의 생산력으로 보아 한번
의 祭祀에 너무도 많은 청동기 등의 재부가 투여되고 있다는 점을 이해하기
어려우며, 중원에서의 제사갱 형식과 차이가 있다는 점, 청동기가 세심하게
만들어진 것으로 보아 일회용이라 볼 수 없다는 문제점이 있어[168] 설득력을
잃는다. 이같이 일회용이 아니라면 1·2호갱의 기물은 오랜동안 제사의례에
사용되어온 禮器라고 보아야 할 것이다. 또 이런 禮器들을 외적의 침입시
가지고 가지 못하거나, 혹은 '不祥之物'이라 생각하였기 때문에 파괴한 결
과라고 보는 주장도 있지만, 이러한 가능성은 갱에 이르는 墓道가 잘 갖추
어져 있다는 점이나 갱내의 기물이 규칙적으로 순서에 따라 배열되어 있는
점으로 보아[169] 받아들이기 어렵다. 갱이 매우 장중한 의식을 거쳐 매장되었
다는 것만큼 그것이 급조되었거나 파괴후 버려진 것이 아님은 분명하다는
것이다. 더우기 1호갱과 2호갱사이에는 시간적 차이가 있는 것으로 보고되
어 있는데, 이 점을 고려하면 1·2호갱이 한꺼번에 제작되었던 것이 아니라
는 사실 즉 일회적인 사건에 의해 이루어지지 않았다는 것을 알 수 있으며
따라서 급박한 상황하에서 청동기를 묻고 도망하였다는 견해는 별 타당성
을 갖지 못한다.[170]

　이와 같이 三星堆 1·2호갱의 성격과 관련하여 지금까지 제기된 견해에
는 각각 많은 문제점이 있는데, 사실 靑銅禮器와 玉器들이 상당히 심하게
파괴되었을 뿐 아니라 불에 그슬려 구덩이에 버려져 있다는 사실은 현재까
지 다른 어느 지역에서도 찾아볼 수 없는 현상이기 때문에 그 성격을 쉽게
논단하기는 어렵다. 그러나 그것이 燎祭의 결과이건 厭勝 혹은 군사적 의례
의 결과이건 어떤 것이든지 간에, 1·2호갱 안에 매장된 禮器들이 장중한

168) 徐朝龍, 〈三星堆"祭祀坑說"唱異 — 兼談魚鳧和杜宇之關係—〉, 《四川文物》 1992-5.
169) 陳顯丹, 〈三星堆一·二號坑幾個問題的研究〉, 《四川文物 三星堆遺址研究專輯》, 1989
170) 孫華, 〈關于三星堆器物坑若干問題的辨證〉, 《四川文物》 1993-4에서는 1호갱과 2호
　　갱 사이에 과연 시간적 격차가 있었는지에 대한 의문을 제시하고 있으나 분명한 결
　　론을 내리지는 못하고 있다.

대규모 제사의식과 관련되어 있다는 것만큼은 분명하다. 이하 1·2호갱에서
발견된 여러 종류의 기물들을 중심으로 이 지역의 제사체계에 조금 더 접근
해 보기로 한다.

  1·2호갱의 기물 중에서 대규모 제사의례를 가장 잘 보여주는 것은 2호
갱에서 출토된 소위 '神樹'라 불리워지는 나무모양의 청동기이다.(그림 10)
아직 실물이 완전하게 공개되지 않았으나 단편적으로 공개된 자료에 따르
면[171], 높이가 4m에 달하는 엄청난 크기를 갖고 있다고 한다. 9개의 가지가
있고 그 각각에는 새와 戈를 비롯한 크고 작은 장식들이 올려져 있으며, 가
지와는 별도로 한마리의 커다란 용이 마치 하늘에서 땅으로 내려오는 모습
으로 나무줄기에 부착되어 있다. 또 꼭대기에는 태양을 상징하는 구슬과 새
가 함께 표현된 장식이 올려져 있었을 것이라고 한다.(그림 11) 우선 이 神
樹는 三星堆 1·2호갱에서 출토된 어느 기물에 비교되지 않을 정도로 가장
규모가 커다랗다는 데에 주목해야 한다. 앞서 巫師 혹은 王을 상징할 것이
라는 靑銅立人像의 크기가 臺座를 포함해 260cm였다는 것과 비교하면, 이
'神樹'가 갖는 종교적 의미와 이를 포함한 제사의례의 규모가 쉽게 드러날
것이다.

  이 神樹는 그 높이와 용의 형태로부터 하늘과의 교통을 원활히 하기 위한
목적이 담겨있으리라는 추측을 할 수 있지만, 이것은 독특한 우주관념이 담
겨진 扶桑·若木·建木사상과[172] 거의 동일한 형태를 보여주고 있다는 점이
흥미롭다. 즉 《山海經》과 《淮南子》에는 10개의 태양이 扶桑 혹은 建木에
걸려있다가 하루씩 번갈아가며 나아가 세상을 비추는데, 이들 태양을 모두
새가 날라준다는 기록이 남아있다.[173] 神樹에는 10개의 태양이 표현되어 있

171) 陳顯丹,〈三星堆珍寶鑒賞〉,《文物天地》1993-3.
172) 蒙文通,《巴蜀古史論述》p.161 ; 鄧少琴,《巴蜀史的探索》p.119에서는《山海經》의
    이러한 내용이 蜀지역의 전설을 충실히 반영했다는 점이 지적된다.《山海經》海內南
    經 '低人國在建木西';《淮南子》墜形篇 '建木在都廣';《淮南子》地形篇 '(建木)衆帝
    所自上下' 등.
173) 何新,《中國遠古神話與歷史新探》(黑龍江敎育出版社, 1989) p.149 '有大木, 九日居
    下枝, 一日居上枝''柱三百里, 其葉如芥, 一日方至, 一日方出, 皆載于鳥'.

는 것은 아니지만, 새가 앉아있는 靑銅花果가 태양을 상징한다고 지적되며[174], 따라서 神樹에 표현된 새는 결국 扶桑전설에서와 같이 태양을 운반하는 모습을 상징한 것이라고 볼 수도 있는 것이다. 사실 이같은 새와 태양간의 관계는 川西평원지역에 국한되는 것이 아니라 河姆渡문화와 良渚문화에서 나타나는 圖像記號속에서도 자주 발견되는 것이다.[175] 결국 神樹는 새에 대한 특별한 관념과 天숭배, 그리고 태양숭배[176] 등이 복잡하게 혼재되어 있는 것이라고 보아야 할 것이다.

이러한 관념은 단지 神樹가 출토된 三星堆에 그치지 않고 川西평원에서 널리 확인된다. 먼저 1·2호갱 주변의 三星堆유지에서는 많은 동물모양의 도기가 자주 출토되는데, 이 중에서도 새의 머리 모양을 하고 있는 도기의 손잡이(그림 12)가 주목된다. 이것을 문헌자료에서의 '魚鳧'와 연결시켜 이해하려는 경향에는[177] 동의할 수 없지만, 이 지역에서 새와 관련된 자연숭배가 있었다는 것은 분명할 것이다. 특히 三星堆 2호갱에서는 높이가 40.3cm에 이르는 大形靑銅鳥(그림 13)를 비롯해 많은 靑銅鳥가 발견되었고, 1호갱에서 발견된 길이 1.4m의 金杖을 비롯한 여러 곳에서 새문양이 자주 발견된다는 것도(그림 14) 이 지역에서 새에 대한 숭배관념을 표현한 것이라고 보아도 무난할 듯 싶다. 같은 갱에서 출토된 많은 靑銅人頭像들이 대부분 35~45cm의 높이를 가지고 있었다는 것을 고려하면, 이것과 거의 비슷한 크기의 새를 청동기로 제작했다는 것 자체가 새에 대한 특별한 의미를 보여주기에 충분하기 때문이다. 물론 같은 유지에서 石彫의 馬, 羊, 猪, 鼠, 蛙와 같은 여러 종류의 동물조각이 발견되고, 金杖에서도 새와 함께 魚와 人面이 동시에 새겨져 있으므로, (그림 14) 새와 川西평원지역 간에 배타적 관계를 설정할 수는 없다.

174) 林巳奈夫,〈中國古代における日の暈と神話的圖像〉,《史林》74-4, 1991.
175) 林巳奈夫,〈良渚文化と大汶口文化の圖像記號〉,《史林》73-5, 1990.
176) 林巳奈夫는 우뚝 솟은 神樹의 형태를 太陽柱라는 기상현상과 연결시킴으로써 태양신숭배를 상징한다고 주장하는 점이 특이하다. (林巳奈夫,〈中國古代における日の暈と神話的圖像〉,《史林》74-4, 1991)
177) 徐朝龍,〈三星堆"祭祀坑說"唱異 ─ 兼談魚鳧和杜宇之關係〉,《四川文物》1992-6.

태양숭배와 관련하여서는 2호갱에서 출토된 바퀴모양의 청동기가 주목된다.(그림 15) 직경이 70cm에 달하는 이 커다란 器物에 대해서는 '車形器'라는 발굴보고[178] 외에도 '車輪'설[179], '蜀楯'설[180], '태양'설[181] 등 여러가지 견해가 있지만, 2호갱에서 함께 출토된 다른 器物들의 성격이 제사의 기능과 관련되어 있다는 점을 강조할 경우 이중 '태양'설이 가장 무난하다고 보아야 할 것 같다. 이 외에도 靑銅立人像의 臺座에 장식된 蓮花紋이나 머리위에 쓰여진 花冠 모두 태양숭배와 관련되어 있다고 지적된다.[182] 한편 앞서 살펴본 成都 羊子山의 土臺에서도 같은 점이 확인된다. 羊子山 土臺는 그 형태로 보아 하늘과의 교통을 원활하게 꾀하기 위한 효과도 있었다는 것을 알 수 있으므로, 天숭배가 보다 적극적으로 표현된 결과라고 생각된다. 《禮記》 祭義篇 '祭日於壇, 祭月於坎'라는 기록과 같이 중국고대에는 태양숭배가 높은 壇위에서 행해졌으므로[183], 成都에서 발견되는 이 높은 제단은 태양신의 숭배, 적어도 신의 강림장소 혹은 제의가 행해지는 장소라는 성격을 띠고 있었으리라 생각되는 것이다.

이와 같이 '神樹'에 표현된 새숭배, 태양숭배, 天숭배 등의 자연숭배 관념을 널리 川西평원지역에서 찾아볼 수 있었지만, 三星堆 2호갱에서 발견된 靑銅人面像에서는 보다 독특한 숭배관념의 일면을 찾을 수 있을 것 같다. 2호갱에서 출토된 A형 大形人面像은 그 크기가 넓이 138cm, 높이 65cm에 달한다.(그림 16) 1・2호갱에서 출토된 靑銅人頭像들보다 매우 크게 만들어졌는데, 다른 靑銅人頭像들의 얼굴이 거의 실물에 가까운 크기인 것에 비해 이것은 분명 특별히 과장되었다고 보인다. 또 이 人面像은 얼굴 모습도 매우 과장되어 표현되어 있다는 점에서 주목을 끈다. 특히 직경 13.5cm의 눈

178) 四川省文物管理委員會 等,〈廣漢三星堆遺址二號祭祀坑發掘簡報〉,《文物》1989-5.
179) 陳顯丹,〈廣漢三星堆靑銅器硏究〉,《四川文物》1990-6.
180) 林向,〈蜀盾考〉,《四川文物 三星堆古蜀文化硏究專輯》, 1992.
181) 胡昌鈺・蔡革,〈魚鳧考 一也談三星堆遺址一〉,《四川文物 三星堆古蜀文化硏究專輯》, 1992.
182) 林巳奈夫,〈中國古代における日の暈と神話的圖像〉,《史林》74-4, 1991, p.111.
183) 李成九,〈中國古代의 市의 觀念과 機能〉,《東洋史學硏究》36, 1991.

은 16.5cm나 돌출되어 있으며, 귀 또한 다른 靑銅人面像과는 달리 특별히 강조되어 크게 표현되어 있다. 이마부분에는 구멍이 있는데, 이 곳에는 따로 발견된 夔龍紋 형태의 靑銅片이 붙여져 있었을 것이라고 추측된다. 한편 크기는 이 大形人面像보다 작지만 똑같이 앞으로 돌출된 눈과 과장된 크기의 귀가 특징적인 2개의 靑銅人面像도 발견되었다.(그림 17) 역시 이마 부분에 위로 길죽하게 솟은 夔龍紋 형태의 靑銅片이 붙여져 있다.[184] 이들 3건의 人面像은 靑銅人頭像이 川西지역의 일반인을 표현한 것과는 달리 특별히 신비스러운 모습을 표현하고자 했고, 이를 위해 눈과 귀 그리고 이마부분을 과장하였다고 보여진다. 이렇듯 신비스러운 모습이 일반인과는 다른 神格을 표현하기 위해서라고 볼 수 있다면, 결국 川西평원에서는 靑銅人面像과 같은 형상에 대해 숭배의 관념을 갖고 있었다고 보아도 무난할 것 같다.

요컨대 文字가 발견되지 않아 분명한 제사체계를 확인할 수 없다는 문제를 갖고 있지만, 三星堆 1·2호갱에서 발견된 다량의 靑銅禮器, 엄청난 크기의 '神樹' 및 成都 羊子山의 대규모 土臺에서 중원지역에 버금갈 만한 대규모 제사권력이 川西평원지역에서도 성장하고 있었다는 사실을 확인할 수 있었고, 아울러 개략적이나마 그들은 새, 태양, 天 등의 자연숭배 관념과 함께 눈과 귀 등이 강조된 신비스러운 숭배대상을 갖추고 있었다는 점도 추정해 볼 수 있었다. 대규모의 노동력을 동원하여 제작했던 여러 청동기와 건축들이 결국은 그들이 대규모 제사를 치루기 위해서였다면, 川西평원지역의 정치권력은 그만큼 대규모 제사의례를 중시했다는 의미가 되는 것이다. 문제는 대규모 제사의례를 중시하는 이유인데, 이 점은 三星堆 1·2호갱에서 '神樹'를 비롯한 대규모 제사의례의 기물들과 함께 川西지역의 여러 집단을 상징하는 靑銅人頭像들이 동일한 장소에서 발견되었다는 사실에서 찾아볼 수 있을 것 같다. 즉 서로 다른 부족을 상징하는 靑銅人頭像들이 한 곳에 모여져 있다는 것은 이들을 통치하는 왕권의 존재를 의미하지만, 동시에 그

---

184) 徐朝龍,《謎の古代王國 ―三星堆遺跡は何を物語るか》 p.113.

곳에서 왕권에 의해 주재되는 대규모 제사의례가 행해졌고 이를 위해 대규모 노동력을 동원하여 각종 청동기물과 건축을 만들지 않으면 안되었다는 것은 이 지역의 왕권이 스스로의 정치권력을 여러 집단들로부터 보증받기 위한 기제로써 대규모 제사의례가 사용되었다는 것을 말해주는 것이라고 생각된다.

물론 이같은 대규모 제사의례는 군사력에 의해 뒷받침되어야 하는 것이었다. 小神樹에 강한 인상을 하고 있는 여러명의 兵士가 기단부에 함께 표현되어 있는 점, (그림 18) 銅齒狀의 銅戈 등 兵器이되 禮器의 성격을 띤 기물이 다수 발견된다는 점, (그림 19) 玉璋의 경우 본래의 의미가 '以起軍旅'라는 점등은 군사력과 제사권력이 별개의 기제가 아니라 양자가 잘 결합하여 기능하고 있었던 것임을 분명히 해준다.[185] 곧 殷周시기 川西평원의 청동문명은 군사력에 의해 뒷받침된 대규모 제사권력을 갖추고 있었던 것이며, 이에 의해 강화된 왕권으로 川西평원의 여러 집단을 통치할 수 있었다는 것이다.

Ⅳ. 周邊地域 諸文化와의 比較

1. 中原地域 殷周文化와의 관계

殷代 이후 川西평원을 중심으로 한 지역에서 발견된 대규모의 성시, 청동기를 통해 川西평원에 걸쳐 발전된 정치권력이 확인되었던 것이지만, 이러

---

185) 三星堆유지와 成都의 殷周시대 유지를 비교하면서, 三星堆유지에 神權的 성격이 집중적으로 보이는 반면, 成都에서는 상대적으로 적게 보이는 점에 착안하여 그 성시의 역할분담을 강조하는 견해가 있다.(段渝, 〈巴蜀古代城市的起源·結構和罔絡體系〉, 《歷史研究》 1993-1) 그러나 군사적 기능과 제사권력의 기능이 분리될 수 없다는 점에서 역할분담은 타당성을 잃는다고 생각되며, 오히려 이는 殷周시대 蜀國의 정치중심지에 神權的 성격이 얼마나 강하게 표현되고 있는지를 역으로 반증해주는 것으로 받아들여야 할 것이다.

한 정치권력은 중원의 殷周와는 어떤 관계에 있었던 것일까? Ⅱ장에서 청동
문명에 들어서기 이전에 이미 중원과의 물적 교류가 있었을 것이라는 추정
을 했었지만, 川西평원지역에 정치권력이 형성된 이후에도 두 지역간에는
여전히 활발한 교류가 진행되었던 것인가? 川西평원지역에서 출토된 청동
기의 성격은 중원지역을 포함한 어느 지역에서도 찾아볼 수 없는 특징적이
라는 점이 눈에 띄는데, 그렇다면 이것은 두 지역간의 문화적 단절에서 비
롯된 것인가? 문헌자료의 내용에 따른다면 두 지역 간에는 전쟁과 공납 등
을 통한 일정한 교류가 확인되는 반면, 殷周의 영역 밖에 위치하면서 독립
적인 성격도 강하게 유지하고 있었다고 하는데, 이러한 점은 고고자료에 의
해서 확인될 수 있는가? 이하 이러한 문제를 해결하기 위해 중원에서 발견
된 고고자료와 川西지역의 것들을 비교해 보고자 한다.

　川西평원지역의 청동문명은 다음과 같은 이유에서 외부문명의 강한 영향
을 받아 발전하기 시작했을 가능성이 높다. 첫째, 청동기를 비롯한 川西평
원의 본격적인 청동문명이 기껏해야 殷중기까지밖에 시대가 올라가지 않는
다는 점이다. 물론 성장의 開築시기는 이보다 조금 시간이 소급되는 것이지
만, 중원지역에서 용산문화말기부터 문명의 단계가 시작하는 것과 비교해보
면 시대가 현저히 뒤늦다고 밖에 할 수 없다. 따라서 시대가 빠른 다른 지
역으로부터 문화가·이동했을 것이라는 추정이 자연스럽게 제시되는 것이다.
물론 시기가 늦다는 이유만으로 곧바로 다른 지역으로부터의 직접적 영향
에 의해 문화가 개시되었다고 할 수는 없지만, 일단 고고자료속에서 중원지
역과의 유사성이 나타난다면 시기가 보다 이른 중원의 영향으로 보는 것이
타당할 것이다.

　둘째, 川西평원의 청동문명에서는 선행하는 청동문화 초기단계가 확인되
지 않는다는 점이다. 중원 및 기타지역에서는 본격적인 청동문화가 발견되
기 전에 紅銅단계로부터의 점진적 발전이 확인되는데, 이를 통해 그 지역에
서 오래전부터의 문화축적이 가능했고 이를 바탕으로 자생적 발전이 가능
했다고 본다. 그러나 川西평원지역에서는 청동문화 이전에 해당하는 단계가

발견되지 않는데, 그렇다면 적어도 청동문화는 자생적으로 발전한 것이 아니라 외부로부터 도입되어 온 것이라는 결론에 이르게 되는 것이다. 그렇다고 川西평원의 청동문명에 자생적인 부분이 없다는 것은 물론 아니다. Ⅱ장에서 보았듯이 신석기문화 말기 이후 三星堆 청동문화층이 이어지는 것으로 보아 이 지역에서 기본적 도기유형이 계기적으로 발전하고 있다는 사실을 확인할 수 있으며, 그 형태는 중원의 도기유형과는 분명히 구별된다.[186] 그러나 기본적인 도기기형이 자생적 발전을 하고 있었다는 것과 외부로부터 청동문명의 도입이 있었다는 것은 별개의 문제이다.

이와 같이 川西평원지역의 청동문명은 외부로부터의 강한 영향을 전제하지 않으면 곤란하다. 물론 그 외부문화가 반드시 중원문화일 필요는 없지만, 현재까지로서는 같은 시기에 가장 선진적 청동문명을 보이고 있는 중원지역으로부터의 영향이 우선적으로 고려되어야 하므로, 川西지역 청동문명의 여러 기물에서 이러한 중원의 영향을 살펴봄으로써 두 지역간의 관계를 살펴보도록 한다.

먼저 玉器에 나타난 중원문명의 영향에 대해서 살펴보자. 川西평원 청동문명에서의 玉器는 1929년 廣漢 月亮灣 眞武宮에서 璋·圭·琮·璧·斧 등 3~400건의 玉器가 발견되면서 주목받기 시작했던 것이지만, 그 이후에도 廣漢지역을 중심으로 계속 발견되었다.[187] 그런데 이와 같이 川西평원지역에서 발견된 다량의 玉琮·玉瑗·玉環·玉釧·玉戈 등 玉器가 二里頭유지와 殷墟의 婦好墓 혹은 西周시기 여러 유지에서 발견된 것들과 거의 일치하고 있기 때문에[188], 이 두 지역간에는 상당한 물자교류가 있었을 것이라고 추측

---

186) 陳顯丹 陳德安,〈三星堆遺址的文化特徵〉, 李紹明等 主編《巴蜀 歷史·民族·考古·文化》巴蜀書社, 1991. 蜀文明단계에서 들어선 三星堆문화는 小平底罐, 尖底罐, 高柄豆, 圈足豆, 三足形炊器를 기본조합으로 하는 陶器와 小型磨光 窄條形 石器를 특징으로 하는데, 이는 鼎, 鬲 甗三足器를 주요 炊器로 하는 중원문화의 陶器유형과 분명히 구별된다.

187) 林向,〈近五十年來巴蜀文化與歷史的發現與研究〉, 李紹明 等主編,《巴蜀 歷史·民族·考古·文化》, 巴蜀書社, 1991.

188) 馮漢冀·童恩正,〈記廣漢出土的玉石器〉,《文物》1979-2 ; 四川省文物管理委員會 等,〈廣漢三星堆遺址一號祭祀坑發掘簡報〉,《文物》1987-10.

된다.

이 중 특히 牙璋이라 불리우는 玉器는(그림 20) 그 闌部가 치아처럼 표현되어 있고, 끝이 갈라져 있으며, 양 옆은 날이 없는 형태를 하고 있는데, 이 것은 이미 1930년대부터 川西평원지역에서 발견된 것들 중에 가장 특징적인 것으로 주목받아 왔던 것이었다는 점에서[189] 중원과의 영향관계를 살피는 데에 좋은 예가 될 것이다. 이러한 川西평원지역에서 발견되는 牙璋의 기본적인 형태는 최근 二里頭 3기 묘장에서 발견된 牙璋[190], 그리고 1958년 鄭州市 南郊 楊莊에서 발견된 牙璋[191] 등 중원의 牙璋들과 동일하다. 중원의 牙璋의 경우에는 二里岡期보다 시기가 올라가는 二里頭유지에서 많은 牙璋 이 발견되기 때문에 川西지역에서 발견되는 牙璋의 시기보다 상당히 이르다는 문제가 남아있지만[192], 중원과 川西평원 지역간의 교류의 모습을 살피기에는 충분하다고 하겠다. 즉 가장 특징적인 玉器라고 하는 牙璋에서도 중원으로부터의 영향을 찾을 수 있다는 것이며, 그만큼 川西평원지역에서의 玉器에 대한 중원의 영향이 적지 않았다는 것을 말해주고 있는 것이다.

川西평원지역의 기물중 중원으로부터의 영향관계는 청동기에 집중되어 표현된다. 청동기의 발전이 가장 이른 곳이 중원인 반면 川西지역에는 앞서 지적한대로 청동기의 순차적 발전문명 이전단계의 문화가 확인되지 않기 때문에, 중원 청동문명이 川西지역으로 전해져 들어왔을 가능성은 매우 농후하다. 川西지역의 청동기 제작기술의 기원이 어디인지는 분명하게 확인되지 않는다. 그러나 일단 청동문명이 성립된 이후부터 이 지역에 지속적인 영향을 주었던 것이 중원의 청동문명이었다는 점은 분명한데, 殷周의 청동

189) 馮漢冀, 〈記廣漢出土的玉石器〉, 《文物》 1979-2.
190) 中國社會科學院考古研究所二里頭隊, 〈1980年秋河南偃師二里頭遺址發掘簡報〉, 《考古》 1983-3, pp.203-204.
191) 趙新來, 〈鄭州二里岡發現的商代玉璋〉, 《文物》 1966-1.
192) 鄭振香, 〈早期蜀文化與商文化的關係〉, 《中原文物》 1993-1. 牙璋은 이외에도 陝西省 神木縣 石峁유지에서 20건이 발견되었지만, (戴應新, 〈陝西新木縣石峁龍山文化玉器〉, 《考古與文物》 1988-5·6合, p.239) 그 형태가 현격히 다르기 때문에 양자간의 관계를 설정하기는 곤란하다. (李學勤, 〈從廣漢玉器看蜀與商文化的關係〉, 李紹明等 主編, 《巴蜀 歷史·民族·考古·文化》, 巴蜀書社, 1991, p.152)

기가 매우 거리가 먼 지역까지 영향을 미쳤다는 사실에서도 수긍할 수 있는 것이지만, 무엇보다도 川西평원지역에서 발견되는 청동기의 형태와 문양이 기본적으로 중원의 것들과 매우 유사하기 때문이다.

彭縣 竹瓦街에서 발견된 청동기 중 銅觶에는 '覃父癸' '牧正父己'라는 명문이 보이는데[193], 殷代 覃氏형제들이 자신들의 조상을 제사하기 위해 만든 殷器 覃氏19器에 '覃父癸'를 제사하는 기물이 보이며, 여기에서의 '覃'은 殷代 主酒之官을 의미한다고 한다. '牧正' 또한 殷代의 牧官之長으로서 殷器에 '牧正'器物이 여럿 보이므로[194], 이들 2개의 청동기는 명백히 殷에서 제작된 기물임에 틀림없다. 이에 대해서는 이들 2개의 殷器가 동일종족이 아니라 각각 다른 종족의 기물이며 또 周가 滅商后 殷의 기물을 전리품으로 분배했다는 기록에 주목하여[195], 蜀이 周의 滅商에 참여한 뒤 周로부터 분배받은 전리품일 것이라고 추측하기도 한다.[196] 殷과의 교류가 滅商에 국한된 것이 아니라는 점을 간과한 결과이지만, 어쨌든 中原에서 만들어진 청동기가 川西평원지역에서 발견되는 것으로 보아 이 두 지역간에 보다 폭넓은 물적 교류가 이루어지고 있었다는 것은 분명한 사실이라고 하겠다.

중원에서 제조된 기물인지 분명하지 않은 경우라 하더라도 川西평원지역에서 발견된 다른 많은 청동기들에서 殷代 청동기의 형태와 문양을 모방하고 있는 것을 발견하기란 어렵지 않은 일이다.[197]

먼저 靑銅禮器를 보면, 川西평원에서 확인되는 尊・罍・觶・盤 등의 기형이 殷과 周初에 유행하는 것과 다름이 없으므로 중원과의 차이를 인정하기

---

193) 王家祐,〈記四川彭縣竹瓦街出土的銅器〉,《文物》1961-11에는 '羊(羌)父癸'라고 석독하였지만, 그 이후의 徐中舒・馮漢冀 등은 모두 '覃父癸'로 읽는다.(徐中舒,〈四川彭縣蒙陽鎭出土的殷代二觶〉,《文物》1962-6 ; 馮漢冀,〈四川彭縣出土的銅器〉,《文物》1980-12)

194) 肖琦,〈陝西隴縣出土周代靑銅器〉,《考古與文物》1991-5.

195) 《史記》周本紀의 '命南宮括史佚展九鼎寶玉 …… 封諸侯, 班賜宗彝, 作分殷之器物'.

196) 徐中舒,〈四川彭縣豪陽鎭出土的殷代二觶〉,《文物》1962-6.

197) 彭縣 竹瓦街의 銅器의 경우에는 13건중 하나의 銅鉞을 제외하고는 모두 中原의 기형과 문양의 영향을 받았다고 한다. 王家祐,〈記四川彭縣竹瓦街出土的銅器〉,《文物》1961-11.

곤란하고 그만큼 중원의 직접적 영향도 부정할 수 없을 것 같다. 三星堆 2
호갱에서 나온 銅罍의 경우는 鄭州에서 발견된 殷代의 銅罍와 유사하며, 역
시 같은 곳에서 출토된 三鳥三羊尊도 殷墟 小屯 18호묘에서 발견된 銅尊과
유사하다고 한다.[198] 물론 殷周시기의 罍가 일반적으로 어깨부분이 넓고 점
차 가늘어지는 데에 반해, 이들은 어깨부분과 腹部부분이 거의 같다는 등의
약간의 차이가 있기는 하지만[199], 전체적인 기형은 殷周시기의 청동기로부터
영향을 받은 것이라고 보아야 할 것이다. 중원문화의 영향은 기형보다는 문
양에서 더욱 두드러진다. 川西평원의 靑銅禮器에 장식된 문양은 대부분 饕
餮紋·夔龍紋·雲雷紋·花紋을 벗어나지 않는다.[200] 이것들은 모두 殷周시
기 중원의 靑銅禮器에서 일반적으로 사용되는 대표적인 문양으로 알려져
있는 것들이므로, 청동기의 문양은 중원문화의 영향을 직접적으로 수용한
것이라고 보아도 좋을 것이다.

　　靑銅兵器의 경우 靑銅禮器보다는 중원의 영향이 많지 않다. 주변지역에
위치한 商代 靑銅器들은 禮器에 비해 兵器와 工具에 지역적 특색이 강하게
나타나는 것이 일반적인 규칙이라고 하며[201], 이 점은 최근 新干 大洋洲에서
출토된 기물에서도 그대로 확인된다. 그러나 역시 기본적인 형태와 문양은
중원으로부터 영향을 받은 것이라고 보여진다. 우선 크게 3가지의 형식으로
나누어 볼 수 있는 蜀戈 중[202] 新繁 水觀音의 戈, 그리고 彭縣 竹瓦街의 戈가
속하는 Ⅰ식戈는 모두 중원의 二里岡期의 戈를 원형으로 하고 있다. 삼각형

198) 鄭振香,〈早期蜀文化與商文化的關係〉,《中原文物》1993-1.
199) 馮漢冀,〈四川彭縣出土的銅器〉,《文物》1980-12.
200) 四川省文物管理委員會 等,〈廣漢三星堆遺址一號祭祀坑發掘簡報〉,《文物》1987-10 ;
　　四川省文物管理委員會 等,〈廣漢三星堆遺址二號祭祀坑發掘簡報〉,《文物》1989-5 ; 四
　　川省博物館·彭縣文化館,〈四川彭縣西周窖藏銅器〉,《考古》1981-6.
201) 李學勤,〈新干大洋洲商墓的若干問題〉,《文物》1991-10.
202) 巴蜀청동기를 다루는 많은 연구들은 馮漢冀의 분류를 따르는데, 보통 戰國시대의
　　銅器를 포함하여 5가지 형식으로 나눈다.(馮漢冀,〈關于楚公㝬戈的眞僞竝略論四川巴
　　蜀時期的兵器〉,《文物》1961-11 ; 宋治民,〈略論四川戰國秦墓葬的分期〉,《中國考古學
　　會第一次年會論文集》, 文物出版社, 1980 ; 淺本達郎,〈蜀兵探源 ―二里岡インパクト
　　と周·蜀·楚―〉,《古史春秋》2, 1985) 그러나 이중 ⅣⅤ식은 戰國이후에서나 확인
　　되는 것이므로, 이를 제외한 3가지 형식으로 나누어 보았다.

의 형태를 띠는 II式戈와 III式戈는 殷墟에서 적게 발견되지만, 역시 殷의 造形을 본받은 것이라는 견해가 많다.[203] 또 彭縣 竹瓦街에서 출토된 雙耳가 특징인 矛도 중원의 二里岡유지에서 찾아볼 수 있으며[204], 漢源縣 출토 청동기중의 直內鉞도 黃陂縣 盤龍城의 것과 유사하다고 한다.[205] 이들 병기에 장식된 문양에 饕餮紋이 많은 것도 중원으로부터의 영향을 짐작케 한다.

이상에서 川西평원에서 출토된 玉器와 靑銅器는 중원에서 직접 만들어져 전해들어온 것도 있지만, 그렇지 않은 경우에도 기형과 문양이 중원으로부터의 영향을 강하게 받아 만들어졌다는 것을 검토해 보았다. 청동기를 중심으로 한 殷周문명은 당시 중원으로부터 매우 멀리 떨어진 湖南省, 江西省 등지까지 영향을 미치고 있었으므로, 四川西部지역에서 중원문명의 영향을 찾을 수 있다는 것도 당연한 일일지 모른다. 그러나 지역에 따라 영향의 정도에 차이가 생기는 점을 고려하지 않으면 안된다. 가령 江西省 贛江하류지역에 위치한 '万年類型'이나 湖南省 澧水유역의 石門皂市유지에는 殷의 영향이 분명한 기물이 몇 건 발견되지만 그 양이 일부에 지나지 않으며 오히려 지역의 토착적 요소가 강하게 남아있는 것들이 많기 때문에 이 지역의 문화를 殷文化라고 칭할 수는 없다고 한다.[206] 반면 湖北省 黃陂縣 盤龍城의 경우 그 곳에서 발견된 청동기와 기타 기물들이 鄭州商城에서 발견된 것들과 매우 흡사하다는 점에서 이 지역의 청동문화가 단순히 중원의 청동문화로부터 강한 영향을 받은 정도가 아니라 중원 殷문명이 거의 그대로 이식된 형태로 규정된다. 다량의 청동기가 발견되는 山東省 益都縣 蘇埠屯유지나 陝西省 西安市 老家坡유지도 마찬가지로 중원문명이 이식된 종속적 유형에 불과할 뿐이라고 지적된다. 따라서 중원으로부터의 영향을 지나치게 강조하는 경우 川西지역의 청동문명도 자칫 중원문화가 이식된 형태로 이해될 소

---

203) 淺本達郞,〈蜀兵探源 ―二里岡インパクトと周・蜀・楚―〉,《古史春秋》2, 1985.
204) 上同.
205) 林春,〈巴蜀的靑銅器與歷史〉, 李紹明等 主編,《巴蜀 歷史 民族・考古・文化》, 巴蜀書社, 1991.
206) 何介鈞,〈商文化在南方的傳播〉,《華夏文明》第3集, 1992, p.278.

지가 있으며, 이 점을 분명히 하기 위해서는 중원지역으로부터의 영향관계가 갖는 한계가 분명히 지적될 필요가 있다.

첫째, 중원으로부터 영향을 받은 기물중에 중원에서 제작되어 전해져 들어온 것이라고 확인되는 것은 많지 않으며, 오히려 상당수는 川西평원지역에서 제작된 것이라는 점이다. 玉器의 경우 완성품과 함께 半成品 및 쓰다 남은 재료가 다량으로 발견되고 있고[207], 아울러 玉器를 제조하는 공구도 발견되고 있는 것으로 보아서[208] 이 지역에서 玉器의 생산이 이루어지고 있다는 것을 알 수 있다. 청동기의 경우에는 우선 그 청동과 아연, 납 등의 배합비율과 같은 주조기술이 중원의 것과 다르며[209], 둘째 三星堆 1·2호갱에서 청동기를 주조할 때 쓰이는 泥芯과 주조 후 남게되는 銅渣가 발견되었던 것으로 보아 갱 주변에서 청동기가 제작되었을 것이라는 점이 지적된다.[210] 이와 같이 옥기와 청동기가 기본적으로 川西지역에서 제조되었다면, 중원으로부터 기형과 문양의 영향을 받았다고 해도 일정한 변형이 있었을 것이고 아울러 그 지역만의 특징적인 요소가 함께 표현되었을 것이라는 것은 쉽게 짐작할 수 있을 것이다.

둘째, 유사한 기형이나 문양을 가지고 있는 두 지역의 기물들에 시간적 차이가 발견된다는 점이다. 가령 중원에서 발견되는 牙璋은 중원의 이리두유지와 이리강유지에서 찾을 수 있지만, 殷墟에서는 거의 찾을 수 없다. 1976년 殷墟 婦好墓에서 援部의 上端부분만이 남은 殘片이 발견되었을 뿐이지만[211], 그것도 牙璋인지 아닌지는 분명하지 않다.[212] 반면 川西평원지역에서 발견되는 牙璋은 약간의 시기의 편차가 있기는 해도 殷末 이전으로 올

207) 四川省文物管理委員會 等, 〈廣漢三星堆遺址二號祭祀坑發掘簡報〉, 《文物》 1989-5.
208) 陳顯丹, 〈三星堆文化玉石器研究〉, 《四川文物 三星堆古蜀文化研究專輯》, 1992, pp.48-49.
209) 曾中懋, 〈廣漢三星堆二號祭祀坑銅器成分的分析〉, 《四川文物》 1991-1 ; 曾中懋, 〈廣漢三星堆一二號祭祀坑出土銅器成分的分析〉, 《四川文物 三星堆遺址研究專輯》, 1989.
210) 四川省文物管理委員會 等, 〈廣漢三星堆遺址一號祭祀坑發掘簡報〉, 《文物》 1987-10.
211) 李學勤, 〈從廣漢玉器看蜀與商文化的關係〉, 李紹明 等 主編, 《巴蜀 歷史·民族·考古·文化》, 巴蜀書社, 1991, p.152.
212) 鄭振香, 〈早期蜀文化與商文化的關係〉, 《中原文物》 1993-1, p.10.

라가지는 않는다. 이미 중원에서 유행하였던 기물들이 川西평원지역에서는
시간이 상당히 경과한 뒤에야 발견된다는 것이다. 鄭州 二里岡期의 것과 유
사한 형태를 가지고 있다는 三星堆 2호갱의 銅罍나 II式 銅戈들도 殷墟에
서는 매우 적게 발견되는데, 이들의 편년은 殷末 이상으로 소급되지 않는다는
점이 牙璋의 경우와 동일하다. 사실 이와 같이 이미 중원에서는 자취를 감
춘 여러가지 기형과 문양들이 주변지역에서 나타나는 현상은 川西평원지역
이외에도 발견된다고 하는데, 西周 穆王時期의 腹部가 아래로 처진 尊과 卣
가 중원지역에서는 자취를 감추었는데도 춘추시기의 湖南 衡山縣 지역에서
여전히 유행하고 있다는 것들을 그 예로 꼽고 있다.[213] 물론 이러한 시간적
차이가 있다고 해서 중원으로부터 영향이 없었던 것은 아니다. 다만 같은
시기 두 지역간의 활발한 교류가 있었다고까지는 할 수 없다는 것이다. 湖
北省 黃陂縣 盤龍城이나 山東省 益都縣 蘇埠屯유지의 경우에는 같은 시기
의 殷文明과 동일한 형태가 발견되는 것이었으므로, 이들 지역과 중원 사이
에 밀접한 관계에 기초한 교류가 있었다고 추정할 수 있었던 것이다. 그러
나 시간적 차이가 현저하다면 적어도 같은 시기에 있어 두 지역간에 동일한
器物이 발견될 정도로 활발한 교류가 있었다고 할 수 없는 것이다. 따라서
상당한 시간을 두고 문화의 전파가 이루어진 것이라고 보는 것이 무난할 것
이다.

　사실 西周시기로 추정되는 유지에 대한 논고에서도 西周器物과의 비교는
상대적으로 적은 편이다. 가령 西周시대의 유적이라고 생각되는 成都 指揮街
유지 등에서도[214] 西周의 器物과의 유사성을 통해 편년이 이루어지는 것이 아
니라, 주변의 다른 유지와의 비교속에서 상대적인 편년이 행해지고 있다. 기
본적인 기형과 문양이 일치하고 있다는 점에서 중원과의 비교도 이루어지지
만, 그 경우 대부분 殷代의 기물과의 비교가 주종을 이루고 있다. 周代의 청
동기가 기본적으로 殷代의 청동기를 계승하였으므로 이들을 명확히 구분할

---

213) 李學勤, 〈百越的尊·卣〉, 同氏著, 《比較考古學隨筆》, 中華書局, 1991.
214) 四川省博物館·成都市博物館, 〈成都指揮街周代遺址發掘報告〉, 《南方民族考古》 第1
　　輯, 1987.

필요가 없을지도 모르며, 成都 羊子山 土臺유지의 형태와 成都 靑羊宮유지의 卜甲처럼 西周이후의 영향을 지적하는 것도[215] 없지 않으므로 西周시기 중원과 川西평원지역간의 교류를 부정할 수는 없다. 그러나 서주시기에 해당하는 유지에서 중원의 은문명의 요소가 오히려 다수 발견된다는 점은 역시 두 지역간의 교류가 安徽省이나 湖北省과 같은 지역에서처럼 시간적 격차를 두지 않을 정도로 활발하지는[216] 않았다는 것을 의미하는 것이다.

셋째, 川西평원지역에서 발견된 기물들이 중원지역에서 발견되었을 경우 두 지역간의 교류관계를 상정해 볼 가능성이 있는 것은 사실이지만, 중원지역에서 발견되는 양이 극히 제한적이라면 양자간의 관계를 지나치게 강조해서도 곤란할 것이라는 점이다. 청동병기 중의 하나인 銅戈의 경우 삼각형의 형태를 한 II식戈와 III식戈가 중원에서 발견되기는 하지만, 후술하듯이 중원에서는 극히 일부만이 발견될 뿐이고 오히려 川西지역과 한중지역에서 더욱 많이 발견된다. 이 경우 川西지역으로부터 중원으로의 영향도 고려해 볼 가능성도 있지만, 아직은 중원에서 출토된 銅戈가 시기가 더 이르기 때문에 곤란하다. 어쨌든 이러한 점에서도 중원으로부터의 영향을 지나치게 강조해서는 곤란하다는 점은 분명하다.

이상에서 살펴본 바와 같이 川西평원지역에서 발견된 여러 기물들은 기형과 문양 등에서 중원으로부터 영향을 받았다고는 해도, 기본적으로 川西지역에서 제작되었다는 점에서 지역적 특징이 강조될 가능성이 크고 또 중원과 川西평원의 유사한 기물간에 시간적 차이가 발견되는 점에서 그 교류관계는 제한적이었다고 보아야 할 것이다. 이와 같은 점은 중원으로부터 영향을 받았다고 하는 川西평원의 기물들에서 중원에서 찾을 수 없는 독특한 특징이 발견될 경우 더욱 설득력을 가질 것이다. 한두가지 예를 들어보면, 기본적 형태가 중원과 동일하면서도 끝부분에 새가 장식되어 있고 또 전체

---

215) 李復華・王家祐, 〈巴蜀文化的分期和內涵試說〉, 李紹明等 主編, 《巴蜀 歷史・民族・考古・文化》, 巴蜀書社, 1991, p.180.
216) 郭寶鈞, 《商周銅器群綜合研究》, 文物出版社, 1981, pp.49-69 ; 王宏, 〈論江漢流域西周時期的文化分區〉, 湖北省考古學會選編, 《湖北省考古學會論文選集》(二), 1991.

적 형상은 玉戈에 접근하고 있는 牙璋이 1호갱에서 발견되고, (그림 21) 2호
갱에서도 다량의 일반적인 牙璋과 함께 길이 54.4cm에 달하는 크기의 대형
邊璋이 발견되지만, 어느 것도 중원에서는 확인되지 않는 것들이다.[217] 獸面
紋 蟠龍蓋式 銅罍의 경우 기본적인 기형과 문양은 모두 중원문명의 것을 모
방하면서도, 뚜껑위에 蟠龍이 머리를 들고 있는 모습을 장식하고 있는 것은
역시 중원지역에서 찾아볼 수 없는 독특한 지역적 형태인 것이다.[218]

2. 其他 周邊文化와의 관계

중원의 殷周문명으로부터의 강한 영향을 받았다는 것은 분명하지만 그렇
다고 지나치게 이를 강조할 수는 없다는 점에서, 川西평원의 문화가 殷周문
명이 이식된 종속적 유형이 아니라는 점은 확인되었다. 그러나 중원문명과
다른 독특한 특징이 발견된다고 해서 그것을 곧 川西평원의 지역적 특징이
라고 할 수 있는가? 川西평원의 청동문명이 위치하는 곳은 秦嶺산맥, 大巴
山 등과 같은 매우 험한 산지로 둘러싸여 있을 뿐 아니라 중원과의 거리도
상당히 멀기 때문에 중원문명과의 교류가 이루어질 경우라도 두 지역을 연
결하는 중간지역을 통해 전달될 수밖에 없다. 따라서 중원문명과의 차이가
이 과정에서 생긴 변형의 결과일 수도 있다는 가능성이 생기는 것이다.[219]

---

217) 중원과의 유사성이 두드러지는 玉琮·玉瑗·玉環·玉釧과 같은 玉器가 그 성격상
禮器에 속하고, 玉斧·玉鑿·玉鏟·玉鋤 등과 같은 工具들에는 지역적 특징이 두드
러진다는 지적도 있으나, (鄭振香, 〈早期蜀文化與商文化의關係〉, 《中原文物》 1993-1)
이는 玉器가 기본적으로 비실용적 禮器라는 점을 간과한 지적이라 하겠다.

218) 馮漢冀, 〈四川彭縣出土의銅器〉, 《文物》 1980-12 ; 楊榮新, 〈早期蜀文化與廣漢三星
堆遺址〉, 《四川文物 三星堆遺址硏究專輯》, 1989, p.48.

219) 이 점은 최근 江西省 新干大洋洲에서 발견된 商墓의 청동기에서도 찾아볼 수 있다.
중원의 商文明의 깊숙한 영향을 받았지만 중원에서 발견되는 청동기와 차이를 보이
는 반면, 新干으로 商文化가 전파되기 위해서 거쳐야 할 湖北省 黃陂縣 盤龍城과 江
西省 淸江 吳城과 같은 남방거점에서 출토된 청동기와 유사하다는 사실이 발견된다.
예를 들어 新干大洋洲의 扁圓虎足鼎과 같은 靑銅禮器는 기본적인 형태를 중원에서의
扁平夔足鼎에서 찾을 수 있지만 같은 器形은 淸江 三橋橫塘 출토 銅鼎에서 찾을 수
있으며, 大型鉞이 일반적인 商式 大鉞과는 약간의 차이를 보이지만 그 형태를 湖北
盤龍城 출토 銅鉞에서 찾을 수 있다는 것이다.(張學壽, 〈記新干出土의商代靑銅器〉, 《

또 중원에서 찾아볼 수 없었던 독특한 특징이 川西평원을 둘러싼 인접지역의 문화가 직접 전해져 들어온 것일 가능성도 충분하다. 사실 중원의 殷周문명도 일부분은 중원 주변의 인접문화로부터 수입된 문화라는 점을 고려하면, 중원 주변의 문화가 중원을 거치지 않고 직접 川西지역에 영향을 미칠 수 있을 가능성은 매우 크다.[220] 童恩正이 중국의 문화영향관계에서 半月形 형태를 상정한 것도 일방적인 중원문명과의 관계 이외에 주변문화간에도 매우 긴밀한 관계가 존재한다는 사실에 주목한 결과이지만[221], 川西평원지역에 대해서도 중원을 제외한 인접지역과의 영향관계가 간과되어서는 곤란하다. 이하 川西평원에 인접한 지역문화와의 비교를 통해 어느 정도의 문화교류가 이루어지고 있었으며, 그것은 중원과의 차이점을 설명해 줄 수 있는지를 살펴보기로 한다.

(1) 陝西지구

殷周시기 중원과의 교류가 활발했다면 그 교류는 주로 이 陝西남부 漢中지역을 거치는 경로를 통해서였을 것이다. 양자강을 통해 四川에 들어오는 경로도 중요하지만, 戰國시대 이후에도 중원과의 교류는 주로 이 陝西남부지역의 褒斜道를 통해 이루어졌던 것으로 보아 殷周시기에도 이 지역을 경유하는 교류가 주를 이루었다고 보아도 좋을 것 같다.[222] 陝西지구에서 川西

中國文物報》 1991.1.21 ; 彭適凡·楊日新,〈江西新干商代大墓文化性質芻議〉,《文物》 1993-7 ; 詹開遜,〈淺議新干商墓出土的扁足鼎〉,《中國文物報》 1991.10.6)
220) 가령 천서평원에서 발견되는 玉器들의 기형과 문양이 대부분 중원에서 발견되는 것들과 유사하기 때문에 중원으로부터의 영향을 강조하게 되지만, 玉琮을 비롯한 많은 玉器와 그 문양들이 長江하류의 良渚文化에서 기원하여 중원으로 영향을 미친 것이므로(殷志强,〈紅山·良渚文化玉器的比較研究〉,《北方文物》 1988-1, p.12) 長江하류에서 長江을 거슬러 천서평원의 청동문명에 영향을 미쳤을 가능성도 역시 배제하지 못한다는 것이다. 사천성 동부의 大溪文化에서 발견되는 玉器가 長江 하류의 河姆渡文化로부터 전파된 것이라는 지적은 매우 시사적이다.(楊建芳,〈大溪文化玉器淵源探索 —兼論有關中國新石器時代文化傳播·影響的研究方法〉,《南方民族考古》 第1輯, 1987)
221) 童恩正,〈試論我國從東北至西南的邊地半月形文化傳播帶〉,《中國西南民族考古論文集》, 北京, 文物出版社, 1990. 특히 氣候, 大石文化, 細石器 등을 기준으로 살피고 있다.
222) 李世華 編輯,《陝西古代道路交通史》(北京, 人民交通出版社, 1989) pp.12-13 ; 伊藤

지역과의 문화교류를 증명할 만한 고고유물이 발견되는 것으로는 陝西 남부의 城固일대 유적과 寶溪지구 茹家莊·竹園溝유적이 대표적이다.

우선 川西지역과 가장 유사한 문화적 성격을 가지고 있으며 시기가 殷初에서 殷周之際까지 소급되는 城固일대의 유적부터 살펴보자.[223) 城固에서 발견되는 기물중에는 器物의 형태가 중원의 정주와 은허에서 발견되는 것들이 매우 많으며, 이것은 城固지역과 殷과의 활발한 교류를 의미하는 것이다. 이들 중에는 중원에서 직접 들여온 것도 있으나 器形과 紋樣에서 약간의 변화가 확인된다는 점에서 중원기물을 모방하여 이 지역에서 만든 것도 많다. 城固지역에서 殷文化가 일정한 변형을 거친다는 뜻이 되는데, 川西평원지역으로 殷文明이 전해져 들어갈 때에 이 지역을 경유한다면 川西지역에서 발견되는 중원의 요소가 이 지역에서 변형된 殷文明일 가능성도 충분하다고 할 것이다. 실제로 三星堆 2호갱 출토 銅尊의 경우 기본적 형태는 殷墟의 小屯에서 발견된 것에서 찾을 수 있지만, 그보다는 지리적으로 殷과의 사이에 위치한 城固에서 더욱 가까운 형태의 銅尊을 찾을 수 있다고 한다.

이러한 전파과정이 설득력을 갖기 위해서는 城固지역과 川西평원지역간의 활발한 교류가 전제가 되어야 한다. 城固지역에서 발견된 殷代의 기물과 川西지역의 殷代 기물이 매우 유사하다는 것도 두 지역간에 활발한 교류가 있었던 증거가 되겠지만, 그보다는 중원문명이 아닌 독특한 城固지역의 특징들이 다시 川西평원의 청동문명에서도 확인되는 점이 보다 더 직접적인 증거가 될 것이다. 먼저 城固 五郎廟 등의 商代유지에서는 陶尖底罐이 발견되는데, 같은 陶尖底罐이 四川 新繁縣 水觀音유지를 비롯해 殷周시기 川西평원의 각 유지에서 자주 발견된다. 또 城固 江灣유지, 城固 五郎廟유지에서 발견되는 圈足罐과 같은 기물은 新繁 水觀音묘장에서도 발견된다.[224) 尖底罐과 圈足罐이 川西평원의 청동문명에서 가장 특징적인 陶器의 특징으로

新一,〈褒斜殘道と摩崖刻石〉,《武藏野女子大學紀要》25, 1990.
223) 唐金裕·王壽芝·郭長江,〈陝西省城固縣出土殷商銅器整理簡報〉,《考古》1980-3.
224) 尹盛平,〈巴文化與巴族的遷徙〉, 李紹明等 主編,《巴蜀 歷史·民族·考古·文化》, 巴蜀書社, 1991 ; 尹盛平,〈略論巴文化與巴族的遷徙〉,《文博》1992-5.

지적되기 때문에, 이러한 기형이 城固지역에서 발견된다는 것은 두 지역간의 관계가 다른 어느 지역보다 긴밀한 관계에 있었다는 점을 반영하는 것이다. 둘째, 靑銅器의 器形에서의 유사성이 두드러진다. 삼각형의 援을 갖는 II式 銅戈의 경우 중원에서는 극히 드문 반면 城固에서 출토된 것 중에서는 84%의 비중을 차지하고 있을 정도로 많이 발견되는데[225], 거의 동일한 모습의 銅戈가 新繁縣 水觀音유지와 彭縣 竹瓦街에서도 다량 발견되었다. 또 半圓形 小銅鉞이 川西평원의 彭縣 竹瓦街에서 발견되는데, 중원지역에서 찾을 수 없는 반면[226] 城固에서는 동일한 것이 발견된다.(그림 22) 川西평원의 청동기들이 갖는 여러 특징을 城固지역의 靑銅兵器에서 발견할 수 있다는 것인데, 이것도 川西평원지역과 城固지역과의 활발한 교류를 반영하는 것이다. 셋째, 城固 蘇村유지에서 출토된 靑銅人面具가 三星堆에서 발견된 靑銅人面具와 연관되어 있다고 한다.[227] 三星堆 1·2호갱에서 가장 특징적인 靑銅人像 중의 하나라는 점에서도 靑銅人面具의 유사성은 두 지역간의 밀접한 교류의 증거로 주목해 둘 필요가 있다.

城固지역 유지의 시대가 川西평원의 유적보다 빠르다고 추정하는 경우는 城固지역에서 川西평원의 蜀文明으로 영향을 준 것이 되고[228], 다른 한편 城固유지의 시대를 殷墟末期에서 商周之際까지 늦추어 잡는 경우는 인접한 두 지역간의 활발한 교류의 결과가 되는데[229], 아직까지는 명확한 편년의 기

---

225) 李伯謙,〈城固銅器群與早蜀文化〉,《考古與文物》1983-2. 沈融,〈試論三角援靑銅戈〉,《文物》1993-3에서는 이러한 이유 때문에 삼각형戈가 이 지역에서 기원한 것이라고 본다.

226) 王家祐,〈記四川彭縣竹瓦街出土的銅器〉,《文物》1961-11 ; 趙殿增,〈巴蜀原始文化的研究〉, 徐中舒 主編,《巴蜀考古論文集》, 文物出版社, 1987.

227) 林向,〈成都平原早期蜀文化遺存初析〉,《成都文物》1988-3.

228) 이 견해에 따르게 되면 陝西南部지역이 이후 巴蜀文化의 근원지라는 추측이 가능해지는데, 이들 견해는 다시 巴文化의 기원이라고 보는 견해와(唐金裕,〈漢水上游巴文化的探討〉,《文博》1984-1 ; 唐金裕,〈漢水上游巴文化與殷周關係的探討〉,《文博》1988-1) 蜀文化의 기원이라고 보는 견해로(李伯謙,〈城固銅器群與早蜀文化〉,《考古與文物》1983-2 ; 周蘇平,〈陝西境內的商代文化及其歷史背景〉, 田昌五 主編,《華夏文明》第3輯, 北京大學出版社, 1992, p.262) 나뉘어진다. 전자의 경우 殷周시기 巴文化의 실체가 분명치 않다는 문제가 있고, 후자의 경우에도 지나치게 部族이동을 강조함으로써 川西지역의 자생적 발전을 폄하하는 문제가 남는다.

준이 없으므로 단지 川西평원의 청동문명과 陝西남부의 城固유지 사이에 긴밀한 관계와 교류가 있었다고 이해하면 충분하다.

다음은 西周시대에 해당하는 寶溪지역의 茹家莊·竹園溝유적을 살펴보자. 城固지역이 川西평원과 인접한 지역인 반면 寶溪지역은 秦嶺산맥을 넘어야 하는 지리상의 불편이 있었음에도 불구하고, 두 지역간에는 상당한 문화적 유사성이 발견된다.[230] 茹家莊·竹園溝에서는 弓魚氏의 묘장들이 발견되는데 그 묘장이나 用鼎제도로 보아 기본적으로 西周문화의 강한 영향을 받은 지방유형으로 보고 있다. 그러나 전형적인 西周문화에서는 보이지 않는 특징들도 찾아볼 수 있는데, 이들 특징들과 川西평원의 청동문명의 諸요소가 일치하는 경우가 발견된다. 첫째, 川西평원과 城固지역에서 발견되는 陶尖底罐이 이 곳에서도 많이 발견된다. 尖底罐이 출현하는 시기를 둘러싸고 어느 쪽으로부터의 영향인가 하는 문제는 남을 수밖에 없지만, 川西평원에서의 중요한 특징의 하나인 尖底罐이 寶溪지구에서도 전형적인 陶器기형으로 발견된다는 것은 두 지역간의 밀접한 관계를 반영한다.[231] 둘째는 삼각형 無胡直援戈의 형태가 유사하다는 점인데, 이 기형은 城固에서 뿐만 아니라 川西평원의 水觀音유지와 竹瓦街유지에서도 중요한 기형으로 나타난다. 弓魚氏 묘장의 청동기중 가장 많이 출토되는 기형이라는 점에서 이 점 역시 두 지역간의 긴밀한 관계를 시사한다. 그 외에도 銅矛, 銅鉞의 기형이 城固지역과 川西평원의 유지에서 출토된 것과 유사하다.

西周 恭王期 이후 弓魚氏의 문화유적은 寶溪 일대에 남아있지 않은 것으로 보아, 西周 恭王 이후 弓魚氏는 寶溪지구에서 물러났음을 알 수 있으며[232], 이는 곧 이를 기점으로 寶溪지구의 弓魚氏문화와 川西평원의 청동문명과의 활발한 교류도 점차 축소되고 있다는 것을 의미한다고도 볼 수 있을 것이

229) 林向,〈成都平原早期蜀文化遺存初析〉,《成都文物》1988-3.
230) 盧連成·胡智生,《寶溪弓魚國墓地》上下 (文物出版社, 1988).
231) 宋治民,〈從三星堆의新發現看早期蜀文化〉, 李紹明等 主編,《巴蜀 歷史·民族·考古·文化》, 巴蜀書社, 1991.
232) 尹盛平,〈巴文化與巴族的遷徙〉, 李紹明等 主編,《巴蜀 歷史·民族·考古·文化》, 巴蜀書社, 1991.

74

다. 어쨋든 적어도 서주초기에서 중기에 이르기까지는 川西평원과 陝西남부의 寶溪지역간에 활발한 교류관계가 확인되는 것이다. 다만 川西지역과 동일한 기물들이 또 한편으로 城固지역에서 확인되는데다 城固지역보다 시기가 이르지 않기 때문에, 城固지역의 문화가 寶溪지역으로 파생된 것일 뿐[233] 寶溪지구와 川西평원과의 교류는 상대적으로 활발하지 않았다고 볼 수도 있다. 그러나 寶溪지구의 銅戈중에서도 援部가 좁고 긴 銅戈는 城固에서는 보이지 않고 川西평원에서만 보이는 경우도 있으며[234] 三星堆 2호갱에서 출토된 뱀모양의 장식과 똑같은 형태가 城固지역이 아닌 寶溪의 弓魚氏묘장에서 발견된다. 즉 이들 두 지역을 제외한 다른 지역에서 이러한 기물들과 동일한 형상을 찾을 수 없다면 川西평원과 寶溪지역 간의 활발한 문화적 교류의 결과라고 이해해도 좋을 것이다.

결국 섬서남부의 城固지역이나 보계지역에서는 시간적 차이가 있기는 해도 모두 川西평원의 청동문명과 매우 활발한 교류가 확인되며, 아울러 川西평원의 청동문명 중 중원에서 찾을 수 없었던 독특한 특징들을 이들 지역에서 다수 확인할 수 있었던 것이다.

(2) 川東·鄂西 지구

川西평원이 북쪽으로 陝西지구를 인접하고 있었다면, 동쪽으로는 川東·鄂西지역과 연결되어 있다. 川東지역은 전국시기가 되면 川西지역의 문명과 구별하기 힘들 정도로 유사한 문화가 분포하게 되어 소위 '巴蜀文化'가 성립하게 되는데, 이를 가능케 한 요인 중의 하나는 편리한 교통에서 찾을 수 있다. 특히 고대의 문화교류와 민족의 융합에는 河流를 통한 교통이 매우 중요한 역할을 했으므로[235] 川西평원의 청동문명도 長江을 통해 川東·鄂西지역과 일정한 교류가 있었을 것이라고 얼마든지 추측해 볼 수 있다.

233) 盧連成·胡智生,《寶溪弓魚國墓地》上下.
234) 尹盛平,〈略論巴文化與巴族的遷徙〉,《文博》1992-5, p.32.
235) 劉敦愿,〈試論古代黃淮下游之與江漢地區間的交通關係〉, 尹達 等 主編,《紀念顧頡剛學術論文集》, 巴蜀書社, 1990, p.691.

川東지역에서는 시기가 殷周시기 이전까지 소급되는 청동문명을 찾기 어렵다. 忠縣 淄井溝에서 소형 銅鏃이 발견되어 이 지구에도 청동문명이 시작되었을 것임을 시사하지만[236], 단지 1건에 그치기 때문에 이 지역과 川西평원의 청동문명을 비교할 수 없는 것이다. 다만 鄂西지역의 西陵峽을 중심으로 발견되는 陶器들 중에 川西평원에서 발견되는 陶器기형과 동일한 것들이 발견된다.[237] 즉 川西평원지역 청동문명의 전형적인 도기로 언급되는 小平底褐陶罐, 燈座形器, 淺盤高柄豆, 尖底直口杯 등이 이 지역에서도 발견되는 것이다. 이외에 高柄豆와 같은 陶器도 湖北 宜都 紅花套 유지상층에서 출토된 것과 유사하다.[238] 또 새의 머리 모양을 한 陶器의 손잡이부분도 川西평원의 특징적인 陶器로 취급되고 있는데, 이러한 陶器가 鄂西지구에서도 발견된다는 점은 주목할 만하다. 이렇듯 殷代에 鄂西지역의 西陵峽에서 川西평원의 陶器와 유사한 기물들이 발견된다는 것은 두 지역간의 교류의 일단을 시사해주고 있다.[239]

한편 보다 동쪽에 위치한 鄂西 혹은 湘西지역과의 교류도 長江을 통해 가능했을 것이라고 추정된다. 三星堆 2호갱에서 출토된 銅罍가 殷墟에서 발견되는 것과 기본적으로는 유사하지만, 獸頭가 놓여져 있는 방법이나 分范法에서의 약간의 변화가 보이는데, 이것들은 오히려 湖南 岳陽에서 출토된 銅罍와 일치한다는 지적을 참조할 만하다.[240] 즉 湖南省에서 일단 변형된 중원의 문화가 川西평원과의 교류과정에서 전래되어 왔을 수 있다는 것이다. 또 成都 指揮街유지를 비롯해 成都지구에서는 상당수의 卜骨이 발견되는데, 그 鑽鑿의 방식이 중원과 구별되는 것인 반면[241], 湖北省 梅槐橋에서 발견된 卜

236) 四川省長江流域文物保護委員會文物考古隊, 〈四川忠縣淄井溝遺址的試堀〉, 《考古》 1962-8.

237) 楊權喜, 〈西陵峽考古學文化發展序列探索〉, 《中國文物報》 1992.11.29.

238) 敖天照 劉雨濤, 〈廣漢三星堆考古記略〉, 李紹明等 主編, 《巴蜀 歷史·民族·考古·文化》 巴蜀書社, 1991.

239) 林春, 〈宜昌地區長江沿岸夏商時期的一支新型文化類型〉, 《江漢考古》 1984-2 ; 盧德佩, 〈試論鄂西夏商時期古文化〉, 《四川文物》 1993-2 ; 文必貴, 〈商周時期楚文化踪迹探索〉, 湖北省考古學會選編, 《湖北省考古學會論文選集》(二) 1991.

240) 鄭振香, 〈早期蜀文化與商文化的關係〉, 《中原文物》 1993-1.

甲과는 상당히 접근하고 있다고 한다.[242) 이 경우는 중원과는 다른 川西평원
의 특징을 湖北지역에서 찾을 수 있다는 것이다. 따라서 더 이상의 유사성
을 찾을 수는 없어도 이들 지역간의 최소한의 문화교류를 배제할 수도 없는
것이다. 더구나 甲骨만이 아니라 점복의 습속까지 長江을 따라 이 두 지역
사이를 오고갔던 것이라면, 상당한 교류가 있었을 가능성도 충분한 것이다.

(3) 雲南지구

川西평원의 서쪽에는 높은 산과 고원이 西藏自治區까지 이어지는 반면,
남쪽으로 연접해 있는 雲南지구와도 높은 산맥이 가로막고 있어 川東지구
에 비해 훨씬 교통이 불편한 것이 사실이다. 사실 현재까지 戰國晩期보다
시기가 올라가는 이들 유적에서 川西평원의 청동문명과 유사한 요소를 찾
기 매우 어렵다. 四川남부와 雲南 북부에 걸쳐 분포된 禮州 신석기문화가
川西평원에서 발견되는 신석기문화와는 별개의 것임을 앞서 지적한 바 있
지만[243), 雲南지구의 본격적인 청동문화도 그 상한이 춘추말에서 戰國初를
넘지 않는다.[244) 따라서 殷周시기에 해당하는 川西평원지역의 청동문명과 이
렇듯 아직 신석기단계에 머물고 있는 雲南지구와 물자교류가 활발하였다고
보기는 어려운 것이다.

그러나 전국시기 이후에는 이들 지역과 蜀과의 접촉이 매우 밀접하게 이
루어지고 있었는데, 戰國시대 이후 雲南지역 西南夷의 풍속이 대체로 巴蜀
과 일치한다는 것이나[245), 이들 지역의 특산품이 蜀과의 교류를 통해 거래되
었다는 기록들은[246) 이들 지역간의 밀접한 관계를 보여주는 것들이다. 그러

241) 羅二虎, 〈成都地區出土卜甲的初步硏究〉, 《考古》 1988-12, p.1126.
242) 何駑, 〈梅槐橋類型卜甲·卜骨的分析〉, 《考古與文物》 1991-5.
243) 가령 이 지역의 특징적 형태인 有肩·有段 石器가 川西평원지역에서는 발견되지
    않는다는 것이다.(陳顯丹 陳德安, 〈三星堆遺址的文化特徵〉, 李紹明等 主編 《巴蜀 歷
    史·民族·考古·文化》, 巴蜀書社, 1991)
244) 張增祺, 〈雲南靑銅文化硏究〉, 雲南省博物館編, 《雲南靑銅文化論集》, 雲南人民出版
    社, 1991, p.24.
245) 祁慶富, 《西南夷》(吉林敎育出版社, 1990).
246) 《史記》 貨殖列傳 p.3261.

므로 殷周시기에도 이들 지역사이에 최소한의 교류가 있었을 것이라고 추정하는 것이 결코 무리하지만은 않을 것이다. 가령 三星堆유지 1·2號坑에서는 象牙가 발견되는데, 코끼리가 서식하기에 보다 적합한 남쪽의 서남지구에서 象牙를 들여왔을 것이라고 보고 있으며, 이것은 곧 두 지역간의 물자교류를 설명해주는 것이다. 象牙와 함께 발견된 海貝도 두 지역간의 관계를 잘 보여주는 것인데, 三星堆에서 발견된 海貝를 감정한 결과 열대·아열대의 얕은 바다, 특히 인도양과 중국남부 연해지역에서 생산되는 것이므로 이 海貝가 雲南지역을 거쳐 川西지역에 들어온 것이라고 추정한다.[247] 운남지구에서 三星堆에서 발견된 象牙나 海貝가 발견된 것이 아니므로 설득력이 약한 것은 사실이지만, 그렇다고 川西평원지역에서 象牙나 海貝가 생산된 것이 아니라면 운남지구를 거쳐 전래해 들어왔다고 상정하는 것에 큰 대과는 없을 것이라고 생각된다.[248]

이상에서 살펴본 바와 같이 川西평원지역의 청동문명은 인접해 있는 여러 지역과 상당히 활발한 물자교류를 하고 있었다. 특히 북쪽으로는 陝西지역, 동쪽으로는 川東·鄂西지역과 활발한 교류가 있었다는 것이 여러 출토자료에 의해 확인된다. 이들 지역과의 교류를 통해 우선적으로는 중원지역으로부터의 문화가 전해져 들어오는 경우가 지적되어야 하지만, 이러한 중원문명의 전파 역할 이외에 인접지역의 독특한 문화라고 생각되는 몇가지 요소들도 川西평원의 청동문명에 많은 영향을 미쳤던 것이다. 중원에서는 찾을 수 없었던 川西평원의 기물들도 어느 정도는 인접한 지역과의 교류를 통해 그 특징적 요소가 도입되어 형성된 것이라고 볼 수 있다는 것이다.

결국 川西평원의 청동문명은 중원으로부터의 강한 영향, 인접지역과의 활발한 교류 속에서 형성되었다고 보아야 한다는 것이다. 그러나 川西평원에서 발견되는 많은 청동기는 이러한 주변지역과의 교류에 의해서도 설명되

247) 劉世旭,〈略論"西南絲綢之路"出土海貝與貝幣〉,《四川文物》1993-5 ; 張策剛,〈南方絲綢之路起源溯源〉,《四川文物》1993-5.
248) 물론 長江을 통해 중국남부 연해지역에서 생산된 것들이 전해져 들어왔다는 주장도 참조할 만하다. 莫洪貴,〈廣漢三星堆遺址海貝的硏究〉,《四川文物》1993-5 ; 劉光曙,〈試論三星堆海貝來源及其影響〉,《四川文物》1993-5.

지 않는 부분이 많이 남아있다. 다시 말해 중원은 물론 인접지역에서도 찾을 수 없는 川西평원만의 특징적인 성격이 강한 기물들을 찾아볼 수 있다는 것이다. 이러한 것들 중에서 대표적인 것들만을 몇 개 열거해 보기로 한다.

먼저 三星堆 1호갱에서는 길이 142cm에 달하는 金杖이 발견되었으며, 동시에 호랑이 모양의 金장식과(그림 23) 青銅人頭像에 씌워진 金가면과(그림 24) 같은 金器類들도 출토되었다. 금으로 만든 金器들은 결코 川西평원지역에서만 발견되는 것은 아니다. 鄭州와 殷墟 그리고 河北省 藁城의 商代유지에서는 금조각과 금박을 각각 약간씩 발견할 수 있고, 山西省 保德縣과 石樓縣에서도 赤金弓形과 金珥狀器를 발견했으며, 가장 발전된 단계로는 1977년 北京 平谷縣 劉家河 商代中期 商墓에서 발견된 금귀걸이, 금비녀, 금팔찌를 들 수 있다.[249] 이들 중원에서 발견되는 金器類의 시기가 川西지역에서 발견되는 것보다 빠르기 때문에 金器類들도 중원으로부터 전해져 들어왔을 가능성을 배제할 수는 없지만, 그 양이 극히 제한적일 뿐 아니라 중원 殷周문명의 중심지에서 다량으로 발견된 것이 아니라 오히려 북쪽에 치우친 곳에서 더욱 많이 발견되는 것이라면 金器類에 대해 중원과의 교류 혹은 영향을 강조하기는 어렵다고 생각된다. 더욱이 四川지역에서도 황금이 나온다는 기록을 참조한다면[250], 또 다른 金器가 중원 등지에서 발견된다고 두 지역간의 관계를 연결시킬 수는 없는 것이다.

그러나 무엇보다도 川西평원의 특징으로 주목해야 하는 것은 金器의 형태이다. 중원에서는 금조각, 금박을 비롯해 금으로 만든 장신구에 그치고 있는 반면, 川西평원에서는 개인의 장신구는 찾아볼 수 없다. 그대신 青銅人頭像에 씌우는 금가면, 호랑이모양의 장식, 그리고 새와 魚, 잎사귀가 그려져 있는 金杖이 발견되었는데, 이것들은 일단 제사에 사용되는 것들이라는 성격을 갖지만 이 중에서도 金杖은 강력한 정치권력을 상징하기도 한다. 어쨌든 이러한 형상을 한 金器는 중원지구를 포함하여 중국 어디에서도 찾

---

249) 劉秀中,〈平谷劉家河商墓出土的金器〉,《中國文物報》 1993.8.8.
250) 《山海經》 中次九經 '蛇山, 其上多黃金' 여기에서의 '蛇山'에 대해 鄧少琴은 大巴山이라고 한다. (鄧少琴《巴蜀史的探索》, 成都, 四川人民出版社, 1983, p.55)

아볼 수 없는 특이한 것으로서 川西평원의 지역적 특징이라고 보아야 할 것이다.

다음은 靑銅人像들인데, 구체적인 형태는 Ⅱ장에서 이미 언급한 바 있으므로 생략하기로 하지만, 이러한 人像들을 대량으로 주조하였다는 사실 자체가 다른 어디에서도 찾을 수 없는 독특한 성격을 갖는다. 靑銅人頭像의 경우에는 단순히 人頭像을 여럿 만들었던 것이 아니라 머리양식이나 코 등을 각각 달리 표현하여 청동기로 50여점의 人頭像을 만들었던 것이다. 靑銅人面像의 경우 무려 넓이가 138cm에 달하는 정도의 크기를 가지며 동시에 눈과 입, 이마 등이 특별히 강조되어 있는데, 간혹 청동으로 만든 가면이 다른 지역에서도 발견되는 경우가 있기는 하지만, 三星堆에서 발견된 것과 비교하면 모두 크기와 형상에 있어 크게 차이가 난다. 최근 新干 大洋洲의 商墓에서 발견된 청동인면상의 경우가 대표적이라 할 수 있는데, 머리의 일부분이 불쑥 튀어나와 있는 등 상당히 신비적인 모습이 표현되어 있다는 점에서[251] 유사하다고 할 수 있을지 모르지만, 눈이 돌출되어 있다든지 하는 표현의 과장이 보이지 않는다는 점이나 뒷면도 역시 人面을 조각하고 있는 점, 그리고 크기의 차이로 보아 결코 문물교류의 결과라고는 할 수 없다. 靑銅立人像의 경우 大形立人像이건 小形立人像이건 무언가를 손에 쥐고 있는 모습이 표현되고 있고 그것은 전체 크기에 비해 매우 과장되었다는 점이 주목되는데, 이러한 점은 寶溪 茹家莊의 弓魚氏 묘장에서 발견된 청동상과 동일하다. 다만 三星堆의 청동입인상의 경우에는 무려 2m에 가까운 크기로 주조되었고 겹옷을 착용하고 있는 모습과 의복의 섬세한 문양까지 자세하게 표현하고 있는 반면, 寶溪 茹家莊의 銅人의 경우 그 크기가 매우 적고 전체적 인상이 표현되지도 않았으며 또 의복을 비롯한 전체적 형상이 매우 조야하게 표현되어 있다는 점에서 구별된다. 즉 그 전체적 크기와 섬세함으로 미루어 보아 川西평원지역의 立人像을 寶溪지역으로부터의 영향 혹은 교류의 결과라고 할 수는 없다. 오히려 茹家莊의 청동상보다 시기가 훨씬

---

251) 〈絢麗多姿的靑銅文明之華―江西新干商墓出土大量精美文物〉, 《中國文物報》1990.11.15.

앞선다는 점에서 川西평원의 독특한 특징이 이후 寶溪지역으로 전래되었다고 보는 것이 타당하다고 생각된다.

일부 연구자들은 이상과 같은 靑銅人像과 金杖을 서아시아와 연결시켜 보기도 한다. 이러한 것들이 중원을 비롯한 중국내에서는 찾을 수 없지만, 서아시아지역에서는 몇몇 예를 찾을 수 있기 때문에 川西평원의 청동기물이 서아시아문화로부터 영향을 받아 만들어진 것이라고 추정한다.[252] 三星堆유지에서 출토된 靑銅人像이나 金杖이 매우 독창적이기 때문에 어디로부터인가 기원을 찾고자 하는 것은 당연한 일일지 모른다. 그러나 주변지역으로부터 선진적 청동문명의 영향을 받은 단계에서 이를 바탕으로 얼마든지 스스로의 독창적인 기물을 만들어 낼 가능성을 간과했다는 문제가 있다. 더욱이 서아시아지역으로부터의 전파가 확인되기 위해서는 단지 유사한 점이 있다는 것만으로는 부족한데, 이는 두 지역을 연결하는 교통로도 분명치 않을 뿐 아니라 이 두 지역을 연결할 가능성이 있는 중간의 어느 지역에서도 그와 같은 유물이 발견되지 않기 때문이다.

金杖·靑銅人像과 함께 다른 지역에서는 찾아볼 수 없는 매우 특징적인 청동기로 神樹를 들 수 있다. 특히 神樹는 三星堆를 비롯해 川西평원 전 지역에서 발견된 청동기 중에서 가장 규모가 큰 것인데, 높이가 4m에 달한다는 神樹의 규모는 사실 중원의 殷周문명의 어느 청동기보다 커다란 것이다. 물론 이 神樹에는 새와 함께 태양을 상징하는 구슬이 함께 표현되어 있고, 이러한 새와 태양의 조합을 통한 자연숭배의 관념은 이미 良渚文化에서부터 확인되는 것이다.[253] 또 커다란 용이 나무에 붙어 있는 것처럼 표현되어 있지만, 龍에 대한 관념도 이미 중원에서 널리 보편화되어 있었던 것이라고 할 수 있다. 그러나 개별적인 장식의 연원이 어디에 있건 그것들이 모두 나무에 장식되어 있다는 점 즉 여러 자연숭배의 관념이 神樹라는 하나의 소재

252) 霍巍,〈廣漢三星堆靑銅文化與古代西亞文明〉,《四川文物 三星堆遺址硏究專輯》, 1989 ; 段渝,〈論商代長江上游川西平原靑銅文化與華北和世界古文明的關係〉,《東南文化》 1993-2.

253) 周南泉,〈新石器時代玉器中的人物題材初探〉,《故宮博物館院院刊》 1993-2 ; 林巳奈夫,〈中國古代における日の暈と神話的圖像〉,《史林》 74-4, 1991.

에 종합되어 있다는 점은 다른 지역과는 구별되는 川西평원의 독특한 관념이 반영된 것이라고 보아도 좋을 것이다. 더욱이 그것이 청동기라는 소재로 만들어졌던 것은 다른 어느 지역에서도 찾을 수 없는 것이다.

요컨대 川西평원지역에서 발견되는 많은 기물들은 중원을 비롯한 인접지역과의 활발한 교류를 통해 많은 영향을 받았던 것에 틀림없고, 전체적으로는 다른 어디에서도 찾기 어려운 독특한 기형조차도 그것을 이루는 개별적 요소들은 주변지역과의 교류를 통해 蜀지역으로 전해들어왔을 가능성이 크다. 그렇다고 중원이나 주변문화의 영향을 지나치게 강조할 수 없는데, 이곳에서 발견되는 청동문명은 일단 중원이나 인접지역의 문화가 이식된 형태가 아니며, 오히려 다른 지역에서는 찾을 수 없는 川西평원의 지역적 특징이 강하게 표현되고 있는 것이다. 이것은 곧 중원과의 교류속에서도 川西평원의 독자적인 성격이 강하게 유지될 수 있었기 때문이며, 또 다른 의미에서는 두 지역간의 접촉이 일정한 정도에 그친다는 것을 의미하기도 한다.

맺음말

1980년대 三星堆유지를 비롯해 川西평원에서는 많은 유적들이 발견되었고, 이에 따라 殷周시기 이후 중원의 선진적 문명 이외에 문화적 공백으로 남아있던 주변문화의 존재를 드러낼 수 있게 되었다. 본고에서는 주변지역에서 중원지역의 문명과 문화적 성격을 달리하는 청동문명의 존재를 이해하기 위해 殷周시기 蜀國과 관련된 모든 문자자료와 川西평원에서 발견된 고고자료를 동원하여 이 지역 청동문명의 전체상을 조명하고자 하였다. 그리하여 먼저 문헌자료 속의 고전승을 통해 蜀國의 계보와 중원과의 관계를 살펴보았고, 이어서 고고자료를 이용하여 川西평원지역에서 성장한 청동문명의 존재와 중원을 비롯한 주변문화와의 관계를 검토해 보았다.

문헌자료를 통해 본 蜀國은 그 始源이 중원에서와 같이 殷代보다 훨씬 이

전 시기까지 소급된다는 점, 구체적으로 蜀國 나름의 계보가 마련되어 있을
뿐 아니라 상당히 발전된 王權이 강조된다는 점, 그리고 中原의 殷周와 일
정한 교류가 확인되지만 그렇다고 이들의 영역 안에 포함되어 있었다고는
보기 어려우며 독립적인 성격도 갖추고 있었을 것이라는 점 등을 추정할 수
있었다. 요컨대 殷周시기에 해당하는 시기에 蜀國은 이미 川西평원의 여러
집단을 통치하는 단계에 진입하고 있으면서 중원과의 접촉 속에서도 일정
한 접촉을 유지하고 있었다는 것이다.

　고고자료를 통해 본 川西평원의 신석기문화는 中原을 비롯한 인접 지역
과 구별되는 것으로서 그 연대도 二里頭期를 넘지는 못한다. 중원과의 교류
도 없었던 것은 아니지만, 매우 늦은 시점에서야 비로소 확인된다. 한편 이
러한 신석기문화에 이어 청동문명으로의 계승·발전과정을 찾아 볼 수 있
다. 우선 川西평원에 城市와 청동기의 출현이라는 문명의 기본적인 조건을
갖추고 있다는 점에서 기본적으로 청동문명이 존재하고 있었고, 또 川西평
원의 여러 집단을 통합할 수 있었던 정치권력도 확인할 수 있었다. 그리고
그 왕권은 군사력에 의해 뒷받침된 대단위 제사의례에 의해 보증받을 수 있
었던 것이었다. 川西평원의 청동문명에서는 중원과 인접지역으로부터의 많
은 영향을 찾을 수 있는데, 이는 곧 주변지역과의 교류의 결과라고 판단된
다. 다만 중원문명의 이식된 형태가 아니라 주변지역에서는 찾을 수 없는
川西평원의 독특한 지역적 특징이 두드러지는 것으로 보아, 일정한 교류 속
에서도 독립적인 성격이 유지되었다고 보여진다. 요컨대 川西평원의 청동문
명에서도 군사력에 의해 뒷받침된 대규모 제사권력이 성장하고 있는 모습
을 확인할 수 있었으며, 중원과 주변지역과의 일정한 접촉과 단절을 추측할
수 있었다.

　이상이 본론에서 살펴본 결과인데, 문헌자료에서의 고전승이 漢代 이후
재구성된 것이기 때문에 사료적 신뢰성이 현격히 떨어지는 것이므로 신중
한 접근이 필요한 것이었지만, 고고자료를 통한 결과와 대비해 보면 문헌자
료에서 전해지는 蜀國 관계 고전승의 내용이 川西평원에서 발견되는 고고

자료에 의해 확인되는 내용과 거의 동일하다는 것을 발견할 수 있다. 물론 蜀國의 기원이 중원에서와 같은 수준까지 소급된다는 문헌자료의 전승은 현재까지의 고고자료로서는 확인되지 않는다. 겨우 殷代까지 그 기원을 소급시킬 수 있을 뿐이다. 그러나 蜀國이 川西평원에 넓게 분포하면서 왕조의 계보를 이어갔다는 문헌자료의 내용은 고고자료를 통해 川西평원의 여러 집단을 통치하는 왕권의 존재를 살필 수 있었던 것과 일치한다. 뿐만 아니라 중원과 일정한 접촉을 하면서도 또 한편 독립적인 성격을 유지하고 있었을 것이라는 점도 문헌자료와 고고자료 모두에서 동일한 결론을 내릴 수 있었던 부분이다.

따라서 문헌자료와 고고자료가 일치하는 부분, 즉 川西평원지역에 殷周시기까지 소급되는 청동문명과 이를 유지하는 왕권이 존재하고 있었으며, 그 문명은 중원과의 교류를 통한 많은 영향을 받으면서도 일정한 독립성을 유지함으로써 중원과는 文化적 성격이 다른 문명을 발전시키고 있었다는 점만큼은 충분히 인정할 수 있는 것이다. 이는 결국 川西평원에서 중원의 殷周문명과는 구별되는 지역청동문명의 중심지를 확인할 수 있다는 것이고, 이러한 점에서 殷周시기 지역문명의 공백을 메꿀 수 있는 의미도 갖는 것이라고 생각한다.

마지막으로 이 지역의 청동문명과 蜀과의 관계에 대해서 언급해 두기로 한다. 본래 문헌자료에 등장하는 蜀國은 川西평원에 위치하고 있는 것으로 기록되어 있는데, 이 지역에서 國家라 칭할만한 단계의 정치조직이 발견되었으므로 그 정치조직이 곧 문헌자료의 蜀國이었을 가능성이 충분하다. 그러나 본론에서 분명히 할 수 있었던 것은 문헌자료의 기록 중에서 川西지역에 국가가 존재했다는 사실일 뿐이지, 구체적인 왕의 계보나 치적을 가진 蜀國이 확인된 것은 아니다. 다만 양자를 연결시켜 줄 다음의 몇가지 사실은 매우 시사적이다.

첫째, 문헌자료에서는 蜀國의 시조가 蠶叢이며, 그는 '縱目'이라는 얼굴의 특징을 하고 있고 石棺葬의 풍습을 가지고 있었다고 전해진다. Ⅰ장에서 언

84

급한 대로 甲骨文에서의 '蜀'字가 눈이 크게 강조된 것은 蜀國의 시조가 '縱目'이라는 특징을 갖고 있었기 때문이라고 추측된다. 그런데 이러한 蠶叢을 연상케 하는 청동기물이 三星堆 2호갱에서 발견되었다. 이미 살펴보았던 A형 靑銅人面像들이 그것인데, 이들 靑銅人面像은 눈과 입이 지나치게 과장되어 표현되어 있으며 이마부분에는 蘷龍紋片이 장식되어 있다. 이러한 과장은 신비스러운 성격을 강조하기 위해서이겠지만, 또 한편으로 이러한 형상이 바로 聖人을 표현하기 위한 방법이었을 것이라는 지적이 있어 흥미롭다. 즉 聖人의 의미를 글자의 형상에서 찾아보면, 귀와 입이 매우 커서 많은 현상과 말을 귀담아 들을 수 있는 사람이라는 뜻을 가지며, 또《莊子》의 聖人에 대한 언급중에는 앞일을 내다볼 수 있는 눈이 강조되는데, 귀, 입이 과장되어 표현되어 있는 이 靑銅人面像들은 바로 이와 같은 聖人의 귀와 입과 눈을 형상화하였다는 것이다.[254] 더욱이 大形人面像은 넓이가 138cm, 높이가 65cm에 달하는 크기를 갖는데, 함께 출토된 靑銅人頭像들보다 1.5배 이상의 크기인 셈이다. 이와 같이 특별히 크게 만들어지고 또 전체적 형상이 신비스러우며, 동시에 聖人의 의미까지 담고 있다면, 문헌에서 언급되는 始祖의 성격을 갖추고 있다고 해도 좋을 것이다. 여기에 더욱 주목해야 할 것은 蠶叢의 특징으로 전해지는 '縱目'의 형상까지 보여주고 있다는 점이다. 3건의 A형 靑銅人面像 모두 앞으로 돌출된 눈을 보여주지만 그 중에서도 大形人面像은 직경 13.5cm나 되는 눈이 16.5cm나 돌출되어 표현되어 있는데, 이렇게 앞으로 돌출된 눈이 문헌자료에서의 '縱目'을 연상케 한다는 것이다.[255] 이 인물이 蠶叢이라고 불리웠는지 여부는 알 수 없으나 蠶叢이 갖는 始祖로서의 성격과 '縱目'이라는 특징을 川西평원의 三星堆에서 발견된 靑銅人面

254) Jao Tsung-i, "Speaking of "sages" : The Bronze Fugures of San-hsing-tui", Julia Ching and R.W.L.Guisso eds., *Sages and Filial Sons : Mythology and Archaeology in Ancient China*, The Chinese University Press, 1991 ; 繆永舒,〈三星堆靑銅立人像文化意識與藝術特徵〉,《四川文物》1993-4.《莊子》天下篇 '不離於精, 謂之神人'.
255) 林向,〈三星堆遺址與殷商的西土 ─兼析殷墟卜辭中的'蜀'的地理位置─〉,《四川文物三星堆遺址研究專輯》, 1989 ; 巴家云,〈三星堆遺跡靑銅"縱目"人面像研究 ─兼和范小平同志商霍─〉,《四川文物》1991-2.

像에서 찾을 수 있다는 것은 川西평원의 청동기물과 문헌자료의 蜀國을 연결시키기에 충분하다.

둘째, 문헌에 따르면 蠶叢시기 蜀國에는 石棺葬의 풍속을 갖고 있었으나, 蠶叢이 죽자 川西고원지역으로 돌아갔다고 한다. 이와 같이 蜀國의 또 하나의 특징이라 할 수 있는 石棺葬도 천서지역의 청동문명과 관련지울 수 있다. 사실 청동문명이 발전하고 있는 成都와 三星堆 주변에서는 石棺葬을 발견하지 못했다. 다만 최근 이와 인접한 川西고원의 茂縣 鳳儀鎭 撮箕山 주변에서 殷代까지 시기가 소급되는 60여좌의 石棺葬이 발견되었는데[256], 이 곳에서는 三星堆유지의 2기와 3기에서 출토되는 것과 동일한 기형의 도기가 발견되고 있어, 이 곳에서 발견된 石棺葬이 川西평원의 청동문명의 일부라고 판단되는 것이다. 따라서 문헌에 전해지는 蠶叢의 石棺葬을 이 茂縣 撮箕山에서 확인할 수 있다고 할 수 있으며, 이 점에서 다시 한번 川西평원의 청동문명과 문헌자료의 蜀國이 연결될 수 있는 것이다. 물론 그 외에 문헌자료에 전해지는 柏灌·魚鳧 및 杜宇와 관련된 구체적인 전승들을 고고자료에 의해 확인할 수는 없다. 그러나 이상에서와 같이 蜀國의 전승 중 일부나마 출토자료와 일치하고 있는 점을 주목한다면 이 지역의 청동문명을 '蜀'文明이라고 지칭해도 무난하리라 생각한다.

川西평원지역의 蜀國 이외에도 얼마든지 또 다른 문명의 중심지가 있을 수 있으며, 본고에서는 川西평원의 蜀國이 이에 접근하기에 적절하다고 판단하여 이를 논의의 대상으로 삼았을 뿐이다. 한편 현재까지 川西평원에서 출토되는 유물에 대한 편년이 대부분 중원의 표준기기와의 비교를 통해 이루어지는 형편인데, 중원문명의 영향을 받는 주변문화의 경우 같은 기물이 상당한 시간이 경과한 뒤에 비로소 출현하기 때문에 편년에 상당한 어려움이 있다. 三星堆 1·2호갱의 성격을 둘러싸고 아직도 많은 견해가 분분한 이유도 정확한 시대설정이 안되어 있기 때문이며, 川西평원의 청동기와 城固·寶溪지구의 청동기간의 영향관계도 명확한 편년의 부재로 인해 양자간

---

256) 徐學書, 〈從考古資料看蠶叢氏蜀人的南遷〉, 《四川文物》 1993-6, p.5.

의 관계설정이 분명하지 않은 상태이다. 이 때문에 본고에서는 논자에 따라 편차가 생기는 것까지를 감안하여 시기설정을 하였지만, 여전히 구체적인 시기가 설정되지 않음으로써 명확한 변화의 과정이 부각되지 못했던 것도 사실이다. 또 이 지역으로부터 분명한 문자가 발견되지 않았기 때문에 전국시기의 蜀國으로 전개되는 과정이 설명이 되어야 비로소 殷周시기까지 소급되는 川西평원의 청동문명과 蜀國과의 관계가 분명해지는 것이지만, 이 점 次稿에서 다루기로 한다.

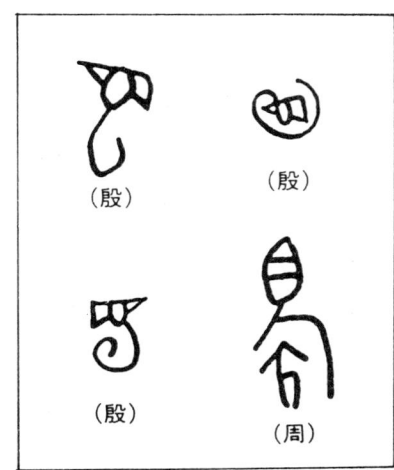

그림 1 　甲骨文에 새겨진 ‘蜀’字

그림 3 　川西평원의 刻線符號

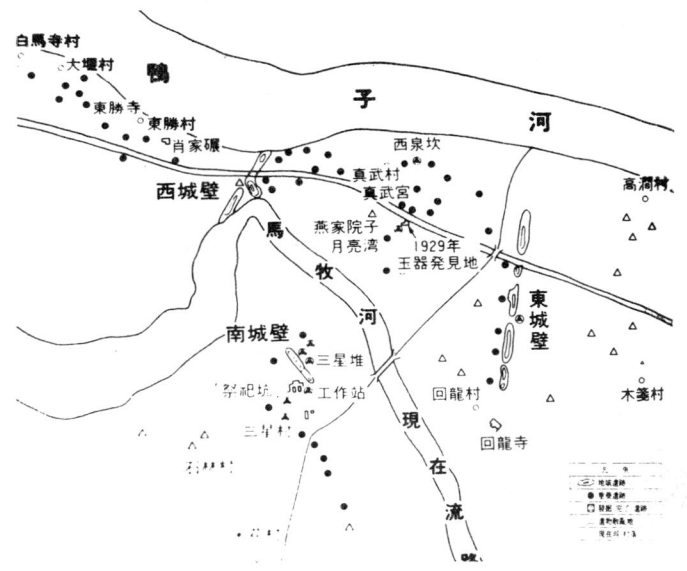

그림 2 　三星堆유지의 城壁

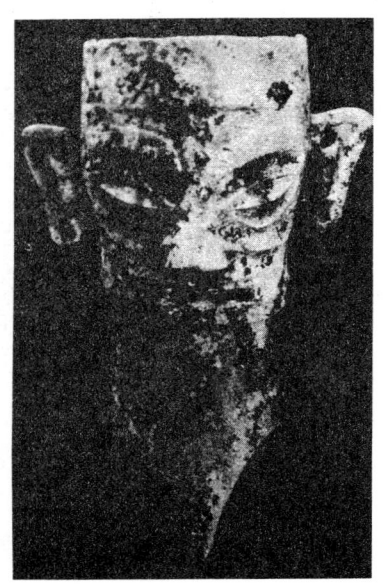

그림 4-1　靑銅人頭像

그림 4-2   靑銅人頭像

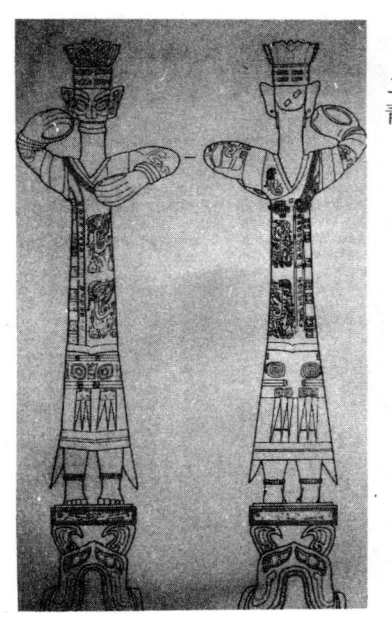

그림 5
靑銅立人像

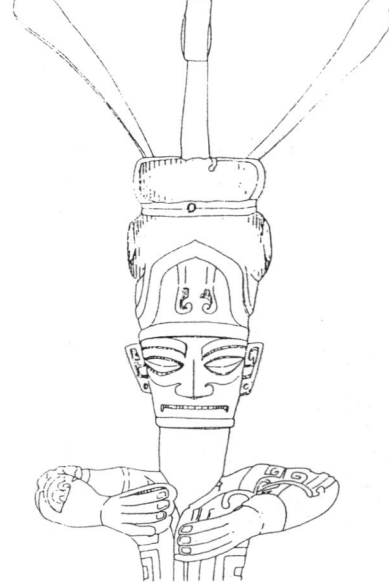

그림 6 소형 靑銅立人像

그림 7 銅鈴

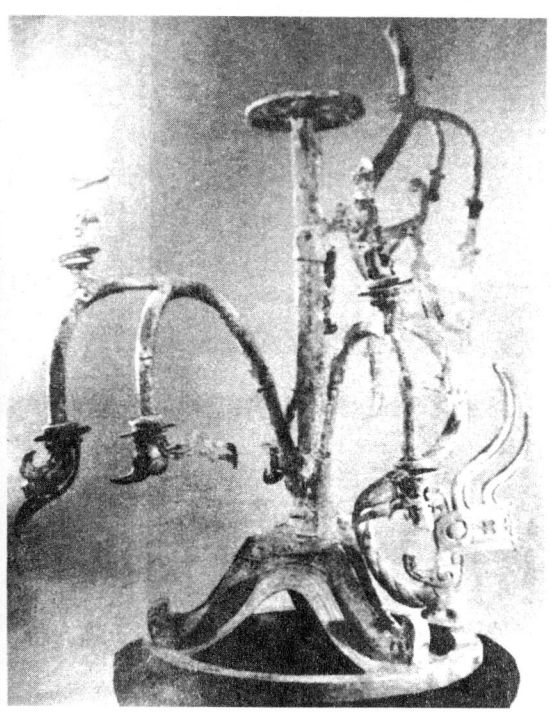

그림 8 爬龍柱形器

그림 10 神樹

그림 9 成都 羊子山 土臺

그림 11 神樹에 부착된 靑銅鳥

그림 13 대형 靑銅鳥

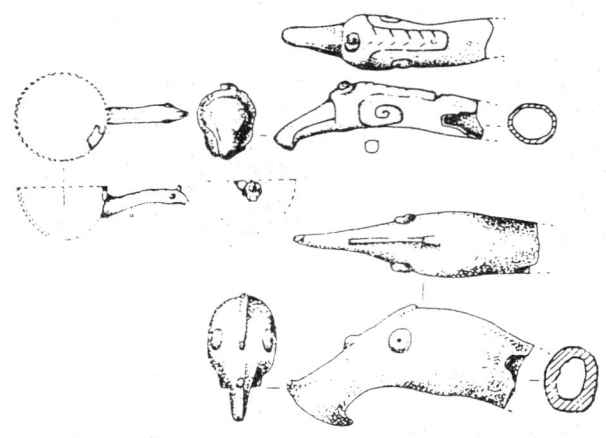

그림 12 鳥頭把勺

그림 14
金杖

그림 15 輪形靑銅器

그림 17 A형 소형 靑銅人面像

그림 16 A형 대형 靑銅人面像

그림 18
小神樹

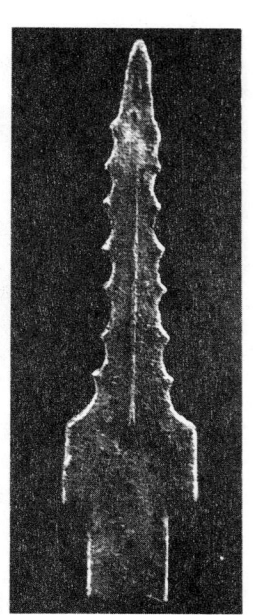

그림 19 銅齒狀 銅戈

그림 20 牙璋

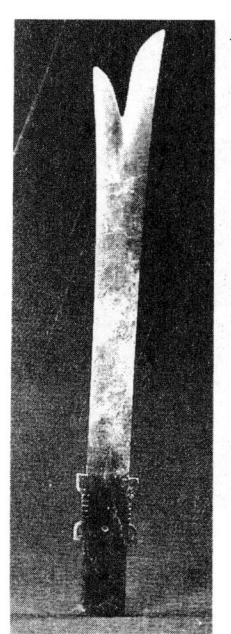

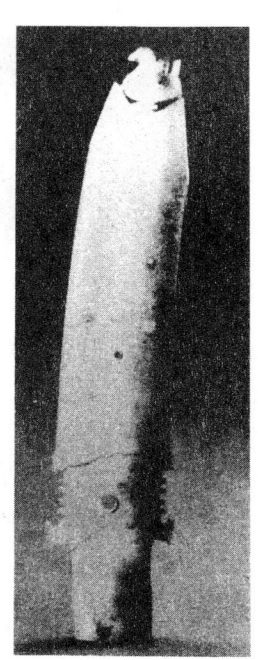

그림 21
異形 牙璋

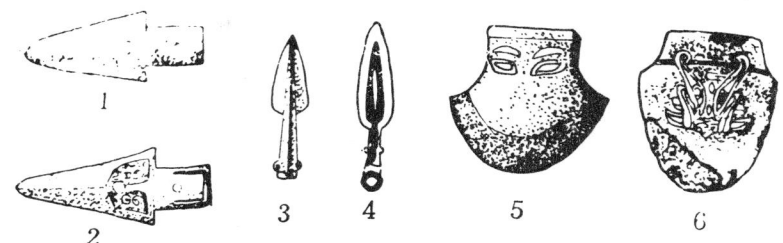

그림 22　城固(1,3,5)와 彭縣(2,4,6)의 靑銅器

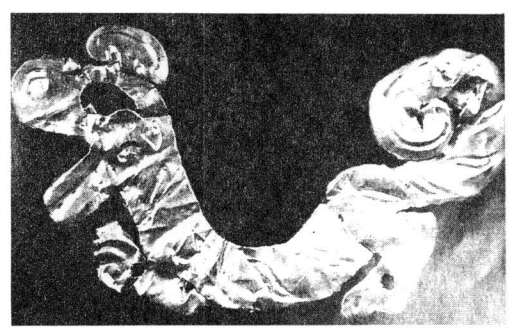

그림 23　虎形 金飾

그림 24
靑銅人頭像에 씌워진 金가면

戰國時代 國家와 小農民 生活
— 李悝 '盡地力之敎'의 재검토를 중심으로 —

李　成　珪[*]

머리말
Ⅰ. '歲收 150石'의 의미
Ⅱ. '歲收 150石'의 消費構造
　　[식량 90석]　　　　　　[의복비 100전, 50석]
　　[社祭 300전, 10석] [鹽과 鐵의 소비]
맺음말—'聖人'의 '數'

머리말

　필자는 商鞅變法 이후 전국시대 秦의 소농가정(부부 중심의 5인 정도)이 국가가 보장한 100畝의 토지를 경작하는 대신 田租·繇役 및 병역등 각종 국가의 요구가 어느 정도의 부담이었으며, 또 국가는 그들의 의무를 보다 확실히 강제하기 위하여 생산의 전 과정은 물론 생활 전반에 걸쳐 어떤 간여와 통제를 가하였는가를 고찰한 바 있다.[1] 그러나 그것은 부담의 수량적 추정과 법제적 규제의 소개에 불과하여 '과중한 부담하의 부자유한' 소농민 상을 막연히 제시하였을 뿐, 그 이상 삶의 구체적인 諸相, 특히 노동의 강도나 衣食住의 수준 및 質에 대한 문제는 거의 접근하지 못하였다. 이에 비해 《漢書》食貨志에 전하는 전국시대 魏國 文侯時(B.C.445-396) 李悝의 제안으로 시행되었다는 '盡地力之敎'에 묘사된 소농가정(역시 100무를 경작하는 부부 중심의 5인 가족)의 모습은 어느 의미에서 보다 구체적이며, 특히 개략적이나마 제시된 일년 수입과 지출의 명세는 당시 소농민 생활의 생생한 자료로 일찍부터 많은 주목을 받아왔다.

물론 이것은 秦의 상황을 직접 전한 것은 아니다. 그러나 주지하는 바와 같이 秦 상앙 변법이 魏의 영향을 강하게 받았다는 것을 감안할 때, 적어도 이것을 秦에 대한 추론의 단서 또는 보완자료로 삼는 것을 반대할 이유는 없을 것이다. 필자가 기왕에도 전국시대 소농경제의 일반적인 서술은 물론 秦의 소농문제의 이해와 관련 이 자료를 상당히 활용한 것도 이 때문이다. 그러나 그 내용을 액면 그대로 인정하기에는 납득하기 어려운 부분이 적지 않아 항상 석연치 않은 느낌을 씻을 수 없었는데, 1985년 《文物》에(동년 4호) 발표된 銀雀山 漢墓 출토 簡牘, 특히 〈田法〉은 이 의문을 어느 정도 해소할 수 있는 단서를 제공하는 것 같다. 그러면 무엇이 필자의 의문이었는가? 서술의 편의를 위해 먼저 '盡地力之敎'가 제시한 소농민 家計의 내역을 정리해 보자.

5인 1호 소농의 평균 수입; 150석(大豊 600석, 中豊 450석, 小豊 300석,
(100畝 경작, 畝 평균 1.5석)　　　大凶 30석, 中凶 70석, 小凶 100석)
　　　　　　　　　　　勤農;2% 증산(畝 3升)
　　　　　　　　　　　惰農;2% 감산 (상 동)
　지　출; (1) 식량 90석(1인 평균 18석)
　　　　　(2) 田租 15석(나머지 35석은 석당 30전으로 환전 사용)

1) 졸저, 《中國古代帝國成立史硏究》(一潮閣, 1984), pp.103-120.

    (3) 춘추 社祭 비용부담 300전(10석)

    (4) 의복비 1500전(1인 300전, 50석)

    (5) 기타 賦斂, 喪死, 疾病에 따른 지출

수   지; (5)를 계산하지 않아도 최소 년 450전(15석) 적자.

너무 개략적이지만, 요컨대 당시 소농의 구조적 빈궁을 확인할 수 있는 자료적 가치는 충분하다. 그러나 당시 생산에 불가결한 철제농기의 구입비는 물론 무당 1두 내외의 종자도[2] 계상되지 않았음에도 불구하고 이처럼 만성적인 적자 가계구조를 면치 못하였다면 과연 소농민의 재생산이 유지될 수 있었겠느냐는 것은 비단 필자만의 의문은 아닐 것이다. 더우기 이 農民像은 개혁의 대상이었던 자연태가 아니라 부국강병을 위하여 정책적으로 창출된 것이었고, 이 상황에서도 魏는 풍흉에 따른 곡물의 수매 방출정책을 통한 곡가의 조절로써 부강에 성공하였다는 뒤이은 평가를 상기하면[3] 이 의문은 더욱 깊어진다. 그렇다면 무엇이 잘못되었거나 중요한 항목(특히 수입항)이 누락된 것일가? 그러나 전체 문맥상 의도적인 생략은 있을 수 있어도 과실에 의한 누락은 인정하기 어렵다. 그렇다면 의도적인 생략의 경우 그의미는 무엇일까? 혹 이것이 '盡地力之敎'의 이해를 심화시킬 수 있는 관건이 되지 않을가? 아니면 이 기사에 대한 종래의 일반적인 이해에 근본적인 오류가 있었던 것일가? 시론적이나마 이 해답의 단서를 모색하기 위한 것이 바로 본고의 목적이다. 먼저 수입부문을 검토해 보자.

---

2) 秦律의 "種 稻 麻畝用二斗大牛斗 禾 麥一斗 黍 荅畝半大斗 菽畝半斗 利田疇 其有不盡此數 可也 其有本者 稱議種之"(睡虎地秦墓竹簡整理小組, 《睡虎地秦墓竹簡》, 북경, 1978, p.43. 이하 《竹簡》으로 略稱함)을 참고하면, 대체로 소농의 실제 파종면적을 50무로 잡으면(후술) 禾를 기준 약 5石의 종자가 필요하다.

3) 《漢書》卷 24 上 食貨志 上 "故大熟卽上糴三而舍一 中熟卽糴二 下熟卽糴一 使民適足 賈平卽止 小飢卽發小熟之所斂 中飢卽發中熟之所斂 大飢卽發大熟之所斂 而糴之 故雖遇饑饉水旱 糴不貴而民不散 取有餘而補不足 行之魏國 國以富强"

I. '歲收 150석'의 의미

수입부문은 곡물 생산이 유일한 항목이라 극히 간단하지만, 문제의 복잡성도 바로 여기서 비롯되는 것 같다. 때문에 이 자체에 대한 치밀한 분석이 요구되지만 이에 앞서 수확량을 먼저 주목해 보면, 다음과 같은 특징을 지적할 수 있다. 즉 (1)풍흉에 따른 편차는 극심한 반면 (2) 개개 농민의 勤惰가 생산에 미치는 영향은 거의 무시해도 좋을 정도로 근소하며[4], (3)지역에 따른 토질의 차이는 고려되지 않았다. 이 중 (3)은 상기 수치가 표준적인 토양을 대상으로 작성되었기 때문으로, (1)(2)는 당시 농업이 거의 전적으로 자연 조건에 의존하였던 생산조건을 반영한 것으로 일단 이해할 수 있을지도 모른다. 그러나 후술할 바와 같이 농민의 근면을 엄격히 강제하는 전국시대 각국의 법령을 상기할 때 (2)는 쉽게 납득하기 어렵다. 또 선진시대의 농업자료중 상·중·하전의 생산력 차이가 구체적으로 부단히 강조된 반면 풍흉에 따른 격차를 구체적으로 전한 예도 없지만 (1)이 제시한 풍년의 증산폭은(최고 평년작의 4배까지) 너무 지나치게 강조된 것 같다. 따라서 (1)의 지나친 강조는 결국 (3)을 의식한 것, 다시 말해 (1)의 생산 증감은 풍흉뿐아니라 토질에 따른 증감을 아울러 고려한 수치가 아니냐는 느낌을 지우기 어렵다.

이러한 의문을 풀기 위하여 먼저 '盡地力之敎'가 시행되었다는 魏 文侯와 동시대인으로 풍흉의 편차를 이용하여 부를 축적하였다는 白圭의 고사를 상기해 보자. 즉 그는 천체의 운행과 관련 12년 안에 대풍 2회, 대흉 2회, 소(중)풍 4회, 소(중)흉 4회가 각각 주기적으로 발생하는 규칙을 이용 큰 부를 축적하였고 한다.[5] 물론 이러한 풍흉주기를 그대로 신뢰할 필요는 없다. 그러

---

4) 물론 臣瓚 注처럼 3升을 3斗의 誤記로 본다면 勤惰에 따른 증감도 20%가 되지만, 이 문제는 뒤로 미루자.
5) 《史記》 권 129 貨殖列傳 "白圭 周人也 當魏文侯時 李克務盡地力 而白圭樂觀時變 故人棄我取 人取我與……太陰在卯 穰 明歲衰惡 至午 旱 明歲美 至酉 穰 明歲衰惡 至子 大旱 明歲美". 李克과 李悝가 동일인설은 池田雄一, 〈李悝の法經について〉, 《中央大

나 춘추말 越王 句踐을 보좌하였다는 計然 역시 12년간 주기로 6번의 풍년, 6번의 한발, 1번의 대기근이 각각 발생한다고 주장한 것을[6] 보면 당시 풍흉은 대체로 해마다 교체되는 현상으로 인식되었던 것 같다. 그렇다면 평년작의 수확량이야 어쨌든 그 사회의 년 평균 생산량은 이 풍흉 주기내의 총생산을 주기 년수로 평분한 수치가 될 것이다. 그래서 필자는 상기한 대풍에서 대흉까지의 6등급을 6년의 작황주기 또는 12년간 각각 2번씩 돌아오는 작황으로 일단 해석한 후, 6등급의 총 수확량을 6으로 평분해 보았다. 그 결과 얻은 년 평균 수확량은 약 260석((600+450+300+100+70+30=1550, 1550÷6≒260)에 달하여, 년 평균 150석이란 수치를 크게 초과한다. 이에 필자는 다시 평균치 150석의 작황도 포함 7등급을 가상하여 계산해 보았지만, 역시 평균치는 약 230석에 달한다. 적어도 이 정도의 수치라면 당시 소농민은 만성적인 적자에 허덕이기는 대신 오히려 비교적 여유있는 생활을 영위할 수도 있지 않았을까? 그리고 이것이 실제 위국 '부강'의 실체는 아니었을까?

그러나 '진지력지교'의 농가 평균 연수입 150석은 전후 문맥상 공파할 여지가 전혀 없는 확실한 수치로 제시된 것이다. 그렇다면 '盡地力之敎'가 제시한 150석은 과연 어디서 나온 수치인가? 현재 이것을 제외한 전국·진한시대의 畝당 평균 수확량을 전하는 기록은 최고 10석에서 최소 2석 또는 1석까지의 커다란 편차를 보이고 있다.[7] 물론 이것은 토양과 생산기술의 차이를 반영하는 것이며, 또 도량형의 相異도 반드시 고려해야 한다. 그러나 이에 못지 않게 중요한 것은 이들 수치의 구체적인 의미를 먼저 판단하는 것이다. 즉 이들 수치가 실제 단위 畝의 생산량인가 아니면 표준 소농의 100무 총생산량을 100으로 나눈 것인지를 먼저 확정해야 한다는 것이다. 왜냐하면 전국 시대 240보 新畝制가 도입되면서 휴경농법과 관련 실제 소농의 1년 경작은 100무 중 50무에 불과하기 때문에[8] 예컨대 1무 10석의 생산

學文學部史學科紀要》29, 1984가 잘 논증하고 있다.
6) 동 상 "計然曰……故歲在金 穰 水 毀 木 饑 火 旱……六歲穰 六歲旱 十二歲一大饑"
7) 平中苓次,〈漢代の田租と災害による其の減免〉,《中國古代の田制と税法》, 京都, 1967
8) 전게 졸저, p.89-95 참조.

력을 적용해도 소농가의 수입은 실제 500석이며, 1호 100무의 총생산이 150석인 경우 무당 실제 생산은 1.5석이 아니라 3석이 되는 것이다.

그러므로 특수한 沃田과 관련 언급된 무당 10석 또는 6.4석도[9] 실제 '진지력지교' 생산력의 3.5배를 넘지는 않는다. 그러나 '진지력지교' 소농은 무당 5석의 중전[10] 경작자는 물론 다종 곡물을 파종하여 평년 200석을 수확하는[11] 농민에 비해 현저하게 수입이 적으며, 흔히 1무 1석의 생산례로 지적되는 《管子》 禁藏篇의 소농 생활도 곡물생산과 원예작물 및 布帛을 비롯한 기타 부수입과 결합되어 대단히 여유있는 것으로 묘사되고 있다.[12] 따라서 100무 1호 소농의 년 150석 수입은 사실상 下田의 상황에나 해당되는 셈인데, 이것이 표준 소농으로 설정될 정도로 당시 魏의 농업조건은 열악한 것이었는가? 이와 관련 혹자는 3-4석을 240步 1 畝制의 표준 수확량으로 보고 '盡地力之敎'의 1.5석을 100보 1무제의 산량으로 이해하기도 하며[13], 혹자는 여타의 기록은 小石으로 표기된 반면 '盡地力之敎'의 石은 大石으로 표기된 것이므로 실제 소석으로 환산하면 2.5석에 해당한다고 주장하기도 한다.[14] 그러나 춘추말 魏는 이미 200보 1무제를, 趙는 240보 1무제를 각각 도입하였을 가능성도 농후할 뿐 아니라[15] 漢代에 존재한 대·소석제가 현재

---

9) 畝 10석의 생산은 漢 武帝時 관개공사의 계획안에 제시된 수치이며, 전국 말 秦이 건설한 鄭國渠에 의해 조성된 沃田은 무 1鍾(6.4석)을 생산하였다고 한다.(《史記》 河渠書 참조).그러므로 《管子》 山權數의 "高田十石"도 최상의 沃田 예로 보인다.

10) 《管子》 山權數篇 "高田十石 閒田五石 庸田三石 其餘皆屬荒田 地量百畝 一夫之力也"

11) 《管子》 治國篇 '常山之東 河汝之間 蚤生而晚殺 五穀之所蕃熟也 四種五穫 中年畝二石 一夫爲粟二百石"

12) "食民有率 率三十畝而足於卒歲 歲兼美惡 畝取一石 則人有三十石 果蓏素食當十石 秕糠六畜當十石 則人有五十石 布帛麻絲 旁入奇利 未在此中 故國有餘藏 民有餘食". 포백 이하의 수입을 제외한 인 50석을 부부 중심의 1호로 환산하면 100석의 수입이며, 기타 수입의 규모는 확실치 않으나 '民有餘食'의 표현은 '진지력지교' 소농민의 적자 가계와 무척 대조적이다. 물론 이 禁藏篇의 성립연대는 논란이 많지만, 어쨌든 이 소농은 곡물 생산위주의 '진지력지교' 소농과는 다른 유형이며, 이것으로 일반적인 무당 생산력의 저급을 논하는 것은 잘못이다.

13) 平中苓次, 〈漢代の田租と災害による其の減免〉, 《中國古代の田制と稅法》, 京都, 1967, pp.147-152 참조

14) 吳慧, 《中國歷代糧食畝産硏究》 (北京, 農業出版社, 1985) pp.48-49. 大小石의 비는 5:3.

15) 銀雀山漢墓竹簡, 《孫子兵法》 (北京, 1976) 吳問篇 "韓魏制田 以百步爲畹 以二百步爲

전국시대에서는 확인되지 않기[16] 때문에 이러한 설명은 모두 설득력을 갖기 어려운 것 같다.

그러나 결론을 내리기 앞서 도량형을 떠나서 이 문제를 다시 검토하기 위하여 필자는 단위 노동력이 부양할 수 있는 인구수를 전하는 다음과 같은 몇가지 기사를 주목해 보았다.

> (1) 一夫百畝 百畝之糞 上農夫食九人 上次食八人 中食七人 中次食六人 下食五人(《孟子》萬章 下)
> (2) 上農挾五 中農挾四 下農挾三(《管子》揆度)
> (3) 上田夫食九人 下田夫食五人 可以益 不可損 一人治之 十人食之 六畜皆在其中(《呂氏春秋》上農篇)
> (4) 食口七人 上家之數也 食口六人 中家之數也 食口五人 [下家之數也](銀雀山出土〈田法〉)[17]

(1)과 (3)의 '夫'는 부부 중심의 1戶(5인)를 의미하는 것이 명백하다면, (2)는 부양될 수 있는 인수가 대체로 (1) (3)의 절반에 불과한 것으로 보아 그 주어는 성인 농부 1인으로 이해하는 것이 타당하다. 또 (2)의 '挾'이 본인을 제외한 부양자의 帶同을 의미한다면 (1) (3)의 '食'의 대상 역시 2인의 성인 농부를 제외한 인수로 해석하는 것이 타당하다.[18] 따라서 상기 (1)(2)(3)에 의하면 남녀 성인 2인이 100무를 경작하여 최고 12인(또는 11인)에서 최소 7인, 평균 9인의 년간 소비 식량을 생산할 수 있다는 것이다. 이 비율을 1인 년 평균 18석의 식량과[19] 결합하여 계산하면 당시 표준 소농가정은 적어도

畝……趙氏 制田 以百二十步爲畹 以二百四十步爲畝"

16) 國家計量總局主編, 《中國古代度量衡圖集》(북경, 1981) 器物一覽表 pp.43-44에 수록된 戰國-秦의 量器 36예중 楚의 3례(1升 222, 225, 228cc) 秦의 1례(1승 216cc)를 제외한 나머지는 모두 1승 194cc에서 207cc로서 평균 200cc를 크게 벗어나지 않는다. 물론 한대의 대석 量器의 실례도 아직 확인되지 않기 때문에 실물의 不傳을 이유로 대석제를 부정하는 것도 신중을 요하지만, 전국시대의 경우는 문헌 실물 모두 현재로서는 입증되지 않는다.

17) 銀雀山漢墓竹簡整理小組, 〈銀雀山竹書《守法》, 《守令》等十三篇〉, 《文物》 1985-4, p.35.

18) 吳慧, 상게서, pp.108-109.

19) 후술할 바와 같이 先秦·秦漢時代 1인 월 평균 식량에 관한 수치도 다기하지만 여기서는 일단 '진지력지교'의 입안자가 제시한 1.5석 (1두 약 2000cc)을 기준으로 논해

평균 162석을 생산하는 것으로 추정할 수 있다. 그렇다면 상기 150석은 바로 이것을 槪數로 표현한 것으로 일단 이해할 수 있을지도 모른다. 이 경우 상기한 항상적인 적자 최소 15석중 12석은 일단 해소되며, 여기에 다시 勤農에 따른 증산폭 3석을 추가하고 상기 지출항중 (5)만 제외하면 '盡地力之敎'는 수입과 지출이 완전히 균형된 소농가계를 설계하였다는 흥미있는 추론으로 연결되는 것도 사실이다.

그러나 이처럼 잉여가 전무한 소농가정을 설계한다는 것도 납득하기 어렵지만, 농가식량을 제외한 75석의 곡물도 농업인구와 비농업인구의 비를 6:5로 유지한다면(전 인구가 모두 동일한 식량을 소비하는 가정할 때) 완전 소비되고 만다. 이 난점을 해결하기 위하여 현재 일부 논자들에 의해 전국시대 齊國의 법률로 추정되기도 하는 (4)의 〈田法〉을[20] 검토하기 앞서 (4)의 바로 뒤에 연결되는 다음과 같은 귀절을 먼저 주목해 보자.

> 10인 중 8인이 농경에 종사하면 王業을 이룰 수 있고, 10인중 7인 농경에 종사하면 覇業을 이룰 수 있으며, 10인중 5인이 농경에 종사하면 존립을 유지할 수 있고, 10인중 4인이 농경에 종사하면 망한다……王者는 1년 경작하여 3년을 먹고 覇者는 1년 경작하여 2년을 먹으며, 존립을 유지하는 자는 1년을 경작하여 ???을 먹고 망하는 자는 1년을 경작하여 12개월을 먹는다.(什八人作者王 什七人作者覇 什五人作者存 作四人作者亡……王者一歲作而三歲食之 覇者一歲作而二歲食[之 存者一歲作???食]之 亡者一歲作而十二月食之)[21]

이처럼 식량의 생산과 소비가 양적으로 일치하는 것을 망국의 상황으로 인식하였다면, '盡地力之敎'의 입안자들도 이것을 피하기 위하여 생산력을 제고하거나 인구의 비를 조정하지 않을 수 없었을 것이다. 그러나 생산이 년 표준 소농 1호당 165석일 경우 상기 '王者'의 政처럼 농업인구를 80%로 조정해도 총생산은 약 1.5년 식량[22] 패자의 노동비율로 조정하면 약 1.3

보자.

20) 劉海年, 〈齊國戰國法律史料的重要發見〉, 《法學研究》 1987-2 ; 吳九龍, 〈銀雀山漢簡齊國法律考析〉, 《史學集刊》 1984-4
21) 《文物》 1985-4, p. 35.
22) 생산자와 소비자의 비는 4:5. 총생산과 소비의 비는 165:90, (165×4)÷(90×5)≒ 1.5

년의 식량에 불과하여[23] 모두 상기 인용문중의 '存者'에도 미치지 못한다.[24] 그러나 이것은 년 1/3의 지속적인 잉여비축을 통하여 최고 9년 최소 3년의 곡물 비축을 목표한《禮記》王制篇이나[25] 매해 3/10을 비축 31년만에 11년 4개월분의 식량을 비축하자는《管子》山權數[26]의 이상을 그대로 구현할 수 있는 수준이다. 이처럼 '盡地力之敎'의 전체 구상도 인구의 70% 이상을 농경에 확보할 경우 비록 농가의 잉여는 없어도 재정상의 난점은 없다면, 일단 그 생산력도 표준 165석 정도로 인정할 수 있을지 모른다.

그러나 이것을 선뜻 동의하기에는 일년에 3년분의 식량생산을 강조한 銀雀山 출토〈田法〉의 목표가[27] 마음에 걸린다. 일견 이것은《禮記》에 비해 실현할 수 없는 호언장담처럼 보이는 것도 사실이며, 실제 인구의 80%가 농경에 종사한다 해도 표준 소농 1호의 년 생산을 약 340석으로[28] 끌어 올리지 않으면 불가능한 것이기도 하다. 이제 상기 (4)를 검토할 차례가 온 것이다.

(4)중 '食'의 주어를 (1)(3)처럼 '夫'로 본다면 생산력이 지나치게 낮기 때문에 그 주어는 역시 1인의 성인 농부로 보는 것이 타당하며, 여기서도 7인·6인·5인은 각각 농부를 제외한 부양대상자로 보아야 할 것이다. 따라서 이것을 표준 소농가의 생산으로 환산하면 上·中·下家는 16인의 식량 288석, 14인의 식량 252석, 12인의 식량 216석을 각각 생산하는 것으로 이해할 수 있는데, 상기 (1)(2)(3)에 비해 너무나 큰 차이가 난다. 그러나 다음과 같

---

23) 생산자와 소비자의 비는 7:10, 총생산과 소비의 비는 165:90, $(165 \times 7) \div (90 \times 10) ≒ 1.3$

24) 인용한 竹簡중 存者의 일년경작 수확량 부분이 불명확하지만, 적어도 2년분과 1년분 식량의 사이인 것은 분명한데, 竹簡 釋文의 주석자는 18개월로 추산하고 있다.《文物》 1985-4, p.36 주 10 참조.

25) "國無九年之畜 曰不足 無六年之畜 曰急 無三年之畜 曰國非其國也 三年耕必有一年之食 九年耕必有三年之食 以三十年之通 雖有凶旱水溢 民無菜色"

26) "王者歲守十分之參 三年與少半成歲 三十一年而藏十一年少半 藏參之一不足以傷民 而農夫敬事力作"

27)《文物》 1985-4, p.33 "嘗試使三人具出耒耨之端 是有三歲餘食也 二歲具出耒[耨之]端 是有六歲餘食也 三歲具出耒耨之端 是有十歲餘食也"도 역시 동일한 목표를 반복하고 있다.

28) 식량 생산자와 소비자의 비는 4:5, 1호 평균 소비는 년 90석, $4x = 5 \times 90 \times 3$, $x ≒ 338$

106

은 〈田法〉의 귀절을 잘 이해하면 이것 역시 별 문제는 없다.

> (A) 1인이 大畝 24무를 경작하면 왕업을 이루고 1인이 19무를 경작하면 패
> 업을 이루며, 1인이 14무를 경작하면 존립을 유지할 수 있고, 1인이 9무를 경작
> 하면 망한다.……(B) 일년의 수확은 中田은 小畝 당 20斗는 평년작이며, 上田은
> 무당 27斗, 下田은 무 13斗이다(一人而田大畝廿[四者王 一人而]田十九畝者覇
> [一人而十]四畝者存 一人而田九畝者亡……歲收 中田小畝畝廿斗 中歲也 上田
> 畝廿七斗 下田畝十三斗)[29]

   상앙 변법시 표준 소농가에 授田된 240步 新 1畝制 100무의 토지는 당시
의 휴경농법과 실제 2인 1조가 경작할 수 있는 최대의 면적 新畝 50무를
고려하여 설정된 규모였다.[30] 따라서 1인의 최대 가경면적을 24무로 제시한
(즉 2인 48무) (A)의 大畝는 240보 1무로 보아 대과가 없으며, (B)의 小畝는
竹簡 釋文 주석처럼 100보 1무정도로 처리하는 것이[31] 무난하다. 그렇다면
상기 귀절에서 우리는 평년작의 경우 대무 상·중·하전의 생산량으로 각
각 6.48석, 4.8석, 3.12석이란 수치를 일단 얻을 수 있으며, 이것을 다시 실
제 년 가경면적이 50무인 240보 1무의 100무의 년 생산으로 바꾸어 표현하
면 상·중·하전의 생산량은 각각 324석, 240석, 156석이 된다. 물론 이것
은 상기 (4)에서 추정한 수치와는 상당한 차이도 있다. 그러나 상전의 생산
력을 보면 앞서 1년 경작 3년분 식량생산이란 목표도 단순한 호언으로 치부
하기도 어렵지만, 특히 은작산 출토<전법>이 상정한 하전의 생산력이 '진지
력지교'의 표준 생산력과 대차가 없다는 것은 양자가 기초한 생산력의 차이
를 웅변하는 것 같다. 그렇다면 이것은 지역적(齊와 魏) 또는 시대적 선후에
기인하는 것인가? 그러나 이것이 이런 요인만으로 설명되기 어려운 격차라
면, 혹 다른 해석의 가능성은 없을까?
   여기서 우리는 다시 '진지력지교'가 평균 150석과 함께 제시한 풍흉에 따
른 생산량을 다시 주목해 보자. 우선 풍년의 경우 평균 9인의 식량을 생산

---

29) 《文物》 1985-4, p.35
30) 전게 졸저, pp.89-95 참조.
31) 《文物》 1985-4, p.36 주 12 참조.

하는 中田에서 과연 600석 450석 300석을 각각 생산할 수 있는지는 극히 의문이다. 그러나 상기《管子》山權數의 '무 10석을 생산하는 高田'의 경우 대풍시 600석의 수확도 전혀 불가능한 것도 아닐 것이며 300석은 상기〈田法〉의 上田 평균 수확에도 미치지 못한다. 이에 비해 대·중·소 흉년과 관련 제시된 100석·70석·30석은 흉년시에도 가능한 수치이지만, 한편 100무 년 100석 이하의 惡田 예도[32] 있기 때문에 이것은 동시에 토양에 따른 생산력의 차이를 반영한 것일 수도 있다. 그렇다면 '盡地力之敎'의 풍흉작은 풍흉 자체보다는 토질의 등급을 보다 고려한 편차로 이해하는 것이 오히려 자연스러운데, 특히 이 평균치 약 230석(전술)이 상기〈田法〉의 中田 평균 생산량 240석에 근사한 사실은 무척 시사적이다. 이것은 결국 '진지력지교'와 <전법>이 기초한 생산력이 별 차이가 없다는 것을 의미하는 것이 아닌가? 즉 후자는 평균 240석 전후한 생산력을 풍흉의 편차로, 전자는 上·中·下田으로 각각 상이한 형식으로 표현한 것에 불과하다는 것이 필자의 추론이다.

그렇다면 '진지력지교'는 표준 소농의 연 평균 수확 230석 정도를 확인하면서 왜 사실상 下田의 수확량에 해당하는 150석을 평균 '歲收'로 명기하였는가? 이것은 거듭 강조한 바와 같이 재생산도 유지하기 어려운 만성적인 적자구조의 기초가 되는 수치가 아닌가? 앞서 지적한 바와 같이 연 평균 165석 정도의 중전을 표준으로 설정해도 이와 같은 적자는 면할 수 있지 않은가? 상식적으로 생각할 때 경제정책 입안자들이 이러한 '失政'을 공공연하게 제안할 이유를 상정하기 어렵다면 이것은 결국 예의 적자가 오히려 '성공'을 의미하는 것이었고, 따라서 적자의 규모 최소 15석 역시 의도적으로 선택되었을 가능성을 배제하기 어려운 것 같다. 15석의 적자에서 지출항목 (5) 賦斂·喪死·질병의 비용이 완전히 빠지면 그 이상의 적자는 일단

---

32)《管子》乘馬數篇 "有一人耕而五人食者 有一人耕而四人食者 有一人耕而三人食者 有一人耕而二人食者". 이중 최저 수확을 2인 1조에 의한 100무 경작으로 환산하면 6인의 연평균 식량 즉 108석이 된다. 또 동 山權數篇도 무 3석 이하의 전토 '荒田'을 언급하고 있다.

면할 수 있다. 그러나 지출 (5)도 현실적으로 피할 수 없다면 추가 적자 역시 불가피하며, 구체적인 적자폭의 확대는 지출 (5)의 규모에 좌우될 것이다. 지출 (5)중 喪死, 질병은 건강한 농민의 경우 일상적인 지출은 아닐 것이다. 반면 賦斂의 다과는 국가의 의지에 달린 것이라면, 국가가 田租 이외의 추가 부렴을 요구하지 않는다면 농민의 적자는 일단 15석으로 그치며, 여기서 다시 田租 15석을 면제하면 적어도 적자는 일단 해소된다.

그렇다면 150석 수입은 농민의 만성적인 적자가 田租에 기인한 것임을 강조함으로써 더 이상의 부렴요구를 사전에 봉쇄함과 동시에 전조의 감면까지 주장하기 위한 '爲民'的 포석으로 선택된 것인가?《管子》가 관영산업의 확충을 통하여 '무세정책'을 주장하였던 것은 주지의 사실이지만[33], 근래 발견된 銀雀山 漢墓 출토《孫子兵法》吳問篇에도 무세정책의 효용성을 강조하는 내용중 특히 춘추말 魏의 重稅(1/5세)가 망국의 원인처럼 비판되었을 뿐아니라[34] '진지력지교'의 입안자 李悝와 동일인으로 알려진 李克이 산림수택의 개발이 없는 조건에서의 조세증대를 크게 비난하였다는 일화는[35] 상술한 적자 가계를 조세 최소화 의도에서 조작된 설계로 이해할 수 있는 가능성을 높혀 주는 것 같다.

그러나 선진 사상중 無稅 또는 輕稅論의 흐름이 존재하였을지라도 한편에서는 맹자가 보기에는 '民敵'에 불과한 존재, 즉 "군주를 위하여 토지를 넓히고 재물을 거두어 창고를 채우는데 급급한 관리"들이 오히려 '良臣'으로 환영받는 현실이었다면[36], 단순한 이상론이 아닌 魏國의 표준 소농육성

---

33) 전게 졸저, pp.182-183 참조.
34) "韓魏制田 以百步爲畹 以二百步爲畝 而伍稅[之] 其?田狹 其置士多 伍稅之 公家富 置士多 主驕臣奢 冀功數戰 故爲智氏次 趙氏制田 以百二十步爲畹 以二百四十步爲畝 公无稅焉 公家貧 其置士少 主儉臣收 以御富民 故曰固國 晉國歸焉 吳王曰 善 王者之道 ??厚愛其民者也".
35)《韓非子》難二篇 "李克治中山 苦陘令上計入多 李克曰……無山林澤谷之利而入多者 謂之窕貨 君子不聽窕言 不受窕貨 子姑免矣"
36)《孟子》告子 下. 또《墨子》非命 下 "今也卿大夫之所以竭股肱之力 殫其思慮之智 內治官府 外斂關市山林澤梁之利 以實官府而不敢怠倦者 何也" 도 당시 '良臣'의 면모를 약여하게 전하고 있다.

책이었던 '盡地力之敎'가 실제 230석 정도의 생산력을 150석으로 축소하면서까지 輕稅論에 대한 강한 의지를 피력하였을 가능성은 극히 희박한 것 같다. 그렇다면 이것은 150석의 낮은 생산력에서도 농민의 파탄을 무릅쓰고 田租와 기타 賦斂 징수를 강행한다는 것을 과시하기 위한 것인가? 그러나 이것은 결코 '賢君'과 '賢臣'이 공개적으로 논할 부강의 장구책은 아닐 것이며,《漢書》食貨志가 魏의 부강과 관련 칭양조로 대서특필할 만한 가치도 없었을 것이다. 결국 '歲收 150석'을 '수확량'으로(실제건 정책 입안자의 주장이건) 이해하는 한 모두 만족할 만한 설명이 불가능하다면, 이제 다른 각도에서 해명의 단서를 찾아야 할 것이다.

전국시대 수전체제를 기초로 5인 1호의 표준의 편호제민을 창출한 국가의 일차적인 목표는 제민간의 경제적 평준화이며, 국가는 이 원칙에 따라 100무를 기준으로 노동력에 상응하는 경지를 분배한 이후 이들의 경제적 분화를 방지하기 위한 다각적인 대책이 아울러 강구된 사정을 필자는 이미 상론한 바 있다.[37] 그러나 당시 필자는 240보 1무제가 휴경농법을 100무내에서 적용하기 위해 도입되었다는 것을 논증하기에 급급한 나머지 지역에 따른 토질의 비옥도와 이에 상응하는 수확량의 차이란 문제를 전혀 고려하지 못하고 말았다. 그러나 전술한 바와 같이 上田과 下田의 수확량은 적어도 2배 이상의 차이가 나기도 한다. 지역적 풍흉에 따른 소득의 편차는 일단 차치하더라도 이것을 무시한 채 모든 제민에게 동일한 부담을 요구한다면 제민간의 경제적 평준화란 당초의 목표는 처음부터 포기하는 것과 다름없을 것이다. 은작산 출토 <전법>의 다음과 같은 규정은 바로 이 문제의 해결을 위한 배려일 것이다. 즉

　　(A) 循行立稼之狀　而謹??美惡之所在　以爲地均之歲……考參以爲歲均計　二歲而均計定 (B) 三歲而壹更賦田　十歲而民畢易田　令皆受地美惡?之數也[38]

---

37) 전게 졸저 참조.
38) 《文物》 1985-4, p.36.

우선 (B)는 3년만에 授田地를 한번 바꾸어 10년만에 한번 모두 전토를 바꿈으로써 토질의 美惡에 따른 불공평을 해소한다는 의미로서, 구체적으로는 竹簡 석문자의 해석처럼 상·중·하전을 각각 3년씩 돌아가며 경작하는 것으로 이해해도 대과는 없는 것 같다. 한편 (A)는 다소 불명한 점은 있으나 대체로 (B)를 위한 예비조사, 즉 구체적인 작황을 조사하여 토질의 등급을 결정하는 과정을 전한 것인데, 여기서 생산력에 상응하는 등차적인 부담이 부과되는지의 여부는 분명치 않지만, 어쨌든 이 제도가 이론적으로는 적어도 9년을 단위로 齊民의 빈부를 조정할 수 있는 기능을 발휘할 수 있는 것은 인정된다. 그러나 현실적으로 이처럼 토지를 윤번 경작하는 것이 극히 어려운 문제라면 토지를 輪換하지 않고 생산력에 상응한 조세의 조정도 동일한 효과를 기대할 수는 있을 것이다. 따라서 국가가 토질의 생산력 등차에 따른 농민 소득의 차이에 무관심할 수 없고 동시에 번거로운 토지의 윤환을 원하지 않을 경우 그 대책은 자명하다.

상앙 변법과 '盡地力之敎'는 모두 토지 輪換制도 부세의 조정을 시사하는 직접적인 증거도 확인되지 않는다. 그러나 특히 齊民의 균등을 강조한 상앙 변법이 토질의 생산력 차등에 따른 소득의 격차를 방치하였을 가능성이 희박하다면 무언가 대책을 강구하였을 것으로 추정되지만, 당시 齊民의 철저한 노동을 강요한 다음과 같은 규정들이 간접적이나마 이 문제에 대한 단서를 제공한다.

(1) 본업 耕織에 僇力하여 粟帛을 많이 바치는 자는 요역을 면제하며, 末利에 종사하거나 게을러 가난한 자는 收孥한다.[39]
(2) 上上의 토지에서 下下田의 (수확을) 거두면 너희는 벌을 받을 것이며, 下下의 토지에서 上上田의 (수확을) 거두면 너희는 상을 받을 것이다.[40]
(3) 해를 마치며 田地의 수확이 (표준액보다) 50斗 적으면 ?에 처하고, 해를 마치며 (표준 수확보다) 100두 적으면 벌로 일년간 '公人'으로 삼고, 해를 마치며 (표준 수확보다) 200두 적으면 벌로 2년간 '공인'으로 삼으며 석방되는 해에 ?????하는 자는 종신 '공인'으로 삼고, 해를 마치며 (표준 수확보다)

---

39) 《史記》 권 68 商君列傳
40) 董說, 《七國考》 권 2 魏食貨 〈農官讀法〉

300두 적으면 黥刑에 처한 후 '公人'으로 삼는다.[41]

(1)은 유명한 商鞅變法의 重農抑商策, (2)는 魏 3월 上祀農官讀法의 일절, (3)은 은작산 한묘 출토 <전법>의 규정.구체적인 내용과 詳略의 초점은 다르지만 그 기본 목표는 동일하다. 즉 이들은 전국시대 각국이 토양에 상응한 표준생산량의 설정과 법적인 상벌에 의한 생산 독려제를 확립한 사실을 입증해 주는데, 특히 '게으른' 제민의 관노비화 또는 종신 노역이란 엄벌까지 동원한 생산목표의 강제는 당시 농민의 생산전념을 위한 각종 법제적인 조처를 강구하였음에도[42] 불구하고, 결국 개개 농민의 勤惰가 의연히 생산성과에 큰 변수임을 인식한 결과로 해석된다. 어쨌든 가장 구체적인 기준을 제시한 것은 (3)인데, 이것의 기준을 표준 소농의 中歲 中田 평균 수확량 240석(전술)으로 일단 가정할 때 미달에 따른 처벌의 기점인 5석은 표준액의 약 2.1%, 최고형 '黥刑爲公人'[43]에 처벌하는 미달폭 30석은 표준액의 12.5%에 각각 해당된다. 따라서 下下田에서 上上田의 수확을 기대한 (2)는 춘 삼월 생산독려를 위해 農官이 농민에게 직접 공포하는 문서의 성격상 상징적인 과장일 것이며, 실제 당시 철저한 국가의 통제하에 있었던 농민의 사적인 근타가 생산증감에 작용하는 폭은 12.5% 정도였으며, 국가도 이것

---

41)《文物》1985-4, p.35. "卒歲田入少入五十斗者 ?之 卒歲少入百斗者 罰爲公人一歲 卒歲少入二百斗者 罰爲公人二歲 出之歲[????]?者 以爲公人終身 卒歲少入三百斗者 黥刑爲公人". 佐竹靖彦,〈商鞅田制考證〉,《史學雜誌》96-3, 1987, pp.295-296은 300斗를 中田 小畝 150무에 대한 1/10 田賦로 보고 이것을 田賦 不納과 관련된 처벌로 이해하고 있으나, 필자가 계산한〈田法〉의 중전 표준 소농의 세수는 240석이며, 전체적인 처벌의 강도로 보아 세금 체납보다는 표준 수확미달에 대한 처벌규정으로 이해하는 것이 타당하다.

42) 이 문제와 관한 秦의 정책은 전게 졸저 pp.112-120 참조. 한편 은작산 출토〈田法〉의 다음과 같은 규정도 거의 동일한(내용까지) 정책을 지향한 것이다. 즉 "凡欲富國 墾草仞邑 必外示之以利 內爲禁邪除害 諸雕文刻鏤 黼黻纂組 鍼線之事 及爲末作 垂拱倚立談語 皆勿得爲也 此國之大害 治之大傷 不可不禁".(《文物》1985-4, p.33)

43) 有期 '公人'은 강제 노역에 종사하는 형도가 분명하지만, 종신 '公人'의 경우 관노비로 신분이 전락하는지의 여부는 분명하지 않다. 다만 '黥刑爲公人'은 문맥상 종신이 분명한데, 秦律상 黥刑은 관노비인 隸臣妾 이상의 중형에만 부과된 것을 상기할 때(졸고,〈秦의 身分秩序 構造〉,《東洋史學研究》23, 1986, p.52 참조), 이것은 관노비일 가능성이 높다.

112

을 인정 약 2% 이상의 증감부터 상벌을 적용한 것으로 추측된다.

　이 추론은 '盡地力之敎'의 '歲收 150석'의 해석에 결정적인 단서를 제공한다. 우선 12.5%의 증감율을 150석에 적용해 보자. 감수의 경우 최소 15석의 적자가 더욱 증폭되어 독립 소경영자로서의 재생산 유지가 사실상 불가능하다. '게을러 가난한 자'의 일가를 관노비로 적몰한다는 상기 상앙변법의 규정이나 가장 게으른 자의 '黥刑爲公人'을 규정한 〈田法〉은 생산의무를 전제로 부여된 齊民 신분의 성격을 상기하면 극히 당연한 조처였을 것이다. 반면 增收의 최대 폭인 약 19석은 15석의 적자를 해소할 뿐아니라 의식비를 약간 줄이면(이 문제는 후술) 재생산에 불가결한 종자도(약 5석)도 확보할 수 있다. 따라서 처음부터 최소 15석의 적자가 예상되는 '歲收 150석'은 최대의 勤農을 요구하기 위하여 의도적으로 선택된 표준일 가능성이 농후하다. 그렇다면 '진지력지교'의 勤惰 편차는 2%가(무당 3승) 아닌 20%로(무당 3斗) 보는 것이 훨씬 자연스럽지 않은가?

　사실 《漢書》食貨志의 해당 부분 "以爲地方百里……爲田六百萬畝 治田勤則畝益三升 不勤則損亦如之 地方百里之增減 輒爲粟百八十萬石矣"를 무심히 읽으면 이 大意를 勤惰의 편차로 이해하는 것이 타당한 것 같고, 따라서 '三升'에 맞추어 '百八十萬石'을 '十八萬石'으로 고치는 것보다는 臣瓚 및 顔師古의 의견대로 후자에 맞추어 전자를 '三斗'로 수정하는 것이 오히려 순리처럼 보인다. 그러나 이 경우 증감율이 〈田法〉의 12.5%를 크게 상회하는 것도 문제지만, 이미 '歲收 150석'·적자 15석의 구조를 통하여 이미 암시한 勤惰率은 중복　거론된 반면 근타에 따른 상벌문제는 전혀 언급이 없는 셈인데, 최대 勤農의 강제를 재생산 유지의 불가결로 설정한 '盡地力之敎'의 전체구조를 감안할 때 이 문제의 생략은 아무래도 부자연스럽다. 이에 비해 상기 食貨志의 부분을 다소 어색한 것 같지만 勤惰에 대한 상벌의 각도에서 이해할 수 있다면 이 문제는 일단 해소될 수 있다. 물론 상기 인용문이 처벌을 직접 언급한 것은 아니다. 그러나 여기서의 관건은 무 3승의 증감이 상기 <전법>중 상벌을 적용하지 않는 증감폭 약 2%와 일치한다는 사실이

다. 이것은 곧 상기 인용문을 150석 표준액의 2% 증감과 관련된 勤惰는 불
문에 부친다는 것, 바꾸어 말해 2% 이상의 증감은 상벌적용의 대상이 된다
는 것으로 이해할 수 있는 가능성을 시사하는데, 상기 “百八十萬”을 “十八
萬”으로 바꾸면 이 해석이 보다 매력적이며, ‘畝益三升’에 대한 服虔의 注
“與之三升”을 ‘3승을 허락한다’ 즉 ‘3승은 불문에 부친다’는 의미로 해석할
수 있다면, 後漢末의 服虔 역시 이 부분을 필자와 동일하게 이해한 것으로
보인다.

　앞서 필자가 臣瓚의 주석과는 달리 “畝益三升”을 그대로 살린 것은 이와
같이 《漢書》의 주석가중 가장 시대가 앞선 服虔의 이해와도[44] 일치할 뿐아
니라 이것이 ‘歲收 150석’ · ‘적자 15석’과 함께 최대의 勤農으로 재생산을
유지시킨다는 ‘盡地力之敎’의 전체적인 구상을 정합적으로 추론할 수 있는
한개의 고리가 되기 때문인데, 여기서 또 보충설명이 필요한 것은 2% 이상
증산에 대한 賞의 문제이다. 즉 최대 12.5%의 증산도 실제 재생산을 간신히
유지하는 정도였고, 따라서 조세의 증대와는 전혀 무관하였다면, 과연 국가
가 이것을 포상하였겠느냐는 의문이 제기되기 때문이다. 물론 力作者에게
脯와 酒를 하사한다는 《管子》의 귀절[45], 田牛飼育에 우수한 성과를 올린 관
련자들에 대한 酒脯 하사 또는 일정한 일수의 요역면제를 규정한 秦 廐苑律[46]
등을 참고하면 자기 재생산 유지에 필요한 증산자에게도 유사한 포상이 부
분적으로나마 수반되었을 가능성도 있다. 그러나 이것도 곧 국가재정의 지
출증대 또는 수입감소를 의미하는 것이지만, 사실 이런 정도의 생산수준이
라면 상기 상앙변법의 “僇力本業耕織 致帛束多者 復其身”한다는 규정도 한

44) 服虔이 “畝益三升”과 그 뒤의 “百八十萬石”을 동시에 주의하였다면 당연히 계산상
의 불일치를 발견하였을 것이며, 臣瓚처럼 양자중 하나를 수정하는 입장을 취하였을
것이다. 그러나 그가 단지 “畝益三升”에 “與之三升”으로 注한 것은 그가 갖고 있었던
사본은 계산상의 문제가 없는, 즉 “十八萬石”으로 표기되었기 때문일 것이다. 따라서
그가 《漢書》의 最古 주석가임을 고려할 할 때, 원래 “十八萬石”이 轉寫과정에서 현행
본처럼 “百八十萬石”으로 誤寫되었을 가능성이 농후하다.
45) 《管子》揆度篇 “終歲行邑里 其人力同 而宮室美者 良萌也 力作者也 脯二束 酒一石以
賜之”
46) 《竹簡》pp.30-31.“以四月七月十月正月膚田牛 卒歲 以正月大課之 最 賜田嗇夫壺酒束
脯 為皁者除一更 賜牛長日三旬……又里課之 最者 賜田典一旬”

같 空文에 불과할 뿐아니라, 田租 이외의 賦斂을 부담할 농민도 없을 것이다. 만약 '歲收 150석'의 소농층이 국가권력의 중심기반이었다면, 그 취약성은 더 이상 설명할 필요조차 없을 것이다.

따라서 상기 商鞅의 정책이나 전국시대 魏·秦의 '富强'을 설명하려면 '歲收 150석'이상의 표준 소농을 상정하지 않을 수 없는 것이다. 필자는 앞에서 '盡地力之敎'의 평균 생산력을 230석으로 추정하였지만, 어쨌든 '歲收 150석'이 사실상 下田의 평균이라면, 그 이상의 수확이 보장된 중·상전의 잉여생산을 국가가 어떻게 처리하였을까? 이들에게도 역시 동일한 전조율만 적용한다면, 중·상전의 경작자는 상대적으로 풍족한 의식생활은 물론 상당한 치부도 가능하였을 것이다. 그러나 당시 국가는 이들의 풍족할 생활을 허용할 의사는 없었던 것 같다. 編戶齊民의 '均齊'가 이념적 목표였던 당시 국가는 국가적 신분에 상응한 소비생활을 엄격히 통제하며[47]동일신분의 동일 소비수준을 요구하였을 뿐아니라[48] 민간의 잉여식량 '과다' 보유를 물가구조의 파괴 및 식량의 불필요한 낭비원인으로 판단하였다면[49] 적절량 이상의 잉여곡물의 회수에 적극적인 대책을 강구한 것도 당연하였을 것이다.

商鞅의 "致粟帛多者 復其身" 또는 '納粟授官爵' 정책도 바로 그 대책의 일환이었을 가능성을 처음 부터 배제할 필요는 없는 것 같다.[50] 일견 이것은 소농민의 요역면제 또는 受爵의 욕구를 만족시키며 그 잉여를 회수, 사치와 낭비를 방지함과 동시에 국가재정을 확충할 수 있는 好策같으며, 《商君書》는 이 방법에 상당한 관심을 보인 것 같다.[51] 그러나 이것은 그 잉여가 반드

---

47) 《史記》 권 68 商君列傳 "明尊卑爵秩等級 各以差次名田宅 臣妾衣服以家差 有功者顯榮 無功者雖富無所芬華"는 그 단적인 예이다.

48) 《文物》 1985-4, p.35 "?明示民 乃爲分職之數 齊其飮食之量 均其作務之業"은 식생활의 '均齊'까지 요구한 규정이다.

49) 전게 졸저 p.200 참조.

50) 《商君書》 墾令篇 "民有餘粮 使民以出粟官爵 官爵必以其力 則農不怠". 전게 졸고, 〈秦의 身分秩序構造〉는 《史記》 권 6 秦始皇本紀 4년 "百姓內粟千石 拜爵一級"을 참작, 納粟授爵을 일반 소농민에게는 현실적인 의미가 거의 없는 반면, 변법이전 다량의 토지를 점유하고 있었던 富人層의 富를 환수하는 기능이 있었을 것으로 추측하는 데 그쳤으나(pp.7-8 참조), 중·상전의 잉여생산을 고려하면 이런 가능성도 인정할 필요가 있는 것 같다.

시 勤農과 직결된 것이 아님에도 불구하고[52] 각종 신분적 특권이 부여된 爵位[53]까지 동원하여 포상함으로써 상벌원칙에 저촉된다는 문제뿐아니라 사실상 그 특혜가 중·상전의 受田者에게 자동적으로 집중될 수밖에 없는 불공평을 해결할 길이 없다.

이에 비해 화폐를 통한 수매 방식은 '授官爵'에 따른 문제점을 일단 해소되고 곡가의 등귀시 방매함으로써 물가조절의 효과와 아울러 재정수입의 증대도 도모할 수 있는 것 같다. 이와 관련 '盡地力之敎'의 다음과 같은 귀절을 주목해 보자.

> 그러므로 곡가의 평형을 잘 유지시키는 자는 반드시 그 해의 上·中·下熟을 근실히 관찰한다. 上熟時에는 (수확이 평년작의)의 4배가 되어 400석이 남으며, 中熟時에는 3배가 되어 300석이 남고 下熟時에는 2배가 되어 100석이 남는다.……그러므로 大熟時(600석)에는 국가가 3/4(450석)을 매입하고 1/4을 남기며 (上糴三而舍一), 中熟時(450석)에는 2/3를 매입하고(糴二), 下熟時에는 1/2을 매입하여(糴一) 백성을 적절히 족하게 하고 물가가 균형을 이루면 (수매를) 멈춘다. 小飢時는 小熟時 거둔 것을 발매하고, 中飢時는 中熟時 거둔 것을 발매하며, 大飢時는 大熟時 거둔 것을 발매한다. 그러므로 비록 기근과 홍수·한발을 만나도 곡가가 등귀하지 않아 백성이 흩어지지 않으니, '有餘'를 취하여 '不足'을 보충하였기 때문이다.(《漢書》食貨志).

전술한 바와 같이 '盡地力之敎'의 '풍흉'이란 지력에 따른 생산력의 편차가 강하게 반영된 것으로 보는 것이 더 타당하다면, 이 역시 상중하전의 문제라는 측면에서 이해해도 대과는 없는데, 여기서 주목할 점은 수매방법과 수매량의 비율이다. 첫째 수매방법은 단지 '곡물매입(糴)'으로 표현되었다. 그러나 '盡地力之敎'도 田租와 자가식량을 제외한 잉여곡물을 모두 화폐로 환산하고 있을 뿐아니라 이와 같은 대규모의 수매시 당시 국가가 지불할 수

---

51) 《商君書》壹言篇 "民壹則樸 樸則農 農則易勤 勤則富 富者廢之以爵 不淫", 同 去彊篇 "富者使之以賞則貧……粟爵粟任 則國富". 여기서 '不淫'과 '貧'은 모두 신분에 상응한 소비수준이상의 사치와 낭비가 불가능한 상태를 의미한다.

52) 상게 《商君書》는 授官爵을 '賞'으로 그 대상인 '富者'를 勤農者로 각각 명기하고 있지만, 실제 '富者'가 될 수 있는 기회는 중·상전 경작자에 국한되었다면, 이것은 상벌원칙을 논리상으로나마 지키지 않을수 없는 고육책의 결과로 해석된다.

53) 전게 졸고, 〈秦의 身分秩序構造〉, pp.10-17 참조.

116

있는 수단이란 자신이 주조한 화폐 이외에는 달리 상정할 수 없다면, 이것은 화폐결계가 확실하며, 실제 당시 국가가 화폐를 주조한 목적도 바로 잉여생산의 '수탈'이란 성격이 강하다. 물론 국가는 여기서 지불한 화폐의 구매력을 보장하였으며, 특히 관영상품의 구입과 납세의 일부를 화폐로 강제하였던 것이다. 그리하여 많은 학자들이 '화폐경제'의 발전으로 규정할 정도로 거의 모든 교역이 화폐를 매개로 이루어지는 현상이 나타난 것도 사실이다. 그러나 이것은 상품경제의 발달을 배경으로 성립한 것이라기 보다는 국가의 잉여수탈 과정과 관련 소농민이 鹽鐵등 관영생산 필수품의 구입과 납세에 필요한 화폐를 입수하는 과정으로 해석하는 것이 온당하다.[54] 어쨌든 구매력이 보장된 화폐로 중·상전의 잉여를 수매한 후 모든 소농민에게 동률의 화폐조세를 부과한다면 국가는 잉여곡물의 회수에는 일단 성공하였겠지만 齊民의 '均齊'는 포기하는 셈이며, 상기 인용한 '盡地力之教'의 '有餘를 취하여 부족을 보충한다'는 것도 단지 흉년을 대비한 풍년의 회수·저장이란 의미 이상을 가질 수 없다.

결국 국가가 齊民의 '均齊'를 포기하지 않는 한 여기서 다시 화폐조세의 차등부과가 불가피한데, 이것은 당시 錢納이 확실한 이른바 '賦稅' 또는 '賦斂'에 대한 검토를 요구한다. 戶內의 人丁·牛馬 및 기타 재산을 종합평가하여 부과한 것으로 추정되는 秦律의 戶賦는[55] 차등 부세가 거의 확실하다. 그러나 이것이 중·상전의 생산력을 반영한 것인지는 전혀 확인할 길이 없다. 이에 비해 《周禮》大司徒는 토양에 상응한 생산의 할당과 차등 부렴을 통한 '均齊'의 의지를 천명하고 있으며[56], 천하 9 州의 田土 9등급에 대응한 賦 9등급을 제시한 《尙書》禹貢篇은 이것을 보다 구체화한 것으로서, 이들

54) 전제 졸저 제 2편 3장 〈貨幣政策의 展開〉참조. 최근에 발표된 足立啓二,〈專制國家の財政と貨幣〉와 宮澤知之,〈北宋の財政と貨幣經濟〉(이상 中國史研究會篇,《中國專制國家と社會統合—中國史像の再構成 II》, 東京, 1990) 도 적어도 송대까지의 화폐경제를 필자와 거의 동일한 관점에서 이해하고 있다.
55) 전게 졸저, pp.109-112 참조.
56) 《周禮》大司徒 "以土均之法 辨五物九等 制天下之地征 以作民職 以令地貢 以斂財賦 以均齊天下之政".

은 모두 당시 차등 상·중·하전에 대한 賦稅(田租가 아닌)의 차등 징수의 가능성을 추측케 한다. 이러한 추론이 허용된다면 이제 그 '등차'의 구체적인 내역을 다시 추론할 순서인데, 결국 이것은 지불된 화폐의 환수문제라면 여기서 잉여 곡물의 규모와 그 수매율을 검토하지 않을 수 없는 것이다. 먼저 상·중·하전의 불공평을 해소하기 위하여 耕地 輪換制도 규정한 은작산 출토 〈田法〉의 다음과 같은 斷簡을 먼저 주목해 보자.

"……賦 餘食不入於上 皆藏於民"(《文物》 1985-4, p. 35)

앞 부분이 잘려나가 정확한 의미는 분명치 않으나 대체로 賦를 납부한 이후 남은 '餘食'은 모두 민이 보유한다는 의미로 보아 대과는 없을 것이다. 문제는 전체 생산중 '餘食'의 비율인데, 일견 '皆'자는 '餘食'의 비율이 높은 인상을 준다. 그러나 9/10를 바치고 겨우 1/10만 사용이 허락된 藁·莢도 "皆藏於民"으로 표현된 것을[57] 보면 이것 역시 최소의 소비분을 제외한 잉여를 거의 모두 賦로 회수하는 규정일 가능성이 높은데, 이 점은 '盡地力之敎' 역시 동일하다. 상기 인용문중 이른바 '풍년'의 등급에 따른 수매액과 관련, 필자의 번역은 종래의 일반적인 해석과는 차이가 있다. 즉 필자는 각 등급의 수매률 3/4(糴三而舍一), 2/3(糴二), 1/2(糴一)을 모두 총생량에 대한 비율로 이해한 반면, 종래의 해석은 이것을 총생산에서 평균작을 제외한 '餘', 즉 400석·300석·100석에 대한 비율로 보아 大·中·小熟의 수매를 각각 300석·200석·50석으로 해석한 것이다.[58] 그러나 종래의 해석은 모두

---

57) 《文物》 1985-4. p.35. "藁民得用其什一 莢人一斗 皆藏於民". 이것을 秦律의 "頃入莢三石 藁二石"(《竹簡》 p.28)과 대조해 보자. 우선 후자가 중량단위(1石=120근)인 반면 전자는 용량단위(斗)로 표기되어 비교 자체가 어렵지만, 여기서의 1두를 중량단위 石의 1/10로 등치시킬 수 있다면, 莢의 경우 秦의 표준 소농민이 납세하는 량과 〈田法〉의 소농민이 소비하는 양의(5斗: 5인 표준) 비율은 6:1. 한편 藁의 경우 秦律상의 藁·莢稅의 비율 2:3이 수확량의 비율을 반영한 것이라면 <전법>의 민이 소비하는 1/10 藁는 10/3斗일 것이며, 秦 소농이 납부하는 양과의 이것의 비율은 역시 6:1이다. 따라서 秦律은 납부액을, 〈田法〉은 납세후 남은 자가 소비율로 각각 달리 표현하였지만, 양자 모두 9/10 莢·藁稅를 징수한 것이 분명하다.

58) Nancy Lee Swann, *Food and Money In Ancient China*, 1974, New York, pp.142-143.

張晏의 주를[59] 답습한 것으로서, 이 해석의 장점은 '餘' 400석·300석·100석의 원문을 그대로 살리며, 풍년시에는 평년작보다 농민의 소비를 늘려 계산함과 동시에 비수매분에 대한 농민의 자체 처분이 허용되어[60] 비교적 합리적인 체계를 이루고 있다는 점이다.

그러나 中熟時 소농소비(150석)는 증가가 없는 반면 오히려 下熟時는 200석으로 계산된 것도 납득하기 어렵지만, 더우기 이 체계는 결국 수매률을 '餘'에 적용하여 역으로 구상한 추정에 불과하여 설득력이 약하다. 실제 '盡地力之敎'를 평심히 읽으면 굳이 그런 이해도 불필요할 뿐아니라 大熟의 '餘' 400석과 小熟의 '餘' 100석은 中熟의 '餘' 300석을 고려하면 실제 450석과 150석을 槪數로 표현한 정도로 이해하는 것이 무난하다. 즉 '餘'는 총생산에서 평년 수확을 공제한 양이며, 이것은 각기 총생산의 3/4, 2/3, 1/2에 해당하는데, 이것은 바로 수매율과 일치한다. 따라서 이것을 총생산의 수매율에 적용하면 당시 국가는 '歲收 150석'을 기준으로 중·상전의 잉여생산을 거의 모두 회수한다는 결론이 도출되지만, '세수 150석'을 표준 소농으로 설정한 '盡地力之敎'의 기본 구상을 상기하면 이것은 오히려 극히 당연한 조처였을 것이다. 여기서 우리는 '歲收 150석'의 의미를 확연히 이해할 수 있는 것 같다. 즉 이것은 최대의 勤農을 통해서만 재생산이 가능한 최저수준인 동시에 그 이상의 잉여를 회수하는 기준으로, 실제 표준소농의 평균수확이 아니라 국가가 허용한 표준소농의 표준 소비규모인 것이다.

賦가 이런 규모의 수매에 비례할 수밖에 없다면, '盡地力之敎'도 시사한 바와 같이 '歲收 150석'의 소농민은 賦斂을 부담할 능력도 없었고, 따라서 과세 대상도 되지 않았을 것이다. 그러나 악명 높은 秦의 重稅 '泰半(2/3)之

黑羽英男, 《漢書食貨志譯註》(東京, 1980) p.26 참조.

59) "張晏曰 平歲百畝收百五十石 今大熟四倍 收六百石 計民食終歲長四百石 官糴三百石 此爲糴三舍一也", "張晏曰 自三四百五十石也 終歲長三百石 官糴二百石 此爲糴二舍一也", "張晏曰 自倍 收三百石 官糴其五十石 云下熟糴一 謂中分百石之一".

60) 예컨대 대숙의 경우 소농의 소비는 200석, 국가수매는 300석, 소농 자체처분은 100석으로, 풍년에 따른 소농의 생활여유와 민간곡물 시장의 존재가 모두 배려된 것이다.

賦’[61] 또는 ‘二十倍於古’ 달한 것으로 비난된 과대한 재정확충도[62] 上田의 생산력과 상술한 바와 같은 철저한 잉여 수매책을 고려하면 그렇게 과장된 악평도, 소농민의 재생산을 파괴할 정도의 苛稅만도, 또 秦만의 현상도 아닌 것 같다. 이와 같은 철저한 최대의 근농요구과 소비의 제한은 최대의 노동과 최소의 소비를 강조하는 墨家의 주장을 상기케 하지만[63], 생산표준 2% 이상의 미달부터 엄격히 처벌하는 정책도 齊民의 ‘均齊’란 명분하에 수매와 賦斂의 징수 형식으로 강행된 사실상의 철저한 잉여생산 수탈이 중·상전 경작자의 생산의욕을 저하시킬 수밖에 없다는 인식에서 비롯된 것으로도 해석되는데, 과연 ‘歲收 150석’으로 강요된 소농민의 소비생활은 ‘盡地力之敎’가 주장한 것처럼 ‘適足’한 것이었는가? 소농민의 牛馬類 불사육을 전제한 것과 다름없는 芻·藁의 9/10 징수를 규정한 秦律과 〈田法〉(주 57 참조)[64], 上家만이 단지 돼지 1마리· 개 한마리· 닭 암수 각 1마리씩 사육할 수 있는 능력이 있다는 것을 추측케 하는 〈田法〉의 귀절은[65] 모두 ‘盡地力之敎’의 ‘歲收 150석’ 소농민 역시 家畜 또는 家禽 사육을 통한 부수입이 거의 없

61) 《漢書》 권 24 上 食貨志 “至於始皇 逐幷天下 內興功作 外攘夷狄 收泰半之賦”.

62) 同 上, 董仲舒 上書 “至秦則不然 用商鞅之法……田租口賦鹽鐵之利 二十倍於古”.

63) 秦의 授田體制가 강요하는 최대노동과 최소소비와 墨家思想의 상관성은 전게 졸저, pp.253-260에 이미 지적한 바 있다.

64) 전게 佐竹靖彦,〈商鞅田制考證〉, pp.301-302 도 이 점을 지적함과 동시에 〈田法〉중 “上使公人可使畜長者 養牛馬及狗豕鷄”란 규정을 들어 징수한 芻·藁를 이용한 공권력에 의한 牛馬 사육을 지적하고 있다. 한편 田牛 사육 考課를 규정한 秦 廐苑律이 里의 고과와 里長의 상벌규정을 포함한 것을 보면(주 45 참조) 秦의 田牛 역시 개개 소농민보다는 里를 단위로한 국가 관리체제하에 있었던 것이 분명하다. 이것은 모두 당시 농경발전에 크게 기여한 牛耕의 성격, 나아가 국가와 齊民 소농경영의 관계를 설명하는 중요한 자료이다.

65) 《文物》 1985-4, p.35 “上家畜一豕 一狗 鷄一雄一雌 諸以令畜者 皆藏其本 齊其息 得用之 中家以下不能一”. 한편 《孟子》 盡心 上 “五畝之宅 樹牆下以桑 匹婦蠶之則老者足以衣帛矣 五母鷄二母彘 無失時 老者足以無失肉 百畝之田 匹夫耕之 八口之家 可以無饑矣”는 일견 소농민의 보다 활발한 가축사육을 시사한다. 그러나 이 암탉 5마리 암돼지 2마리의 사육도 노인을 봉양할 정도에 불과할 뿐아니라 古賀登이 지적한 것처럼 이것이 8구 1가의 3가족 즉 ‘三族制家族’의 공동사육이라면(古賀登, 《漢長安城과 阡陌·縣鄕亭里制度》(東京, 1980) 제 V장 제 3절 〈《孟子》の〈五畝の宅〉について〉 참조), 그 수준은 오히려 더 떨어진다. 이와 같은 가축사육의 저조는 결국 당시 소농민이 사료를 확보하지 못한 사정에 기인한 것으로 해석된다.

었을 가능성을 시사하지 않는가?[66] 그렇다면 '盡地力之敎'가 곡물이외의 수
입을 摘示하지 않은 것도 어느 의미에서 당연한 것이었지만, '歲收 150석'
이 의미하는 구체적인 삶에 대한 이해는 이것에 기초한 齊民支配體制의 성
격을 부각시키는데 일조가 될 것이다.

II. '歲收 150石'의 消費構造

인간의 '適足'한 물질생활의 구체적인 기준은 時空에 따라 또는 개인 및
사회의 가치관에 따라 다르기 마련이지만, 가능한 보다 높은 수준을 추구하
는 것이 인간의 본능이라면, 도덕 및 법제적인 수단으로 이것을 적절히 통
제하는 것도 반드시 필요할 것이다. 禮란 신분에 상응하는 소비의 규제를
위하여 제정된 것이라고 갈파한 戰國末 荀子는[67] 허기를 메우고 정신을 유
지할 정도로만 먹고 寒暑를 피할 정도의 의복 이상은 금하자는 墨子의 철저
한 검약론을[68] 근거 없이 빈곤을 걱정하여 오히려 천하를 빈곤케 하는 주장
이라고 반박하면서 풍요로운 생활을 낙관하기도 하였다.[69] 그러나 그는 지
배층의 일정한 사치를 사회 통합과 질서유지를 위한 불가피한 수단으로 옹
호하는 한편 輕稅와 요역절제를 통한 '백성의 裕足'을 주장하였지만[70], 막상

---

66) 前漢 宣帝時의 循吏로 유명한 渤海太守 龔遂가 農桑 및 부업작물을 장려하면서 每
家 암퇘지 2마리 닭 5마리의 사육을 권장한 사례도(《漢書》 권 89 循吏傳 龔遂傳) 漢
代 역시 〈田法〉 수준의 가축·가금사육을 크게 벗어나지 못한 사정을 시사한다.

67) 《荀子》禮論 "禮起于何也 曰 人生而有欲 欲而不得 則不能無求 求而無度量分界 則不
能不爭 爭則亂 亂則窮 先王惡其亂也 故制禮義以分之 以養人之欲 給人之求".

68) 《墨子》節用 中 "(食)足以充虛繼氣 强股肱 使耳目聰明則止", 同 節用 上 "凡爲衣裳
之道 冬加溫 夏加淸 芊麤不加者去之".

69) 《荀子》富國篇 "夫天地之生萬物也 固有餘族以食人矣 麻葛繭絲 鳥獸之羽毛齒革也 固
有餘足以衣人矣 夫有餘不足 非天下之公患 特墨子之私憂過計也……墨子之節用也 則使
天下貧".

70) 동 상 "故無分者 人之大害也 夫分者 天下之本利也 而人君者 所以管分之樞要也 姑美
之者 是美天下之本也 安之者 是安天下之本也 貴之者 是貴天下之本也 古者先王分割而
等異之 故使或美 或厚 或薄 或佚樂 或劬勞 非特以爲淫泰夸麗之聲 將以明仁之文 通仁
之順也", "輕田野之稅 平關市之征 省商賈之數 罕興力役 無奪農時 如是則國富矣 夫是

소농민도 향유할 수 있는 소비표준은 구체적으로 언급한 바가 없는데, '백
성들로 하여금 배고프지 않고 춥지 않게 하면 곧 王業을 이룰 수 있다'는
孟子의 주장을[71] 상기하면 최소한 飢寒은 면케 해야 한다는 주장도 대단히
적극적인 제안이었던 것 같다. 그렇다면 과연 '盡地力之敎'는 소농민에게
'飢寒의 免'을 어느 정도 보장하고 있는가? 먼저 '배고프지 않는' 문제를 검
토해 보자.

[식량 90석] 1인 월 평균 1.5석(1일 5升) 년 18석의 식량은 과연 충족한
것인가? 이 문제를 위하여 먼저 이 수치가 어느 정도의 양인가를 확인해
보자. 우선 이 수치는 탈곡 이전의 낱곡식 粟이 분명하므로, 秦律의 규정에[72]
따라 이것을 실제 식량이 되는 '米'중 가장 조악한 糲米로 환산하면, 1일 3
승 월 0.9석이 되는데, 당시 1승은 표준 200cc로 계산할 때 약 160g[73], 따라
서 1일 평균 약 480g이 된다. 다시 이것을 가장 精米에 해당하는 毇米로 환
산하면 약 384g으로서 60년대 한국 육군 정규 사병의 1일 지급 식량(쌀과
보리 혼합) 600g이나[74] 漢代 변경의 戍卒에게 月 3과 1/3석까지 지급한 예에
비교하면 너무나 적은 양이며, 철저한 節用論者 墨子의 後學들이 평화를 설
득하며 천하를 주유하면서 '五升之飯'을 자청하여 배도 채우지 못하였다는
지적을[75] 상기하면 이것은 당시 수준으로서도 결코 '飽'를 충족시킬 만한 것

之爲以政裕民".
71)《孟子》梁惠王 上 "五畝之宅 樹之以桑 五十者 可以衣帛矣 鷄豚狗彘之畜 無失其時
七十者 可以食肉矣 百畝之田 勿奪其時 數口之家 可以無饑矣……七十者衣帛食肉 黎民
不饑不寒 然不王者未之有". 특히 맹자가 50세 이상의 비단옷과 70세 이상의 육식을
언급한 것은 "五十非帛不煖 七十非肉不飽 不煖不飽 謂之凍餒"(동, 盡心 上)라는 이유
때문이고 보면, 그는 결국 '적극적으로는 배부르고 따뜻한 생활, 소극적으로는 기한
을 면하는 생활'을 소농민에게 보장할 것을 주장한 것이다.
72)《竹簡》p.44. "粟一石六斗大半斗 舂之爲糲米一石 糲米爲鑿米九斗 九斗爲毇米八斗".
73) 吳慧, 전게서, p.51. 당시 5승은 현재 市升 1승에 해당하고 1市升 小米(粗米로)는 1.6
市斤 즉 약 800g이므로 전국시대 200cc 1승은 약 160g이 될 것이다.
74) 현재는 쌀 약 850g 보리 약 150g이며, 한편 교도소의 재소자 지급식량은 남녀 불문
750g(쌀 70% 보리 30%) 이라고 한다.
75)《莊子》天下篇 "宋鈃尹文聞其風 而悅之……見侮不辱 救民之鬪 禁攻寢兵 救世之戰
以比周行天下 上說下敎 雖天下不取 强聒而不舍者也 故曰上下見厭 而强見也 雖然其爲

122

이 못되었던 것 같다. 물론 이것은 1인의 평균 식량이므로 1家 5인의 식량월 7.5석을 성인과 미성년으로 구성된 가족이 소비할 경우 성인의 몫은 이 평균치보다 높아질 것이다. 예컨대 居延漢簡에 보이는 년령과 성별에 따른 식량지급의 비율 즉 大男: 大女·使男:使女·未使男:未使女=9:7:5:4를[76] 大男 1인·大女 1인·使男 1인·未使男 1인·未使女 1인으로 구성된 가족에 적용할 경우 이들의 식량소비율은 9:7:7:5:4인데, 이들이 7.5석을 소비할 경우 각각 약 2.1석, 1.64석, 1.64석, 1.17석,0.94석을 소비하게 된다.

이것을 다시 秦律중 관노비 및 형도에 대한 식량지급 규정과 비교해 보자. 진률에 의하면 영아는 월 0.5석, 노역에 종사하는 隷臣의 경우 월 2석, 隷妾은 월 1.5석, 小城旦으로 隷臣의 노역을 할 수 있는 자는 월 1.5석, 그 능력이 없으면 월 1석, 小妾으로서 舂作者는 1.25석, 舂은 월 1.5석, 隷臣중 公田 경작자는 농경기 2월에서 9월까지는 월 2.5석 10월에서 1월간은 월 2 석을 지급하며[77], 築城 및 이에 준하는 중노동에 종사하는 자에게는 월 2.5 석, 토공에 역사되는 女官婢에게는 월 2석이 지급되었다고 한다.[78] 영아와 특별한 중노동자를(축성과 농경) 제외한 노예의 식량은 결국 大男(隷臣) 월 2석, 大女(隷妾, 舂) 월 1.5석, 使男(小城旦能作隷臣者) 1.5석, 使女(小妾舂作者) 1.25석, 未使男女(未能作者) 월 1석으로 정리될 수 있다. 이 수치는 상술한 '盡地力之敎'의 식량과 대차가 없지만, 연령·성별에 따른 비례가 居延漢簡과 다소 차이가 있어 다시 이 비율에 따라 大男 1인·大女 1인·使男 1인·使女 1인·未使男(女) 1인으로 구성된 5인 가족이 월 7.5석을 소비할 경우를 상정해 보면, 각기 약 2.1석, 1.6석, 1.6석, 1.3석, 1석을 소비하게 된다.

人太多 其自爲太少 曰請欲固置五升之飯 足矣 先生恐不得飽 弟子雖其 不忘天下 日夜不休". 여기서 5승은 '粟'으로 보는 것이 타당하다.

76) 吳慧, 전게서, p.63 참조.

77)《竹簡》, p.49 "隷臣妾其從公事 隷臣月禾二石 隷妾一石半 其不從公事 勿稟 小城旦隷臣作者 月禾一石半石 未能作者 月禾一石 小妾舂作者 月一石二斗半斗 未能作者月禾一石 嬰兒之母母者各半石……隷臣田者 以二月月稟二石半 到九月盡而止其半石 舂月一石半石",

78) 동 상, p.51 "城旦之垣及它事而勞與垣等者 旦半夕三 其守署及它事者 參食之 其病者 議稱之 令吏主 城旦舂 舂司寇白粲操土工 參食之 不操土工 以律食之".

이 수치 역시 秦 관노비의 식량을 약간(1두 내외) 상회할 뿐이며, 大男·大女는 오히려 중노농 관노비에 비해서도 적은데, 公田 경작 隷臣(연 28석, 월 평균 2.3석)처럼 연중 중노동에 역사되지는 않았을 가능성을 고려한다면, 역시 그 차이는 근소하다.

따라서 '盡地力之敎'가 허용한 소농민의 식량은 사실상 秦 관노비의 수준에 불과한 셈인데, 당시 秦의 하급 관원에게 1일 糲米 1두(粟 5/3 두, 월 5석)를 지급된 것을 상기하면[79] 결코 소농민에게 '飽'를 보장한 것은 아니라 하겠다. 그러나 한편 囚人을 減食 처벌할 경우 1일 1/3두(월 1석)를 지급한 것이나[80] 公器 또는 官有 가축을 망실한 隷臣妾에게 衣食節減으로 변상시키되 衣食費의 1/3이상 절감은 불허한 秦律[81], 守城時의 상황이지만 연 1인 식량을 36석·24석·18석·14석 4두·12석의 5등급으로 규정하는 한편 특히 절박한 상황에서는 1일 2승으로(월 6두) 20일간, 1일 3승으로(월 9두) 30일간, 1일 4승으로(월 1.2석) 40일을 각각 버티어 총 90일간의 농성이 가능하다는 《墨子》의 귀절을 참고하면[82] '盡地力之敎' 소농민의 식량은 건강을 해칠정도의 수준보다는 훨씬 높게 책정된 것으로 평가 수 있을 것이다. 더우기 銀雀山 漢墓 출토 〈田法〉이 5인 가족의 1년 최소 식량을 39.5석으로까지 내려 잡은 것을 보면[83], 이것은 아사를 면하는 최소량의 2배 이상을 보장

---

79) 동 상, p.103 "上造以下到官佐 史 毋爵者 及卜 司御 寺 府 糲米一斗 有菜羹 鹽廿二分升二"

80) 동 상, p.53 "食飯囚 日少半斗".

81) 동 상, p.60 "及隷臣妾有亡公器畜生者 以其日月減其衣食 毋過三分取一".

82) 《墨子》雜守篇 "斗食 終歲三十六石 參食終歲二十四石 四食終歲十八石 五食終歲十四石四斗 六食終歲十二石 斗食食五升 參食食參升少半 四食食二升半 五食食二升 六食食一升大半 日再食 救死之時 日二升者二十日 日三升者三十日 日四升者四十日 如是 而民免於九十日之約矣".

83) 《文物》1985-4, p.33 "歲十月 卒歲之食具 無餘食人七石九斗者 親死不得含". 이것은 매해 10월 농민의 1년 식량을 점검하며, 1인당 7.9석(5인 가정 39.5석)이 없으면 부모가 죽어도 死者의 입에 珠玉등을 집어 넣는 含禮를 못한다는 규정인데, 1인 7.9석이란 수치와 含禮에 따른 비용을 고려할 때, 7.9석은 含禮 이전의 상태라기 보다는 그 이후의 餘食으로 보는 것이 타당하다. 이처럼 효의 표현인 부모의 장례의식을 통제한 것은 1인 년 7.9석을 아사를 면할 수 있는 최소량으로 산정하였기 때문으로 추측된다.

한 것이다. 이것은 국가가 요구하는 농경과 병역 및 역역을 감당할 만한 '건강한' 소농민을 확보하기 위한 '배려'로 해석되지만, 한편 경우에 따라서 소농민은 식량의 1/2 정도를 줄일 수 있는 '餘力'을 가진 존재로 인식되었을 가능성을 시사하는 것이다.

[의복비 1500전, 50석] '男耕女織'이란 귀익은 숙어를 상식으로 내세울 것도 없이, 농가의 연중 紡績·紡織을 상세히 지도한 한대 崔寔의 《四民月令》은 차치하더라도, 《詩經》의 豳風 七月을 비롯한 농민생활시, 길쌈을 부녀의 당연한 의무로 묘사한 이루 매거할 할수 없을 정도로 많은 선진문헌의 문귀들을 조금이라도 접한 사람들은 '盡地力之敎'의 농민들이 의생활을 위하여 수입의 1/3을 지출한다는 것을 납득하기 어려울 것이다. 그렇다면 이것은 혹자의 추정처럼[84] '진지력지교'의 입안자들이 소농민의 실생활을 잘 파악하지 못한 사정에서 비롯된 계산착오인가? 이 문제를 위하여 우선 관노비 및 형도의 의복비지출에 관한 秦律을 아래에 인용해 보자.

    (1) 授衣者 夏衣以四月盡六月稟之 冬衣以九月盡十一月稟之 過時者勿稟 後計冬
        衣來年 囚有寒者爲褐衣 爲絭布一 用枲三斤 爲褐以絭衣 大褐一 用枲十八斤
        値六十錢 中褐一用枲十四斤 値四十六錢 小褐一用枲十一斤 値三十六錢
    (2) 稟衣者 隸臣府隸之毋妻者及城旦 冬人百一十錢 夏五十五錢 其小者冬七十七
        錢 夏四十四錢 春冬人五十五錢 夏四十四錢 其小者 冬四十四錢 夏三十三錢
        隸臣妾之老及小不能自衣者 如春衣[85]

이 자료들 특히 (2)는 필자도 포함한 모든 연구자들이 별다른 의문없이 당시 노예의 표준 의복비를 산정하는 결정적인 자료로 이용하고 있는 것으로서 이 기준(대인 1인 165전, 5.5석[86])에서 보면 '진지력지교'의 의복비 1인 평균 300전은 확실히 너무 높게 책정된 것 같다. 그러나 이것이 과연 실제 의복에 소요되는 비용 전체를 포괄한 것인지는 신중한 재검토가 필요한 것

---

84) 崔德卿, 《中國古代農業史硏究》(백산서당, 1994), p.247.
85) 이상 《竹簡》, pp.66-68.
86) 진률상의 곡가도 1석 30전이다. 《竹簡》, p.88 "繫城旦舂 公食當責者 石三十錢".

같다. 먼저 (1)은 감기류의 ‘寒病’에 걸린 자에게 지급하는 특수 의복 褐衣
의 비용으로서 여기서는 우선 대·중·소가 10:7과 2/3(약 7.7):6의 비율이
고, 단위가 중량으로 표시된 것으로 보아 이 비용은 옷감이나 의복이 아닌
방직이전의 실이라는 점만 기억하자. (2)는 별다른 注記가 없어 일반의복으
로 보이는데, 겨울과 여름 및 남녀 대소에 따른 의복비를 규정한 것으로, 大
男·大女·小男·小女의 비율이 冬衣는 10:5:7:4, 夏衣는 5:4:4:3이다. 대소
의 비율은 대체로 (1)과 접근하여 별 문제가 없는 것 같다. 그러나 당시 문
헌자료는 물론 그림·조각 및 출토 陶俑중 남녀의복에 소요되는 옷감의 현
격한 차이를 시사하는 증거도 확인되지 않고 실제 남녀간의 신체적 대소는
거의 무시해도 좋을 정도라면 이처럼 남녀 의복비(그것도 가장 실용적인)가
다르다는 것을(특히 冬衣의 경우) 납득하기 어렵다. 따라서 대소만 구별한
(1)과는 달리 (2)는 무언가 특수한 요소를 첨가한 계산으로 추측하지 않을
수 없는데, 여기서 ‘無妻者’가 해명의 단서가 되는 것 같다. 이것은 종래 관
노중 처가 있는 자는 ‘의복을 지급하지 않는다’는 결론의 증거가 된 귀절인
데, 실제 秦律에는 처가 있는 관노에게 ‘責衣’ 즉 ‘의복을 자담시킨다’는 규
정도 있다.[87] 이처럼 妻에게 夫의 의복조달 의무를 철저히 추궁한 것은 ‘男
耕’과 ‘女織’의 철저한 분업을 이상시하는 관념과[88] 국가부담을 가능한 축소
하려는 의지가 결합한 결과로 해석되지만, 일반적으로 관비에게는 의복이
지급되지 않았음을 시사하는 (2)의 마지막 부분 즉 ‘예첩’[89]이 늙었거나 어려
서 스스로 의복문제를 해결하지 못할 경우 春과 같이 옷을 입힌다’는 규정
도 동일한 맥락에서 이해될 수 있는 것 같다. 어쨌든 春 또는 ‘스스로’ 의복
문제를 해결하지 못하는 관비에게 의복비가 지급된 것은 일견 그들의 ‘女
織’ 의무를 완전 면제시킨 것처럼 보이기도 한다.

---

87) 《竹簡》, p.87 “隸臣有妻 妻更及有外妻者 責衣”. 다만 이것이 의복 자체를 말하는 것
  인지 방직과 제조 또는 그 중 어느 하나만을 의미하는 것인지는 분명치 않다.
88) 《呂氏春秋》 上農篇 “是故丈夫不織而衣 婦人不耕而食 男女貿功以長生 此聖人之制
  也”.
89) 원문은 “隸臣妾”이지만 뒷 부분 “如春衣”와의 대응관계를 보아 ‘臣’字가 잘못 끼어
  든 것이 명백하다.

그러나 필자는 여기서 다음과 같은 문제를 제기하지 않을 수 없다. 즉 그들에게 책정된 의복비는 완성된 의복의 값인가? 아니면 (1)처럼 의복을 만드는데 필요한 실의 값인가? 또는 방직된 옷감의 값인가? 우선 大女・小女의 冬衣로 지급된 55전과 44전은 각각 (1)의 大・中褐衣의 실값과 비슷하다. 한편 褐衣가 감기류 환자를 위한 특수의복이라면 동의와 갈의는 사실상 별 차이가 없을 것이다. 따라서 여자에게 冬衣로 지급된 55전과 44전은 실값에 해당하는 것으로 보아 대과가 없다면, 夏衣로 지급된 44전과 33전도 실값으로 추정해도 좋을 것이다.[90] 그렇다면 관비 및 여형도 자신들의 의복마련과 관련 '女織'의 의무중 우선 방적이 면제된 것은 확실하며, 만약 이것 이상의 추가 지급이 없다면 그들은 방직과 바느질은 스스로 해결하지 않을 수 없었을 것이다. 따라서 남녀의 의복에 소요되는 실의 양이 실제 별차이가 없는 조건에서, 상술한 바와 같이 남녀 의복비 책정의 현격한 차이는 결국 남자는 여자와는 달리 자기 의복마련과 관련 자신의 노동을 투하할 능력이 없다는 것을 배려한 국가의 추가지출로 해석해도 대과는 없을 것이다. 그렇다면 상기 (2)에 보이는 남녀간의 차액은 방직과 바느질중 어느 과정을 반영한 것일까?

冬衣 대・소의 남녀 차이는 각각 55전과 33전, 夏衣 대・소의 남녀 차이는 모두 11전이며, 진률이 규정한 관부에서의 1일 노역은 8전.[91] 따라서 이들 차액을 노역가로 환산하면 대체로 약 7일, 4일, 1.5일의 노동량이 된다. 1.5일은 의복 1벌에 소요되는 옷감의 방직시간보다는 바느질 시간으로 보는 것이 타당한 것 같다. 반면 7일은 冬衣라 해도 1벌의 바느질 시간으로 보기에는 너무 긴 것 같다. 그렇다면 당시 의복 1벌에 소요되는 옷감량과 그것

---

90) 실의 비율이 결국 옷감의 量 또는 厚薄을 결정하는 것이라면 이처럼 冬衣・夏衣에 소요되는 실의 비율이 각각 5:4, 4:3에 불과한 것은 다소 어색하다. 그러나 이것은 누더기 하의를 겨울에 다시 동의에 겹쳐 입을 수 있는 가능성을 고려하면 전혀 납득할 수 없는 문제는 아닌 것 같다.

91) 《竹簡》, p.84 "有罪以貲贖及有債于公 以其令日問之 其不能入及償 以令日居之 日居八錢 公食者 日居六錢". 이것은 벌금형이나 관에 부채를 진자가 상환능력이 없을 경우 노역으로 환산한 규정이기 때문에 통상적인 노임으로 일반화하기는 어렵지만, 식비 2전을 포함한 8전을 1일 勞役價로 산정한 것은 인정해도 좋을 것이다.

을 방직한데 필요한 시간은 어느 정도였는가? 한대 비단(縑) 1필은 성인 長袍 한벌을 만들 수 있었다고 한다.[92] 한편 은작산 출토 <전법>에는 1인 1년 최소 布 40척과 帛 10척이 없는 家는 부모의 시체를 천으로 덮는 것을 불허하는 규정이 보인다.[93] 그러나 이 규정은 전술한 含禮 불허와 동일한 성격이고, 그 불허 기준이 1인 표준 식량 연 18석의 약 4/9인 7.9석이므로 이 옷감의 기준 역시 당시 1인 평균 소비 옷감으로 설정된 액수의 약 4/9로 이해하는 것이 타당할 것이다. 즉 <전법>은 1인 평균 연 布 90척(2.25필)과 帛 22.5척(0.55필)을 상정한 것이라는 것이다. 이것은 결국 약간 넉넉하게 2벌을 만들 수 있는 양으로 소농민도 최소 1년 2벌(동 · 하의)은 필요하다는 실정을 인정한 결과일 것이다.

한편 방직속도는 숙련도 뿐아니라 옷감의 질과 문식에 따라 크게 달라 한대에도 고급 비단 1필을 짜는데 60일이 걸렸다는 일화가 있는가 하면 1일 1필의 縑 또는 3일 주야로 5필을 짰다는 民歌도 전한다.[94] 그러나 대단히 발달된 織機를 사용한 명대 기술자의 1일 생산능력도 2丈(0.5필, 漢尺으로는 1필[95])이었다는 것을[96] 점을 참고하면, 한대 民歌가 노래한 1일 1필은 너무 과장된 것 같다. 이에 비해 가상적인 산술문제이지만, 漢代의 《九章算經》은 1일 2.5척, 즉 16일 1필의 방직수준을 시사한 반면[97], 北魏의 《張丘建算經》은 최고 1일 1丈 3尺(월 9필 3장), 최저 1일 3척(월 90척)의 기술을[98] 시사하고 있다. 혹자는 이 차이를 前漢初와 後漢 이후의 기술진보로 설명하면서 前漢의 최고 수준을 1일 5척으로 추정하기도 하고[99] 혹자는 전자를 근거로

92) 李仁溥,《中國古代紡織史稿》(長沙, 岳麓書社, 1983), p.56.
93) 《文物》1985-4, p.33 "十月冬衣畢具 無餘布人四十尺 餘帛人十尺 親死不得爲憮".
94) 전게 李仁溥,《中國古代紡織史稿》, p.54 참조.
95) 漢尺과 秦 商鞅尺은 약 23cm, 明代 裁衣尺은 34cm(丘光明編著,《中國歷代度量衡考》, 科學出版社, 1992, p.104). 이 비율로 幅 2.2尺 長 4丈의 1필을 환산하면 명대 1필은 한대 1필의 약 2배가 된다.
96) 祝慈壽,《中國古代工業史》, (上海, 新華書店, 1988), p.733.
97) 《九章算經》권 3 衰分 "今有女子善織 日自倍 五日織五尺 問日織幾何".
98) "今有女善織 日益功疾 初織日五尺 今一月織九匹三丈 問日益幾何 ……今有不善織 日減功遲 初織五尺 末日織一尺 今三十日織紝 問織幾何 答曰 二匹一丈".
99) 王仲犖,〈關于中國奴隸制度的瓦解及封建關係的形成問題〉(미견, 張保豊,《中國絲綢

128

전국시대 숙련공의 1일 3척 이상의 생산을 적극적으로 긍정하기도 한다.[100]

관노비에게 공급할 옷감을 최고 숙련 관비여공이 방직하였다면, 여기서 일단 1일 5척, 즉 8일 1필의 생산을 가정할 수 있다. 그러나 이것이 帛또는 10 緩布를 기준한 것이라면, 관노·형도에게 지급하였을 가능성이 농후한 7 緩布나 8 緩布 등은[101] 1필 생산에 약 5, 6일이면 가능하다. 또 1일 3척의 수준을 가정할 경우 약 13일 1필이 되어 7 종포를 적용해도 약 9일이 소요되지만, 1일 5척과 3척의 중간인 4척(10 종포)을 상정하면 7종포의 경우는 7일 정도에 1필을 생산할 수 있다는 계산이 나온다. 이 정도의 근사치라면, 大官奴의 冬衣에 추가로 책정된 55전은 방직비로 추정해도 대과는 없을 것이며, 또 이 추정이 허용된다면 대관노 夏衣의 책정비 55전 역시 실값과 방직비가 포함된 것으로 보아야 할 것이다. 그러나 夏衣의 경우 남녀 차액은 단지 11전(1.5일 노동분)에 불과한데, 여노에게 책정된 44전, 즉 0.8필의 실값을(앞에서 55전을 1필 실값으로 계산한 것에 맞추어) 동일하게 남자 夏衣에 적용할 경우, 1.5일을 그 방직시간으로 설명할 수 없다는 것은 명백하다. 그러나 이것을 앞에서 언급한 것처럼 단순히 바느질 비용으로 처리한다는 것도 이해의 일관성을 포기하는 것과 다름 없다. 그러나 만약 관노의 夏衣로 책정된 옷감이 관비의 0.8필보다 적었다면 문제는 해결될 수도 있다. 즉 정확한 사정은 알 수 없어도 관노 夏衣의 옷감은 55전으로 그 실값과 방직비가 충분히 해결될 정도의 양이었다는 것이다. 이것은 결국 여자 관노비나 형도는 여름에도 신체 노출방지가 어느 정도 보장된 반면, 남자는 거의 반나로 노동하였을 가능성과 직결된 문제이다. 漢初 辭賦文學의 천재 司馬相如가 애인 탁문군과 도망하여 成都에 술집을 차려놓고 앞만 가릴 정도의 3尺布 '犢鼻褌'을 입고 노예와 섞여 일하였다는[102] 유명한 일화도 있지만, 실

史稿》, 上海, 新華書店, 1989, 부록 3〈我國古代絲綢生産水平的探測〉에서 참고).
100) 邵 鴻,〈戰國小農與商品經濟〉,《農業考古》 1993-1, p.69.
101) 한대의 예지만《史記》권 11 景帝本紀 後元 2년 "令徒隸衣七緩布 止馬舂 爲歲不登 禁天下食不造歲"를 보라. 그러나 이것은 흉년에 따른 특별 조처였던 만큼 평시에는 적어도 8緩布를 지급하였을 것이다. 10 緩布는 800根紗. 8, 9, 7 緩布는 각각 10%씩 밀도가 체감한 것이라고 한다. 李仁溥, 전게《中國古代紡織史稿》, p.43 참조.

제 한대 畵像石 중 일본의 '훈도시' 또는 핫판츠같은 하의만 걸친 하층남자
의 모습도 확인되고, 북으로 農舞 또는 노동의 장단을 맞추고 있는 듯한 四
川 成都 天回山 출토 陶俑은 그 낙천적인 얼굴도 인상적이지만 역시 헐렁한
하의만 걸친 채 노동하는 농민상을 상기시킨다. 또 한대의 노복이나 하층
민들은 노동에 간편한 短袍인 襦(좁은 소매에 겨우 무릎까지만 내려오는 상
의)와 褌을 주로 입었다고 한다..[103] 이것은 모두 秦 관노에게 지급된 夏衣가
冬衣 또는 관비의 夏衣에 비해서도 훨씬 적은 옷감이 소요되었을 가능성을
시사하고 있는데, 예컨대 그것을 0.5필로 가정할 경우 55전중 실값 27.5전
을 뺀 나머지 27.5전(3.45일 노임)은 그 방직비로 부족함이 없다.

앞에서 인용한 진률 (2)에 제시된 관노비 피복비의 내역을 이상과 같이
이해하면, 이것으로 소농민의 의복비를 산정할 수 없다는 것을 새삼 강조할
필요가 없지만, 〈田法〉이 상정한 소농민 1인 연 평균 약 2.8필(전술한 布
2.25필과 帛 0.556필)을 상기하면 필자의 추론은 설득력이 더욱 강화될 것
이다.

물론 식량면에서 관노비와 소농민의 표준 소비가 거의 동일한 반면 의복
비는 소농민이 소비가 훨씬 높게 책정되었다는 것에 의문을 제기하는 사람
도 있을 것이다. 그러나 식량은 주로 노동력 유지의 문제라면 전근대 사회
의 의복은 비단 寒暑의 문제뿐아니라 동시에 계급과 신분의 표지란 점을 기
억하지 않으면 안된다. 商鞅變法이 신분과 家格에 따른 의복을 명시한 것도
(주 47 참조) 바로 이 때문이지만, 아무리 齊民의 소비를 억지시켜도 그들에
게 노예와 동일한 수준의 의복을 강요할 수 없다는 것은 명백하다. 秦의 士
伍가(無爵의 齊民) 帛 50척(1.25필)과 錦絮 5근 繆繒 5척으로 만든 의복을
도둑맞은 사건은[104] 화려하고 장엄한 의복에 대한 고대인의 강한 집착을 말

---

102) 《史記》 권 117 司馬相如列傳 "相如與具之臨邛 盡賣其車騎 買一酒舍酤酒 而令文君
　　當鑪 相如身著犢鼻褌 與保庸雜作 滌器於市中". 韋昭의 注 "今三尺布作形如犢鼻矣 稱
　　此者 言其無恥也 今銅印言犢紐 此其類矣"를 참고하라.
103) 趙 超,《華夏衣冠五千年》(香港, 中華書局, 1990), pp.58-59 참조.
104) 《竹簡》, p.271 "訊乙丙 皆言曰 乙以迺二月爲此衣 五十尺帛裏 絲絮五斤裝 繆繒五個
　　緣及純 不知盜者何人及旱暮".

해 주는 예지만, 특히 현재 중국 서남지역 빈궁한 소수민족의 환상적인 전통복식만 상기해도 의복의 사회적 의미를 이해할 수 있을 것이다. 그렇다면 <전법>이 상정한 수준은 과연 어느 정도의 공력이 필요한 것이었는가?

1인 평균 2.8필을 5인 가정의 총량으로 환산하여 다시 대소의 구분을 고려하면, 역시 성인의 몫은 훨씬 많아지고 전체적으로 대남의 경우 대관노의 2배 이상의 양을(질은 일단 차치하고) 소비할 수 있는 셈인데[105], 5인 가족이 소비하는 총 14필을 앞서 지적한 1일 4척의 기술수준으로 생산하려면 140일 정도가 소요된다. 이것을 1일 8전의 노임으로 환산하면 1120전. '진지력지교'가 상정한 1500전에는 아직 미달이다. 그러나 이것은 麻등의 재배에서 방적에 이르는 노동을 포함시키지 않은 사실을 기억해야 한다. 1500전을 1일 8전으로 환산하면 187.5일의 노동이다. 참고 삼아 50년대의 四川 凉山 彝族의 부녀가 양모 3근의 원료로 치마(女裙) 하나를 만드는데 소비한 총 34.5일중 막상 방직과 바느질은 각각 5일과 1.5일에 불과하였다는 사실과[106] 아울러 숙련 여공 · 보통 여공 · 미숙련 여공이 각각 년 6인 · 5인 · 4인의 의복을 조달할 수 있다는 《管子》의 귀절을 상기하면[107] 이것은 결코 과도하게 책정된 것이 아니다.

이처럼 당시 齊民의 신분에 상응하는 5인 가족의 1년 의복비가 근 200일의 노동을 요하는 것이라면, '진지력지교'가 소농민의 의복을 가내 '女織'으로 해결하는 대신 곡물을 판 대금으로 구입하도록 설계한 의도를 납득할 수 있는 것 같다. 물론 당시 麻 · 桑 재배의 지역적 한계란[108] 측면을 고려하면

---

105) 총 14필을 예컨대 대남 1인 대인 2인 · 중인 2인 · 소인 1인으로 구성된 5인 가족이 소비할 경우 상기 인용 秦律 (1)의 대 · 중 · 소 褐衣의 비율 10:7.7:6로 나누면 대인은 3.4필, 중인은 2.6필, 소인은 2필이 각각 할당된다.

106) 胡慶均, 《凉山彝族奴隷制社會形態》(中國社會科學出版社, 1985), pp.75-76 참조.

107) 《管子》揆度篇 "上女衣五 中女衣四 下女衣三". 이것은 바로 위 귀절의 "上農挾五 中農挾四 下農挾三"에 대응하는 것이므로, 역시 본인을 제외한 수만 표시된 것으로 보는 것이 타당하다.

108) 吳承明, 〈論男耕女織〉, 山西省成社會科學硏究所編, 《中國社會經濟史論叢》 제 1집, 1981, pp.29-30. 씨는 마 재배 지역이 균전법 이후에 확대되었으나, 가장 적합한 지역은 역시 남방이며, 19세기 중기 면 재배 농가도 40%에 불과한 것으로 보아 면재배 이전의 마 재배는 더욱 제한되었을 것으로 추정한다.

이 표준 소농은 布帛 생산이 사실상 곤란한 지역을 대상으로 설정되었을 가능성도 배제할 필요는 없다. 그러나 상술한 바와 같이 가족의 의복을 자급하기 위하여 부녀의 노동이 그토록 과다하게 요구된다면, 부부 1조를 중심으로한 100畝의 '盡地力' 체제가 처음부터 '女織'을 배제하였을 가능성이 농후하며, 더우기 빈번한 丁男의 출정으로 부녀의 농경참여 확대가 불가피한 상황이었다면[109], 50석에 해당하는 의복비 지출의 해소를 위하여 최소 150석 생산에 반 정도를 기여하는 부녀노동을 전용한다는 것은 오히려 비경제적일 것이다. 대신 국가는 布帛 공급을 위하여 가능한 지역에서는 《管子》禁藏편에 보이는 다각농호도 (주 12 참조) 육성하는 한편 관영수공업을 확대하였겠지만, 秦이 巴를 정복한 이후 적지 않은 布의 공납을 요구한 것도[110] 기본적으로 '女織'을 배제한 표준 소농체제의 문제점을 보완한 의미도 있었던 것 같다.

[社祭 300전, 10석] 社의 기원과 성격에 관해서도 이미 많은 연구가 있지만, 전국시대의 里社는 군현제도의 확립과정에서 전통적인 소속(족 또는 읍)을 상실한 주민을 里단위 지역 공동체로 재편성, 현이 직접 통치하는 체제를 구축하기 위하여 설치되었기 때문에 그 제사활동도 국가의 엄격한 통제를 받았던 것 같다.[111] 그러나 이것이 통치의 중요한 機制의 하나였던 만큼 '진지력지교'가 그 춘추 제사와 관련 소농민 '歲收'의 1/15을 상계한 것도 당연한 것이지만, 문제는 그 부담이 소농민에게 어떤 의미를 갖느냐는 것이다. 魏 文侯時 홍수방지를 위한 鄴地方의 河伯祭祀가 巫·吏·豪長者들

---

109) 金秉駿,〈秦漢時代 女性과 國家權力―課徵方式의 變遷과 禮敎秩序로의 편입〉,《震檀學報》75호, 1993, pp.115-116.
110) 《後漢書》권 86 南蠻西南夷列傳 "秦惠王幷巴中……其君長歲出賦二千一十六錢 三歲一出義賦千八百錢 其民戶出賨布八丈二尺 羽三十鍭". 한편 西晉 戶調式이 丁男戶의 歲輸 絹 3필 綿 3근과 함께 "夷人 宗布 戶一匹 遠者或一丈"을 규정한 것은(《晉書》권 26 食貨志) 중원지역의 비단생산 증가에 따른 夷族의 特産布 수요가 상대적으로 감소한 것을 반영한 것 같다.
111) 졸고,〈秦의 地方行政組織과 그 性格〉,《東洋史學研究》제 31집, 1989, pp.43-44 참조.

에 의한 소농민 수탈의 수단으로 변질되었다는 것은[112] 소농민이 공동체유지에 필요한 경비이상으로 부당하게 많은 부담을 강요받았기 때문일 것이다. 그렇다면 300전(10석)은 과연 적정한 부담이었는가?

漢 文帝時 '徙民實邊'策을 건의한 鼂錯는 변경 新邑의 건설과 관련 '醫巫'의 배치를 언급하였고[113], 董仲舒 역시 求雨·止雨 社祭와 관련 巫의 역할을 명시하고 있지만[114], 일상적인 春秋祭에 巫가 참여한 적극적인 증거는 없으며, 대체로 里正과 父老를 중심으로 의식이 진행된 것 같다. 서술의 편의를 위해 먼저 관련 자료를 약간 적기해 보자.

   (1) 入錢六千一百五十 其二千四百受候長 九百部吏社錢 二千八百五十受吏三月小畜計[115]
   (2) ……珍北守候塞尉護甲渠候誼典吏社受致麈飯黍肉護直百三十直百四十二 五月五日誼以錢千五百償所斂吏社錢……[116]
   (3) 買蔥四十束 束四錢 給社
   (4) 對祠具 鷄一 黍米二斗 稷米一斗 酒二斗 鹽小升半[117]
   (5) 秦襄王病 百姓爲之禱 病愈 殺牛塞禱……非社臘之時也 奚自殺牛而祠社……誾其里正與伍老屯二甲(《韓非子》外儲說 右下)
   (6) 有司請令縣常以春二月臘社稷 以羊彘 民里社各自裁以社(《漢書》 권25 郊祀志)
   (7) 里卽有祠 丙與里人及甲等會飮食(《竹簡》, p.276)
   (8) 里中社 (陳)平爲宰 分肉食甚均 父老曰 善 陳孺子之爲宰(《史記》 권 55 陳丞相世家)

   (5)와 (6)은 里正 및 父老등이 社祭를 주도한 것을[118], (1)에서 (4)는 모두

---

112) 전게 졸저, pp.48-49 참조.
113) 《漢書》 권 49 鼂錯傳 "營邑立城 製里割宅 通田作之道 正阡陌之界……爲置醫巫 以救疾病 以脩祭祀".
114) 董仲舒, 《春秋繁露》 求雨篇 "擇巫之潔淸辯利者爲祝", 同 止雨篇 "雨太多……令縣鄕里皆掃社下 縣邑若丞合史 嗇夫三人以上 祝一人 鄕嗇夫若里三人以上 祝一人 里正父老三人以上 祝一人 皆齋三日 具豚一 黍鹽美酒財足 祭社".
115) 謝桂華·李均明·朱國炤, 《居延漢簡釋文合校》上 (文物出版社, 1987), p.420 254·1.
116) 甘肅成文物考古研究所·甘肅省博物館·文化部考古文獻硏究室·中國社會科學院歷史研究所編, 《居延新簡》(文物出版社, 1990), p.234, 10.
117) (3)(4) 전게 《居延漢簡釋文合校》上, p.19, 32·16, p.18, 10·39.
118) 특히 (5)는 臘祭가 아닌데 소를 잡았다고 里正과 五老를 처벌하였다는 일화로서, 社祭의 책임자가 그들이었음을 입증한다.

변경 수졸을 중심으로 조직된 '吏社'의 예지만[119] (1)은 참가자의 社錢 갹출 과정을, (2)는 갹출된 社錢의 관리문제를[120], (3)과 (4)는 필요한 蔥・鷄・黍・稷・술・소금 등의 제수품을 구입하는 과정, (5)와 (6)은 일정한 조건하에서 소・양・돼지를 제물로 썼다는 것을, (7)은 제사후의 술과 음식을 함께하는 회식이 있었다는 것을, (8)은 제물로 바친 음식을 균등하게 분배한 사실을 각각 전한 자료들이다. 특히 (7)은 雲南 소수민족의 축제중 過年 臘祭의 원형처럼 보이는 獨龍族의 剽牛祭天祭와 古代 社祭를 방불케하는 納西族의 祭天祭에서 소를 잡는 의식을(剽牛) 치른 후 고기를 균분하는 장면을[121] 그대로 보는 것 같다. 그러므로 社祭는 춘추 풍년의 기원과 感謝報祭의 형식을 통하여 里民이 공동으로 비용을 부담하고 균등하게 즐기는 행사라고 할 수 있는데, 특히 앞에서 지적한 바와 같이 가축・가금 사육이 거의 불가능하였던 실정, 농경기 술의 판매를 통제한 진률[122], 그리고 농민들은 감히 좋아 할 수 없을 정도로 술과 고기가 비싸야 농경에 전념한다는《商君書》 墾令篇의 주장[123] 등을 상기할 때, 社祭는 소농민이 술과 고기를 접할 수 있는 극히 드문 기회의 하나로 소농민이 크게 환영하였을 것으로 추측된다.

孔子가 臘祭에서 미친듯이 즐기는 백성들은 오랜 수고끝에 잠간 필요한 휴식을 취하는 것일 뿐이므로 그대로 방치하는 것이 오히려 통치에 도움이 된다고 子貢을 가르쳤다는 일화는[124] 社祭가 오랫만의 술과 고기, 춤과 노래로 광란적인 분위기에 빠지기도 하였음을 시사한다.[125] 그렇다면 호당 年

119) 陳槃,《漢晉遺簡識小七種》〈漢簡縢義之續〉壹, 都吏 社錢 ; 寧可,〈漢代의社〉,《文史》9, 1980, p.10
120) 전체적인 의미가 다소 분명치 않으나 里社의 관리자 誼란 인물이 社錢을 유용한후 변상한 사건이었던 것 같다.
121) 鄧啓耀・張劉 編撰,《秘境節祭》(雲南人民出版社, 1991), pp.58-67, 특히 p.59와 p.67의 사진 5를 보라.
122)《竹簡》, p.30 "百姓居田舍者毋敢酤酒 田嗇夫 部佐謹嚴御之 有不從令者有罪".
123) "貴酒肉之價 重其租 令十倍其樸 然則商酤少 民不能喜酣奭 大臣不爲荒飽 商酤少 則上不費粟……民不慢農 則草必墾矣".
124)《禮記》雜記 下 "子貢觀於蜡 孔子曰 賜也樂乎 對曰 一國之人 皆若狂 賜未知其樂也 子曰 百日之蜡 一日之澤 非爾所知也 張而不弛 文武不能也 弛而不張 文武不爲也 一張 一弛 文武之道也".
125) Derk Bodde, *Festival in Classical China: New Year and Other Annual Observance*

300전의 社祭費로 당시 소농민들은 어느 정도 술과 고기를 먹을 수 있었을까? 축제를 2회로 한정하면 1회 150전. 물론 여기에는 소금과 곡물 및 기타 제수품 비용도 포함된 것이다.

漢代 民爵의 사여시 대체로 100호 1里를 표준으로 牛 1頭 · 酒 10石을 내리며 大酺(群飲酒) 5일을 허락하는 것이 관례였고, 법률상 이유 없는 3인 이상의 群飲酒가 금지되었던 농민에게 이것은 里 전체의 공동 酒食의 기회가 되었다고 한다.[126] 즉 1호당 술 1斗(2000cc) · 고기 1-2kg 정도가[127] 분배되는 셈이다. 물론 이것은 漢代 高官의 臘祭를 위하여 막대한 錢 및 肉米가 사여된 관례[128], 後漢初 博士에게 臘祭時 양 1 마리씩 하사된 것과는[129] 비교가 되지 않는 소량이며, 역시 臘祭時 변경의 하급 軍吏에게 등급에 따라 각각 지급된 곡물 1석 2두에 해당하는 고기, 또는 120전, 80전, 30전도[130] 이보다는 나을 것이다. 따라서 100호 당 牛 1 頭 · 酒 10석은 별로 풍부한 酒食이 될 수는 없겠지만, 일단 이것을 소농민의 표준 축제비용으로 계산해도 대과는 없을 것이다. 그렇다면 만약 소농민 스스로 이 정도의 축제를 준비하려면 어느 정도의 갹출이 필요하였는가?

우선 한대 소값의 경우 錢으로 표시된 것은 1두당 최고 15,000전에서 최소 1,200전으로 일정치 않으나[131] 곡물과의 比價는 1두당 60석의 예가 확인

During the Han Dynasty 206 B.C.-A.D.220, 1975, Princeton University Press, p.71.

126) 西嶋定生, 《中國古代帝國の形成と構造 ─ 二十等爵制の研究》(東京, 1967), pp. 395~429 참조.

127) 畜協 관계자에 의하면 400kg 정도의 한우를 도살하여 먹기 어려운 것을 제거하면 228kg이 남고, 그중 고기는 148kg라고 한다. 이것은 현대의 고급 비육우의 경우임을 감안하여 한대의 표준 소를 약 300kg로 가정하면, 1호 약 1-2kg이 할당될 것이다.

128) 《漢官儀》卷 下 "大將軍三公 臘賜 錢各三十萬 牛肉二百斤 粳米二百斛 特進侯十五萬 卿十萬 校尉五萬 尙書丞郎各五萬 千石六百石各七千 侍御史謁者議郎尙書令各五千 郎官蘭臺令史各二千 中黃門羽林虎賁士二人共三千 以爲當祠門戶 直各隨多少受也".

129) 《東觀漢記》권 16 甄宇傳, "甄宇……建武中爲靑州從事 徵拜博士 每臘 詔賜博士羊人一頭 羊有大小肥瘦 時博士祭酒議欲殺羊稱分其肉……".

130) 전게 《居延新簡》p.491의 제 204簡에서 218簡은 모두 臘祭의 하사를 기록한 문서인데, 候長 "肉直石二斗", 燧長 80전, 등급 불명 30전의 액수가 전한다.

131) 中國社會科學院歷史硏究所編, 《中國古代社會經濟史料》 제 1집 (福建人民出版社, 1985), pp.78-79 참조.

되며, 동일 문건의 漢簡에서 확인된 肉價는 10斤 1石이다.[132] 따라서 100호가 1두를 구입할 경우 1호 부담액은 6斗, 이것으로 직접 고기를 살 경우 6근 약 1.5kg으로, 앞서 필자가 추정한 1호당 고기 1-2kg의 할당과 대체로 비슷하다. 한편 酒價의 경우, 王莽時 粗米 2석·麴 1석으로 6.6석의 술을 만들되, 술값은 米·麴 가격의 1/3로 정한다는 규정과[133] 麴價가 대체로 米 1석에 해당하는 漢簡資料를[134] 아울러 참고하면, 粗米 1석과 酒 1석의 가격은 대체로 같고, 이것을 다시 粟 1석으로 환산하면(주 134 참조) 粟과 酒의 비가는 1:2가 되는데, 실제 漢簡 중에는 "酒二石三斗直四石六斗"와 같이 이 比價가 정확히 확인되는 예도 있다.[135]

　이상과 같은 추론에 따라 100호의 소농민이 牛 1두·酒 10석의 가격 각각 60석과 20석을 공평히 분담한다면 호당 8斗에 불과하다. 물론 여기에 앞에 인용한 자료 (3)(4)같이 곡물과 부식류의 구입비를 합하면 적어도 10斗는[136] 되었을 것이다. 그러나 이것은 '盡地力之敎'가 책정한 1회 150전 (5석)에 겨우 1/5 정도에 불과하다. 그렇다면 '진지력지교'의 입안자들은 한대 소농민의 표준 축제보다 근 5배의 풍성한 주연을 허용한 것인가? 아니면 전국시대와 한대의 물가구조가 근본적인 차이가 있었는가? 우선 후자의 가능성

132) 전게 《居延新簡》, p.475 "出牛一斗黃特齒八歲平價直六十石……育出牛一頭黑特齒五歲平賈直六十石", p.476 "到北部爲業賣肉十斤直谷一石". 이 '肉'의 종류는 알 수 없으나, 거의 동일한 시기(建武 3년, A.D.27)의 것으로 추정되는 E.P.F.22:457A簡 중 "肉五十斤直七石五斗"(동 p.506)란 기록이 보여, 당시 고기의 종류 및 질에 따라 10근 1석내지 1.5석으로 교환된 것은 분명하다.
133) 《漢書》 권24 食貨志 下 "一釀用麤米二斛 麴一斛 得成酒六斛六斗 各以其市月朔 米 麴三斛 并計其賈而三分之 以其一爲酒一斛之平".
134) 전게 《居延漢簡釋文合校》 上, p.334, 214·4 "出錢二百廿糶粱粟二石石百一十 出錢二百一十糶黍粟二石石百五 \出錢百一十糶大麥一石石百一十 出錢百十五糶麵五斗斗廿三……". 麴 1 斗 23전은 石당 230전으로 대체로 곡물가격의 2배이다. 그러나 이것은 粟과의 比價이고, 秦簡의 "爲粟廿斗 舂爲米十斗"(《竹簡》, p.45)를 고려하면, 粗米 1석과 麴 1석의 가격은 거의 같다.
135) 전게 《居延新簡》, p.506, E.P.F.22:457A. 地皇 3년(A.D.22) 〈勞邊使者過界中費〉 冊의 "粱米八斗 直百六十 ?米三石 直四百五十 羊二直五百 酒二石 直二百八十 鹽 豉 各一斗 直三十 재將姜 直五十 往來過費凡直千四百七十" 중 '?米 1석 150전, 酒 1석 140전'도 필자의 추정을 대체로 입증한다.
136) 예컨대 자료 술:곡물의 比처럼 곡물을 제수 및 회식용으로 구입한다면 호당 1.5斗의 米를 구입하게 되는데, 이것은 粟 3斗의 지출을 요한다.

136

을 타진해 보자. 전국시대 곡가와(1석 30전) 1일 노임의(8전) 比는 3.5:1, 근래 居延에서 발견된 소위 '建武三年 粟君所責寇恩事'로 알려진 簡冊중 粟 (1석 3000전) : 市庸價의 比는 5:1[137]. 이 비율이 전반적인 물가비를 반영한 것으로 가정할 경우, 漢代人이 1석으로 구입할 수 있는 물건을 戰國時代人은 약 1.4석을 지출해야 입수할 수 있을 것이다. 따라서 별다른 변수가 없었다면 '진력지교'의 농민은 100호 소 한마리와 술 10석규모의 축제 분담금으로 1.4석 정도를 부담하면 된다. 그러나 전술한 바와 같이 牛耕의 보급에도 불구하고 소가 소농의 私的인 飼育으로 발전하지 못한 상황, 그리고 商鞅이 주장한 '高酒肉價' 정책을 고려할 때, 당시 소농민이 지출한 社祭 분담금은 1.4석보다 훨씬 많았을 것으로 추정해도 대과는 없을 것이다. 그러나 이런 요인을 감안할지라도 '盡地力之敎'가 책정한 5석은 아무래도 술 1斗와 고기 1-2 kg에 비해 너무 많은 것 같다. 이 문제를 진일보 검토하기 위하여 다음과 같은 漢簡을 주목해 보자.

(1) 受甲渠君錢千 出二百五十買羊一斗 出百八十買鷄五只 出七十二買駱四于 出
百六十八糴米七斗 出百三十沽酒一石三斗 凡出八百六錢 今餘錢二百　223
(2) 戎具少酒 謹請邑大夫君仄中功仄君都謝敎等三人同食五大夫幸臨戎 戎叩頭幸
甚幸甚第七三大夫第六三大夫第五三大夫第四三大夫　　　　　　　224A
第三三大夫謹會月廿四日日中毋忽何君刑褚刑房 十二月辛巳第十候長輔敢言之
負令史　　　　　　　　　　　　　　　　　　　　　　　　　　224B[138]

破城子 探方 51에서 출토된 양간의 관계는 분명한 설명이 없지만, 대체로 (1)은 (2)의 연회를 준비한 술·米·肉 등을 구입한 명세서로 보아 대과가 없다면, 이것은 甲渠候官의 소속의 戎이란 자가 甲渠候官의 돈을 받아 管下의 '邑大夫' 3인과 소속 제 3, 4, 5, 6, 7 燧의[139] '三大夫' 5인을 초치 하여 베푼 일종의 공비 주연을 보고한 내용일 것이다. 224B의 말미의 제 10 候長

137) 전게 《居延新簡》, p.476 "市庸平賈大男日二斗".
138) 전게 《居延新簡》, p.191.
139) 甲渠候官 소속의 候중 번호로 명명된 4개의 候에는 제 3, 4, 5, 6 候은 없고, 이들은 모두 번호로 명명된 38개의 燧에 들어 있다. 永田英正, 《居延漢簡の硏究》(京都, 1989) 제 4장 〈簡牘よりみたる漢代邊郡の統治組織〉, pp.432-433 참조.

도 동석하였다면 참여인원은 약 10명 정도로 추정되며, 많아야 5, 6인으로 구성된 燧의[140] 성격상 '三大夫'는[141] 燧長이 틀림없다면 대체로 候長級 2인과(초청자 戎도 燧長보다 상급자로 보인다)과 燧長級 8인의 주연이며, 회동일 12월 24일은 이 회식이 연말 臘祭와 관련된 것으로 추측케 한다. 한편 候長은 前漢의 比 200석에서 後漢에는 比 100석으로 격하된 官等이며, 燧長은 斗食의 小吏 史 등과 동급이다.[142] 이와 같은 小吏들의 公費회식이 그렇게 고급일 리가 없으며, 특히 10인에게 1석 3두, 즉 1인 평균 1.3두의 술이 제공된 것도 절도있는 모임의 성격을 말해 주는 것 같다. 어쨌든 이들을 위한 주식이 모두 800전[143]. 이것을 (1)의 '米 7斗 168전'을 기준삼아 곡가로 환산하면, 米 1석 240전, 粟 1석 120전이므로 약 6.7석에 해당한다. 그러나 이것은 10인의 회식이므로 5인이 이 정도의 주식을 즐기려면 약 3.4석이 소요되는데, 이것을 다시 전술한 전국시대의 물가비로 환산하면 약 4.7석이 되어, '盡地力之敎'가 책정한 5석에 거의 접근한다. 그러나 이것은 남자 성인 5명의 회식비로 계산한 것이므로 미성년을 포함한 5인의 표준 소농호는 이 정도의 비용으로 앞에서 소개한 漢代 하급 軍吏의 회식, 즉 1인당 羊 0.5頭·닭 0.5마리·駱 0.4于·米 0.7斗·酒1.3斗 보다 좀 더 나은 수준의 酒食을 즐겼을 것으로 추측되지만, 역시 '高酒肉價' 정책의 가능성을 고려하면 이 수준을 별로 벗어나지는 못하였을 것이다.

이처럼 1회 社祭에 호당 약 5석을 지출한 전국시대 소농민이 한대 小吏의 그다지 풍성하지 못한 酒宴 정도를 즐길 수 있었다면, 이것은 '엄숙한 조정에서는 술 1두만 마셔도 금방 취하는 淳于髡이 里社의 축제에서는 남녀가 뒤섞여 장시간 술을 퍼마시며 六博·投壺 등의 오락도 즐기고, 평시에는 서

---

140) 陳夢家, 《漢簡綴述》(北京, 中華書局, 1980), p.55.
141) 管見에 限한 '三大夫'의 다른 예가 없어 의미가 애매한 점도 있지만, 《史記》권 8 高祖本紀 "沛中豪傑吏聞令有重客 皆往賀 蕭何爲主吏 主進 令諸大夫……"의 예처럼 秦末 지방 豪吏들이 상호 '大夫'라고 칭한 것을 상기하면, 변경의 하급 軍吏가 '大夫'로 불리운 것도 이상한 일은 아니다.
142) 陳夢家, 전게서, p.55.
143) 자료 (1)이 지출 합계를 "凡八百六錢"으로 기록하고 있으나, 실제 액수는 800전이며, 따라서 "今餘錢二百"은 정확하다.

138

로 손을 잡거나 바로 쳐다보는 것도 금지되었던 남녀간의 禁忌에서 해방되어 서로 복장을 흩으리며 즐기다 보니 8斗의 술을 먹어도 별로 취하지 않았다'는 故事가 전하는 전국시대 齊의 社祭'[144]와는 달리 대단히 절제된 분위기와 소비수준을 허용한 것으로 평가된다. 따라서 年 2회의 社祭에 '歲收'의 1/15을 소비하는 것이 일견 낭비처럼 보이지만, 당시 社祭에 대한 관념과 그 기능에 비추어 볼 때 결코 과도하게 산정된 것도 아닌 것 같다.

[鹽과 鐵의 소비] '盡地力之敎' 小農 가계의 또 하나의 커다란 의문점은 소금과 철제농구의 구입비가 전혀 계상되지 않았다는 점이다. '소금과 철은 編戶齊民이 집에서 自作할 수 있는 것이 아니고 모두 시장에서 구입하는 것이라 값이 수배가 되어도 사지 않을 수 없는 것이고, 따라서 豪民에게 이것을 방치하면 가난한 백성들이 더욱 곤경에 처할 뿐이므로 국가가 전매하지 않을 수 없다'는 王莽의 詔書는[145] 철제농구가 필수품이 된 이후 소농민의 처지와 아울러 염철로 거부를 축적한 대상인들의 비결, 그리고 이들의 모리를 차단한다는 명목으로 국가전매 또는 중과세를 통하여 방대한 재정수입을 확보한 역대 정책의 본질을 잘 설명하고 있다. 어쨌든 이처럼 소금과 철이 필수품임에도 불구하고 지출항목에 전혀 언급되지 않았다는 것은 우선 두가지 가능성을 탐색케 한다.

첫째, 지출 자체가 거의 무시할 정도로 적었을 가능성, 즉 소비수량이 극히 적어 다소 모리성의 가격을 매겨도 지출자체가 크지 않았거나, 소비수량은 많지만 가격자체가 저렴하여 역시 별 문제가 되지 않았다는 것이다. 둘째, 가장 불가결한 필수품이었던 만큼 국가가 무상으로 공급하였거나, 특히 철기의 경우 적어도 그 이용을 보장하였을 가능성. 이것은 결국 염과 철의 소비량과 가격에 관한 문제인데, 먼저 소금문제를 검토하기 위하여 다음의

---

144) 《史記》 권 126 滑稽列傳 淳于髡傳 "髡曰 賜酒大王之前 執法在傍 御史在後 髡恐懼 傅伏而飮 不過一斗徑醉矣 ……若乃州閭之會 男女雜坐 行酒稽留 六博投壺 相引爲曹 握手無罰 目眙不禁 前有墮珥 後有遺簪 髡竊樂此 飮可八斗而醉二參".

145) 《漢書》 권 24 食貨志 下 "夫鹽 食肴之將……鐵田農之本……非編戶齊民所能家作 必卬於市 雖貴數倍 不得不買 豪民富賣 卽要貧弱 先聖知其然也 故斡之".

자료를 주목해 보자.

(1) 上造以下到官佐 史毋爵者 及卜 史 史御 寺 府 糲米一斗 有菜羹 鹽廿二分升
二(《竹簡》, p.103)
(2) 入鹽八斗七升 給餅庭部卒三十人 閏月食 28·13
(3) 出鹽二石一斗 給戍卒七十一人二月戊午 139·31
(4) 障卒張竟 鹽三升 十二月食三石三斗三升少 十一月庚申 自取203·1 [146]
(5) 終月 大男食鹽五升少半 大女食鹽三升少半 吾子食鹽二升少半[147]

　　(1)은 下級爵과 無爵의 下級吏에게 1인당 1일 1/11승, 즉 월 약 2.7승의
소금지급을 규정한 秦律, (2)(3)(4)는 한대 변경 戍卒 1인당 월 3승의 소금배
급을 기록한 簡牘이다. 이에 비해 (5)는 鹽業의 관영화를 주장하는 管仲의
제안이었다는 《管子》의 귀절로서 단순한 탁상공론으로 치부할 필요는 없으
며, 혹 '魚鹽의 利'가 풍부하였다는 齊의 실정을 반영한 것인지도 모른다.
그러나 전체의 소비표준이 다른 것이 비해 근 2배가 될 뿐아니라, 여타 자
료들의 성격이 단순한 제안이 아닌 법령 또는 실제 지급을 기록한 공문서라
는 점을 고려하면, 역시 戰國·秦·漢 大男 1인의 표준 소금소비량은 약 3
승으로 잡는 것이 무난할 것이다.[148] 이것을 앞에서 언급한 大男·大女·使
男·使女·未使男女의 식량비율, 즉 2:1.5:1.5:1.25:1을 적용하면 大女·使男
월 2.25승, 使女 약 1.9승, 未使男女 1.5승이 되는데, 앞에서와 마찬가지로 5
인의 가족구성을 대남 1인· 대녀 1인· 使男 1인· 使女 1인·未使男(女)
1인으로 가정하면, 이 소농호의 월 소금 총소비는 약 11승으로 年 약 1석 3
두 정도가 된다. 이것은 곡물로 환산하면 어느 정도였는가? 다시 아래의 자
료를 보자.

(6) 그러므로 백성들이 租를 바치고 철기를 만들고 소금을 구었을 때는 소금과
곡물의 가격이 같았으며, 철기가 고르게 편리하여 쓰기에 알맞았으나 지금

---

146) 이상 각각 전게 《居延漢簡釋文合校》上, p.43, 230, 316 참조.
147) 《管子》海王篇
148) 吳慧 전게 《中國歷代糧食畝産硏究》, p.57 주 (1)은 현재 1인 日 15-20g의 소금소비
　　와 한대 월 3승(약 595g) 소비가 대차 없음을 지적하고 있다.

은……염철 가격이 비싸고 백성들이 불편하다. (《鹽鐵論》水旱篇)

(7) ?米三石 直四百五十…… 鹽 豉各一斗 直三十 (주 135 참조)

(8) 出錢二百卄糴粱粟二石石百一十 出錢二百一十糴黍粟二石石百五……出錢卄五糴豉一斗[149]

(9) 虞詡 처음 (武都郡에) 부임하였을 때 '穀'은 석당 1천전, 소금은 석당 8천전이었고 남은 호는 1만 3천호였다. (그가) 행정을 맡은 지 3년만에 '米'는 석당 80전 소금은 석당 400전이 되었다. (《後漢書》권 57 詡虞傳 注引《續漢書》)

(6)은 염철전매 반대론자들이 민간 私營時를 이상화한 주장의 일부이므로 '곡물과 소금값이 같았다'는 주장 역시 신빙성이 박약하며, 오히려 후반 '鹽鐵賈貴'가 현실이라면 적어도 소금값은 곡물값 보다 비싼 것이 분명하다. 이에 비해 居延漢簡 (7)과 (8)은 豉·穀·鹽의 가격을 전하고 있는데, 우선 (7)에 의하면 鹽과 豉는 同價로 1斗 15전(석 150전) , 米 1석 150전 즉 粟 1석 75전이므로 鹽·豉·粟의 比價는 2:2:1 인데, (8)은 粟 1석 110전 또는 105전에 豉 1 斗 25전(1석 250전)으로 粟과 豉의 비는 1:2.3 내지 2.4가 된다. 따라서 (7)(8)에서 前漢의 鹽價가 粟의 2배 내지 2.5배 정도였음을 추정할 수 있다. 이에 비해 (9)는 後漢 安帝時 西羌의 반란을 평정한 직후 邊郡 武都郡의 상황으로서 《後漢書》虞詡傳이 그의 치적을 "鹽米豊賤 十倍於前"으로 평가한 것을 보면, 당시 미 1석 80전과 염 1석 400전은 이례적으로 싼 가격이었던 것 같다. 그러나 필자가 여기서 주목하고자 하는 것은 이처럼 치안의 회복과 물가의 안정에도 불구하고 鹽과 米의 比價는 오히려 높아졌다는 점이다. 즉 '穀'1석 1천전과 염 1석 8천전의 比 1:8이 '米' 1석 80전과 염 1석 400석으로 되어 일견 1:5로 떨어진 것처럼 보이지만, 거듭 지적한 '穀'즉 '粟'과 '米'의 관계를 고려하면 이 상황은 粟 1석 40전과 염 1석 400전이므로 그 比는 1:10인 것이다.이것은 결국 이러한 격차가 당시인에게는 결코 '異常'이 아니었음을 시사하는 것이 아닌가? 그렇다면 (7)(8)의 比는 居延地方의 특수한 조건, 예컨대 甘肅·靑海 交界地區의 풍부한 産鹽을[150]

149) 전게 《居延漢簡釋文合校》上, p.334, 214:4

150) 谷雨,〈鹽與考古學文化及其遺址〉,《鹽政史硏究》1990-2은 이 지역이 황하유역의 또 다른 大産鹽地임을 지적하면서 그 일대의 고문화, 예컨대 馬家窯文化·齊家文化 등의 발전이 이 鹽과 관련된 것으로 주장하고 있다.(未見, 柴繼光 著·寧可 審定,《中國

반영한 것은 아닐까? 또는 (9)가 민간염업의 시기였다면[151], (7)(8)은 국가 전매시기의 특별한 저염가 정책과[152] 관련된 것은 아닐까?

자료의 한계로 더 이상의 추론은 불가능하다. 그러나 한대인이 소금 1석을 사기 위하여 최소한 곡물 2.5석 정도를 지불하였고 경우에 따라서는 10석을 지불해도 별로 특이하게 여기지 않았다는 것은 인정해도 좋을 것이다. 이것을 다시 전술한 전국시대 곡물의 구매력으로 환산하면, 소금 1석의 구입은 적어도 곡물 3.5석 이상이 필요하다는 계산이 나온다. 그렇다면 年 1석 3두의 소금을 소비하지 않을 수 없는 소농가는 적어도 4.5석의 곡물을 필요하며, 경우에 따라서는 훨씬 많은 지출도(4배정도) 감수하지 않을 수 없었다는 추론도 가능하다. 그러나 이것은 당시 농민이 노예수준의 식량(년 90석)을 다시 5% 이상 줄여야만 가능한 부담이다. 따라서 이런 정도의 부담을 '盡地力之敎'가 계상하지 않았다는 것이 납득하기 어려운데, 혹 중국 역사상 거의 줍다싶이 무진장 얻을 수 있는 것으로 알려진 解州鹽의 산지 '河東鹽池'(山西省 運城縣)를[153] 경내에 가진 魏의 염가는 실제 무시해도 좋을 정도로 저렴했던 것은 아니었을까?

이것은 국가가 염을 통한 재정수입의 확충을 포기하였거나 상인의 모리가 없었다면 혹 가능하였을지 모른다. 그러나 산림수택의 개발에 강한 의지를 보인 전국시대 국가가 그 천연의 寶庫를 방치할 리는 없었을 것이다. 이것은 철제농구 문제를 검토하면 보다 나은 해석이 가능할지도 모른다.

소금은 식생활에 불가결하지만, 철제 농구는 농경의 효율성을 위해서 필

鹽文化》, 新華出版社, 1991, pp.20-21에서 참고).

151) 羅慶康, 〈寒帶鹽制幾個問題〉, 陳然·謝奇籌·邱明達編, 《中國鹽業史論叢》, 中國社會科學出版社, 1987, p.83. 그러나 여기서 羅가 지적한 당시 穀과 염의 比는 誤植이 분명할 뿐아니라, '穀'과 '米'의 차이를 간과하였기 때문에 그 비를 1:5로 이해하고 있다.

152) 前漢 宣帝 地節 4년(B.C.66) "今年郡國頗被水災 已振貸 鹽 民之食 而賈咸貴 重庶重困 其減天下鹽賈"(《漢書》 권 8)도 그 일례인데, 전매체제하에서는 국가가 필요에 따라 얼마든지 염가를 조정할 수 있었다면, 때로는 '異常'적인 저가도 가능하였을 것이다.

153) 전게 柴繼光 著, 《中國鹽文化史》, pp.41-77 참조. 특히 唐代 이후 100여리에 달하는 담장을 세워 불법채취를 막았다는 것도 그 채취의 용이함을 잘 말해 준다.

요할 뿐이다. 따라서 철기의 보급이 실제 미미한 단계에서는 농민이 철기를 구입하기도 어렵지만, 특히 경제력이 없으면 효율성은 떨어져도 종전대로 木·石·貝殼製 농구를 사용하면 그만이다. 그렇다면 '盡地力之敎'가 농민의 지출항목에 철기구입비를 계상하지 않은 것도 바로 이러한 실정을 반영하는 것인가? 이것을 인정할 경우 전국시대 표준 소농이 사실상 철기를 거의 사용하지 않았다는 결론을 지지하는 것으로서, 이것은 50년대 일부 학자들의 주장을 뒷바침하는 셈이다. 즉 그들에 의하면 당시까지 출토된 철기가 극히 적은 것으로 보아 전국시대 '광범위한 철기 사용'은 인정할 수도 없을 뿐아니라, 그 크기 및 형태도 농경의 효율성을 크게 제고할 수 없었다는 것이다.[154] 그러나 최근 확인되고 있는 新疆省의 早期 철기문화가(B.C.1000 경) 중국철기 개시의 시점을 앞당겨 줄 가능성도 제공하고 있고[155], 1991년 실제 중국 冶鐵의 개시를 西周 晩期로까지 소급시킬 수 있는 虢國의 玉柄鐵劍도 발견되었지만[156], 80년대 이후에는 왕성한 발굴성과를 근거로 '전국시대 농업이 기본적으로 철기를 사용하였다'는 주장과[157] 함께 적어도 戰國 중기 이후에는 '이미 상당히 보급'되어 《孟子》 滕文公篇에 나오는 "以鐵耕"도 '보편적 현상'으로 해석하는 주장도 나왔다.[158] 물론 이런 주장도 지역적 편차를 감안해서[159] 수용할 문제이고, 전국초 魏가 최강국에 속한 중원의 핵심국가였다고는 하나 전국시대의 철기보급을 아무리 적극적으로 평가해도 현재로서는 '盡地力之敎'가 제안되었다는 魏 文侯時期에(B.C.445-396) 철제농

---

154) Cho-yun Hsu, *Ancient China in Transition: An Analysis of Social Mobility, 722-222 B.C.*, Stanford University Press, 1965, p.130 및 林甘泉·田人隆·李祖德, 《中國古代史分期討論五十年》(上海人民出版社, 1982), p.307 참조.

155) 陳戈, 〈新疆出土的早期鐵器─兼談我國開始使用鐵器的時間問題〉, 《考古》 1990-4; 唐際根, 〈中國冶鐵術起源問題〉, 《考古》 1993-6. 단 신강 조기철기는 춘추말 이후 중국에서 발전한 生鐵(鑄鐵)이 아니고 低溫固體還元法으로 얻는 塊煉鐵로 그 성격이 다르다.

156) 兪偉超, 〈上村嶺虢國墓地新發現所揭示的幾個問題〉, 《中國文物報》 1991년 5기, 1991.2.13

157) 雷從雲, 〈戰國鐵農具的考古發現及其意義〉, 《考古》 1980-3, p.263.

158) 林甘泉, 〈從出土文物看春秋戰國間的社會變革〉, 《文物》 1981-5, p.36.

159) 예컨대 福建·廣西·雲南·貴州 등에서는 前漢을 앞서는 鐵器遺存이 아직 확인되지 않은 것으로 보아 중원 지역의 철기보급과는 현격한 차이가 있었을 것이다. 楊式挺, 〈關于廣東早期鐵器的若干問題〉, 《考古》 1977-2 참조.

구의 보편적 사용을 긍정하기는 어려운 것 같다. 특히 앞에서 언급한 虢國의 玉柄鐵劍이나 최근 陝西省 寶鷄市 南郊 益門 春秋晚期보다 약간 앞선 시기로 추정되는 묘에서 출토된 3건의 金柄鐵劍, 13건의 金環首鐵刀, 2건의 金方首鐵刀, 2건의 金環首料背鐵刀刀 등은[160] 당시 철이 金·玉과 같이 일종의 귀금속으로 간주되었을 가능성을 시사하는 것이라면, 이 추정을 더욱 뒷받침해 주는 것 같다. 그렇다면 '盡地力之敎'가 소농민의 철기구입을 상정하지 않은 것은 역시 이 때문이었는가? 그러나 그 입안자들이 적어도 철제 농구의 효용성 자체는 모를 리 없었다면, '盡地力'을 강구하면서 당시 최고 선진기술에 속하는 철기보급을 처음부터 포기하였다는 것도 납득하기 어렵지 않은가?

최근 崔德卿 교수는 전국시대 중기 이후 철기보급과 관련, 鐵製手農具가 단위 면적의 생산성 제고에는 크게 기여하지 못하였으나 '盡地力之敎'가 제시한 무당 1.5석의 생산은 철기사용으로 그 이전에 비해 0.5석이 증산된 것이며, 이 수준은 秦漢時代에도 크게 변하지 않았다는 견해를 발표한 바 있다.[161] 표준 생산량에 대한 평가는 찬성하기 어렵지만, 전국시대이후 단위면적 생산력의 무변화라는 결론 자체는 철기의 광범위한 보급이 의문의 여지가 없는 한대의 표준 농업생산력이나 '盡地力之敎'와 銀雀山 출토 〈田法〉이 기초한 생산력이 대차 없다는 필자의 추론과도(전술) 부합된다. 이것은 결국 '盡地力之敎'가 철기사용을 전제로 입안되었음을 입증하는 것이다. 즉 철기가 크게 보급되지 못한 전국초의 상황에서 魏國의 정책 담당자들은 철기사용을 전제한 표준 소농의 창출을 기획한 것이다. 물론 이것은 적극적인 철기 보급책이 수반되지 않으면 무의미할 것이다.

《管子》는 당시 농민의 필수농구를 耜·銚·鎌·鋤·椎·銍 각 1건으로 지적하였지만[162], 농경과정을 고려할 때 鑊·鋤·鎈·鍤·鎌을 필수농구로 정리하는 것이[163] 알기 쉬운데, 문제는 당시 국가가 설령 이 철기들을 적극

---

160) 寶鷄市考古工作隊, 〈寶鷄市益門村二號春秋墓發掘簡報〉, 《文物》 1993-7
161) 崔德卿, 전게서, pp.252-255 참조.
162) 《管子》 輕重乙篇 "一農之事 必有一耜一銚一鎌一鋤一椎一銍 然後成爲農".

주조하여 판매한다고 해도 과연 전국초의 농민들에게 그 구입능력이 있었느냐는 점이다. 현재 철기의 가격을 전하는 자료는 관견에 한한 《史記》 貨殖列傳 중 年 100만전의 자본으로 20만전의 수익을 올리는 각종 업종을 열거한 부분중 "販穀糶千鍾……素木鐵器若巵茜千石……子貸金錢千貫"이라는 귀절 뿐인 것 같다. 楊寬은 철기 1천石 즉 120000근과 錢 1천貫 즉 100만전에 착목하여 철기 1근의 값을 '8錢 强'으로 추산하였지만[164], 이 보다는 穀 1천 鍾 즉 6400석과 철기 120000전을 折算하여 얻은 粟 1석당 철기 약 19근(약 4.8kg)이란 수치를 기억하는 것이 편리하다. 한편 戰國 만기로 추정되는 河北省 輝縣 固圍村 1호묘에서 출토된 鑊의 무게는 1845g, 鋤 27건의 평균 무게는 약 391g, 鏟은 800g, 斧는 502g · 1050g · 960g이다.[165] 유감스럽게도 鍤 · 鎌 · 刀등의 중량을 보고한 문장을 확인하지 못하였지만, 이들은 대체로 경량임을 감안할 때, 7-15kg에 달하여 한마리 소로서는 끌지 못할 정도의 漢代 牛耕用 대형 犁鏵[166] 같은 것을 제외하면, 한초 소농민 1인의 필수농구 5건의 중량은 대체로 5-6kg 내외이다. 따라서 戶당 2인의 필수농구 10건을 상기 《史記》 貨殖列傳의 比價로 환산하면 그 일괄 구입비는 粟 2.5석 미만이지만, 농구의 사용연한을 고려하면 년 평균 소농가의 부담은 1 석 이하로 (후술할 彝族 農戶의 예를 참고) 떨어질 것이다. 실로 뜻밖의 낮은 부담인데, 특히 이것이 대염철 상인의 모리를 방지하기 위하여 漢武帝가 전매정책을 시행하기 직전의 상황이었다는 점, 그리고 철기 1톤이 粟 약 210석이었다는 것을 상기하면 더욱 수긍하기 어려운 것 같다.

당시 철 1톤의 평균 생산비를 산출하는 것은 거의 불가능에 가깝다. 그러나 河南省 鄭州 古榮鎭 漢代 야철유지를 분석하여 얻은 추산, 즉 1좌 高爐의 년 60톤 생산가능, 생철 1톤의 생산에 철광석 1995kg · 석회석 130kg · 목탄 7850kg이 필요하며, 여기에 소요된 노동력은 총 36인이란 수치[167], 그

163) 崔德卿 전게서 제 1장 제 3절 〈鐵製手農具의 經濟的 역할〉 참조.
164) 楊寬, 《中國古代冶鐵技術發展史》(上海人民出版社, 1982), p.48.
165) 中國科學院考古硏究所編著, 《輝縣發掘報告》(科學出版社, 1956), p.82.
166) 楊亞長, 〈陝西漢代農業考古槪述〉, 《農業考古》 1992-2, p.135.

리고 明代 銅鑛의 예지만 火爆法을 쓸 경우 1인 1일 약 20근(약 12 kg[168])을 채광할 수 있다는 보고는[169] 다소나마 접근의 단서를 제공하는 것 같다. 우선 야철과 주조가 동시에 이루어진다면 철기 1톤 생산에 소요되는 노동력은 년 0.6인. 문제는 채광과 목탄을 제공하는 노동력인데, 전국시대 광산의 악조건과 기술의 후진성을 감안할지라도[170] 1인 1일 최소 6kg 이상의 채광은 가능하다면, 약 2톤의 채광은 약 300일이 소요될 것이고, 목탄 역시 1인 1년이면 충분히 8톤을 만들 것이다. 여기에 운반문제를 고려하여 다시 1인의 노동력을 추가한다 해도 年 3.5인 정도면 철기 1톤을 충분히 생산할 수 있다는 계산이 나온다. 이들의 노임을 居延漢簡에서 확인한 1일 2斗로(전술) 계산하면 약 260석. 좀 넉넉히 잡은 것인 만큼 상기 화식열전의 1톤 약 210석도 결코 근거 없는 수치는 아니지만, 3.5인을 노예로 역사시킨다면 노동비는 불과 약 105석.[171] 따라서 철기 1톤 약 210석의 상황에서도 민간 야철업은 국가에 세를 납부하며 충분히 경영을 유지할 수 있지만, 이것을 국가가 전매하여 무상 노동인 관노와 형도 또는 요역노동을[172] 이용하면 적지 않는 수입을 올릴 수 있을 것이다.

한편 일찍이 《史記》 貨殖列傳의 물가관련 부분을 검토한 宇都宮淸吉은 품목간의 수자에 종종의 의문을 표시하며, 특히 곡가도 지나치게 높다는(1석 약 156전) 이유로 "販穀糶千鍾"을 "販穀糶千鍾者三之", 즉 '千鍾을 세번,

---

167) 劉雲彩, 〈中國古代高爐의 起源和演變〉, 《文物》 1978-2, p.21.
168) 전게 丘光明 編著, 《中國歷代度量衡考》, p.491에 의하면 명대 1근은 평균 590g.
169) 夏湘蓉·李仲均·王根元, 《中國古代鑛業開發史》(地質出版社, 1980), p.263.
170) 예컨대 전국시대 銅鑛으로 추정되는 湖南 麻陽 古鑛遺址는 비교적 안전성도 고려되었고, 철제공구를 사용하여 일단 그 수준을 평가할 수도 있지만, 鑛井의 폭이 좁고 (평균0.8-1.4m), 특히 고도가 낮아 직립 노동이 불가능하였고 때로는 누어서 채굴하거나 포복으로 광석을 운반하였을 것으로 추정되고 있다. 湖南省博物館·麻陽銅鑛, 〈麻陽戰國時期古銅鑛淸理簡報〉, 《考古》 1985-2 참조.
171) 전술한 秦律에 규정된 관노의 1년 식량 24석과 의복비 165전(5.5석)을 합하면 1인 노예의 유지비는 약 년 30석.
172) 전게 졸저, pp.165-175는 전국시대 관영수공업의 노동력이 바로 이런 성격이었음을 지적하였는데, 逢振鎬, 〈秦漢時期山東冶鐵手工業의 發展〉, 《秦漢經濟問題探討》, 北京華齡出版社, 1990는 특히 관영 야철이 요역징발과 형도의 酷使로 유지된 된 점을 강조하고 있다.

146

총 3千鍾을 판매한다'는 의미로 이해할 것을 주장하였는데[173], 만약 이것을 존중한다면 앞에서 지적한 소농호의 철기구입 부담도 3배가 되고 야철업자의 수익은 크게 증가한다. 그러나 年 3석 미만 역시 당시 농민에게는 그리 큰 부담은 아니었을 것이다.

여기서 필자는 현대 雲南 彝族 농촌의 다음과 같은 철기사용 상황을 상기하지 않을 수 없다. 즉 1948년 雲南省 彝族社會 조사시 武定縣 萬德區 萬宗舖村 40호(167인) 농민이 보유한 총 철제농구는 犁頭 46건·條鋤 41건·板鋤 79건·砍刀 40건·鎌刀 79건·釜頭 34건(1호 평균 8.4건)[174], 宣威縣 三區 憂立鄕 長房村 35호의 총 보유 철제 농구가 犁 27건·鐵耙 2건·鋤 107건·砍刀 9건·鎌刀 85건·長刀 3건·斧 21건(1호 평균 7, 3건)에[175] 불과하였다. 보유량 자체가 한대인 보다 많다고 할 수도 없지만, 예컨대 이들이 犁·砍刀·條鋤·板鋤·鎌刀·斧 각각 1건을 동시에 구입하려면 곡물 211근이 소요되어 성인 농부 1년 최저 생활비의(식량과 의복)의 약 35.5%에 해당되고 사용연한을 계산한 연 평균 부담은 곡물 46.9근으로 성인 농부 1년 최저 생활비의 약 8.4%에 해당된다.[176]

한편 漢初 성인 男農 1인의 최저생활비는 '진지력지교' 농민과(35석, 식량 24석·의복 10석) 대차 없다면, 상술한 宇都宮淸吉의 주장을 긍정한다 해도 철기 일괄 구입비(약 7.5석 미만)는 최저 생활비의 약 20%, "販穀耀千鍾" 원문을 그대로 따르면 이 비율은 다시 7% 정도로 떨어진다. 이것은 어느 의미에서 彝族 사회의 낙후성을 말해주는 것이지만, 한편 한초의 철기가 특수한 요인에 의해서 저가로 통제되었음을 시사하는 것 같다. 즉 비록 국가 전매는 아니었을지라도 소농민의 필수품이었던 만큼 국가가 조세정책을 통

173) 宇都宮淸吉, 〈西漢時代の都市〉, 《漢代社會經濟史硏究》, 동경, 1967 補訂版, pp.124-129 참조.
174) 中國科學院民族硏究所雲南民族調査組·雲南省民族硏究所編印, 《雲南彝族社會歷史調査— 彝族調査資料之一》(1963), p.34.
175) 동 상, p.175.
176) 동 상, p.34 表의 각 농구의 가격과 사용연한을 참고. 또 p.36에 의하면 성인 농부 1년 최저생활비는 곡물 560근(식량 400근, 의복비 160근)이었다고 한다.

하여 저가 공급을 유도하였을 가능성, 또는 당시 야철업 노동력의 저가(노예노동)란 요인이 작용하였을 가능성을 배제할 수 없다는 것이다.

어쨌든 이상은 철기산업의 민영체제 상황이었지만, 국가전매하에서 국가가 전혀 이윤을 추구하지 않는다면 소농민의 구입부담은 다시 반으로 (일괄 구입비 1.25-3.75석) 떨어질 것이며, 실제 이것은 무시해도 좋을 정도의 부담이라 해도 과언은 아니다. 그렇다면 '盡地力之敎'가 철기 구입비를 전혀 언급하지 않은 것도 실제 국가가 농민의 필수 철기를 거의 무상에 가까운 저가로 공급할 복안을 가졌기 때문이었는가? 아울러 漢代의 염가를 매개로 추산한 약 4.5석의 소금 구입비도 이런 각도에서 해석할 수 있을 것인가? 즉 실제 거의 생산비가 들지 않는 소금도(특히 池鹽) 국가가 이윤을 포기하며 독점공급하면 농민의 부담을 거의 무시할 정도로 줄일 수 있지 않은가? 그러나 이것은 국가가 농민의 기본 생존과 필수공구를 보장한 '善政'이지만 재정수입의 확충은 포기하는 것과 다름없다면, "田租口賦鹽鐵之利 二十倍於 古"하였다는 商鞅政策과는(주 62 참조) 근본적으로 다른 치국책이라 하겠다. 그러나 재정수입을 위해 高鹽鐵價를 유지하면 농민의 부담을 가중시킬 뿐아니라, 철기구입 능력의 상실로 '盡地力'에 차질을 가져 올 우려가 다분하다.

물론 재정확충의 목표를 충족시킬 정도의 高價일지라고 농민에게 그 구입능력만 있으면 문제는 간단하다. 그러나 '歲收 150석'의 농가는 실제 그 능력이 없는 것과 다름 없다면, 결국 '歲收 150석' 이상 농민의 다수 존재가 논리적으로 요청되는데, 사실 전술한 上·中田의 생산력을 상기하면 이 문제는 더 이상 설명이 필요없을 것이다. '진지력지교'의 표준 생산력이 150석일 수가 없다는 필자의 추론은 이런 측면에서도 다시 한번 강화되는 것 같다. 전술한 바와 같이 中·上田의 경작 농민 역시 '150석' 이상의 잉여는 국가에 의해 회수당하고, 그 댓가로 받은 화폐의 상당 부분도 賦斂으로 다시 회수당한다. 그러나 잉여싱산물의 댓가인 화폐를 전액 賦斂化한다는 것은 그야말로 '下策'일 것이다. 필자는 전국시대 관영산업의 목적은 무매개적인 增稅에 따른 저항을 피하면서 재정확충을 도모하기 위한 것이었으며, 제품을 화폐로 판매함으로써 잉여생산물의 수탈대가로 방출한 화폐의 통용가치를 보장하였다는 것을 지적한 바 있지만[177], 특히 염철 같은 필수품을 화폐로 구입할 수 있다는 사실은 국가에 의한 잉여생산물 회수의 수탈적 성격을 은폐하는데 크게 기여하였을 것이다.

그렇다면 下田의 농민 즉 문자 그대로 '歲收 150석'의 농민은 염철의 소비를 어떻게 해결하였는가? 그야말로 衣食을 줄였을 가능성도 배제할 수 없으며, 특히 소금은 매일 일정량의 섭취가 불가결한 만큼 국가의 배려가 없는한 달리 방도가 없겠지만, 그 축소폭이 노동능력의 손상을 가져올 정도가 아니라면, 국가 역시 간여할 문제로 생각하지 않았을 것이다. 반면 철기는 증산의욕이 없는 농민은 굳이 衣食을 줄여가며까지 구입할 의사가 없을 수도 충분히 예상된다. 그러나 이것은 '盡地力'이란 국가 목표에 위배될 뿐아니라 '歲收 150석'이 최대의 勤農을 통해서만이 재생산을 유지할 수 있는 최저 수준이라면, '無鐵器 농민'은 국가가 결코 방치할 수 없는 문제일 것이다. 이 경우 국가가 무상으로 공급하거나 철기를 强賣할 수 있을지도 모른다. 그러나 이 문제와 관련 다음과 같은 秦律은 또 다른 가능성을 시사하는 것 같다.

(1) 假鐵器 銷敝不勝而毁者 爲用書 受勿責《竹簡》, p.32)
(2) 百姓假公器及有債未償 其日족以收責之(동 상, p.60)
(3) 邦中之徭及公事館舍 其假公 假而有死亡者 亦令其徒舍人任其假 如從興戍然(동 상, p.70)
(4) 假器者 其事已及免 官輒受其假……毋擅假公器 諸擅假公器者有罪 毁傷公器及?者令償(동 상, p.72)

이들은 모두 철기를 비롯한 관유공구 대여에 관한 일반 규정들로서 (2)는 '假'의 주어가 '백성'임을 명기하였고, (3) 역시 요역에 동원된 자에 대한 '假'를 규정한 것이므로 그 주어 역시 '백성' 즉 일반 齊民이 분명하다. 그러므로 일정한 조건하에서 필요한 경우 齊民에게 철기를 대여하고((4)), 작업이 끝나

---

177) 전게 졸저, p.183, 232.

면 회수하는 것이 원칙이나((2), (4)), 너무 마모가 심하여 사용이 불가능한 경우는 서면으로 보고하면 회수를 면제하되((1)), 파손한 경우는 배상시키는 ((4)) 제도가 秦에 존재한 것은 이론의 여지가 없으며, 회수와 변상의 규정이외에 대여료에 관한 언급이 없고 특히 요역 징발자의 '假公器' 처리는 屯戍에 동원된 경우와 같다는 (2)의 규정과 아울러 '백성에 대한 무기의 假'를 규정한 법률을[178) 참고하면, 이 '假'란 국가가 요구한 임무에 필요한 공구의 사용을 허락받는 것이고, 따라서 '假料'는 없었던 것으로 추정된다.[179)

그러므로 이 규정들을 근거로 '구입할 능력이 없는 농민에게 철제농구를 무료로 대여하였다'는 결론을 직접 내리는 것은 사실 불안하다. 그러나 受田 編戶齊民의 농경은 국가가 요구하는 의무란 성격이 강하였던 만큼, 국가가 '구입 능력이 없다고 객관적으로 판정되는 소농민'에게 철기를 무상배급까지는 아닐지라도 '假' 제도의 일환으로 철제농구를 대여하는 것도 별로 부자연스러운 일은 아닐 것이며, 이것은 국가가 농민의 '진지력'을 요구할 수 있는 명분을 강화시켜 주었을 것이다. 그러므로 무상공급에 대한 단서도 없는 현재로선 '진지력지교'의 비능률적인 '無鐵器 농민' 해소책은 일단 '假公器' 측면에서 추론하는 것도 무방할 것이다. 즉 '진지력지교'는 '歲收 150석'의 농민을 '철기구입 불능자'로 판정하여 '假公器' 제도를 적용한 후 '盡地力'을 요구하였으며, 그들의 지출항목에 철기 구입비가 전혀 계상되지 않은 것도 바로 이 때문이었다는 것이 필자의 추론이다. 이에 비해 소금은 철기처럼 '假'할 수 있는 성질이 아니므로, 동일한 추론의 대상이 될 수 없음은 물론이다. 그러나 소금문제도 '假'의 개념으로 전혀 설명이 불가능한 것은 아니다. 즉 이것은 회수가 불능인 '假'인 만큼 (4)의 "毁傷公器"에 해당하여 배상이 요구되지만, 錢으로 배상할 능력이 없는 경우이므로, 官에 부

---

178) 《竹簡》, p.71, "公甲兵各以其官名刻久之……其假百姓甲兵 必書其久 受之以久". 이것은 "稟卒兵 不完繕……"(《竹簡》, p.134) 즉 병사에게 무기를 지급하는 것과 명백히 구분된 것으로, 비상시(예컨대 守城 등) 또는 특수한 상황에서 동원된 민간인에게 대한 무기의 임시 '지급'으로 해석된다.

179) 한편 "妾未使而衣食公 百姓有欲假者 假之 令就衣食焉 吏妾被事之"(《竹簡》, p.48)도 '假'한 백성이 관비의 식사를 제공하는 것에 불과하며, '假料'를 지불한 증거는 아니다.

채를 지고 상환하지 못하는 자에게 일정한 노역을 강제하는 규정(주 90 참조) 또는 가난하여 국가에 배상할 것을 배상하지 못하는 하급관리의 봉록과 식량을 감하여 판상시키는 규정을[180] 적용하면 논리상 하자는 없다는 것이다. 다시 말해 국가는 소금구입 능력이 없는 농민에게 일정한 노역을 요구하거나 규정된 식량(1인 연 18석)중 일정한 절감분을 회수하는 조건으로 소금을 공급하였다는 것이다. 이것은 모두 지나친 억측에 불과한 것 같으며, 특히 전자는 下田의 농민에게 사실상 추가 요역을 요구한다는 불공평의 문제도 있어 설득력이 부족하며, 후자 역시 사실상의 판매를 궤변한 것에 불과한 것 같다.

그러나 필자는 여기서 현존 秦律중 관노비의 식량지급에 관한 규정이 비교적 상세함에도 불구하고 소금공급에 관한 언급이 전혀 없는 반면, 하급관리의 급식규정은 鹽이나 醬을 반드시 명시한[181] 사실을 상기하지 않을 수 없다. 이 차이가 결국 규정 식량에 소금의 포함여부를 반영한 것이라면, 소농민에게 규정된 표준식량이 노예의 그것과 별차이가 없다는 것을 다시 상기할 때, 이것 역시 소금이 포함된 것으로 보아도 대과는 없을 것이다. 그렇다면 '盡地力之敎'가 소금문제를 별도로 언급하지 않은 것은 오히려 당연하지 않은가? 물론 이것도 사실상 표준식량의 절감 강요를 은폐한 것이지만, 노예나 하층민의 '표준식량'이란 실제 소금을 비롯한 부식을 그 안에서 스스로 해결한다는 '상식'이 전제된 것으로 해석하는 것이 보다 적절할 것이다. 앞에서 지적한 바와 같이 국가가 관노비에게 할당된 '식량'도 상황에 따라 반으로까지 줄일 수 있는 수준으로 생각하였다면, 그들의 소금문제를 외면한 '냉혹성'도 납득하지 못할 바도 아닐 것이다. 그 외면의 논리야 어쨌든 '歲收 150석'의 下田 농민은 의식비를 줄여 소금을 구입하지 않을 수 없었던 점은 분명하다.

---

180) 《竹簡》, p.63 "官嗇夫免 復爲嗇夫 而坐其故官以貲償及它債 貧竆毋以償者 稍減其秩月食以償之".
181) 《竹簡》, p.101 "御史卒人使者 食粺米半斗 醬四分升一……", p.102 "不更以下到謀人 粺米一斗 醬三升……", p.103 "上造以下到官佐史毋爵者……糲米一斗 有菜羹 鹽廿二分升二".

맺음말 — '聖人'의 '數'

(1) 禮란 貴賤의 등급과 長幼의 차이를 두어 貧富와 輕重이 그에 걸맞도록 (규제하는) 것이다.……士 이상은 반드시 禮樂으로 절제하지만 衆庶 百姓은 반드시 法數로 규제한다. 땅을 측량하여 나라를 세우고 利를 계산하여 백성을 기르며, 人力을 헤아려 職事를 부여하니, 백성들이 모두 그 職事를 능히 감당할 수 있어 그 職事에서 틀림없이 利를 산출하고 그 利는 백성을 生長시키기에 족하여, 이 모두가 衣食 및 일체 비용의 수입과 지출이 서로 맞도록 하며, 때에 따라 남는 것은 반드시 저장케 하는 (수단인데), 이것을 '稱數'(數에 부합)라고 한다.(《荀子》富國篇)
(2) 무릇 治國이란 능히 '盡地力'을 하고 백성들의 (자발적인) 죽음을 이끌어 내는 것이다.……성인은 (자신의) 권력을 考審하여 (名利의) 권한을 操作하고 '數'를 考審하여 백성을 부린다. '數'는 군주의 '術'이며 국가를 (다스리는) 요체이다.(《商君書》算地篇)

　　이상은 '聖人'이란 결국 治國의 요체인 '數'에 능한 존재로서, 구체적으로는 인적 물적 자원을 가장 效率的으로 조직, 최대의 성과를 올린 후 각자의 신분에 상응하여 다시 적절한 분배를 통해 안정된 사회의 균형을 구현하는 것이 바로 그의 임무라는 것이다. 선진 문헌중 '數'는 왕왕 '術'즉 '정치 행정상의 기술·방법·수단'과 거의 같은 의미로 사용되면서 때로는 '통계학적 방법'이란 특정한 의미도 있었다는 지적도 있지만[182], (1)과 (2)의 '數'는 그 전형적인 예인 것 같다. '가장 效率的인 생산과 균형있는 분배 및 소비', 이것이 인류의 이상이라면 원론적인 구호에 그치지 않고 진정 그것을 구현할 수 있는 사람은 '성인'이란 칭호를 받을만 하겠지만, 여기에 통계와 수학적 사고 및 능력이 불가결한 것은 췌언을 요치 않는다. 그러나 이것은 천문·우주의 운행 원리 및 규칙의 수학적 관찰을 통하여 지상의 질서를 統理하는 '성인'의[183] 관념을 실무 행정형의 '성인'으로 끌어 내린 것으로서,《韓非子》

182) Herrlee G.Creel, *Shen Pu-hai: A Chinese Political Philosopher of the Fourth Century B.C.,* University of Chicago Press, 1974, pp.125-128 참조.
183)《史記》권 27 天官書 "自初生民以來 世主曷嘗不曆日月星辰……仰則觀象於天 俯則法類於地 天則有日月 地則有陰陽 天有五星 地有五行 天則有列宿 地則有州域 三光者陰陽之精 氣本在地 而聖人統理之".

가 '智術能法之士'도 '聖人'으로 인정한 것도[184] 바로 이러한 맥락에서 이해되며, 중국 最古 數學書인 《周髀算經》의 천문·우주적인 관심이 《九章算術》의 경제·행정의 실무적인 관심으로 변화한 것도[185] 이러한 사상적 변화를 구체적으로 뒷받침한 것으로 해석된다.

형이상학적인 도덕의 원리가 인간다운 삶의 질서에 중요하지 않은 것은 아니다. 그러나 일정한 여건속에서 활용할 수 있는 인적 물적 자원의 효율적인 통제, 인간 노동능력의 한계, 노동의 종류 및 성격에 따른 사회적 기여도, 필수소비의 범위와 그 量的인 수준, 신분에 상응하는 '원만한' 분배, 소비의 차등과 제 형식 등에 대한 정확한 수치적 파악과 안배, 즉 '稱數'야 말로 治國의 요체요 '聖人'의 요건이라면, 國情의 전반적인 상황을 60조에 걸쳐 통계적 파악을 관철하려는 《管子》問篇은 '성인'의 요건을 구비하는 과정이며, '盡地力之敎'는 그 '성인'의 '數'를 실천한 구체적인 일례라 하겠다.

그것은 5구 1호 100무를 가장 효율적인 농경의 단위로 설정하여 당시 시작된 것으로 알려진 鑄鐵 농구를 적극 보급하여 생산효율을 제고시키는[186] 한편 표준 생산량을 설정, 2% 이상 미달을 엄격히 처벌함과 동시에 최대의 근농으로 재생산 유지가 가능한 下田의 '歲收 150석'을 소농호의 표준 소비 기준으로 삼고 中·上田의 잉여생산을 賦斂과 鹽鐵 구입등에 사용할 수 있는 화폐를 댓가로 회수하였다. 물론 이것은 객관적으로 평가된 경지의 비옥도와 표준 노동력을 종합하여 산출한 생산력에 근거한 것이었고, 소농민의

---

184) 茂澤方尚, 〈韓非子의 '聖人'에 대해서(上)〉, 《駒澤史學》 38, 1988은 이 점을 잘 지적하고 있다.

185) 明 鮑仲祺 〈周髀算經序〉 "周髀算經二卷 古蓋天之學也 以勾股之法 度天地之高厚 推日月之運行 而得其度數". 한편 《九章算術》은 方田·粟米·商功·均輸 등의 편명만 보아도 그 성격을 짐작할 수 있지만, 여타 부분의 문제도 대체로 행정 실무적인 성격이 강하다.

186) 唐際根, 전게 〈中國冶鐵術의 起源問題〉는 중국 초기(西周 中晚期) 야철기술이 河西走廊을 통한 新疆鐵器(塊煉鐵)의 영향을 받았을 것으로 인정하면서도, 춘추말 전국초 중원지역에 출현한 生鐵冶煉技術과 鑄鐵軟化處理技術은 중국의 독자발명으로서 전국시대 신속한 경제발전에 획기적인 공헌을 하였다고 주장하고 있는데, 대량 보급이 가능한 이 기술을 이용하여 철제농구의 보편적 사용을 실현시킨 것은 역시 각국 變法의 일환으로 추진된 '盡地力之敎'류의 농업정책이 결정적인 역할을 한 것으로 평가된다.

'건강한' 생존에 필요한 식량과 적어도 노예에 비해 '품위'를 유지할 수 있는 의복비도 치밀하게 계산하고, 억압과 노동의 고통에서 잠시나마 해방감을 만끽하며 酒肉을 맛볼 수 있는 기회, 즉 춘추 社祭에 대한 비용도 적절히 책정하였다.

.한편 '성인'은 자신을 비롯하여 '盡地力之敎'를 조직·추진하고 그에 필요한 질서를 유지하는데 필요한 집단의(즉 관료·군대) 등차적인 享受도 책임지지 않을 수 없지만, 이들의 몫은 직접 생산자의 소비를 여하히 통제하느냐에 비례하는 것이고 보면, '진지력지교'가 소농민의 몫을 사실상 노예의 수준을 약간 상회하는 정도로 할당한 것도 어느 의미에서 당연한 것 같다. '盡地力之敎'가 창출한 소농민 즉 編戶齊民의 '독립자영'이 이처럼 생산은 물론 소비의 구체적인 세목과 그 수준까지 국가의 감독과 통제하에 있었던 것이 그 실체라면, 과연 그들의 성격을 어떻게 규정할 수 있을 것인가? 물론 그들에게는 신분상승의 기회가 개방되었고, 법률의 보호를 받는 당당한 公民이었으며, 그 아래에는 천민에 속하는 '謫民'층과 노예도 있었다.[187] 그러나 그들이 그 신분의 유지를 위하여 지불하지 않을 수 없는 댓가는 이미 과중하였고, 잉여생산의 거의 모두를 수탈당하는 궁박한 처지는 그 신분을 벗어나는 거의 유일한 길, 즉 軍功爵 취득을 위해 생명도 아낄 수 없을 정도로 절박하였다. 전쟁이 터지면 부귀에 참여할 기회가 생겼다고 서로 축하하고 자나 깨나 전쟁이 일어나기를 노래하며[188] 자식·동생·남편을 전쟁터로 떠나 보내는 아비·형·처들이 '공을 세우지 못하면 돌아오지 말라'고 절규하는[189] 《商君書》의 소농민상, 그리고 酷烈한 압정으로 궁박생활을 강요하면서 그 처지를 탈출할 수 있는 유일한 길로서 戰功을 설정한 것이 秦 군대의 강성 원인이었다는 荀子의 분석은[190] 모두 소농민 생활의 실상

---

187) 전게 졸고, 〈秦의 身分秩序構造〉 참조. 이 논문에서도 필자는 제민을 '自由民'의 개념으로 이해하려는 시도 자체가 무의미하다는 점을 지적하였다.
188) 《商君書》賞刑篇 "富貴之門 要存戰而已矣 彼能戰者踐富貴之門……而富貴之門必出于兵 是故民聞戰而相賀也 起居飮食所歌謠者 戰也".
189) 동 상, 劃策篇 "能使民樂戰者王 强國之民 父遺其者 兄遺其弟 妻遺其夫 皆曰 不得無返".

을 웅변하는 것 같다. 그러나 이것은 비단 秦에 국한된 현상은 아니며, '盡
地力之敎'의 논리적 귀결로 이해하는 것이 타당할 것이다.

일견 '盡地力之敎'는 齊民支配體制의 양대 축인 耕과 戰中 戰과는 무관한
것처럼 보인다. 그러나 노예의 생활을 약간 상회하는 정도로 통제된 소농민
생활의 궁박, 이것이 바로 그들을 전쟁을 환영하는 용사로 만드는 조건이었
다. 그러므로 '盡地力之敎'가 허용한 농민생활의 수준은 비단 지배층의 보
다 많은 몫을 위한 考案에 그친 것이 아니라 강병을 양성하기 위한 의도된
계산이었다는 것이 보다 정확한 해석일 것이다. 그렇다면 編戶齊民에게 개
방된 신분상승의 기회도 그들의 권리로 보장된 측면도 있지만, '盡地力'의
농민을 동시에 '樂戰'의 용사로 만들기 위하여 '聖人'이 던진 교묘한 미끼란
성격을 배제할 수 없는데, 이 모든 구상이 객관적인 수치에 입각한 치밀한
계산을 통해 이루어지고 추진된 점에서 그 '聖人'의 치국요체를 단순한 '術'
이 아닌 '數'로 표현한 것은 실로 정곡을 찌른 것이었다. 그러나 漢初 '無爲
의 治'란 이상을 내건 소위 黃老派 관료들이 실무적인 《韓非子》가 '聖人'으
로까지 칭양한 '法術之士'의 후학들을 '刀筆之吏'로 경멸하고 '大體'를 터득
하였다는 '長子型' 관료를 추숭하면서[191] 통계적 행정도 경시되었지만[192], 뒤
이어 등장한 儒家官僚들이 내걸고 나온 天人相關論과 災異說이 풍미함에
'우주의 질서를 統理하는 聖人天子'論이 황제권력의 이념적 근거가 되면서[193]
이상과 같은 '稱數의 聖人'은 더욱 발붙일 곳을 잃고 만 것 같다. 한대 관료

---

190) 《荀子》議兵篇 "秦人生民也陿 其使民也酷烈 劫之以勢 隱之以阨 忸之以慶賞 鰌之
以刑罰 使天下之民以要利于上者 非鬪無由也 阨而用之 得而後功之 功賞相長也 五甲首
而隸五家 是最爲衆强長久 多地以正 故四世有勝 非幸也 數也".

191) 金谷 治, 《秦漢思想史硏究》(京都 加訂增補版, 1981) 제 1장 제 3절 〈黃老の術につ
いて〉; 田中麻紗巳, 《兩漢思想の硏究》(東京, 1986) 제 5장 제 2절 〈漢武期の黃老派汲
黯〉 참조.

192) 漢 文帝가 上林苑을 순시하며 上林尉에게 禽獸 帳簿와 관련 10여차례 질문을 던졌
으나 하나도 대답을 제대로 못한 반면, 그 아래의 虎圈嗇夫가 낱낱이 답변하자 文帝
는 그를 上林苑의 최고직 上林令으로 발탁하자 黃老派 관료에 속하는 張釋之가 단지
말재주만 부리는 자를 중용하면 정말 치국에 필요한 '長者型'의 관료들이 사라질 것
이라는 이유로 반대하였고, 文帝는 그 의견을 따랐다는 일화는(《史記》권 102 張釋之
列傳) 이러한 추세의 단적인 삽화라 하겠다.

193) 졸고, 〈中國古代皇帝權의 性格〉, 《東亞史上의 王權》, 한울, 1993, pp.17-19 참조.

기구의 頂上인 丞相의 최대 관심사가 통상적인 의미의 정치·행정에서 '陰陽調和'로 변하였고[194] 災異의 발생을 삼공의 문책해임으로 대응하는 관행이 확립된 것은[195] 아무리 승상권이 內朝에 의해 형해화하였다는 것을[196] 감안할지라도 이미 '盡地力之敎' 類의 '稱數' 실천은 그 의지도 능력도 없는 체제로 전환되었음을 의미한다.물론 한대의 경제는 더욱 번영하였고, 소농민에 대한 엄격한 통제도 크게 완화되었으며, 田租를 비롯한 전체적인 부담도 훨씬 경감된 것도 사실이다. 그러나 이 '德政'은 소농민의 삶의 質을 제고하지 못하였고, 그나마 '안정'을 유지하였던 編戶齊民의 대부분은 '덕정'으로 성장한 대지주·豪族의 私的 수탈과 그 사실상의 예속아래 더 고통받는 결과를 초래하였다면[197], 이것은 '稱數의 聖人'이 民의 '均齊'가 理想인 齊民支配體制에 불가결한 존재였음을 다시 한번 확인시켜 주는 것이라 하겠다.

194) 《漢書》 권 74 丙吉傳의 다음과 같은 귀절은 이 점을 웅변하는 것 같다. 즉 "吉又嘗出 逢淸道群鬪者 死傷橫道 吉過之不問 掾史獨怪之 吉前行 逢人逐牛 牛喘吐舌 吉止駐 使騎吏問 逐牛行幾里矣 掾史獨謂丞相前後失問 或以譏吉 吉曰……宰相不親小事 非所當道路問也 方春少陽用事 未可大熱 恐牛近用暑故喘 此時氣失節 恐有所傷害也 三公典調和陰陽 職當憂 時以問之 掾史乃服 以吉知大體".
195) 趙翼, 《卄二史箚記》 권 2 〈災異策免三公〉 참조.
196) 勞幹, 〈論漢代的外朝與內朝〉, 《中央硏究院歷史語言硏究所集刊》 13本, 1948; Wang Yu-ch'uan, "An Outline of the Central Government of the Former Han Dynasty", HJAS, vol. 12, 1949.
197) 漢 文帝의 田租輕減策에 대한 荀悅의 다음과 같은 평가는 이 점을 정확히 지적하고 있다. 즉 "古者什一而稅 以爲天下之中正也 今漢氏或百一之稅 可謂鮮矣 然豪强富人 占田逾侈 輸其賦泰牛 官收百一之稅 民收太牛之賦 官家之惠 優于三代 豪强之暴 酷于亡秦 上惠不通 威福分于豪强也 文帝不正其本 而務除租稅 適足以資豪强耳".(《漢紀》 권 16)

戰國時代의 戰爭呪術과 그 觀念構造

李　成　九[*]

머리말
Ⅰ. 辟兵(邪)呪術과 動物의 기능
Ⅱ. 戰神 崇拜와 그 추이
　1. 西方 戰神과 죽음·再生
　2. 黃帝 설화의 대두와 太一
　　숭배
Ⅲ. 戰爭呪術의 整理 및 법칙화
　1. 兵陰陽家과 占星術의 결합
　2. 向背와 刑德
맺음말

머리말

　근자에 들어와 "쏟아진다"는 표현이 적절할 정도로 엄청나게 보고되는 고고발굴 및 연구는 戰國時代 전반에 걸쳐 기존의 통설을 뒤엎는 지경에 이르렀을 뿐더러 종래 문헌자료 중심의 연구 속성상 불가피했던 정치사, 지성사 편중의 연구풍토에도 자연스러운 궤도수정을 유도하고 있다. 예컨대 현재 戰國·秦漢時代 연구의 不振은 엄청난 수량의 出土文物과 在來史料 사이의 허다한 不整合 탓이라고 토로하는[1] 일본학자의 행복한 고민은 그같은

---

* 울산대 사학과 교수

현상을 단적으로 例示해주는 적절한 삽화일 성싶다. 또한 최근 중국과 대만 의 학자들이 정치경제사 일색의 종래 연구경향에 대한 반성 위에 이른바 '心態(망딸리떼)史學' 또는 '生活禮俗史'에 적지않은 관심을 기울이는 것[2] 역시 그와 같은 분위기와 무관하지 않을 듯하다. 요컨대 자료의 한계 때문에 종 래 엄두를 내지 못했던 연구영역의 확대가 자연스러운 추세로 자리잡을 수 있는 조건이 마련된 셈이다.

이렇듯 이천여년의 세월을 뛰어넘어 우리 눈 앞에 나타난 고고자료들은 戰國時代에 대한 새로운 開眼의 가능성을 던져주는데 특히 주목되는 측면 은 新發掘資料 중에 戰國 당시 占卜과 呪術의 성행을 적극적으로 입증하는 것들이 상당 비중을 차지한다는 점이다. 가령 九店楚簡, 睡虎地秦簡, 放馬灘 秦簡, 그리고 八角廊漢簡, 雙古堆漢簡, 張家山漢簡 등으로 이어지는 日書의 다량출토만으로도 당시 呪術的·神話的 世界觀이 여전히 보편적이었음을 실감하기에 충분하다. 더욱이 이와같은 이른바 方術資料에 강하게 반영된 시대적 변화와 발전은 그런 部類의 文物이 舊來 관념의 遺制이기보다는 전 국적 시대격을 체현한 역사적 실재였음을 입증한다. 따라서 '理性의 滿開' 라는 전국시대에 대한 종래의 통념적 인식은 일정 정도의 후퇴나 수정이 불 가피하고[3], 이런 맥락에서 오히려 合理와 呪術의 병존 및 미분리, 그리고 양 자의 상호관련성에 대한 분석, 검토야말로 전국시대의 실상에 접근할 수 있 는 보다 가치있는 연구테마인 것 같다. 本稿는 이같은 시야를 戰爭呪術에서 확인, 검증해보려는 것이다. 기실 戰國時代의 戰爭呪術이라는 제목은 가령 70年代만 해도 상당히 이색적이고 따라서 지엽적인 연구素材로 인식되기 십상이었을 터이지만, 적어도 현재로서는 그렇지만도 않다는 것이 필자의

---

1) 《出土文物による中國古代社會の地域的研究》, 1992, 〈はしがき〉.
2) 杜正勝, 〈什麼是新社會史〉, 《新史學》 第三卷 第四期 참조.
3) 이런 시각에서 보자면 가령 李零이 "式"에 관한 논문의 말미에서 陰陽五行說은 日 者들이 遠古 이래의 原始思惟를 담은 자료를 토대로 정리, 체계화한 것이며 先秦諸子 學說은 바로 그런 陰陽五行說의 淵源으로부터 파생된 것이라 결론내린 것(同, 〈"式" 與中國古代的宇宙模式〉, 《中國文化》 第四期, p.26)도 그다지 대담하거나 놀랄 일은 아니다.

강변이다. 그도 그럴 것이 方術 관련 新발굴자료 중에는 그런 素材를 다루기에 힘겹지 않을 정도의 자료들이 마련되어 있다. 그러나 또 한편 전대미문의 격렬하고도 참혹한 전란을 겪어야 했던 당시인들의 心象을 짐작해보면 합리적 대응방식과 나란히 呪術에의 호소 또한 基層社會에 국한되지 않은 전반적 대세였음직도 하다.

　물론 전국시대의 전쟁이 종래의 神政的 세계관 및 질서를 크게 와해시킨 동시에 적극적이고 합리적인 사유를 조장했음은 명백한 사실이다. 즉, 영토확장이라는 세속적 실리추구를 위한 전쟁 수행 및 그 양상의 대규모화, 이를 위한 보편적 징병제 실시, 방대한 군대의 효율적 훈련과 운용을 위한 公平嚴正한 軍法 집행, 그 일환으로서 鬼神이나 呪術보다는 命令과 賞罰 중시[4] 등은 그를 웅변한다. 그리고 이런 시대적 변화를 고스란히, 아니 보다 전형적으로 극명하게 담고 있는 것이 바로 전국 합리주의 병가의 대표격인 《孫子兵法》이다. 그러나 또 다른 한편 이 兵書는 전국 兵家 전체의 입장을 대변한다기보다는 오히려 合理主義를 구가한 전국중기의 이른바 '變法의 시대'가 배태한 산물[5]로 이해할 수도 있을 것 같다. 그런 합리적 전쟁론과 전혀 상반되는 원초적인 戰爭呪術이 너무도 허다하기 때문이다. 가령 秦 惠文王 때 쓰여진 〈詛楚文〉이나 《墨子》〈迎敵祠〉篇의 詛祝文이 공히 神靈의 加護로써 敵軍을 제압할 수 있도록 祈盟한 것[6]이라는 사실만을 놓고 보더라도 실제 전쟁에서 賞罰이나 命令만으로 강제 징병된 民을 뜻대로 독려하거나 그들의 士氣를 진작시키는 데는 한계가 있었고 따라서 呪術的 儀式에 호소하지 않을 수 없었던 현실을 뚜렷이 입증한다. 기실 새로운 발굴자료에 호소하지 않더라도 戰國秦漢期의 문헌자료에도 전쟁주술의 성행을 직간접적으로 입증하는 내용이 적지 않게 확인되며 특히 〈漢書藝文志〉에 著錄된 엄청난 양의 兵陰陽家 및 數術家 문헌은 당시 戰爭呪術의 만연을 가히 짐작케

---

4) 이에 대해서는 李訓詳, 《先秦的兵家》, 臺北 國立臺灣大學出版委員會, 1991, 第二・三章 참조.
5) 《孫子兵法》이 戰國 中期에 成書되었다는 것에 대해서는 註 182 참조.
6) 伊藤淸司, 〈巫祝と戰爭 ―《山海經》の研究―〉, 《池田末利博士古稀記念東洋學論集》, 廣島, 1980, pp.249-251.

하고도 남는다. 이와같은 문헌자료와 근년 출토된 文字·圖象 자료를 적절히 구사하여 전국 전쟁주술의 실태와 그 추이를 조망해보고자 하는 것이 필자의 의도이다.

물론 合理와 呪術이 공존했듯이 呪術도 여러 層次가 병존해 있었지만 또 한편 上古 이래의 보다 원초적 단계의 주술에서 당대인들의 독특한 시대적 희구를 담은 주술로, 그리고 과학의 발전을 일정하게 수용한 주술로의 단계적 이행 역시 하나의 추세였을 것임에 틀림없다. 이같은 측면의 부각이야말로 戰國의 戰爭呪術이 당대의 산물임을 밝히는 관건이 될 것이다. 그래서 本稿는 우선 1·2장에서 呪力을 지닌 兵器 등의 器物과 동물 숭배를 저변에 담고 있는 원초적 辟兵(辟邪) 주술, 그리고 구체적 면모를 띠는 戰神 숭배와 그에 동반된 西方에 대한 독특한 관념 및 전신숭배의 추이와 그 속에 반영된 시대적 변화를 살펴보고자 한다. 그러나 또한 전국시대의 과학의 발전과 이성적 사고의 진전 역시 간과될 수는 없다. 그래서 마지막 장에서는 呪術과 과학의 접합 양태로서의 兵陰陽家의 실상, 좀더 구체적으로 말하자면 神과 직접 교감하는 巫祝 등의 呪力이나 靈感에 호소하는 주술에서 天文占星術의 발전에 따른 보다 법칙화된 天人溝通의 試圖로의 이행과 그 내용을 검토해보고자 한다. 그러나 이 역시 그 본질에 있어서 類似法則을 전제로 하는 擬似科學(pseudo-science)이라는 점에서 呪術의 범주를 넘어서는 것은 물론 아니었다.

Ⅰ. 辟兵(邪)呪術과 動物의 기능

辟兵呪術이란 특정 器物(및 거기 깃들어 있는 神靈)의 呪力을 빌어 惡鬼나 邪氣에 의해 자행될 수 있는 戰禍를 回避, 退治하려는 呪法으로 정의될 수 있다. 上古 以來의 원초적 辟邪관념을 저변에 담고 있는 이와같은 辟兵呪術은 戰國의 시대상을 드러내는 기존 문헌자료나 出土文物에서도 광범위

하게 확인되고 있다. 특히 미증유의 전환기이자 격렬한 전란기라는 시대격
이 자아내는 비정상적인 불안과 공포를 반영하는 듯 神人이나 神獸의 모습
을 담은 兵器나 圖像 등 당시의 辟兵用 器物에는 주술적 관념 및 의도가 오
히려 세속적이라 할 만치 보다 선명하게 표출되는 경우가 많은 것 같다. 그
러면 우선 兵器가 갖는 원초적 辟邪呪力에 대한 검토를 통해 문제의 실마리
를 풀어보자.

辟은 卜辭나 金文의 字形에 의하면 본래는 刑刀인 辛으로 사람의 身體의
일부를 잘라내는 肉刑을 의미한다.[7] 《尚書》의 〈呂刑〉에서 五刑을 '墨辟, 劓
辟, 剕辟, 宮辟, 大辟'이라 하는 것도 辟이 곧 刑罰임을 보여주는 用例인데,
上古의 刑罰이 神判이거나 또는 해당집단의 守護神에 대해 저질러진 모독
행위를 털어내는 이른바 祓除의 의미를 가질진대 刑刀인 辛에는 神聖性과
呪力이 동반, 내재되었을 것이 분명하고 또한 辛에 의한 行刑, 즉 辟 자체가
이미 凶邪를 퇴치하는 辟邪의 행위 바로 그것이었다. 따라서 辟이 災厄의
회피 또는 퇴치의 의미를 갖게된 것은 극히 당연한 귀결이라 할 터인데, 辛
의 그같은 呪術性은 두 군데서 출토된 그 實物의 외양에서도 확인된다. 즉,
商代 晚期의 銅器로서 辛의 實體로 보아 大過없을 이른바 蛇頭銅匕(또는 蛇
頭劍)는 길이가 35-36 cm 정도여서 전쟁용 武器가 아닌 것은 확실하며 홍
미롭게도 손잡이에는 내민 혀를 좌우로 움직이도록 고안된 뱀의 머리가 주
조되어있어 그 呪術的 용도를 쉽사리 짐작케 하기 때문이다.[8] 특히 후술하

---

7) 白川靜, 《字通》, 東京, 1984, p.766 ; 康殷, 《古文字形發微》, 北京, 北京出版社, 1990,
   p.331. 尸와 口와 辛으로 구성되는 辟에서 尸는 人의 側身形이고 口는 잘려나간 신체
   의 일부를 象形한다.
8) 康殷은 卜辭나 金文에 보이는 '辛'의 字形이 이 蛇頭銅匕의 모습과 완전히 일치된다
   는 근거에서 이를 辛의 實體라 확언하는데(同, 《古文字形發微》, pp.329-330 참조), 필
   자로서도 수긍이 되는 타당한 견해인 것 같다. 한편 《文物》1975-2의 〈文博簡訊〉에
   실린 발굴보고서에 의하면 이 蛇頭銅匕를 포함하는 22건의 청동기는 의도적으로 매
   장된 것 같다고 하는데 그렇다면 이것들은 어떤 呪術的 儀禮에 사용된 禮器였다고
   볼 수 있다. 또한 함께 출토된 馬頭銅劍 역시 길이 32cm에 손잡이가 말머리 모양이
   어서 蛇頭銅匕와 유사한 용도에 쓰였으리라 추정된다. 1965년 섬서성 綏德에서 발굴
   된 이 蛇頭銅匕와 길이를 비롯한 外形이 극히 흡사한 銅刀가 이미 1958년 山西省 石
   樓縣에서도 발굴된 바 있으며(郭勇, 〈石樓后蘭家溝發現商代靑銅器簡報〉, 《文物》,
   1962-4 · 5, pp.33-34 참조), 또한 1962년 河北省 靑龍縣에서 발굴된 銅器 중에는 앞서

162

듯이 戰國時代의 辟兵·禦凶 관련 圖像에서 吐舌이 거의 어김없이 단골 메뉴로 등장하는 점을 감안하면, 내민 혀를 그것도 자유자재로 움직이도록 정교하게 만들어진 蛇頭銅匕의 辟邪呪術과의 밀접성은 더욱 확실해진다.

兵器의 辟兵·辟邪 기능의 연원을 고려할 때 주목되는 점은 고대인들에게 있어 戰爭 역시 형벌의 일종 또는 그 연장으로 인식되었다는 사실이다. 《國語》에 보이는 다음의 내용은 그 一例인데, 즉,

> 大刑은 甲兵을 사용하며 그 다음은 斧鉞을 사용하고 中刑은 刀鋸를 사용하고 그 다음은 鑽笮을 사용하며 薄刑은 鞭扑을 사용함으로써 民에게 威勢를 (과시한다). 그러므로 큰 것은 原野에 陳列하고 작은 것은 市朝에 둔다.[9]

春秋時代를 배경으로 하는 위의 引用에는 물론 원초적 관념은 거의 사상되어 있지만 초기의 전쟁이 異神의 守護를 받는 집단에 대한 神判的 詛呪 또는 報復이었다면 그것이 大刑으로 인식되었을 것은 명약관화하다. 따라서 앞서 언급한 辛이 刀鋸에 해당된다면 甲兵과 斧鉞이라는 兵器 역시 본래는 呪力을 내재한 것으로 인식되었을 것이다. 후술하듯이 戰神 蚩尤가 五刑과 五兵의 제작자로 인식된 것도 그런 관념에서 연원했을 것임에 틀림없다. 以上의 추론이 타당하다면 武器의 본래적이고도 본격적 존재의의와 기능은 전쟁살상용이 아니라 氏族神 및 氏族에게 저질러진 汚穢와 그에 동반될 災殃과 凶邪를 祓除하기 위한 呪術的 行刑에 있었고, 보다 엄밀히 말하자면 行刑보다는 辟邪를 본질적 기능으로 했으며 살상용 兵器로서의 기능은 그로부터 확대, 연장된 것이라 하겠다. 후술하듯이 戰國時代에까지도 특정 武器가 辟兵

언급한 馬頭銅劍과 유사하게 손잡이에 양과 사슴의 머리모양이 장식된 이른바 羊首曲柄劍과 鹿首彎刀이 포함되어 있으며(河北省文化局文物工作隊,〈河北青龍縣抄道溝發現一批青銅器〉,《考古》, 1962- 12, pp.644-645 및 圖版伍 참조. 이 圖版에서 확인되듯이 특히 鹿首彎刀의 경우는 鹿角이 두드러지게 강조되고 있는 점이 인상적이다), 특히 이들 銅器가 의도적으로 매장되었으리라 보인다는 발굴보고서의 지적을 감안할 때 이것들 역시 앞서본 馬頭銅劍 및 蛇頭銅匕와 마찬가지로 行刑을 비롯한 呪術的 儀禮에 사용되었으리라 추정된다.

9) 《國語》,〈魯語〉上, "大刑用甲兵, 其次用斧鉞, 中刑用刀鋸, 其次用鑽笮, 薄刑用鞭扑, 以威民也. 故大者陳之原野, 小者置之市朝…."

(邪)을 위한 呪術的 法器로서 존재한 例에 비추어보면 兵器의 이와같은 원초적 辟邪 기능에 대한 관념은 훨씬 훗날까지 오랜 동안 지속된 것 같다. 그러면 以下에서는 구체적 事例를 통해 兵器의 辟邪・禦凶 기능을 논증해 보기로 한다.

우선 日食이 일어났을 때 兵器를 비롯하여 깃발과 북을 배열함으로써 太陽을 救한다는 것[10]은 日食이란 惡鬼나 邪氣가 태양에 끼친 災殃이며, 깃발[11] 및 북과 함께 兵器가 그 災殃을 퇴치하는 이른바 辟邪의 기능을 지니고 있다는 관념을 기반으로 한다. 또한《淮南子》에서 周武王이 紂를 정벌하기 위해 孟津을 건너다가 큰 파도가 逆流하면서 치고 疾風이 일자 누런 도끼와 흰 깃발을 휘둘러 이를 진정시켰다거나 魯陽公이 韓과의 전투 중 날이 저물자 창을 휘둘러 해를 30度나 거꾸로 가게 만들었다는 일화[12]는 君主의 呪術的 능력과 함께 兵器의 呪力을 보여주는 好例가 아닐 수 없다. 또한 紂征伐에 나선 周武王이 三日 동안 비가 줄기차게 내리는 것을 凶兆로 여겨 두려워하자 太公이 도리어 그 비가 兵器를 닦아주는 吉兆라 답했다는 일화[13]도 出戰에 앞선 釁鼓儀式[14]이 피로 북에 붙은 惡氣나 災殃을 祓禳하기 위한 것임과 아울러 戰國時代까지도 雨師가 黃帝나 太一을 위해 길을 깨끗이 祓除하는 존재로 인식된 점[15]을 감안할 때 그 역시 兵器의 呪力을 전제로 하는 것이라 할 수 있다. 그리고《山海經》에서 방패와 도끼를 들고 춤을 추어 災厄을 祓禳하는 例[16]나《周禮》및 秦漢時代의 儺祭에서 方相氏(및 그로 분장

---

10)《禮記》,〈曾子問〉, "(孔子曰)與諸侯皆在而日食, 則從天子救日, 各以其方色與其兵." ;《春秋穀梁傳》莊公 25年, '六月辛未朔 日有食之… 天子救日, 置五麾 陳五兵五鼓 諸侯 置三麾陳三鼓三兵 大夫擊門 士擊柝 言充其陽也.'
11) 旗는 氏族의 標識일 뿐만 아니라 그 保護靈이 머무는 곳이며 그 깃발이 있는 곳의 邪氣를 祓除하는 것이었다(白川靜,《漢字の世界》1, 東京 平凡社, 1982, p.176). 깃발 과 북의 呪力에 대해서는 林巳奈夫,〈中國先秦時代の旗〉,《史林》49-2 및 蕭兵,《儺蜡 之風》, 江蘇人民出版社, 1992, pp.439-442 참조.
12)《淮南子》,〈覽冥訓〉.
13)《韓詩外傳》卷三之十三, "(太公對曰) 天雨三日不休, 欲灑五兵也."
14)《左傳》, 定公四年, "君以軍行, 祓社釁鼓, 祝奉以從." ;《周禮》,〈春官〉小祝, '大師, 掌 釁祈號祝.'
15) 註 226 참조.
16)《山海經》,〈中山經〉, "干儛, 用兵以禳."

한 인물)가 창과 방패를 들고 질병을 일으키는 疫鬼를 쫓아내는 것[17]도 역시 兵器가 지닌 辟邪의 呪力을 반영하는 것이다.

以上과 같은 兵器의 呪力에 대한 관념은 앞서 언급한 주술적 行刑에서 연원했지만 또 한편으로는 그 예리한 날이 相對의 敵을 위협하듯 재앙을 초래하는 惡鬼나 邪氣를 위협하거나 찔러 쫓아낸다는, 말하자면 類似는 類似를 낳는다는 원리에 입각한 同種呪術을 관념적 기반으로 한다고도 볼 수 있고, 특히나 刑罰이 神判(또는 詛呪)에서 세속권력에 의한 報復刑으로 전환되면서는 오히려 후자가 더 지배적인 관념으로서 자리잡게 되었을 것이다. 이는 動物의 날카로운 뿔이 辟兵·辟邪의 呪力을 지닌다는 後述의 관념과 軌를 함께 한다. 기실 도끼가 兵器로서의 기능을 상실한 戰國時代 以後[18]에도 여전히 斧鉞이 戰爭의 상징으로서 잔존하거나[19] 授兵儀式에서 將軍에게 권위의 상징으로서 주어지기도 하고[20] 또는 刑殺의 神 蓐收나 戰神 刑天의 상징적 부속물이 도끼이듯이[21] 兵器 중에서도 특히 斧鉞이 빈번하게 등장하는 것도 물론 그런 儀式이나 說話의 傳統性을 일면 반영하나 또 한편 도끼의 위협적 외양과 그 무시무시한 살상력에서 연유하여 보다 강한 呪力의 兵器로 인식되었기 때문이기도 할 것이며, 그런 경향은 실용성이 사상된 채 儀禮器化하면서 오히려 보다 심화되었을 것이다. 兵器의 呪力에 대한 이와같은 관념을 전제한다면 鄭玄 이래 대부분의 주석가들이 그 실존을 부정하는 《公羊傳》의 '祠兵'[22], 즉 五兵에 대한 祭祀儀禮 역시 虛構라고만 볼 수도 없을 것

17) 《周禮正義》, 北京 中華書局, 1987, 第十冊, 〈夏官〉, <方相氏>, pp.2493-2496, "方相氏 掌蒙熊皮, 黃金四目, 玄衣朱裳, 執戈揚盾, 帥百隸而時難, 以索室驅疫. 大喪, 先구, 及 墓, 入壙, 以戈擊四隅, 驅方良." ; 蕭兵, 〈儺蜡之風〉, pp.238-239.
18) 《呂氏春秋》의 〈十二月紀〉 및 이를 거의 답습한 《淮南子》의 〈時則訓〉에서의 五兵은 矛·戟·劍·戈·鍛이다.
19) 《黃帝四經·十六經》, 〈五正〉, "黃帝于是出其鏘鉞, 奮其戎兵, 身提鼓枹, 以遇蚩尤, 因 而擒之." ; 《禮記》, 〈樂記〉, "軍旅鈇鉞者 先王之所以飾怒也."
20) 《淮南子》, 〈兵略訓〉, '將軍受命 乃令祝史太卜齋宿三日 之太廟 鑽靈龜 卜吉日 以受鼓 旗 君入廟門 西面而立 將入廟門 逯出堂下 北面而立 主親操鉞持頭授將軍其柄曰…'
21) 《國語》, 〈晉語〉二, '有神人面白毛虎爪, 執鉞立於西阿 公懼而走. 神曰, 無走! 帝命曰, 使晉襲於爾門. 公拜稽首, 覺, 召史嚚占之, 對曰, 如君之言, 則蓐收也, 天之刑神也.' ; 《山海經》, 〈海外西經〉, '形(刑)天與帝至此爭神, 帝斷其首, 葬之常羊之山, 乃以乳爲目, 以臍爲口, 操干戚以舞.'

같고 아마도 《公羊傳》編者가 戰國時代에 見聞한 습속으로도 추정된다.

兵器에 이처럼 呪力이 내재해있다면 그것은 결코 함부로 다루어졌을 리 없다. 春秋時代까지도 평상시에는 兵器를 祖先神이 강림하여 머무는 臺, 즉 神庫에 저장해 두었다가[23] 出戰에 앞서 엄숙한 授兵儀式을 거행하는 것도 그 때문일 것이다. 그러나 영토확장을 위한 대규모적 살상전쟁의 빈발과 격화로 인해 兵器의 邪靈 퇴치기능에 대한 믿음은 필연적으로 옅어져간 반면 피비린내나는 참상과 재앙을 야기하는 측면에서 凶器라는 인식이 고조되어나갔을 것이다. 《左傳》에서 '병기는 잘 보관해두지 않으면 반드시 族을 다치게 한다'[24]라거나, '兵器는 불과 같아서 잘 보관하지않으면 저절로 타버린다'[25]라거나 혹은 '兵器는 友好를 닦는 자리에 가까이 해선 안된다. (만일 그렇지 않으면) 神에게 상서롭지 못하다'[26]라는 用例들은 春秋時代에 이미 兵器가 災殃을 불러오는 凶器라는 인식이 고조되었음을 입증한다. 이런 관념이 戰國時代에 들어와서 가일층 확대되었을 것은 두말할 나위 없다. '兵器는 凶器'라는 상투적 귀절이 거의 매거할 수 없을 정도로 확인되는 것[27]

---

22) 《春秋公羊傳》, 莊公八年條의 經文은 "甲午 祠兵"(《左傳》과 《穀梁傳》에는 공히 "治兵"으로 되어있음)이라 되어있고, 傳에서 그 祠兵에 대해 언급하고 있다. 또한 《五經異義》는 《公羊說》을 인용하여 "祠五兵及蚩尤"라는 내용을 싣고 있는데 孫詒讓은 그것도 부정한다(同, 《周禮正義》, 第六冊, 〈春官·肆師〉, p.1484 참조).

23) 拙稿, 〈中國古代의 市의 觀念과 機能〉, 《東洋史學硏究》 36, pp.29-31.

24) 《左傳》, 襄公24年, "兵不戢 必取其族."

25) 《左傳》 隱公4年, '夫兵猶火也 不戢 將自焚也.'

26) 《左傳》, 定公十年, '兵不偪好, 於神爲不祥.'

27) 《國語》〈越語〉下, '范蠡進諫曰, 夫勇者, 逆德也, 兵者, 凶器也, 爭者, 事之末也. 陰謀逆德, 好用凶器…'; 《尉繚子》,〈武議〉, "故兵者凶器也, 爭者逆德也, 將者死官也, 故不得已而用之."; 《尉繚子》,〈兵令〉上, "兵者凶器也, 爭者逆德也. 事必有本, 故王者伐暴亂, 本仁義焉."; 《六韜》,〈文韜·兵道〉, "故聖王號兵爲凶器, 不得已而用之."; 《三略》,〈下略〉; "夫兵者, 不祥之器, 天道惡之, 不得已而用之."; 《老子》31章, "兵者, 不祥之器, 非君子之器, 不得已而用之."; 《說苑》,〈指武〉, "且吾聞兵者凶器也, 爭者逆德也, 今子陰謀逆德, 好用凶器…". ; 《淮南子》,〈道應訓〉, '怒者逆德也, 兵者凶器也, 爭者人之所去也'; 《銀雀山漢簡釋文》, p.68, no.1008, "…□故兵凶器也, 聚則有毒, 久不…"; 《史記》, 卷112,〈平津侯主父列傳〉, '且夫怒者逆德也, 兵者凶器也'; 《史記·趙世家》, '戰者逆德也, 爭者事之末也'; 《漢書·高帝紀》, '逆德者亡'. 물론 이런 상투어의 저변에는 戰國 以後 가일층 심화된 전쟁의 참혹성에 대한 합리적 反戰·厭戰意識이 수반되었을 것은 명약관화한데, 이처럼 兵器를 凶器로 간주하고 전쟁을 부득이한 것으로 보는 입장은 戰國 後期에 보다 확산된 것 같다.

은 그것을 웅변한다. 아울러 이런 관념 속에서 兵主 蚩尤가 凶猛한 惡神으로서 등장했던 것이 아닌가 추측된다.

그러나 이런 현상은 전쟁의 대규모화에 따른 兵器 일반 및 전쟁에 대한 관념이고 특정의 兵器는 여전히 辟邪와 禦凶의 呪力을 가진 것으로 기대되었다. 이런 용도의 兵器로서 戰國時代의 것으로 비정되는 것 가운데 우선 손꼽을 수 있는 것이 이른바 "兵避太歲"戈〔그림 1 참조〕이다.

1960년 湖北省 荊門에서 출토된 이 銅器는 B.C. 300年 頃을 전후한 시기에 제작되었다는 것이 대가들의 공통된 추정인데[28] 그의 呪術的 용도를 쉽사리 짐작케하는 요소는 出土 以來 판독상 약간의 시행착오 끝에 현재 "兵避太歲"로 낙착된 銘文과 그리고 몸체와 손잡이에 각기 새겨진 神人 및 怪獸이다. 우선 "兵避太歲"에서의 太歲란 고대인들이 하늘을 12년동안 一周하는 歲星(즉, 木星)의 불규칙적 운행에 대처하여 명확한 紀年의 필요상 그 歲星과 반대방향인 東에서 西로 12년을 일정속도로 움직인다고 假想해 만든 星으로서 靑龍・天一・太陰으로도 일컬어지는데《五行大義》에 인용된 甘公星經의 '天一主戰鬪 知吉凶'[29]을 보더라도 太歲가 전쟁의 승패를 주재하는 神格임을 알 수 있다. "兵避太歲"란 요컨대 太歲神이 있는 방향으로는 用兵 征伐해서는 안된다는 의미이며, 따라서 兵器에 이런 銘文을 주조해넣은 것은 太歲神이 戈에 깃들게 함으로써 敵의 공격을 피하거나 격퇴하고자 하는 의도로 풀이된다. 이는 "단지 北斗字와 日月字를 (자신의 武器에다가) 적어넣는 것만으로도 白刃을 두려워할 필요가 없다"[30]는《抱朴子》의 辟兵術과도 일맥상통하는데, 다만 개인적 벽병술인 후자와 달리 "兵避太歲"戈는 전투에서의 집단적 승리를 도모한다는 점에서 차이를 보인다. 그리고 최근에 들어

28) 兪偉超・李家浩,〈論"兵闢太歲"戈〉,《出土文獻硏究》, 文物出版社 1985, pp.142-144 ; 李學勤,〈"兵避太歲"戈新證〉,《江漢考古》, 1991-2, pp.35-36. 기타 이 戈에 대한 개괄적 연구과정 및 현황에 대해서는 위의 두 논문과 李零,〈湖北荊門"兵避太歲"戈〉,《文物天地》, 1992-3 참조.

29) 中村暲八,《五行大義校註》, 東京, 1984, 卷5,〈論諸神〉, p.169.

30)《抱朴子・內篇》,〈雜應〉, '或問辟五兵之道. 抱朴子答曰…但知書北斗字日月字, 便不畏白刃.'

와 太一로 비정되는[31] 神人圖像과, 머리에 角(또는 羽冠)을 동반한[32] 怪獸 역시 辟兵의 呪力을 행사하는 존재로서 새겨넣어졌음에 틀림없다.

　이렇게 볼 때 "兵避太歲"戈가 '方術에 사용된 法器'[33]였음은 확실하며, 더 명확히 말하자면 授兵儀式을 비롯한 出戰儀禮나 혹은 적과 맞닥뜨린 戰場에서 巫祝이 적을 격퇴하기 위한 주술적 목적으로 사용한 것으로 판단된다. 물론 이처럼 주술적 銘文과 神像 및 怪獸의 辟兵呪力을 강조하게되면 상대적으로 兵器 자체의 呪力은 반감되고 심지어 과연 그것이 呪力을 지닌 것으로 관념되었을지조차 의심스러울 정도이나 이런 의문은 "兵避太歲"戈와 전혀 동일한 발상 및 의도로 제작, 운용된 靈旗의 例로써 해소된다. 즉, 漢武帝 때 南越 정벌을 위해 만든 靈旗에다가 太一三星을 상징하는 日月·北斗·登龍을 그려넣고 太史가 南越 쪽을 향해 이 깃발을 가리켰다는 일화[34]는 "兵避太歲"戈와 靈旗 양자의 경우 공히 太一의 힘을 빌어 적을 격퇴하려는 주술적 관념을 토대로 하는 동시에 戈와 旗가 특별히 神이 깃드는 器物로서 본래 呪力을 지니고있음을 이미 전제하며 따라서 깃발과 마찬가지로 특정 兵器도

---

31) "兵避太歲"라는 銘文과 함께 同一한 器物에 새겨진 점을 감안한다면 이 神像은 太歲로도 볼 수 있고 李學勤 역시 그런 주장을 펴기도 했는데(同,〈"兵避太歲"戈新證〉, p.37), 李零은 이 神像이 馬王堆三號漢墓 出土〈辟兵圖〉에 보이는 太一과 일치된다는 근거에서 太一로 비정하고 그 각각의 神像에 부속된 세마리 龍이 바로 天一이라 설명하며(同,〈湖北荊門"兵避太歲"戈〉, p.24), 李學勤도 최근의 논문에서는 李零의 주장에 동조하고 있다(同,〈古越閣所藏靑銅兵器選粹〉,《文物》1993-4, p.25).

32) 兪偉超·李家浩의 전게〈論"兵闢太歲"戈〉, p.138에서는 이를 四足獨角獸라 표현하는 한편, 李零,〈湖北荊門"兵避太歲"戈〉, p.22에서는 '冠을 달고 날개를 펼친 새'로 보고 있는데 李零의 주장은 이 神獸와 후술할 馬王堆三號漢墓 出土〈辟兵圖〉의 神像이 공히 이른바 "鶡冠"을 쓰고 있다는 추정(同, p.23)의 연장선에 있는듯 하다. 이와 관련하여 주목되는 점은 그 神獸의 角(또는 冠)이 林巳奈夫,〈饕餮=帝說補論〉,《史林》76-5, 1993, p.83의 圖 5, 6, 7에 보이는 춘추시대 靑銅器 紋飾의 龍 頭上의 角狀들과 전혀 동일하다는 사실인데, 林巳奈夫에 의하면 이런 角狀(馬王堆漢墓〈辟兵圖〉太一 頭上의 角도 마찬가지)는 殷, 西周時代의 靑銅器·玉器에 표현된 饕餮, 龍, 鳳의 머리 위에 부착된 几字形 羽冠의 後裔로서 氣의 발산을 표현하는 것이라 한다(同, p.83). 이 설명에 따르자면 "兵避太歲"戈의 神獸는 鳳으로도 추정되는데, 한편 角이나 羽冠을 氣의 發散으로 해석하는 것은 惡鬼나 災殃의 驅逐을 고려할 때 매우 흥미롭고 그럴 듯하나 적어도 戰國 단계의 辟兵呪術에서는 적용되기 어려운 것 같다.

33) 李零,〈湖北荊門"兵避太歲"戈〉, p.24.

34)《史記》卷28,〈封禪書〉.

上古 이래 戰國時代에도 여전히 辟邪(兵)와 呪力을 지닌 것으로 관념되었음을 확인할 수 있다. 물론 靈旗를 포함하는 이런 器物은 太史의 경우가 그러하듯 方術과 직결된 巫祝類의 인물이 관장, 운용했을 터인데, 시대가 내려올수록 巫祝의 呪力에 대한 믿음이 옅어지게된 것과 정비례하여 兵器 · 旗 그리고 鼓 등에 내재한 주술적 관념 역시 퇴색일로에 있었을 것이다[35].

그러나 "兵避太歲"戈와 동일한 기능의 戰國兵器가 또 하나 확인된다는 것은 兵器의 呪力에 대한 관념이 전국시대에 여전히 역사적 실재로서 존재했음을 미흡하나마 입증해준다. 臺北 古越閣 所藏의 이른바 '神人紋劍'이 바로 그것인데, 劍身에 음각된 神像은 羽冠을 쓰고 눈을 부릅뜨고 입을 벌린 채 양손에는 兵器와 뱀을 잡고있는 등 그 모습이 "兵避太歲"戈의 神像이나 또는 기타《山海經》등에 累見되는 神人들의 모습을 방불하여[36] 그 劍이 "兵避太歲"戈나 靈旗와 같은 용도에 쓰였음을 짐작케한다.

같은 古越閣 所藏 靑銅兵器로서 소개된 蛙紋鉞[37] 역시 辟兵 또는 辟邪 용도의 것으로 추정된다. 戰國에서 漢代에 걸친 雲南地域墓葬에서 출토된 銅鉞 · 銅劍 · 銅矛 등의 병기에서 특히 靑蛙가 적지않게 浮鑄되어있음은 주지의 사실인데, 개구리나 두꺼비의 紋樣 및 장식이 신석기시대 이래 중국 전역에 걸쳐 보편적으로 존재했음이 고고학적으로 확인되는 점을 보면 청개구리 숭배를 南方지역에 한정된 습속으로 왜소화시킬 이유가 없고, 靑蛙 紋樣 및 장식 또는 靑蛙 文身 등이 청개구리가 지닌 敵 및 災禍 퇴치의 神力에 대한 관

---

35) 사실 춘추시대에 이미 旗와 鼓 일반이 軍令傳達수단으로 기능했으며(《左傳》成公二年條, "師之耳目在吾旗鼓, 進退從之"), 전국시대의 합리적 兵書에서는 주술적 측면이 전혀 배제되고 있다(《孫子兵法》,〈軍爭〉, "軍政曰, '言不相聞, 故爲金鼓, 視不相見, 故爲旌旗' 夫金鼓旌旗者, 所以一人之目也…故夜戰多金鼓, 晝戰多旌旗, 所以變人之耳目也." ; 張震澤 撰,《孫臏兵法校理》, 北京 中華書局, 1984, p.43,〈陳忌問壘〉, "夜則擧鼓, 晝則擧旗"). 그러나 또 한편 예컨대 騶虞幡의 경우처럼 晉代에까지도 특정 깃발은 呪力을 지닌 것으로 인식되었다(《二十二史箚記》卷八, "晉制最重騶虞幡, 每至危險時, 或用以傳旨, 或用以止兵, 見之者輒懾伏而不敢動, 亦一朝之令甲也").
36) 李學勤은 이 靑銅劍을 전국시대의 것으로 비정하며 거기 새겨진 神像은 "兵避太歲"戈의 그것과 일맥상통한다는 견지에서 太一이라 보아야 마땅하다는 의견을 피력하고 있다(同,〈古越閣所藏靑銅兵器選粹〉, p.25).
37) 李學勤,〈古越閣所藏靑銅兵器選粹〉, pp.26-27.

념을 반영하는 것이며[38] 게다가 후술하듯이 두꺼비의 再生 및 辟兵 능력에 대한 관념을 아울러 고려해보건대 개구리나 두꺼비가 장식된 辟兵用 兵器가 中原 등 지역의 戰國遺物에서도 출토될 가능성은 높다고 하겠다.

앞서 언급했던 "兵避太歲"戈의 怪獸를 포함하여 兵器에 이처럼 動物의 모습이 담겨져있는 것은 神人이 그러하듯 動物 역시도 辟兵·辟邪의 呪力을 지니고있다는 고대인들의 관념을 쉽사리 짐작케 하는데, 이와 관련하여 특히 흥미로운 점은 그 관념구조의 동일성과 단순소박성이다. 즉, 兵器의 예리한 날이 그러하듯이 동물의 날카로운 뿔과 이빨 또는 발톱이 凶物이나 邪氣를 위협, 퇴치할 수 있다는 극히 원시적인 類似법칙에 입각하여 그에 辟兵·禦凶의 呪力을 인정하고 있는 것이다. 이는 가령 《孫臏兵法》에서 동물의 뿔과 이빨, 발톱을 天兵이라 하거나[39] 또는 《淮南子》에서 인간이 동물의 이빨이나 발톱과 같은 선천적 自衛物을 지니지 못했기 때문에 甲刃을 주조하게 되었다[40]는 식으로 角牙爪와 兵器 양자의 기능이나 존재의미를 동일 맥락에서 이해, 인식하는 점[41]을 보더라도 逆으로 유추가능하며, 특히 인위적인 兵器에 대비하여 角牙를 天兵이라 일컫는 발상의 저변에서 動物의 角牙(및 거기에 깃들어 있는 강력한 힘)에 대한 고대인들의 부러움이나 숭배의 念의 흔적을 감지할 수 있을 듯도 하다.[42] 실제 商周의 兵器에 뿔 모양의 '角刀'[43]나 또는 손잡이 부분을 鹿角이 두드러지게 강조된 鹿首로 장식한 儀禮用의 '鹿首彎刀'[44] 등이 확인되는 점을 보면 獸角의 呪力에 대한 관념이나 숭배는 매우 원

---

38) 以上의 靑蛙에 대한 설명은 楊豪, 〈嶺南銅鼓上鑄蛙源于圖騰崇拜說〉, 《中國銅鼓研究會第二次學術討論會論文集》, 文物出版社, 1986 참조.
39) 《孫臏兵法校理》, 〈勢備〉, p.79, "孫子曰, 夫陷齒戴角, 前蚤後鋸, 喜而合, 怒而鬪, 天之道也, 不可止也. 故無天兵者自爲備, 聖人之事也."
40) 《淮南子》, 〈兵略訓〉, "凡有血氣之蟲, 含牙帶角, 前爪後距…人無筋骨之强, 爪牙之利, 故割革而爲甲, 鑠鐵而爲刃."
41) 《淮南子》〈覽冥訓〉에서 戰國 七雄 간의 전쟁을 "擧兵而相角"이라 표현한 例도 그러하다.
42) 上古人들이 動物의 牙를 모방해 만든 장식품으로 자신의 英武를 뽐내거나 角狀 武器를 제작한 것도 그 때문이다(張尉·蔣樹成·華慈祥, 《古玉擷珍》, 浙江人民美術出版社, 1993, pp.36-37).
43) 臨潼縣文化館, 〈陝西臨潼發現武王征商簋〉, 《文物》 1977-8, p.2, p.4.
44) 註8 참조.

초적인 것 같으며 또한 동물의 器官 중에서도 角이 특히 고대인의 心象에 깊이 刻印되었음도 짐작가능하다. 후술하듯이 戰國 辟邪圖象에 보이는 두드러진 경향으로서 유독 獸角이 기형적일 정도로 강조되거나 많이 눈에 띄는 현상도 일면 전란기 특유의 극히 초조하고 편협된 실용목적의 관념에 연유한 직능화나 유형화 결과라는 인상이 짙어 동물숭배의 쇠퇴 및 그에 수반된 왜곡이라는 세계관의 변모[45]를 반영하는 듯도 하지만 또 한편 獸角에 대한 고대인들의 집착적 숭배의 實在 또는 그 잔재를 반영하는 것으로 여겨진다. 결국 角을 비롯한 動物의 器官에 대한 呪力 부여는 동물이 지닌 사나움과 용맹성, 그리고 他者에게 치명적 상처를 줄 수 있는 그 器官에 대한 고대인들의 공포와 羨望의 기억에서 연유되었음이 확실하다. 가령 漢代의 畵像石이나 鏡에 보이는 虎形 一角獸가 辟邪라 일컬어진 것[46]은 그 전형적인 例이며, 형벌 및 재앙을 관장하는 蓐收와 西王母가 虎爪와 虎齒를 가진 것[47]이나 또는 虎豹의 가죽이 사나운 것을 복종시키는 힘을 지녔다는 관념에 입각하여 적군이 출현했을 경우 虎皮를 내거는 《禮記》의 내용[48]도 같은 맥락에서 이해가 능할 터인데, 그런 동물인식이 특히 잘 반영된 好例로서는 黃帝가 猛獸를 전투에 사용했다는 《史記》의 설화를 꼽을 수 있다.

黃帝가 熊·羆·貔·貅·貙·虎 등의 맹수들을 훈련시켜 이들을 炎帝와의 阪泉 싸움에 투입하여 결국 승리했다는 이 설화[49]는 그 맹수들의 실체가

---

45) 張光直에 의하면 商 및 西周 早期의 器物에 보이는 動物 紋樣이 神力과 지배적 영향력을 갖춘 반면 東周에 오면 생동감 넘치던 문양이 因襲的으로 바뀌고 神異한 역량도 상실케되었는데 이는 神界와 人間(祖先)界의 분리, 단절로 인해 동물이 더 이상 天人溝通의 매개자 역할을 하지 못하게되었기 때문이라 한다. 同, 《中國靑銅時代》, 香港 中文大學出版社, 1982, 十二章, 〈中國神話與美術中所見人與動物關係之演變〉 참조.

46) 林巳奈夫, 〈漢代神神の世界〉, 同著, 《漢代の神神》, 京都, 1989, pp.139-140 참조.

47) 蓐收에 대해서는 註 21 참조. 《山海經》, 〈西次三經〉, "又西三百五十里, 曰玉山, 是西王母所居也. 西王母其狀如人, 豹尾虎齒而善嘯, 蓬髮戴勝, 是司天之厲及五殘."

48) 《禮記》, 〈曲禮〉上, "前有車騎則載飛鴻, 前有士師則載虎皮"; 同, 〈郊特牲〉, "虎豹之皮, 示服猛也."

49) 《史記》, 卷1, 〈五帝本紀〉, "(黃帝)教熊羆貔貅貙虎, 以與炎帝戰於阪泉之野. 三戰, 然後得其志." 이와 거의 동일한 내용은 《大戴禮記》의 〈五帝德〉篇에도 보인다. 즉, "(黃帝)教熊羆貔豹虎, 以與赤帝戰于版泉之野. 三戰, 然後得行其志."

무엇인가와 관련하여 전통시대 이래 적지않은 견해가 개진되어왔다. 그 가
운데 설득력있는 두가지를 든다면, 黃帝가 각종 猛獸를 길들여서 이를 지휘,
작전했다는 견해와 黃帝가 猛獸를 토템으로 하는 씨족을 지휘했고, 각 씨족
은 또한 그 토템의 모습을 담은 깃발을 달고 전투에 나섰다는 견해이다.[50]
敵의 위세를 누르기 위해 동물가죽을 뒤집어쓰고 野獸로 변장하거나 또는
실제로 野獸를 앞세워 내몰았던 史實이 확인된다는 근거[51]에서 볼 때, 그리
고 春秋時代까지도 祖先神을 상징하는 星과 그 星을 표상하는 動物을 國旗
의 圖案으로 삼은 것[52]에서 볼 때 양자는 공히 타당성이 있는 견해이다. 그
런데 전자에 대해 언급하자면 猛獸를 직접 참전시킨다는 것은 소규모로 운
용되었을 극히 초기의 전쟁에서나 가능했을 것 같고, 후자의 해석과 관련해
서 필자로서는 근자에 중국학계에서 토템論을 아무런 여과없이 과잉사용하
는 것이 아닌가 하는 생각[53]이고 게다가 猛獸를 토템으로 하는 씨족만이 참
전했다는 것도 매우 부자연스러운 것 같다.[54] 그런 문제점들을 감안하면서
本稿와 관련하여 위의 두 해석에서 주목하고자 하는 점은 맹수의 모습을 담
은 깃발을 전쟁에서 사용했다는 측면이다. 이는 行軍 중에 맹수가 나타날
경우 貔貅의 모습이 그려진 깃발을 세운다는 《禮記》의 귀절[55]로써도 그 타
당성이 입증되는데, 그렇다면 위의 설화는 중국고대의 전쟁에서 맹수를 포
함한 동물들의 圖像을 담은 깃발을 辟兵을 위한 주술적 목적으로 휴대했음
을 확증해주는 셈이 된다.[56] 그런 행위는 당연 깃발에 실제로 용맹한 그 動

---

50) 이에 대한 자세한 내용은 曲辰, 《軒轅黃帝史迹之謎》, 中國社會科學出版社, 1992,
　　pp.99-103을 참조할 것.
51) 汪寧生, 〈釋"武王伐紂前歌後舞"〉, 《歷史研究》, 1981-4, p.175 참조. 또한 御手洗勝도
　　《帝王世紀》의 "黃帝, 於是乃擾馴猛獸, 與神農氏戰于版泉之野"라는 서술을 주된 근거
　　로 삼아 黃帝가 鳥獸를 길들일 수 있는 신비한 능력의 소유자였기에 猛獸의 도움으
　　로 神農氏를 격파할 수 있었다고 설명하고 있다(同, 《古代中國の神神》, p.294).
52) 高木智見, 〈春秋時代のに軍禮ついて〉, 《名古屋大學東洋史研究報告》 11, 1986 pp.14-16.
53) 王紀潮, 〈楚人巫術與薩滿敎的比較硏究〉, 《江漢考古》, 1993-2, p.50에서도 楚人의 토
　　템숭배 여부와 관련하여 이같은 문제점을 간략하나마 지적하고 있다.
54) 물론 黃帝族이 본래 북부지역에서 목축수렵을 영위하던 유목민족으로서 上記한 6가
　　지 맹수를 각각의 토템으로 삼는 여섯 씨족으로 구성되었다고 설명하는 견해도 있긴
　　하다(何星亮, 《中國圖騰文化》, 中國社會科學出版社, 1992, pp.368-374 참조).
55) 《禮記》, 〈曲禮〉上, "…前有摯獸, 則載貔貅."

物神이 강림해 깃들어 적을 격퇴해주기를 염원한 결과인데, 추측컨대 그런 猛獸를 담은 대형의 깃발 자체만으로도 적에게는 공포를, 그리고 아군에게 는 용기를 자극했을 것은 거의 자명하다.[57] 이들 旗나 圖象은 최근의 발굴에 의해 그 실제가 약간이나마 확인되고 있으며 이로부터 유추하자면 《山海經》 역시 바로 그런 圖象들이 훗날 문헌으로 정착된 것이리라.

中國古代의 '圖書'란 본래 그림과 글이 서로 배합된 형태[58]이고, 이런 '圖 書'들 가운데는 辟邪禦凶의 용도로 제작된 것이 적지않았던 것 같다. 물론 그런 '圖書'에는 馬王堆漢墓의 〈辟兵圖〉에서 확인되듯이 여러 神人이나 神 獸 및 주술적인 글이 담겨 있었다. 적어도 전국시대 당시의 《山海經》의 주 요 부분 역시 그런 기능을 담당했으리라는 것은 그것이 원래 圖를 동반하고 있었다는 郝懿行의 지적이나 또는 現存의 經은 본래 圖의 注文이라[59]는 주 장의 타당성과 아울러 《山海經》의 〈五藏山經〉이 避禍招福의 呪禱를 관장하 는 巫祝과 관계깊은 書라거나 또는 그들의 텍스트였다[60]는 것에서 입증된다.

巫祝의 텍스트에 걸맞게 〈五藏山經〉에는 洪水·旱魃·蝗害를 비롯한 자 연재해와 疫病, 戰禍 등 이른바 災厄과 그의 회피·퇴치 방법에 관한 언급 이 매우 많다. 이는 고대인들의 삶을 위협하는 재난의 강도 및 이를 극복하 고자 하는 그들의 희구와 노력을 반증하며, 그 중에서도 戰禍의 豫兆 및 禦兵·辟兵에 관한 내용이 특히 높은 비중을 차지하는 것은 上古 이래 巫祝 이 전쟁에서 제반 중요 역할을 담당해왔기 때문임과 아울러 〈山經〉이 전국

---

56) 그렇다면 《通志》卷48,〈器服略〉二, <旌旗> "黃帝振兵, 敎熊羆貔貅貙虎, 制陣法, 設 五旗五麾"에서 '五旗五麾'란 본래 그런 맹수의 모습을 담은 깃발을 의미한 것은 아닐 까?
57) 방패의 장식으로 사용된 것으로 추측되는 商代의 靑銅獸面飾이 대부분 뿔과 이빨이 강조된 것(柴曉明,〈論商周時期的靑銅面飾〉,《考古》1992-12)도 이런 용도였을 것이 며, 갑옷에 신령한 동물의 모습을 새겨넣는 春秋時代의 습속(張光直,《中國靑銅時代》 十三章,〈商周靑銅器上的動物紋樣〉, p.201 참조) 역시 유사한 辟兵呪術의 일환이었다 고 판단된다.
58) 李零,〈馬王堆漢墓"神祇圖"應屬辟兵圖〉,《考古》1991-10, p.940.
59) 鄭德坤은 明代人 楊愼의 《山海經後序》의 내용에 의거하여 이렇게 결론짓고 있다(同, 〈山海經及其神話〉,《中國歷史地理論文集》, 香港 中文大學出版社, p.9).
60) 伊藤淸司,〈山海經と玉〉(中國古代史硏究會編,《中國古代史硏究》五, 東京 雄山閣, 1982 所收), pp.24-25.

시대에 편찬되었다는 일반적 추정을 고려하건대 격렬한 전란기를 감내해야
했던 당시 민중의 전쟁에 대한 공포와 불안 및 戰禍회피와 안녕도모의 희구
를 반증하는 것이기도 하다.[61] 전쟁과 관련하여 등장하는 다양한 동식물 및
神獸·怪獸들의 거의 대부분은 실존하지 않는 怪異한 모습을 띠고 있는데,
이는 무축이 接神의 상태에서 본 神들일 듯하며, 그런 모습을 구상화하여
당시인들로 하여금 개인적 및 집단적 禦兵·禦凶을 위한 이른바 護符로 사
용토록 했을 것이다.[62] 이들 辟兵·禦兵 관련 동식물의 呪力에 대한 관념구
조는 앞서 본 바와 거의 흡사하다. 가령 駁의 경우를 보면,

> 생김새가 말 같은데 몸이 희고 꼬리는 검으며 외뿔(一角)에 호랑이의 이빨과
> 발톱을 하고 있다. 소리는 북소리 같고 이름을 駁이라 하는데 호랑이와 표범을
> 잡아먹으며 이로써 禦兵할 수 있다.[63]

위의 인용에서 확연히 드러나듯이 駁은 맹수의 사나움과 뿔, 날카로운 이
빨과 발톱, 북소리, 그리고 사나운 맹수까지도 먹어치우는 능력 등 辟兵呪
力에 대한 上古 이래의 관념이 종합된 결과물이라 할 수 있다. 흥미롭게도
《山海經》逸文에는 虎가 鬼를 잡아먹을 수 있다는 원시신앙에서 비롯되어
門戶에 虎의 圖像을 그려둠으로써 禦凶하는 습속이 소개되어있는데[64], 이는
猛獸의 圖像이 辟邪의 呪力을 지녔다는 전술의 내용을 재확인해주는 동시
에 駁의 禦兵 역시 戰禍를 야기하는 惡鬼를 잡아먹는 능력에서 일부 연유했

---

61) 伊藤清司, 〈古代中國の戰禍·劍難回避の呪法 ―《山海經》の研究 ―〉, 《史學》 50,
　　1980 ; 同, 〈巫祝と戰爭 ―《山海經》の研究 ― 〉.
62) 물론 실존하는 식물의 경우에는 몸에 佩服함으로써 개인적 辟兵·禦兵에 사용했을
　　것인데, 《山海經》의 이같은 呪法은 《神仙傳》이나 《抱朴子》 등에 보이는 戰禍·劍難
　　回避의 呪法이나 瘡傷治療法의 前身으로 볼 수 있다(伊藤清司, 〈古代中國の戰禍·劍
　　難回避の呪法 ―《山海經》の研究 ―〉).
63) 《山海經》, 〈西山經〉.
64) 楊繼林·申甫廉, 《中國彝族虎文化》, 雲南人民出版社, 1992, p.44를 참조할 것. 또한
　　실제로 漢代 畵像石에는 虎가 鬼魅를 잡아먹는 모습이 확인되며(呂品 編著, 《中岳漢
　　三闕》, 文物出版社, 1990, p.207의 圖版57), 墓의 路頭에 石虎를 배치해두는 것도 亡
　　者의 肝腦를 즐겨 먹는 罔象이 虎를 두려워하기 때문이다(《風俗通義校釋》, 〈風俗通義
　　佚文〉, p.428, "墓上樹柏, 路頭石虎 … 罔象好食亡者肝腦, 人家不能常令方相立于側, 而
　　罔象畏虎與柏, 故墓前立虎與柏).

을 것임을 충분히 추측가능케 해준다. 한편 북이 辟邪의 呪力을 지녔음은
앞서도 언급한 대로인데, 전쟁과 관련된 북의 呪力에 대해 《山海經》에는 黃
帝가 雷聲을 내는 夔라는 짐승을 잡아 그 가죽으로 북을 만들어 雷獸의 骨
로 치니 그 소리가 오백리까지 들려 天下에 위세를 떨쳤다는 일화[65]가 있는
데 여기서의 雷獸가 바로 夔라는 주장[66]과, 《山海經》과 《論衡》에서의 雷神
이 자기 배를 두드려 북소리를 내거나 연결된 여러개의 太鼓를 두드리는 모
습으로 묘사된 점[67]을 아울러 감안해보건대 고대인들은 번개를 동반한 엄청
난 천둥소리를 내는 雷神에 대한 공포감[68]과 경외심에서 비롯되어 雷聲과
유사한 소리를 내는 북에 雷神이 깃들어 辟兵의 呪力을 행사한다고 믿었을
것이다. 禦兵에 사용된 駁이 북소리를 내는 존재로 설정된 연유도 이런 맥
락에서 설명될 수 있을 것이다. 첨언하자면, 黃帝가 魍魅를 거느린 蚩尤와
의 전쟁에서 角을 불어 龍의 울음소리를 냄으로써 蚩尤를 막아냈다는 일화
역시 神獸의 울음소리가 자아내는 공포감[69]에서 비롯된 辟邪주술의 전통을
반영함과 동시에 북과 마찬가지로 角 역시 樂器로서 주술적 기능을 발휘했
음[70]을 엿보인다. 그러나 이는 극히 예외적인 경우이고 角의 呪力은 역시 그
날카로움에서 연유한다는 관념이 일반적이었다. 《山海經》의 〈五藏山經〉에
角을 동반한 神獸들이 적지않게 확인될 뿐더러[71] 특정지역의 山神들이 모두

---

65) 《山海經》; 〈大荒東經〉.
66) 何星亮, 《中國自然神與自然崇拜》, 上海 三聯書店, 1992, p.257. 夔가 雷聲을 낸다면
   그것이 바로 雷獸일 가능성도 높다.
67) 《山海經》, 〈海內東經〉, "雷澤之中有雷神, 龍身而人頭, 鼓其腹."; 《論衡》, 〈雷虛〉, "圖
   畫之工, 圖雷之狀, 纍如連鼓之形, 又圖一人若力士之容, 謂之雷公, 使之左手引連鼓, 右
   手推椎, 若擊之狀, 其意以爲, 雷聲隆隆者, 連鼓相扣擊之意(音)也…" 漢代 畫像石에서
   도 雷公은 太鼓를 두드리거나 끄는 모습으로 묘사되고 있다(林巳奈夫, 〈漢代神神の世
   界〉, pp.162-167 및 해당 附圖 참조).
68) 《山海經》에 천둥을 무서워하지 않는 방법이 제시되고 있는 것도 이를 입증한다(《山
   海經》, 〈西山經〉, "有獸焉, 其狀如梟, 人面而一足, 曰橐蜚, 冬見夏蟄, 服之不畏雷";
   "…其中多飛魚, 其狀如豚而赤文, 服之不畏雷, 可以禦兵").
69) 《山海經》에 보이는 讙이라는 怪獸가 온갖 소리를 냄으로써 禦凶의 기능을 행사하는
   것도 유사한 발상인 것 같다(同, 〈西山經〉, "有獸焉, 其狀如狸, 一目而三尾, 名曰讙,
   其音如奪百聲, 是可以禦凶…").
70) 이 설화의 내용과 角의 自然樂器로서의 기능에 대해서는 蕭兵, 《儺蜡之風》, p.239를
   참조할 것.

角을 달고 있다[72]는 것도 마찬가지의 이유로 설명될 수 있을 것 같은데, 흥미로운 사실은 특정식물의 가시에 대해서도 동일한 유사법칙에 입각하여 角과 같은 辟邪의 呪力을 인정한다는 것이다.

즉, 〈五藏山經〉에 보이는 牛傷과 帝屋이라는 식물에는 날카로운 가시가 있어 이 식물들을 몸에 佩服하면 "逆氣病에 걸리지 않고 禦兵할 수 있다"거나 "禦凶"할 수 있다는 것 역시 가시로써 邪氣나 惡鬼를 찔러 격퇴한다는 관념을 저변에 깔고 있다.[73] 이와 동종의 관념은 주둥이가 바늘침처럼 날카로운 箴魚를 먹으면 疫疾에 걸리지 않는다는 〈東山經〉의 내용[74]에서도 확인되는데, 이처럼 예리한 가시나 주둥이에 대해 兵禍와 질병을 포함하는 (禦凶의 含意에 의거하건대) 재앙 일반을 회피, 퇴치할 수 있는 呪力을 부여한 用例는 날카로운 器物이 辟兵에 국한되지않는 포괄적 재앙퇴치의 呪力을 지닌다는 고대인들의 관념구조를 표출한다.[75] 이는 날카로운 兵刃이나 動物의 角牙가 辟兵뿐만 아니라 기타 疫病 驅逐의 呪力을 보이는 것과[76] 같은 원리이다. 이런 맥락에서 전쟁이란 자연재해나 질병과 별 다름없이 邪氣나 惡鬼에 의해 저질러지고 결국은 인간의 生에 치명적 타격을 가하는 재앙 가운데 한가지로 인식되었음을 확인할 수 있고, 巫祝의 書인 《山海經》이 醫藥·

---

71) 몇 가지 경우를 적기해보자. 〈南山經〉, "有獸焉, 名曰蠱雕, 其狀如雕而有角, 其音如嬰兒之音, 是食人"; 〈西山經〉, "有獸焉, 其狀如犬而豹文, 其角如牛, 其名曰㺍, 其音如吠犬, 見則其國大穰"; 〈西山經〉, "有獸焉, 其狀如赤豹, 五尾一角, 其音如擊石, 其名曰猙"; 〈北山經〉, "有獸焉, 其狀如馬, 一角有錯, 其名曰𦝩疏, 可以辟火"; 〈北山經〉, "有獸焉, 其狀如牛, 而四角人目彘耳, 其名曰諸懷, 其音如鳴鴈, 是食人"; 〈中山經〉, "有獸焉, 其狀如麂而有角, 其音如號, 名曰𧮬蚔, 食之不眯". 이처럼 角을 지닌 怪獸들이 食人할 정도로 兇猛하거나 또는 역으로 화재를 막고 풍년을 가져오는 神力을 지니거나 혹은 그것을 먹을 경우 가위눌리지않는 효과를 가져오는 존재로 설정된 것은 角과 직간접적으로 관련있다고 보아 대과없을 것이다.

72) 〈東山經〉, "自空桑之山至于𣵠山…其神狀皆獸身人面載觡"; 同, "自尸胡之山至于無皋之山, 凡九山, 六千九百里. 其神狀皆人身而羊角".

73) 伊藤淸司, 〈古代中國の戰禍·劍難回避の呪法 ─《山海經》の研究 ─〉, pp.332-333.

74) 《山海經》, 〈東山經〉, "其中多箴魚, 其狀如儵, 其喙如箴, 食之無疫疾."

75) 가령 복숭아나무로 만든 활과 가시나무로 만든 화살로 災殃을 禳除한다는 《左傳》의 내용(同, 昭公四年條, "其出之也, 桃弧棘矢, 以除其災")은 兵器의 辟邪呪力과 함께 날카로운 荊棘의 辟邪呪力에 대한 관념을 재확인해주는 적절한 例이다.

76) 가령 方相氏가 戈와 방패를 들고 疫疾과 方良을 구축하는 것도 그러하다. 이에 대해서는 註 17 참조.

辟兵을 포함하는 禦凶術 전반에 관해 다루고 있는 것도 그 때문이라 하겠다. 따라서 설사 외양적이나마 日食, 洪水, 饑饉, 疫疾, 戰爭 등 다양한 형태를 띨지언정 그런 재앙을 구축하는 방법과 그 저변의 관념구조는 전혀 동일하다. 다만 辟邪呪術 일반에서 辟兵呪術이 점하는 비중의 상대적 우위는 전쟁의 엄청난 참혹성에 대한 두려움과 특히 兵亂으로 점철되었던 춘추전국의 시대배경을 감안할 때 충분히 수긍가능하며, 아울러 적어도 兵刃 및 角牙類에 관한 한 그의 본래적 주기능이 싸움용이었음을 고려하건대 그와 관련된 제반 辟邪呪術은 辟兵呪術의 방법과 관념을 출발점 및 토대로 삼았음도 어느 정도 인정해야 할 것이다. 漢代의 경우지만 예컨대 太一을 비롯한 天神(戰神이기도 함)들과 五兵으로 무장한 武弟子(역시 戰神)의 圖像이 묘사된, 따라서 본래는 앞서본 靈旗와 거의 흡사한 辟兵用이었음에 틀림없는 馬王堆帛書〈辟兵圖〉가 墓에 부장되었거나, 또는 五兵을 몸에 두른 戰神 蚩尤(혹은 方相氏)가 畵像石墓에 새겨져[77] 惡鬼를 驅逐하는 이른바 鎭墓의 역할이 기대된 것이 우선 그를 입증한다. 辟兵과 밀접한 관련있는 鹿角을 가장 두드러진 특징으로 하는 소위 鎭墓獸(혹은 鎭墓神)가 墓中에 배치되어 鎭妖辟邪의 역할을 한 것 역시 그러한데, 以上의 논지에 따르면 逆으로 鎭墓獸와 辟兵呪術의 관계의 긴밀성은 그만큼 더욱 확실해지는 셈이며 따라서 鎭墓獸를 구성하는 독특한 각 부분에 대한 분석과 그로써 종합된 전체의 실상에 대한 해명은 辟兵呪術의 다양한 측면을 이해, 검증하기에 적절한 방도를 마련할 듯도 하다.

戰國 楚墓를 특징지웠던 鎭墓獸는 지금까지 그 실체가 무엇인가를 둘러싸고 다양한 의견이 제시되었지만[78] 대부분 논증이 거칠고 부회가 강하다는

---

77) 孫作雲,〈評"沂南古畵像石墓發掘報告"〉,《考古通訊》, 1957-6, pp. 81-82. 孫은 漢代人들이 蚩尤를 方相氏라 여겼다는 근거에서 後漢代의 이 畵像石에 묘사된 蚩尤는 곧 方相氏라고 규정했다.

78) 첫째 山神說(王瑞明,〈"鎭墓獸"考〉,《文物》1979-6), 둘째 土伯說(陳躍均·阮文淸,〈"鎭墓獸"略考〉,《江漢考古》, 1983-3), 셋째 死者의 靈魂을 引導하여 昇天케 하는 龍이라 해석(彭浩,〈鎭墓獸新解〉,《江漢考古》1988-2), 넷째 鳥에서 異化된 결과물로 추측하는 견해(吳榮曾,〈戰國·漢代的"操蛇神怪"及有關神話迷信的變異〉,《文物》1989-10), 기타 靈魂의 化身, 靈魂을 돌보는 자, 冥府守護者, 생명의 神 등 다양한 해석(彭德,〈

인상을 지울 수 없다. 물론 필자는 여기서 鎭墓獸에 대해 전론할 의향도 준비도 전혀 없고 다만 앞서의 논지에 따라 辟兵呪術과의 본래적 관련 가능성을 타진, 검증해봄으로써 그 실체에 접근해보려할 따름이다.

앞서 언급한 駁을 비롯하여 《山海經》의 많은 神獸·怪獸들이 그러했듯이 鎭墓獸 역시 辟邪와 관련된 요소들이 종합된 결과물로 보인다. 盛行期랄 수 있는 戰國 中期의 전형을 놓고 볼 때, 우선 모든 鎭墓獸의 필수구비조건이라 할 수 있는 한 쌍의 鹿角를 필두로 해서, 전체적으로 흉칙한 얼굴, 크고 돌출하여 부라린 듯한 두 눈, 쫙 벌린 입, 그리고 길게 내민 혀, 몸 전체를 감싼 비늘 무늬, 뱀을 먹거나 입에 물기도 하고 또는 손에 잡고있는 모습 등이 辟邪의 효과를 유감없이 발휘할만한 요소들이다 [그림 2 참조]. 漢代 畵像石(磚) 가운데 龍虎 등의 동물묘사에서 눈을 부릅뜬 채 입을 벌리고 혀를 내미는 모습이 거의 전형화되다시피 한 점에 미루어 이는 동물들의 凶猛性과 상대에 대한 위협을 표징하는 부분들임이 확실하다. 특히 주목되는 부분은 가령 河南 信陽 長臺關 一·二號墓의 경우처럼 심지어는 복부까지 내려올 정도로 길고 흉칙하게 울퉁불퉁한 혀를 내밀어 늘어뜨리는 이른바 '吐舌' 현상이다. 여기에는 위협의 의미와 함께 상대를 먹어치우겠다는 殺戮의 의미가 포함되어있다는 주장[79]의 타당성에 비추어볼 때 그에 수반되는 辟邪呪力은 虎가 鬼를 먹어치우는 신앙에서 비롯되어 虎에게 辟邪의 주력을 인정한 전술 내용과 같은 맥락에서 이해될 수 있다. 기실 吐舌은 앞서 언급한 商代의 蛇頭銅匕의 例를 들지 않더라도 상식적으로 볼 때 뱀의 辟邪 呪力을 상징하는 전형적 특징이라 할 수 있는데, 이에 沿하여 주목되는 것은 鎭墓獸의 銜蛇·操蛇의 특징이다.

楚墓"兵主"考〉, 《楚文藝論集》, 湖北美術出版社, 1991, p.191)이 있지만 대부분 통일성이 결여된 듯하다. 기존의 鎭墓獸 연구동향과 그 문제점에 대해서는 邱東聯, 〈"鎭墓獸"辨考〉, 《江漢考古》 1994-2를 참조할 것.

79) 彭德은 대만에서 발견된 약 4500년 전의 木刻에 묘사된 怪人들의 吐舌像에서 어른이 어린아이의 목을 두 손으로 휘감고 있는 것은 遠古 華南地帶의 食人習俗을 반영한다고 설명하면서 吐舌은 위협과 함께 殺戮을 상징한다고 설명하고 있다(同, 〈楚墓"兵主"考〉, p.198 및 p.206의 圖8 참조).

178

주지하듯이 《山海經》의 〈海外經〉과 〈大荒經〉에는 적지않은 神怪들이 뱀을 입에 물거나 양손에 잡거나 또는 귀에 걸거나 발 아래 밟거나 머리에 이고 있는 모습을 보이며[80], 馬王堆一號漢墓에서 출토된 黑色漆棺의 繪畵에는 怪神이 呑蛇・銜蛇・操蛇하는 형상이 묘사되어있고[81], 또한 近年 湖北・江蘇・河南의 戰國 墓葬에서 출토된 銅器에도 珥蛇・操蛇의 神人 형상이 수다하게 확인되고 있다.[82] 앞서본 "兵避太歲"戈의 太一神像 역시도 두 귀에 뱀을 걸고 양손에 龍과 怪獸를 잡고있다는 점을 아울러 고려하건대 이런 양상에서의 뱀이란 龍과 유사한 기능을 발휘하는 존재로서 이해될 수 있고 따라서 神聖性과 辟邪의 呪力, 그리고 위협 등을 내포, 표징한다고 볼 수 있다.[83] 기실 인간창조의 신 女媧가 人面蛇身의 모습을 띠는 점이나 또는 再生의 상징인 누에나 매미와 동일한 뱀의 허물벗는 습성[84]을 감안할 때 뱀이 영원한 생명력 및 再生이라는 관념과 밀접한 관련이 있는 것이 사실이고 따라서 뱀의 휴대나 동반 또는 呑食은 고대인들의 不死・再生에의 희구를 반

---

80) 吳榮曾,〈戰國・漢代的"操蛇神怪"及有關神話迷信的變異〉, pp.48-49 참조.

81) 湖北省博物館・中國科學院考古硏究所 編,《長沙馬王堆一號漢墓》上集, 北京 文物出版社, 1973, pp.16-25 참조.

82) 吳榮曾,〈戰國・漢代的"操蛇神怪"及有關神話迷信的變異〉, pp.49-50 참조. 특히 이들 神人 가운데 몇몇은 머리에 뿔과 유사한 한쌍의 기물을 달고있어 鎭墓獸와의 유사점을 보여주고 있다.

83) 이같은 견지에 입각하건대 馬王堆一號漢墓 黑漆棺의 繪畵에 묘사된 怪獸를 地神 土伯으로 비정함과 동시에 그것이 바로 鎭墓獸와 동일한 존재라고 논단하면서 그것들의 呑蛇・銜蛇・操蛇 등의 모습을 뱀의 死者에 대한 침해를 防禦하기 위한 것이라는 시각에서 해석하는 것은 (孫作雲,〈馬王堆一號漢墓漆棺畵考釋〉,《考古》1973-4) 당연 재고되어야할 것이다.

84) 牟永抗・吳汝祚,〈水稻・蠶絲和玉器〉,《考古》1993-6, pp.545-547에 의하면 古代人들은 매미나 누에의 변태 습성에 대한 관찰에서 이 곤충들을 永生 또는 再生의 상징으로 숭배하게 되었으며, 蟬形 玉珌을 死者의 입 속에 넣는 것이나 扶桑 및 帛畵・帛書에 대한 신성시도 그런 관념에서 비롯되었다고 한다. 이것에 입각하건대 四川 成都에서 출토된 西周 中期 경의 '蠶紋銅戈'에 대해서도 그 손잡이에 새겨진 누에 紋樣을 古代 蜀人이 숭배한 토템이라 해석하기(蘭莉,〈談西周蠶紋銅戈的文化內涵〉, 成都市博物館 編,《文物考古硏究》, 成都出版社, 1993)보다는 오히려 再生에의 희구와 밀접한 관련을 갖는 것으로 보아야 타당할 것이다. 이런 관념이 뱀에 대해서도 적용가능하다고 볼 때, 馬王堆一號漢墓帛畵의 꼭대기 정중앙에 보이는 人身蛇尾像은 死者의 영혼이 인간의 허물을 벗고 天上界에서 막 再生(또는 영생)하는 순간의 모습을 묘사한 것으로 추정가능하다는 해석(Michael Loewe, *Ways to Paradise*, Ch.2, "The Painting from Tomb No.1, Ma-wang-tui, " London, 1979, p.59)은 매우 설득력있는 것 같다.

영한다고도 보이는데[85], 이런 점을 염두에 두면서 특히 주목할만한 것은 역시 앞서 언급한 '神人紋劍'의 神像이 머리에 羽冠을 쓰고 눈을 부릅뜨고 입을 벌린 채 양손에는 兵器와 뱀을 잡고있는 모습이다. 羽冠이 角의 원초적 형태[86]이자 따라서 그 대체물이라고 보면 이 神像의 외양은 兵器의 부분을 제외하고는 鎭墓獸의 그것과 매우 흡사하다. 게다가 본래 神怪들의 양손에 있던 두 마리의 뱀이 뱀과 병기로 바뀐 현상은 뱀과 병기 양자가 동일한 辟邪呪力을 발휘한다는 관념이나 혹은 뱀이 지닌 不死의 생명력과 金屬製 병기의 堅固·不變性에서 비롯된 동종주술의 관념을 저변에 전제하는 것도 같고, 그리하여 보다 원초적 단계의 辟邪呪術에서 사용되던 뱀이 兵器로 변환, 대체된 결과로도 추측된다. 이와같은 해석은 戰國中期에 해당되는 淮陰高莊一號墓에서 출토된 銅器의 畫像에서 머리에 角 또는 羽冠을 쓴 채 양손에 뱀을 든 神人과 함께 양손에 병기와 뱀을 들고 있는 또다른 神人이 보인다[87]는 근거에서 우선 수긍될 수 있을 것 같다. 아울러 戰國보다 훨씬 뒤인 後漢의 경우이긴 하지만 四川에서 출토된 鎭墓俑과 石刻畫像이 머리에 雙角을 달고 가슴까지 혀를 드리운 채 좌우의 손에 각기 뱀과 도끼를 잡고있는 모습을 드러낸다[88]는 사실에서 그 타당성이 보강된다.

그러나 또 한편 漢代 이후 鎭墓獸 副葬의 습속이 쇠퇴해나간 점[89]을 고려한다면, 戰國 鎭墓獸의 그 기괴함과 생생함을 전혀 결여한 四川의 例는 주변문화의 교조적 속성이 결과한 하나의 遺制일 것 같고, 따라서 뱀이 兵器로 치환되어간 것도 시대추이의 대세였으리라 추정되며 이는 鎭墓獸의 얼

---

85) 이런 맥락에서 보면 信陽 長臺關에서 출토된 鎭墓獸가 커다란 입 속에 씹어먹고 있는 長蛇가 魍象鬼魅의 상징이라는 一見 그럴듯한 해석(蔣衛東,〈"鎭墓獸"意義辨〉,《江漢考古》, 1991-2, p.44)은 재고되어야 마땅하고, 오히려 鎭墓獸의 그런 모습은 그의 영원한 神性을 상징하는 것이라 해석되어야 타당할 것 같다.
86) 註34 참조.
87) 淮陰市博物館,〈淮陰高莊戰國墓〉,《考古學報》1988-2, p.205의 圖18. 유사한 모습의 神人들은 p.211의 圖25에서도 확인된다.
88) 吳榮曾,〈戰國·漢代的"操蛇神怪"及有關神話迷信的變異〉, p.47. 한편 遼寧省 旅大의 營城子에서 발굴된 磚室墓 墓門 벽화에 그려진 神人의 경우는 뿔과 내민 혀의 특징을 보이지 않고 왼손에는 뱀, 그리고 오른손에는 도끼 대신 幡을 잡고 있다(同, p.48).
89) 吳榮曾,〈戰國·漢代的"操蛇神怪"及有關神話迷信的變異〉, p.47.

굴이 戰國末期에 가면서 張口吐舌은 여전한 반면 점차 人形에 근사해지는 경향[90]과 조응된다고 볼 수 있다. 동물숭배의 퇴조 및 神獸의 神人化라고도 규정될 이 두가지 경향[91]을 염두에 둔다면 馬王堆三號漢墓 〈辟兵圖〉에서 題記에 이른바 '武弟子'로 기록된 四人의 神人을 시대적 추이에 동반된 戰國 鎭墓獸의 변화결과로 해석하는 것도 지나친 비약은 아닐 듯하다.

이 〈辟兵圖〉[92][그림 3 참조]는 B.C. 168年이라는 三號墓의 매장시점과 그 圖의 본래적 용도에서 볼 때 전국의 시대상을 반영한다고 보아 대과없을 것이다.[93] 행론상 이 圖의 전체적 내용과 구성은 접어두고 武弟子와 鎭墓獸의 관련성만을 타진해보자. 우선, 네 神人 중 왼쪽의 둘은 각기 二重 鹿角과 羊角을 頭上에 달고 있고 나머지 둘은 三尖刀冠을 쓰고 있는데 이에 대해서는 角을 天兵이라 여기는 관념을 다시 상기하거나 또는 蚩尤가 머리에 뿔을 단 것과 顓頊·帝嚳이 머리에 干戈를 戴冠하는 것이 똑같은 頭部의 武裝이라는 지적[94]을 소개하는 것만으로도 족할 것이다. 둘째, 四人의 눈이 모두 노하거나 크게 부릅뜬 모습이거나, 맨 왼쪽의 一人을 제외하고는 모두 입을

---

90) 陳躍均·阮文清, 〈"鎭墓獸"略考〉, p.64.

91) 鎭墓獸에 보이는 이같은 경향은 鑿齒에서도 미흡하나마 확인된다. 《淮南子》〈本經訓〉의 本注에 "鑿齒는 獸名으로서 이빨의 길이가 三尺이나 되는데 그 모양이 끌(鑿)과 같으며 턱 아래까지 꿰뚫고 창과 방패를 갖고 있다"고 설명되어있는데, 그 외양에서 이미 鑿齒가 앞서 거론한 神怪들 및 鎭墓獸와 마찬가지로 辟兵呪術과 밀접한 관련있음을 짐작케한다. 뿐더러 鑿齒와 羿의 싸움을 언급한 《山海經》의 서술(同, 〈海外南經〉, "羿與鑿齒戰於壽華之野, 羿射殺之. 在昆侖虛東. 羿持弓矢, 鑿齒持盾, 一曰戈") 역시 그의 戰神으로서의 면모를 드러낸다. 그런데 《淮南子》의 高誘注의 "獸名"과 달리 《山海經》〈大荒南經〉에서 그를 인간으로 서술한 것("有人曰鑿齒, 羿殺之")은 명백히 鑿齒의 神獸에서 神人으로의 전환을 입증한다.

92) 이 그림의 적절한 명칭에 대해서는 〈神祇圖〉(周世榮, 〈馬王堆漢墓的"神祇圖"帛畵〉, 《考古》 1990-10)나 또는 〈"太一將行"圖〉(陳松長, 〈馬王堆漢墓帛畵"神祇圖"辨正〉, 《江漢考古》 1993-1) 등의 견해가 있으나 辟兵呪術에 사용된 圖象임이 확실하므로 〈辟(避)兵圖〉(李零, 〈馬王堆漢墓"神祇圖"應屬辟兵圖〉)가 가장 타당한 것 같다. 한편 李家浩는 〈太一避兵圖〉라 칭하면서 그것이 避兵儀式을 담은 그림이라는 견해를 피력하기도 했다(同, 〈論<<太一避兵圖>>〉, 《國學硏究》, 第一卷, 北京大學出版社, 1993). 기타 자세한 내용은 以上 열거한 논문들을 참조할 것.

93) 李家浩는 다소 불충분한 몇가지 근거에서 〈辟兵圖〉가 戰國 楚人의 작품일 가능성이 있음을 지적하고 있다(同, 〈論<<太一避兵圖>>〉, pp.289-290).

94) 蕭兵, 《儺蜡之風》, p.240.

크게 벌리고 吐舌하거나 또는 꾸짖는 듯 뾰족한 입모양을 하고 있는 것도 鎭墓獸의 모양에 가깝다. 마지막으로 神人들이 각기 刀(추정컨대)·劍·甲·戟 등의 兵器를 지참하고 있는 부분은 뱀이 兵器로 치환된 시대추이의 결과로 볼 수 있다. 따라서 다만 숫자상 4인으로 늘어난[95] 것을 제외하면 武弟子는 외양과 기능에서 鎭墓獸를 방불한다고 할 수 있다.

以上 辟兵呪術과의 본래적 상관성에 초점을 맞추어 鎭墓獸의 실체를 추적하면서 논의를 전개해보았다. 설사 그 논증이 완벽치 못했음을 인정하더라도 요컨대 鎭墓獸가 神人紋劍의 神像 및 〈辟兵圖〉의 武弟子와 흡사한 외양을 보인다는 사실은 삼자 모두가 辟兵呪術의 정형화된 양식임을 명백히 확인시켜주며, 따라서 鎭墓獸는 애초 地下冥界를 관장하는 神으로서 鎭墓辟邪의 기능을 담당한 것이 아니라 地上界의 전쟁주술에 사용된 神像으로서 辟邪呪術의 동일 관념구조에 의해 地下 墓葬으로 내려가 魔鬼를 驅逐하게 된 것임을 결론지을 수 있다.[96]

악귀의 死者 침해를 막기 위한 鎭墓獸 副葬 습속이 영혼불멸 또는 再生의 관념을 전제하듯이, 辟兵을 포함하여 지금까지 설명한 재앙퇴치주술이란 것도 따지고 보면 고대인들의 생명존중 및 삶에의 희구를 그 저변에 깔고 있

---

95) 이것이 陰陽五行說에 입각하여 兵器를 四時 및 四方에 각기 배당한 것이라는 해석(李零,〈馬王堆漢墓"神祇圖"應屬辟兵圖〉, p.942)의 신빙성에 근거해볼 때 그것은 계절 및 방위에 대응하는 防禦 呪術을 함의할 지도 모른다.

96) 이같은 이해가 타당하다면 鎭墓獸를 兵主 蚩尤라 단언하는 최근의 한 해석(彭德,〈楚墓"兵主"考〉)은 그만큼 설득력을 갖는 것 같다. 기실 秦의 郢都 함락 이후 鎭墓獸가 楚地域에서 사라진 것이 정복자의 강제적 금지결과라는 彭德의 주장과 아울러 鎭墓獸가 士 以上 통치계층의 墓葬에 국한하여 경건하게 供奉, 隨葬된 점(邱東聯,〈"鎭墓獸"辨考〉, p.54)을 중시해보면 鎭墓獸의 실체는 楚人에 의해 숭배된 戰神일 가능성이 높다(상세한 논증은 위의 논문을 참조할 것). 이 밖에 蚩尤 역시 뿔을 달고 있다는 《述異記》의 언급(註 164 참조)과 漢代 畵像石에서 蚩尤가 五兵을 갖추고 鎭墓辟邪의 기능을 수행한다는 것 역시 鎭墓獸와 蚩尤의 일치 가능성을 제고시킨다. 이같은 추정은 또한 〈辟兵圖〉에 묘사된 四人의 武弟子 역시 蚩尤나 또는 그의 分身일 가능성을 높여준다. 이는 武弟子 중 一人을 빼고는 모두 두 뺨밑에 빳빳한 八字 수염을 달고 있는 모습이 蚩尤가 劍戟과 같은 귀밑수염을 달고 있다는 《述異記》의 서술(註 164 참조)과 일치된다는 근거에서 더욱 그러하다. 그것은 특히 후술하듯이 蚩尤가 黃帝나 太一을 호위, 수행하는 점이 〈辟兵圖〉에서 太一과 武弟子의 관계에서 확인된다고 볼 때 더욱 확실시된다.

다. 말하자면 그것은 원초적인 집단적(또는 개인적) 養生術이라 일컬을만하다. 특히 참혹한 전쟁과 그에 수반된 무차별적 인력동원, 가혹한 聚斂 등에 시달림으로써 빈번히 죽음의 문턱을 넘나들어야했던 전국 당대인들의 절박한 처지를 놓고 보건대 養生에의 관심과 再生 및 長生不死의 회구는 가히 하나의 시대정신이었으리라고도 단언할 수 있다면 그를 반영한 辟兵(邪) 주술의 성행은 별로 기이할 것도 없겠다. 가령 養生書의 선구라고 일컬을만한 〈五藏山經〉이 그러한 시대상을 집약적으로 드러내고 있음은 이미 확인된 바이고, 《老子》가 養生術의 일환으로 辟兵에 대해 언급하는 것[97]도 당시인들의 願望을 일정 정도 반영하는 것이다. 두꺼비가 先秦 및 秦漢의 文物에 빈번히 등장하는 것 역시 그런 시대상이 낳은 養生術 및 再生관념과 직결된다.

뱀이나 누에, 또는 매미가 그 허물벗는 습성 때문에 不死와 再生의 표상으로서 숭배되었다면[98] 두꺼비(蟾蜍)나 개구리는 겨울 동안 사라졌다가 봄에 다시 나타나는 특징 때문에 遠古부터 숭배되어온 것 같다.[99] 현재의 발굴로는 약 칠천년 전에 해당되는 仰韶文化 半坡期의 陶器에서부터 개구리 문양이 새 문양과 함께 발견되어왔고, 그 양자가 각기 달과 태양을 대표하는 두꺼비와 까마귀(金烏)로 변화, 발전해갔다는 것은 잘 알려진 사실[100]이다. 두꺼비가 月精으로 간주된 것도 달의 차고 이지러지는 현상이 두꺼비의 습성과 흡사한 때문이라는 것이 통설이며 양자가 전쟁주술에 채용된 것도 양자에 내재된 죽음과 재생의 속성 때문이다. 예컨대 그믐날에 전투를 벌이지 않는다는 금기도 그런 관념과 직결됨에 틀림없다. 그런데 달의 盈虧가 전투 쌍방 중 어느 한 쪽에만 특별히 禍福을 끼칠 리 없다고 볼 때 이 금기는 달

97) 《老子》第50章, "蓋聞, 善攝生者, 陸行不遇兕虎, 入軍不被甲兵, 兕無所投其角, 虎無所用其爪, 兵無所容其刃. 夫何故? 以其無死地."
98) 註 84 참조. 물론 뱀에 대해서는 冬眠 습성에 따른 再生力이 아울러 인정되었을 것이다(何星亮, 《中國圖騰文化》, pp.358-359).
99) 不死의 관념이란 늙은 상태에서 한없이 삶을 지속한다는 것이 아니라 이처럼 再生을 의미했다(小南一朗, 〈西王母と七月七夕〉, 《東方學報》46, 1974, p.59).
100) 嚴文明, 〈甘肅彩陶的源流〉, 《文物》1978-10 ; 何新, 《中國遠古神話與歷史新探》, 哈爾濱, 黑龍江敎育出版社, 1988, 第三章, 〈女媧與大禹故事的眞相〉 참조.

이 전투의 승패에 직결되는 呪力을 발휘하는 것과는 무관한 듯하고, 오히려
참전 병사 개개인이 그믐달 아래서는 죽기 십상이고 또한 죽어도 再生불가
능하다는 미신을 지녀 적극적 전투의사를 보이지 않는다는 고려에서 준수
되었다고 보아야 타당할 듯하며 이는 그믐에 布陣했던 楚軍이 전혀 투지를
보이지않는다는 《左傳》의 귀절[101]로도 입증되는 것 같다. 辟兵에 쓸 두꺼비
는 5월 보름에 잡는 것이 최고라는 인식[102] 역시 滿月이 최강의 생명력을 보
장한다는 주술적 관념을 토대로 할 것이다. 한편 5월 5일에 두꺼비를 잡아
부스럼 치료에 사용한다거나[103] 또는 同日에 잡은 두꺼비의 왼쪽 다리를 몸
에 지님으로써 五兵을 막는다[104]는 《四民月令》과 《抱朴子》의 내용은 두 문
헌의 成書시기에 비추어볼 때 漢代 이후 端午가 防疫 및 驅鬼禳災를 위한
祭儀를 벌이는 節日로 정착됨으로써[105] 先秦의 원초적 관념을 담은 前者의
습속이 와전된 결과로 추측된다. 어쨌든 두꺼비가 발휘하는 辟兵 및 治病의
효능이 再生 관념에서 비롯되었음은 거의 확실한데, 그런 두꺼비의 再生 속
성과 관련하여 자못 흥미를 끄는 것은 두꺼비가 종종 뿔을 달고 등장하는
문헌상의 用例이다. 가령 "만년 먹은 두꺼비의 머리에 뿔이 달렸다"[106]는 《
抱朴子》의 벽병관련 서술이나 "두꺼비의 머리에는 뿔이 자라는데 그 (뿔)을
먹으면 천년의 壽를 누리며 山精을 먹는 능력이 생긴다"는 《玄中記》의 귀

---

101) 《左傳》 成公 16年條에 보이는 晉楚의 鄢陵전투에서 晉의 郤至가 "蠻軍而不陳, 陳
    不違晦, 在陳而囂, 合而加囂. 各顧其後, 莫有鬪心, 舊不必良, 以犯天忌, 我必克之"라
    말하고 이에 대해 杜預는 "晦, 月終, 陰之盡, 故兵家以爲忌"라 注하고 있다. 한편 《史
    記》, 卷110, 〈匈奴列傳〉에도 "(匈奴)擧事而候星月, 月盛壯則攻戰, 月虧則退兵"라 되어
    있어 이같은 금기의 관념이 중국인만에 특유한 것은 아니었음을 확인할 수 있다.
102) 《太平御覽》 卷949, "文子曰, 蟾蜍辟兵 壽在五月之望" ; 《淮南子》, 〈說林訓〉, "鼓造
    辟兵, 壽盡五月之望." 《淮南子》의 鼓造에 대해서는 올빼미와 두꺼비의 두가지 설이
    있는데 《文子》에 의거하건대 蟾蜍로 보는 쪽이 타당할 것 같다.
103) 《四民月令》, 〈五月〉, "(是月五日)取蟾諸, 以合創藥" ; 《太平御覽》, 卷949, "崔寔四民
    月令曰, 五月五日 取蟾蜍 可治惡疽瘡".
104) 《抱朴子·內篇》, 〈仙藥〉, "肉芝者, 謂萬歲蟾蜍, 頭上有角, 頷下有丹書八字再重, 以五
    月五日日中時取之, 陰乾百日, 以其左足畫地, 卽爲流水, 帶其左手於身, 辟五兵, 若敵人
    射己者, 弓弩矢皆反還自向也."
105) 이에 대해서는 Derk Bodde, *Festivals in Classical China*, Princeton Univ. Press,
    1975, Ch.13, "The Midsummer Festivals" 참조.
106) 註 104 참조.

184

절[107]이 그것이다. 이처럼 뿔이 장생의 표상이거나 또는 장생의 효능을 지닌
다는 것[108]은 앞서 살펴본 뿔의 기능과는 매우 상이한데, 이는 양생술이 전
란과 재앙을 회피, 극복하는 것에서부터 점차 개인적인 장생술로 변화해나
간 진한의 시대상을 반영하는 것 같다.

　이상 그 전후한 시대의 자료도 차용하면서 戰國時代의 辟兵·辟邪呪術을
주로 동물의 기능과의 관련 속에 초점을 맞추어 살펴보았고, 이 시대에 여
전히 원초적 관념을 기반으로 하는 전쟁주술이 역사적 실재로서 존재했음
을 확인했다. 그것은 누차 지적했듯이 격렬한 전란에 수반된 당시인들의 공
포와 불안, 그리고 生에 대한 강렬한 집착 등과 밀접한 관련이 있는 동시에
당시 인문주의 운동을 포함하는 다양한 층차의 세계관이 병존했음을 입증
하는 것이기도 하다. 그러나 어쨌든 지금까지 다룬 내용이 주로 上古 이래
의 원초적 주술이었음은 확실하고, 행론 과정에서 밝혔듯이 벽병주술에서
神獸의 神人化가 하나의 중요한 흐름이었다면 보다 전국적인 전쟁주술의
관념은 인격화된 전신의 숭배와 밀접한 관련이 있을 터인즉, 次章에서는
西王母와 蚩尤를 비롯한 戰神의 구체적 면모와 그 숭배경위, 그리고 1장에
서 미진하게 처리했던 벽병주술의 저변 관념구조, 더 나아가 통일의 갈망과
그 현실적 대세에 동반된 전신 숭배의 추이 양태 등을 해명해보려 한다.

Ⅱ. 戰神 崇拜와 그 추이

　전국에 들어와 蚩尤를 비롯한 西王母, 黃帝 또는 太一 등이 전쟁과 관련
된 중요 신격으로서 본격적 숭앙 대상이 된 계기의 핵심은 씨족제질서의 해
체 및 그에 수반된 조선신 숭배의 퇴조였다. 춘추시대까지 조선신을 표상하

107)《太平御覽》卷949, "玄中記曰, 蟾蜍頭生角, 得而食之, 壽千歲, 又能食山精."
108) 뿔의 이같은 속성은 다음의 인용에서도 확인된다.《山海經》,〈海外西經〉, "有乘黃,
　　其狀如狐, 其背上有角, 乘之壽二千歲";《淮南子》,〈覽冥訓〉, "飛黃伏皂"(高誘注, '飛
　　黃, 乘黃也, 出西方, 狀如狐, 背上有角, 壽千歲').

는 깃발의 수호 아래 씨족 단위로 전투에 참여하던 전통적 습속은 춘추 후
반부터 전국에 걸쳐 확대, 보편화된 징병제 실시와 함께 소멸되었고, 이제
수십만의 병력이 동원되는 대규모 전투에 강제로 내몰리게된 고립개체적
齊民으로서는 더 이상 수호해야할 종묘사직도 조선신도 없었다면 자신의
위태한 생명을 조선에게 내맡겨 그의 가호를 빌[109] 이유도 없어졌으며, 따라
서 조선신에 대체될 그 무엇이 국가권력의 입장에서나 齊民 개개인으로서
당연 필요했다. 전국에 들어와 잡다한 戰爭呪術이 오히려 성행했던 부분적
원인은 여기 있고 蚩尤나 黃帝가 국가적 차원의 祭儀 대상이 된 것[110] 역시
그런 필요성에서 비롯된 齊民統制(또는 統合)의 일환이었다.

  그렇다고 해서 이들 戰神이 순수한 전국의 産物은 결코 아니고 종래의 국
지적 씨족조선신 또는 지방신에서 점차 보편적 신격으로 숭배된 것 같으며,
따라서 그들이 본래부터 직능적 戰神으로 출발한 것은 더더욱 아니었다. 다
만 戰國的 특성상 戰禍 퇴치의 희구가 보다 짙게 반영되었을 따름인데, 이
때문에 그들의 태반은 善神보다는 刑罰神이자 惡神에 가까왔고, 따라서 순
수한 종교적 숭배대상이었다기보다는 前章에서 살펴본 동물들처럼 주로 상
대방 敵에게 패배의 재앙을 유발케하는 존재로서 운용되었다. 특히 흥미로
운 점은 이들이 서쪽이라는 특정 方位와 본래적 상관성을 갖는다는 점인데,
以下에서는 戰神과 西方을 매개하는 저변의 관념구조가 무엇이었으며 아울
러 전국 후반 中央神으로 부상된 黃帝가 이들 西方神을 대체하거나, 또는
휘하에 종속시키게된 경위는 어디 있는가에 초점을 맞추면서 戰神숭배의

---

109) 《左傳》에는 춘추시대인들이 전투 중에서까지도 자신의 생명을 관장하는 조선신에
    게 보호를 기원한 例가 보이는데(高木智見,〈春秋時代の神人共同體について〉,《中國》
    第五號, 1990, pp.147-148), 이는 戰國 秦人의 풍속과 鬼神관념을 담고 있는 日書에
    祖先崇拜의 흔적은 커녕 오히려 祖先이 단지 재앙을 일으키는 亡靈에 불과했던 양상
    (李曉東·黃曉芬,〈從《日書》看秦人鬼神觀及秦文化特徵〉,《歷史研究》1987-4, p.61)과
    현격한 대조를 보인다.
110) 가령 아래 보듯이 劉邦이 沛公으로 추대된 뒤 蚩尤와 黃帝를 제사하고 북과 깃발
    에 피바르는 등의 의식을 거행한 것이 擧兵의 정식 선언이자 공권력적 면모 과시였
    음에 비추어 볼 때 그것은 戰國時代 각 제후국이 거행한 授兵儀式 등을 모방, 재현한
    것으로 보아 대과없을 것이다.《史記》,卷8,〈高祖本紀〉, "乃立季爲沛公. 祠黃帝, 祭蚩
    尤於沛庭. 而釁鼓旗, 幟皆赤, 由所殺蛇白帝子, 殺者赤帝子故也."

내용을 밝혀봄으로써 그에 내재된 당시인들의 心象과 시대적 추이에 접근해보고자 한다.

1. 西方 戰神과 죽음·再生

이미 밝혔듯이 전쟁관련 諸神은 西方을 대표, 상징하며 그와 동시에 흉악한 몰골 및 형벌 관장이라는 특징 또한 대부분 공유하고 있다. 우선 兵主로서 유일하게 명실상부한 戰神의 직능과 면모를 겸비한 蚩尤에 대한 검토에서부터 그 연유를 캐어보자.

전통시대에 三苗 또는 九黎의 군주로 믿겨져온 蚩尤는 그 본래의 실체와 관련하여 현재까지도 뱀 토템의 남방민족 首長, 牛 토템의 東夷族 등 대부분 추단의 域을 벗어나지 못하는 상충된 견해가 다양하게 공존하고 있지만[111], 문헌상으로는 대체로 戰國 무렵에 들어와 비로소 그 실재가 확인된다. 蚩尤는 西方神[112]이자 五刑의 창시자[113]로서 《越絶書》와 《尙書》에 각기 묘사되어

---

111) 王樹明 外, 〈蚩尤辨證〉, 《孫子與齊文化》, 石油大學出版社, 1993 ; 吳永章, 《湖北民族史》, 華中理工大學出版社, 1990, pp.6-11 ; 周國榮, 〈龍的起源和古吳族〉, 《東南文化》 1988-2, p.111 ; 何星亮, 《中國圖騰文化》, pp.364-371.

112) 《越絶書》卷4, 〈計倪內經〉, p.97, "黃帝於是上事天, 下治地. 故少昊治西方, 蚩尤佐之, 使主金…" 또한 "命蚩尤宇於少昊, 以臨四方"(《逸周書》, 〈嘗麥解〉)도 蚩尤와 西方帝의 관련을 보여준다. 그러나 여타 대부분의 자료에서 少昊의 佐神으로서 蚩尤 대신 蓐收가 자리잡고 있는 점(註 132 참조)을 중시해 보건대 양자가 異名同神이 아니라면 蚩尤와 西方과의 결합은 그다지 이른 시점에 이루어진 것도 아니었고 또한 보편적 관념으로 정착했다고 단언하기도 어려운 것 같다. 한편 楊寬은 蚩尤와 西方의 관련이 蚩尤 및 苗民이 西方의 三危山으로 쫓겨간 것에서 연원되었다고 설명하나(同, 〈中國古代史導論〉, 《古史辨》七冊, 上, p.206) 이 역시 추단의 역을 벗어나지 못하는 듯하다.

113) 《尙書》, 〈呂刑〉, "蚩尤惟始作亂, 延及于平民 罔不寇賊, 鴟義姦宄, 奪攘矯虔. 苗民不用靈, 制以刑, 惟作五虐之刑曰法, 殺戮無辜." 물론 五刑 제작의 주체를 蚩尤와 별개의 苗民으로 보는 해석도 적지않지만 苗民은 《大戴禮記》에서 그러하듯이(同, 〈用兵〉, "公曰, 蚩尤作兵與? 子曰, 否. 蚩尤庶人之貪者也, 及利無義…") 蚩尤를 경멸한 표현일 것 같다. 설사 양자를 구분한다 해도 문맥상 苗民이 蚩尤를 답습한 것으로 해석된다. 한편 松本雅明에 의하면 춘추말부터 전국에 걸친 法典제정 풍조를 배경으로 하는 〈呂刑〉篇은 전국 중기에 성립되었다고 한다(자세한 것은 同, 《春秋戰國における尙書の展開》, 東京, 1966, pp.400-404 참조). 《山海經》, 〈大荒南經〉, "蚩尤所棄其桎梏, 是爲楓木"도 蚩尤가 刑罰神이었음을 보여준다.

있고, 특히 《山海經》을 비롯한 도처 자료에 兵器(또는 五兵)의 제작자로서
특필되고 있다.[114] 이런 양상은 문명진입 이후 금속병기에 의한 형벌 시행을
반영함과 동시에 古代사회에서 전쟁이 형벌의 연장이었음을 재확인해주며,
그 중에서도 병기제작에 대한 유별난 강조는 蚩尤가 古來 兵主로서 제사되
어왔을[115] 정도임을 아울러 감안할 때 蚩尤설화의 원형을 담고 있다고도 추
측된다. 따라서 그것은 蚩尤와 관련된 古代 江淮지역의 뛰어난 무기제작 기
술의 전통[116]에 대한 당시인들의 기억을 내포한다고도 보이는데 그러나 또
한편 이것만으로는 戰神으로서의 蚩尤의 一身에 체현된 그 엄청난 凶猛性
을 설명하기에는 미洽한 것 같다.

이를 위해서는 우선 蚩尤가 黃帝에 의해 주살된 뒤 몸과 머리가 분리됨으
로써 오히려 그 원통함으로 인해 戰禍를 비롯한 재앙을 끼치거나 또는 막아
주는 厲鬼이자 따라서 동시에 戰神이 되었기 때문[117]이라는 해석이 적절한
설명방식이 될 수 있을 듯하다. '厲神이 殺罰을 관장한다'는 鄭玄注[118]나
'厲神은 대체로 殤鬼'라는 王逸注[119], 그리고 몸과 머리가 분리된 채 坑葬된
商代의 斷首葬은 처참히 살해된 그 厲鬼의 惡厲와 詛呪로써 재앙을 퇴치하
려는 呪法이었다는 지적[120]도 그런 해석을 뒷받침한다. 같은 논리에서 黃帝
가 심지어 蚩尤의 가죽으로 표적을, 머리카락으로 깃발을, 胃로 蹴鞠을, 骨

---

114) 《山海經》,〈大荒北經〉, "蚩尤作兵伐黃帝…" ;《呂氏春秋》,〈蕩兵〉, "人曰蚩尤作兵
…" ;《太平御覽》, 卷270, "世本曰 蚩尤作兵" ;《管子》,〈地數〉, "葛盧之山發而出水,
金從之, 蚩尤受而制之, 以爲劍鎧矛戟" ;《太平御覽》, 卷79, "龍魚河圖曰, 黃帝攝政前
有蚩尤兄弟八十一人 竝獸身人語 銅頭鐵額, 食沙石子, 造立兵杖·刀·戟·大弩, 威振
天下" ;《太平御覽》, 卷339, "(太白陰經曰)蚩尤之時, 爍金爲兵, 割革爲甲, 始制五兵."
115) 《史記》, 卷28,〈封禪書〉, "於是始皇遂東遊海上, 行禮祠名山大川及八神, 求僊人羨門
之屬. 八神將自古而有之, 或曰太公以來作之. 齊所以爲齊, 以天齊也. 其祀絶, 莫知其時.
…三曰兵主, 祠蚩尤. 蚩尤在東平陸監鄉, 齊之西境也."
116) 周國榮,〈龍的起源和古吳族〉, p.111 ; 顧頡剛,〈吳越兵器〉《史林雜識》初編, 北京,
1977 所收), pp.163-166.
117) 彭德은《皇覽》의〈冢墓記〉에 보이는 "傳言黃帝與蚩尤戰於涿鹿之野, 黃帝殺之, 身體
異處, 故別葬之"라는 내용을 근거로 이와같이 설명하고 있다(同,〈楚墓"兵主"考〉,
pp.199-200).
118) 《禮記》〈祭法〉, 鄭玄注, "厲, 主殺罰."
119) 《楚辭·九章》〈惜誦〉의 王逸注에, "厲神蓋殤鬼也."
120) 白川靜,《字通》, p.898 ; 同,《漢字の世界》1, pp.162-163.

肉으로 술을 만들었다는 馬王堆帛書《黃帝書》의 記載[121]는 蚩尤의 凶厲함과 그에 당연 수반될 詛呪의 공포를 한층 증폭시키기에 충분하다. 실제로 馬王堆帛書《天文氣象雜占》에 전쟁을 유발한다고 믿어진 雲氣의 모양으로서 '蚩尤의 尸'라는 명칭이 확인된다[122]는 근거에서 보면 蚩尤가 厲鬼로 인식되었음은 더욱 명료해진다. 戰神 蚩尤의 凶猛性은 蚩尤 자신이거나 또는 그의 후예[123]라고도 할만한 刑天의 자태로도 방증된다.《山海經》에서 刑天은 帝와의 싸움에서 머리가 잘리자 젖으로 눈을 삼고 배꼽으로 입을 삼아 방패와 도끼를 들고 춤을 추는데[124], 이와같은 맹렬한 투지는 戰神의 면모로서는 적격이기 때문이다. 刑天의 그런 참혹한 몰골과 불굴의 투지는《楚辭》에서

> 長劍을 차고 秦弓을 끼니 머리와 몸이 갈라져도 마음에 원한이 없도다. 진실로 이미 용기가 있고 또 무예가 있으니 마침내 굳세어 감히 범할 수 없도다. 몸은 이미 죽었으나 정신은 넋으로 남아있으니 그대의 혼백은 鬼神의 으뜸이로세[125]

---

121) 余明光 外,《黃帝四經今注今譯》, 長沙 岳麓書社, 1993, 第二篇 十六經, 五,〈正亂〉, pp.121-122, "黃帝身遇蚩尤, 因而擒之. 剝其□革以爲干侯, 使人射之, 多中者賞. 剮其髮而建之天□, 曰蚩尤之旌, 充其胃以爲鞠, 使人執之, 多中者賞. 腐其骨肉, 投之苦酻, 使天下喋之." 이른바 '馬王堆出土老子乙本卷前古佚書'에 대해서는〈漢書藝文志〉에 저록된《黃帝四經》이라는 근거에서《黃帝四經》이라 호칭하거나 또는《黃老帛書》,《黃帝書》등으로도 호칭되는데 本稿에서는 가장 무난한《黃帝書》라 일컫기로 하고 上記한《黃帝四經今注今譯》을 그 저본으로 한다.지

122) 山田慶兒 編,《新發現中國 科學史資料の研究:譯注篇》, 京都大學人文科學研究所, 1985,《天文氣象雜占》, p.47, "尤又之尸, 兵隨之" ;p.51의 註 12 참조. 여기서의 尤又가 곧 蚩尤라는 사실은 同, p.67의 "蚩又(尤)出, 下又流血"과, p.68의 "尤又之旌, 益地", p.70의 "蚩又旗, 兵在外歸", 그리고 특히《十六經·正亂》에 보이는 '蚩尤之旌'(註 116 참조) 등을 종합검토해볼 때 확증되는데 단지 왜 尤又라 했는지는 확실치 않다.

123) 袁珂에 의하면 刑天은 蚩尤나 夸父와 마찬가지로 炎帝의 臣으로서 炎帝의 원수를 갚기 위해 黃帝와 항쟁한 者라 한다(同,《山海經校注》, 上海古籍出版社, 1980, pp.215-216.). 한편 國光紅은 江西 新干大洋州遺址에서 출토된 銅雙面人頭形神器는 刑天의 形象이며 이 大洋州遺址는 豊收를 기원하는 刑天祭祀가 거행된 祭壇이라고 주장하면서 刑天은 中原地域에서 숭배된 蚩尤와 동일한 성격을 지닌 古越人의 수호신이라는 견해를 피력하고 있다(同,〈刑天考〉,《中原文物》1994-1).

124) 註 21 참조. 한편 갑골문이나 금문에서의 天이 人頭를 상형하므로 刑天 자체가 斷頭를 의미한다(袁珂,《中國古代神話》, 中華書局, 1960, p.140 註5).

125)《楚辭·九歌》,〈國殤〉.

라고 묘사된 國殤을 여지없이 방불한다. 國殤이야말로 楚人이 숭상한 戰神 蚩尤에 틀림없다는 주장[126]은 그런 의미에서 일면 수긍이 되고, 더 나아가 戰神・殺神인 刑天은 동시에 戰死의 鬼로서 國殤 그것이면서 또한 그 원형은 蚩尤라는 해석[127]도 타당성이 있는데, 그렇다면 蚩尤와 刑天의 이런 면모는 전국시대의 엄청난 전란을 거치면서 그들의 戰神으로서의 흉맹성을 배가시키기 위해, 그럼으로써 동시에 각국 兵士들의 용맹성을 기만적으로 부추기기 위해[128] 의도적으로 조작된 것으로도 추측된다. 그러나 또 한편 역시 머리가 잘린 채 창과 방패를 들고 있는 '夏耕之尸'가 본래 전장에서 머리가 잘렸음에도 필사적으로 도망친 존재라는 《山海經》의 일화[129]에서는 어쩔 수 없이 전국시대인들이 겪었던 전쟁의 참담함을 감지하게 되며 따라서 兵主 蚩尤의 惡屬化 역시 "兵者 凶器也"類의 인식의 심화와 궤를 함께 하는 전국적 현상으로도 추측된다.

蚩尤를 비롯한 上記 戰神들의 西方과의 관련성은 우선 그들과 흡사한 '刑殘之尸'가 西方에 위치한다는 점[130]에서 확인되며 이는 동시에 西方이 형벌과 죽음을 상징함을 보여준다. 이런 상관성은 蚩尤와 극히 흡사한 면모를 지닌 蓐收에서 특히 두드러진다. 《國語》에서 蓐收는 '人面・白毛・虎爪'의 형상을 지닌 '天의 刑神'으로 서술되는데[131], 호랑이 발톱은 凶猛性을 상징하며 白이 西方을 상징한다고 보면 그의 白毛는 이미 西方神을 시사한다. 기실 蓐收가 少皥나 西皇의 佐神으로서 金氣(즉, 전쟁)와 형벌을 관장한다는 것[132]

---

126) 彭德, 〈楚墓"兵主"考〉, p.200.
127) 何新, 《中國遠古神話與歷史新探》, 第十八章, 〈五方帝與五佐神〉, p.307.
128) 〈國殤〉이 兵士들의 鬪志를 鼓舞하기 위한 노래 또는 祭祀였다는 공통된 지적(林河, 《九歌與沅湘民俗》, 上海三聯書店, 1990, p.254 ; 李儁, 〈人神合一的文化表徵〉, 《江漢論壇》 1994-4, pp.65-66)은 이를 입증한다.
129) 《山海經》, 〈大荒西經〉, "有人無首, 操戈盾立, 名曰夏耕之尸. 故成湯伐夏桀于章山, 克之, 斬耕厥前. 耕旣立, 無首, 走厥咎, 乃降于巫山."
130) 《淮南子》, 〈地形訓〉, "西方有刑殘之尸." 同, 高誘注에 "一說曰, 形殘之尸于是以兩乳爲目, 腹臍爲口, 操干戚以舞, 天神斷其手, 後天帝斷其首也"라 하여 刑天과 刑殘을 동일시하고 있으며, 또한 天과 殘의 古音이 가깝다는 근거에서 《山海經》의 刑天이 바로 刑殘이라는 說도 있다(劉文典 撰, 《淮南鴻烈集解》上, 中華書局, 1989, p.141, "莊逵吉云, 一說卽山海經之形天也. 古聲天・殘相近").
131) 註 21 참조.

190

은 이미 진부하달 정도인데, 다만 蓐收에 대해 언급하는 《淮南子》와 《楚辭》
의 아래 두 인용은 西方의 含意와 관련하여 주목할만하다.

> ① 西方의 極은 昆侖에서부터 流沙와 沈羽를 건너 서쪽으로 三危의 國, 石城,
> 金室, 飮氣의 民, 不死의 野에 이르기까지 少皥와 蓐收가 司主하는 곳으로
> 萬二千里이다.[133]
> ② 魂이여 서쪽으로 가지 말라. 西方의 流沙는 아득히 끝이 없고, (蓐收가) 돼
> 지머리에 눈을 부라리며 머리털을 흩날리고 긴 발톱과 이빨을 드러낸 채 미
> 친 듯이 웃고 있다[134]

②의 인용에서 蓐收가 凶猛한 刑戮의 神으로 묘사된 것만 보아도 그가 관
장하는 西方의 流沙는 죽음의 세계임에 틀림없다. 반면 ①에서 蓐收가 少皥
와 함께 다스리는 西方의 범위에는 '不死의 野'가 포함되어있다. 이처럼 西
方이 不死와 죽음이라는 전혀 상반된 세계를 아울러 표상한다는 것은 어떤
의미일까? 설사 不死, 즉 再生이란 죽음과 상반되기는 커녕 그에 후속되는
단계이고 따라서 流沙 다음에 '不死의 野'가 나타난다고 일단 이해한다 치
더라도, 또한 蓐收가 그 두 세계를 함께 다스린다는 것은 어떻게 이해해야
할까? 이 문제를 해결하기 위해서는 不死藥과 刑罰을 함께 관장한다는 西王
母에 대해 검토해보아야 할 것 같다.

西王母는 畵像石에서 달과 태양을 각기 상징하는 토끼(및 두꺼비)와 三足
鳥를 거느리는 모습에서도 확인되는 바와 같이 본래 日月과 東西로 대표되

---

132) 《左傳》, 昭公29年, "木正曰句芒, 火正曰祝融, 金正曰蓐收, 水正曰玄冥, 土正曰后土.";
《楚辭》, 〈遠遊〉, "遇蓐收乎西皇"; 《山海經》, 〈海外西經〉, "西方蓐收, 左耳有蛇, 乘兩
龍"; 《呂氏春秋》, 〈孟秋紀〉, "(孟秋之月)其帝少皥, 其神蓐收…始用刑戮."; 《淮南子》,
〈天文訓〉, "西方金也. 其帝少昊, 其佐蓐收, 執矩而治秋. 其神曰太白, 其獸曰虎, 其音商,
其日庚辛." 기타 蓐收에 대한 개괄은 御手洗勝, 《古代中國の神神》, 京都, 創文社,
1984, 本論 2部 3章 〈蓐收‧伯夷‧玄冥‧玄武〉 참조.
133) 《淮南子》, 〈時則訓〉. 그러나 아래와 같이 여타의 자료에서는 이 지역이 西王母의
영역으로 서술되고 있다. 즉, 《山海經》, 〈大荒西經〉, "西海之南, 流沙之濱, 赤水之後,
黑水之前, 有大山, 名曰昆侖之丘, 有神…名曰 西王母"; 《淮南子》, 〈地形訓〉, "西王母
在流沙之瀨. 樂民挐閭在昆侖弱水之洲. 三危在樂民西."; 《後漢書》 卷88, 〈西域傳〉,
"或云其國(大秦)西有弱水‧流沙, 近西王母所居處, 幾於日所入也."
134) 《楚辭》, 〈大招〉. 여기에 묘사된 존재는 "此蓋蓐收神之狀也"라는 王逸의 注를 빌지
않더라도 蓐收임이 확실시된다.

는 陰·陽的 요소를 휘하에 통합한 말하자면 兩性具有의 全能神이었고[135],《山海經》을 비롯한 문헌자료나 畫像石에서 묘사되듯이 西王母가 머리에 꽂고있는 玉勝은 막대기로 연결된 두개의 실패 모양으로 織機의 부품이 분명하며 이는 우주질서를 織造하는 그의 직능을 상징하는 것이다. 훗날 이 兩性具有의 성격이 분열되어 西王母는 西方·月·女性 등의 陰的 요소만을 지니게 되고 그에 대칭되는 東方·太陽 등의 성격을 가진 남성신이 등장하게된 것이다. 이는 모계사회 단계의 至高神이었을 女媧가 훗날 伏羲를 배우자로 하는 여성신으로 분화된 것과 같은 과정이다. 周穆王의 西王母 방문설화는 西王母의 全能性이 분열된 二元的 우주에서 陰陽의 주기적 交會를 통한 우주의 재생을 실현하기 위해 태양신이 秋冬에 월신을 방문, 그와 결합한다는 신화적 관념이 俗化된 형태로 표현된 것이다. 이런 西王母가 刑殺과 再生을 함께 관장한 것은 물론 달과 태양을 각각 刑(陰)과 德(陽)의 표상으로 이해하거나 또는 달의 盈虧를 消滅과 蘇生의 반복현상으로 이해하는 고대인들의 관념에서도 비롯되었겠지만 또 한편 인도의 시바 神像이 우주적 창조와 파멸, 죽음과 부활을 동시에 표현하는 것과 같은 맥락에서 이해할 수 있다.[136] 그러나 西王母에 체현된 형벌과 재생의 속성은 신석기시대까지 소급되는 고대중국인의 西方觀과도 불가분의 관련을 갖는 것 같다.

黃河上流의 馬家窯文化에서부터 확인되는 屈肢葬은 春秋戰國의 關中 및 中原지역에서 집중적으로 출현하는데, 그 葬俗의 두가지 특징인 "胎兒모양"의 屈肢와 "西向"은 태양을 좇아가 다시 어린아이로 再生하도록 冀求하는

135) 畫像石에서 西王母가 龍虎座에 앉은 것도 각기 靑龍과 白虎로 표현되는 東方과 西方의 요소를 통합하고 있음을 표현한 것이다(小南一郎, 〈西王母と七夕傳承〉, p.20. 이하 西王母 관련 내용은 同 논문 및 Loewe, *Ways to Paradise*, Ch.4, "The Queen Mother of the West"를 주로 참조했음).

136) Joseph Campbell, *The Hero with a Thousand Faces*, Princeston Univ. Press, 1949, 이윤기 譯,《세계의 영웅신화》, 서울, 대원사, 1989, pp.126-127 註 46. 허다한 고대문명에서 거의 보편적으로 확인되는 母神이 자연계의 재생 및 생명의 탄생과 죽음을 관장한 사실에 의거하면 西王母는 그런 母神숭배의 중국적 표현 형태로 볼 수 있다(Lee Rainey, "The Queen Mother of the West:An Ancient Chinese Mother Goddess?", Julia Ching & R.W.L. Guisso ed., *Sages and Filial Sons ; Mythology and Archaeology in Ancient China*, Hong Kong, The Chinese Univ. Press, 1991)

관념의 표현으로 해석된다.[137] 이 해석의 타당성과 함께 원초적 신화에서의
서방이 扶桑에서 떠올라 하늘을 일주한 太陽을 머물러 쉬게해주는 若木이
있는 곳, 환언하자면 太陽의 재생을 준비하는 곳[138]이었던 점을 고려하면 西
方이 반드시 月神의 영역으로 등치될 수만도 없을 것 같다.[139] 어쨌든 再生
과 관련된 그런 西方觀은 〈離騷〉에서 屈原이 西向升天한 경우를 거쳐 馬王
堆一號漢墓帛畵를 비롯한 漢代의 畵幡・壁畵에서 天上界로의 여정에 나선
死者들이 모두 왼쪽, 즉 西方을 향하고 있는 모습에서 되풀이 확인된다.[140]
그러나 또 한편 上古 以來 西方은 刑殺에 해당되는 방위로 인식되어왔는데,
이는 가을에 만물이 枯死하는 현상을 그 때 불어오는 西風의 靈妙한 神力
때문이라 여겼던 고대인들의 관념에서 연원한다.[141] 가령 西風이 불면 전쟁
이 발발한다는 《史記・天官書》의 서술[142]도 그런 원초적 관념을 반영하는데,
이같은 西方의 주요 속성이 西北으로 넘어간 것은 방위의 세분화 때문으로
추측되는즉, 예컨대 西北風을 厲風[143]이라 하거나 또는 그의 강한 金氣로 사
물을 꺾을 수 있다고 해서 折風이라 일컫기도 하고[144] 또한 西北風의 異稱인
不周風[145]이 "殺生을 주관한다"[146]는 등의 용례는 西(北)에 대한 고대인의 心

---

137) 戴春陽, 〈秦墓屈肢葬管窺〉, 《考古》 1992-8.
138) 이에 대해 자세한 것은 다음을 참조할 것. 何新, 《中國遠古神話與歷史新探》, 第六
    章, 〈神樹扶桑與宇宙觀念〉; Sarah Allan, *The Shape of the Turtle:Myth, Art, and
    Cosmos in Early China*, State Univ. of New York Press, 1991(汪濤 譯, 《龜之謎 - 商
    代神話, 祭祀, 藝術和宇宙觀硏究》, 成都, 四川人民出版社, 1992, 第二章).
139) 이런 맥락에서 보면 가령 중국의 원시종교가 태양숭배에서 기원한 原始一神敎였으
    며 훗날 태양신에서 월신이 분화됨으로써 二元 숭배가 되었다는 何新의 설명방식도
    충분한 설득력을 갖는다(同, 《中國遠古神話與歷史新探》, 第三章, 〈女媧與大禹故事的
    眞相〉).
140) 孫作雲, 〈長沙馬王堆一號漢墓出土畵幡考釋〉, 《考古》 1973-1, p.58.
141) 何新, 《中國遠古神話與歷史新探》, 第十八章, 〈五方帝與五佐神〉, p.306. 아울러 이같
    은 관념은 春秋의 二時 관념뿐 아직 四季의 구분이 출현하지 않은 단계를 배경으로
    할 터인데 于省吾에 의하면 적어도 商代까지는 여전히 春秋의 二時制만 있었다고 한
    다(同, 〈歲, 時起源初考〉, 《歷史硏究》 1961-4).
142) 《史記》, 卷27, 〈天官書〉, "風從南方來, 大旱, 西南, 小旱, 西方, 有兵…"
143) 《呂氏春秋》, 〈有始覽〉, "何謂八風…西北曰厲風."
144) 《五行大義校註》, 卷四, p.153, "太公兵書云…乾名折風, 兌名小剛風…折風者, 金强能
    摧折物也. 小剛風者, 亦金殺故也." 이처럼 西風에 대해서도 殺氣를 인정하고 있다.
145) 不周의 의미에 대해서 洪興祖補注가 인용한 《山海經》〈西山經〉의 郭璞注는 "此山

象을 적절히 반영한다. 그리하여 以上과 같은 계열의 서방관은 刑罰과 不死를 주요 구성내용으로 하는 西王母 설화에도 상당히 편입되었으리라 추정된다.

西王母의 刑殺 관장은 그녀가 '天의 厲와 五殘(즉, 五刑)을 司한다'는《山海經》의 서술[147]에서 확인된다. 郝懿行의 믿을만한[148] 주석에 따르면 厲와 五殘은 그것을 관장하는 星名이라 하는데, 후술하듯이 천문학 및 점성술의 전개에 조응하여 많은 神들이 특정 星座에 居하는 星神으로 轉移, 정착한 점을 감안하면 上記《山海經》의 귀절은 西王母가 厲鬼와 刑罰神을 휘하에 통솔했다는 쪽으로 해석해도 무리없을 것 같다. 여기서 蚩尤나 蓐收 등의 戰神이 바로 厲鬼 및 刑罰神이기도 했음을 다시 상기한다면 西王母와 이들 戰神의 관련성은 충분히 타진가능하고 그런 視野에서 눈에 들어오는 것이 바로 "遇蓐收乎西皇"이라는《楚辭》〈遠遊〉의 귀절이다.〈離騷〉篇에도 보이는[149] 이 西皇에 대해 王逸은 少皥로 注했으나,《楚辭》의 東皇太一이 태양신임을 고려한다면 그에 대비되는 西皇은 월신인 西王母의 前身 또는 異名이라 보아 무리없을 것이다.[150] 그렇다면 戰國秦漢期의 허다한 문헌에 少皥의 佐神으로 배정되어있는 蓐收는 본래 西王母의 부속신으로서 疫疾과 형벌을 관장했다고 판단되며, 단지 지배 식자층의 구미에 맞게 남성신 일색으로 신화계보가 짜여지는 과정에서 西王母 자리에 少皥가 들어간 것으로 추측할수 있다. 이는 앞서본《淮南子》의 인용에서 少皥와 蓐收의 관장 지역으로

形有缺, 不周币, 因名之. 西北不周風自此出也"라고 설명한(蕭兵,《楚辭的文化破譯》, p.173에서 재인용) 반면 何新에 의하면 不周는 大潤와 通하므로 不周風이란 모든 것을 시들여 죽이는 바람('大潤殺之風')이라고 한다(同,《中國遠古神話與歷史新探》, 第十八章,〈五方帝與五佐神〉, p.309).

146)《史記》, 卷25,〈律書〉, "不周風居西北, 主殺生."
147)《山海經》,〈西次三經〉, "西王母其狀如人, 豹尾虎齒而善嘯, 蓬髮戴勝, 是司天之厲及五殘."
148) Loewe를 비롯하여 Karlgren, 小南一郎 등도 郝懿行에 동조하고 있다(Loewe, "The Queen Mother of the West", p.90).
149)《楚辭》,〈離騷〉, "詔西皇使涉予."
150) 蕭兵,《楚辭的文化破譯》, pp.167-168. 또한 女媧가 바로 女皇이라는 事例(《太平御覽》 卷78, "帝王世紀曰, 女媧氏亦風姓也…是爲女皇")도 西皇이 西王母의 異稱임을 방증한다.

되어있는 '西方의 極'이 《山海經》을 비롯한 여타 문헌자료에서는 바로 西王母의 영역이었다는 근거[151]로도 입증되며 이로써 蓐收가 西王母의 부속신이었음도 더욱 확실시되는 동시에 蓐收의 관할영역에 '不死의 野'가 포함된 연유에 대한 의문도 해결된다.

西王母와 蓐收의 이런 관계가 신화의 원형을 반영하는 것인지 또는 西王母의 일부 속성이 파생되어 蓐收가 출현한 것[152]인지, 아니면 상이한 계열의 신화가 결합된 것인지 그렇다면 그 결합계기는 무엇인지 등에 대해 현재 거의 확언할만한 것이 없다. 다만 刑殺과 再生을 주요 골자로 하는 西王母 설화란 인간계와 冥界 사이에 죽음의 고통이 있고 그 다음에야 비로소 극락의 세계가 도래함을 표현한다고 해석해볼 때, 蓐收는 死者를 그런 不死의 세계로 인도하기 위한 일환으로 再生에 앞서 인간을 잡아먹음으로써 인간에게 죽음의 고통을 맛보게 하는 猰貐와 같은 怪獸를 원형으로 할 지도 모른다.[153] 물론 이런 내용을 담은 신화는 죽음 앞에 거의 무방비상태로 노출될 수밖에 없었던 전국시대인들에 의해 죽음의 공포와 고통을 모면하기 위한 방편으로 보다 구체화되었을 것이다.

그러나 西王母설화와 다소 계통을 달리 하는 전술한 古來의 西方觀에 蓐收를 적용하여 설명하는 것도 가능할 것 같다. 蕭殺한 秋氣, 즉 西風을 몰고 오는 서방신은 당연 刑殺의 神과 등치되고 그가 바로 蓐收였을 것이기 때문이다. 더 나아가 西風을 쐰 곡물이 푸른 생명력을 잃고 누렇게 물들면서 사망하는 것은 환언하자면 바로 穀熟이고 동시에 秋收의 풍요로 이어진다고 볼 때 蓐收는 刑殺과 豊收의 속성을 함께 체현한 신격으로 敬畏되었을 듯하다. 이런 맥락에서 蓐收의 蓐이 '農'字의 別體이며 따라서 蓐收는 《禮記》

---

151) 註 133 참조.
152) 蕭兵,《楚辭的文化破譯》, p.167에서는 이런 견해를 보인다.
153) 中鉢雅量,〈中國古代の動物崇拜について〉,《東方學》, 62輯, p.6에서는 窫窳가 崑崙을 둘러싼 弱水에서 龍머리 모양을 하고 사람을 잡아먹는다는 《山海經》의 내용을 인용하면서 이런 식으로 설명한다. 한편 《淮南子》〈本經訓〉의 高誘注에 "猰貐, 獸名也, 狀若龍首. 或曰, 似狸, 善走而食人, 在西方也"라 하는 바와 같이 猰貐(즉, 窫窳)가 蓐收와 마찬가지로 西方을 관장한다는 것은 양자의 일치가능성을 그만큼 높여준다.

〈月令〉에 보이는'農事備收'를 압축한 꼴이자 바로 수확의 神이라는 해석[154]
은 무척 흥미로울 뿐더러 그럴 듯하다. 〈月令〉에서 秋冬에 형벌과 전쟁의
항목을 배치한 것도 그런 원초적 관념의 잔재라 여겨지며, 필자 역시 《呂氏
春秋》〈十二月紀〉(즉, 月令)를 분석하면서 冬麥의 수확과 시기적으로 병행
된 行刑의 事例를 豊收의 기대 속에 이루어진 동종주술의 시각에서 설명해
본 적이 있고[155], 처참히 殺戮된 軍神을 칭양하는 〈國殤〉의 歌辭 이면에 豊
收祭의 묘사가 숨어있다는 지적[156] 역시 戰神의 그런 속성을 반영하는 것
같다. 이와같은 戰神과 農耕神의 중첩 양상은 《路史》에서 神農이 刑天에게
'扶犁'舞와 '豊年'歌를 짓도록 命한 내용을 주된 근거로 刑天를 農祭의 숭배
대상으로 확정함과 아울러 《山海經》에서 風伯 및 雨師, 즉 農事와 관련된
神들과 동맹을 맺는 蚩尤에 대해서도 같은 성격을 인정하는 견해[157]에서도
확인된다. 따라서 戰神과 刑殺 및 西方을 연결하는 핵심적 고리는 원초적
농경습속에 있었다고 하는 해석도 충분히 가능하다.

以上 戰神에 내재한 서방신의 속성을 살펴보았는데, 전국시대의 현실을
놓고 볼 때 흉맹성을 본질로 하는 蚩尤·刑天·蓐收·國殤 등이 군사집단
의 투지를 상징, 고무함과 동시에 그 집단을 수호하는 軍神으로서 기능했다
면 西王母야말로 가혹한 쟁란을 감내해야 했던 민중 개개인이 不死再生의
祈求 대상으로 삼았던 신격이었음에 틀림없다. 전국의 전쟁주술이 일정 부
분 養生術 및 再生 希求와 밀접한 관련을 가졌음에 비추어볼 때 西王母는
그의 상징적 分身이자 중요 부속물인 두꺼비와 함께 개인적 벽병술과 관련
하여 숭배되었고 따라서 西王母像 역시 전란기인 전국시대에 민중적 차원
에서 보다 뚜렷한 면모를 다져나갔을 것 같다.[158] 그렇다면 결국 보다 戰國

154) 丁山, 《中國古代宗敎與神話考》, 上海文藝出版社 影印, 1988, p.68. 丁山에 의하면
통치계급이 가을의 天地肅殺한 氣를 틈타 인민을 刑殺했기 때문에 인민이 秋季의 神
을 天의 刑神으로 간주했다고 하는데 이는 보다 세속화된 단계의 行刑관념을 전제로
하는 설명방식일 것이다.
155) 拙稿, 〈呂氏春秋 十二月紀의 성격〉, 《蔚山史學》 第四輯, 1991, pp.40-41.
156) 蕭兵, 《楚辭的文化破譯》, pp.342-.344 참조.
157) 國光紅, 〈刑天考〉, p.14.
158) 漢代의 西王母 신앙이 국가권력에 의해 인민통제의 일환으로 강요된 것이 아니라

的이고 본격적인 전신은 前者, 특히 그 중에서도 蚩尤로 구체화될 수 있다.

현존하는 蚩尤의 모습은 山東 沂南의 後漢代 畵像石墓에 보이는데〔그림 4 참조〕, 부릅뜬 눈과 쫙 벌린 입, 날카로운 이빨로 구성된 흉악한 獸面에다가 머리 위에는 弩를 꽂고[159] 왼손에는 手戟, 오른손과 兩足에는 相異한 형식의 劍을 갖고 갑옷을 걸치고 다리 사이에는 방패가 놓여있어[160], 兵主로서의 완벽한 면모와 아울러 그 흉맹성을 십분 드러내고있다.[161] 戰神 蚩尤의 흉맹성은 《太平御覽》에 인용된 《龍魚河圖》에,

> (黃帝와의 싸움에서 패하여) 蚩尤가 죽은 뒤 天下가 다시 擾亂하여 평안하지 않자 黃帝는 마침내 蚩尤의 形象을 그려 天下에 示威하니 天下 모두가 蚩尤가 죽지않았다고 말하여 八方萬邦이 모두 복종했다[162]

라는 서술에서도 확인된다. 그러나 上記 인용은 蚩尤의 神像을 담은 圖象이나 깃발, "兵避太歲" 戈類의 兵器 및 鎭墓獸類의 조형물 등으로써 적의 기세를 누르고자 했던 辟兵呪術의 습속 위에 黃帝의 蚩尤 誅滅 설화가 중첩되어 만들어진 것임에 틀림없다. 또한 《述異記》에서, "蚩尤의 齒는 길이가 二寸인데 단단하여 부숴뜨릴 수 없다"[163]거나 또는,

> 蚩尤氏는 귀밑 수염이 劍戟과 같고 머리에 뿔이 있어 軒轅과 싸울 때 뿔로

민중적 차원에서 자발적으로 확산된 사실(Loewe, "The Queen Mother of the West", p.87)이나 또는 《抱朴子》에서 개인적 벽병술로서 西王母 兵信의 符를 몸에 佩用하는 습속이 소개된 점(《抱朴子・內篇》,〈雜應〉, "或佩西王母兵信之符…")은 그의 연장으로 이해될 수 있다.

159) 여기에서 막 시위를 떠날 듯한 세 개의 화살은 馬王堆漢墓〈辟兵圖〉에서 오른쪽 두 명의 武弟子가 쓴 이른바 '三尖刀冠'과 상당히 흡사하여, 양자가 동일발상의 결과물이 아닌가 하는 추측을 낳게한다.

160) 蕭兵,《儺蜡之風》, p.238.

161) 이 神像에 대해 林巳奈夫는 그와 同形의 圖像에〈天帝使者〉란 문자가 적혀있는 것을 주된 근거로 하여 天帝使者라 확정함과 동시에 蚩尤說을 일축하고 있다(同,〈漢代鬼神の世界〉, pp.130-131). 그러나 후술하듯이 蚩尤 역시 黃帝나 太一의 從臣 또는 護衛者였음에 비추어 보면 天帝使者가 바로 蚩尤였다는 해석은 충분히 가능하다.

162) 《太平御覽》, 卷79, "(龍魚河圖曰) 蚩尤沒後, 天下復擾亂不寧, 黃帝遂畵蚩尤形象(像), 以威天下, 天下咸謂蚩尤不死, 八方萬邦皆爲殄服."

163) 《述異記》上, "蚩尤齒, 長二寸, 堅不可碎."

상대를 받으니 상대가 대항할 수 없다[164]

라는 내용 역시 단단한 이빨이나 날카로운 수염, 그리고 뿔 등 이른바 '天兵'이 지닌 辟兵呪力에 대한 관념을 반영한다. 《述異記》에 보이는 이같은 蚩尤의 모습은 앞서본 畵像石의 그것보다는 훨씬 원초적인 神獸 단계의 蚩尤像으로 일단 추측되지만 또 한편 兵主 蚩尤의 흉맹성과 呪力을 제고하기 위해 '天兵'을 갖춘 보다 원초적인 모습으로 소급, 형상화하던 관행의 표현이었을 가능성도 배제할 수 없다. 그 어느 쪽이든 간에 蚩尤와 관련된 以上의 세가지 용례가 前章에서 설명했던 벽병주술과 전혀 동일한 관념원리를 바탕으로 하고 있음은 너무도 명백한데, 흥미로운 사실은 그런 원초적 관념이 전국시대의 전쟁주술, 특히나 가장 전국적이라고도 할 수 있는 戰神 숭배 및 그 운용의 원리에도 거의 그대로 답습, 관철되고 있다는 점이다. 이런 현상은 특정씨족만을 수호하던 종래의 조선신 숭배가 소멸함으로써 이제 모든 神이 어느 특정 집단의 수호신이기는커녕 전쟁에 나서는 누구나가 상대에게 戰禍를 끼치도록 바라는 祈求 대상으로 전환, 운용된 데서 기인된 것 같으며 동시에 그 저변에는 어느 神이건 자비를 베푸는 善神이기보다는 두려움의 대상으로 인식된 전반적 추세를 전제하는 것 같다. 《山海經》에 보이는 다음과 같은 두 용례 역시 그런 경향을 반영한다고 여겨진다.

① 軒轅의 臺가 있어 射者가 감히 서쪽으로 쏘지 못하는 것은 軒轅의 臺를 두려워하기 때문이다.[165]
② 감히 북으로 쏘지 못하는 것은 共工의 臺를 두려워하기 때문이다.[166]

臺란 본래 신이 강림하여 머무는 신성한 山丘[167]임에 비추어볼 때 上記의

---

164) 《述異記》上, "蚩尤氏耳鬢如劍戟, 頭有角, 與軒轅鬪, 以角觚人, 人不能向."
165) 《山海經》, 〈大荒西經〉. 〈海外西經〉에도 "窮山在其北, 不敢西射, 畏軒轅之丘"라는 유사 내용이 보이며 따라서 臺와 丘가 상호 치환 가능한 어휘임을 알 수 있다.
166) 《山海經》, 〈海外北經〉. 〈大荒北經〉에도 "有係昆之山者, 有共工之臺, 射者不敢北鄕"이라는 흡사한 서술이 보인다.
167) 拙稿, 〈中國古代의 市의 觀念과 機能〉, 《東洋史學硏究》第36輯, pp.26-29.

두 인용은 神이 머무는 그런 臺 방향으로 활을 쏘면 神이 그에 대한 보복으로 재앙을 내린다는 문맥으로 일단 파악할 수 있다. 따라서 그것은 神像을 앞세워 적의 공격을 퇴치하는 前述의 벽병주술과 관념구조상 軌를 함께 한다고 볼 수 있다. 더 나아가 본래 벽병주술에 사용된 神像으로 판명된 鎭墓獸에 필수적 부분으로 설치되는 方座가 바로 神臺[168]임에 틀림없다고 볼 때 上記한 《山海經》의 서술은 그런 벽병주술 자체를 표현한다고도 유추된다.

이처럼 神像을 적으로 향하게 함으로써 적을 퇴치하고자 하는 주술원리야말로 극히 단순하고 원초적이면서도 동시에 戰國 전쟁주술의 저변에 일관하는 가장 본질적이고 핵심적인 원칙이라고 할 수 있다. 次章에서 상술하듯이 특정 神이나 星座가 있는 쪽을 向하면 패배하는 반면 그것을 등지면 승리한다는 兵陰陽家의 이른바 '向背' 원칙도 그와 전혀 동일한 주술임은 두말할 나위없다.

이제까지 전국시대의 戰神 숭배와 관련된 관념을 살펴보았는데 마지막으로 모호한 상태로 남겨둔 蚩尤 설화를 다시 정리해보고 싶다. 刑殺당한 厲鬼로서의 蚩尤와 兵主로서의 蚩尤의 관계가 그것인데, 양자는 서로 계통을 달리하며 후자가 본래의 면모이며 蚩尤의 비정상적 단계를 전제하는 전자는 또한 黃帝의 蚩尤 정벌(및 살육)을 전제로 한다. 그런데 후자의 용례 중에는 蚩尤가 黃帝의 보좌로서 등장하기도 한다. 필자의 소견으로는 특히 仁義와 王道정치를 최우선시하는 儒家가 蚩尤를 "庶民의 貪者"라는 극언할 정도로 끔찍히 증오한 것은 黃帝의 蚩尤 擒殺 故事의 대두와 궤를 함께 하며 그것은 전국 중기 경부터 두드러진 反戰·厭戰의 감정과 불가분의 관계에 있는 것 같다. 결국 蚩尤의 실체나 그의 黃帝와의 관계를 명확히 하기 위해서도 黃帝 설화에 대한 검토가 필수적이라 할 것이다. 그러나 黃帝 설화의 검토는 무엇보다도 그 설화에 전국시대의 사상적·현실적 추이가 집약적으로 녹아들어 있다는 의미에서 가치있는 일일 것이다.

---

168) 陳躍均·院文淸, 〈"鎭墓獸"略考〉, p.66.

2. 黃帝 설화의 대두와 太一 숭배

'黃帝'라는 명칭은 商周의 文字資料에는 전혀 보이지 않으며 현존 문헌상으로도 《左傳》과 《國語》에서의 용례가 最早일 정도로 그 출현이 늦다. 이 두 문헌이 전국시대에 편찬된 점을 중시한다면 黃帝설화가 춘추전국시대의 産物이라는 주장[169]도 일면 설득력을 갖는다. 그러나 또 한편 黃帝가 上古시대 씨족연맹의 領袖로서 실존한 인물이라거나 또는 그로부터 비롯된 씨족토템신이라는 것이 거의 대부분 학자들의 공통된 견해[170]이고 보면 黃帝가 古來 특정지역의 씨족신으로서 숭배되어온 전통깊은 존재였을 가능성은 크다. 그렇지만 黃帝가 역사의 무대 중앙에 등장한 것이 戰國 以後였음은 확실하고 이와 관련하여 특히 주목되는 것은 黃帝설화(및 숭배)가 전국 중후기로 갈수록 광범위하게 확산, 유행되었을 뿐더러 그 내용도 보다 풍부, 다양해졌다는 사실이다.

가령 《莊子》의 경우 전국 중기에 편찬된 것으로 추정되는 〈內篇〉에 언급된 黃帝像이 매우 간단한 반면 전국 후기에 성립된 〈外·雜篇〉에서의 黃帝전설이 비교적 풍부하고 다채로운 점이나 또는 전국 후기의 儒家類 문헌에 비로소 黃帝가 등장하는 것[171]이 우선 그런 경향을 입증한다. 게다가 전국 말기에 편찬된[172] 《孫臏兵法》에는 당시 유행한 설화에서 차용한 것으로 추정되는 '黃帝作劍'의 귀절[173]도 보인다. 전국 中後期의 兵家思想이 黃老學의

---

169) 吳光, 《黃老之學通論》, 杭州 浙江人民出版社, 1985, pp.111-114.
170) 예컨대 何星亮, 《中國圖騰文化》, 第13章의 설명이 그러하다. 또한 御手洗勝, 《古代中國の神神》, 本論 第二部 제1章, 〈黃帝の傳說〉에 의하면 黃帝는 嬴姓族의 神에 틀림없으며, 黃帝전설의 발상지는 山東省에서 江蘇 북부에 걸친 지역으로 추정된다고 한다. 한편 劉澤華는 《左傳》에 보이는 "吉, 遇黃帝戰于阪泉之兆"라는 귀절이 占卜에서의 상투적 용어인 점을 들어 黃帝전설은 훨씬 앞선 시대까지 소급되어야 한다는 견해를 피력하고 있다(同, 《先秦政治思想史》, 天津, 南開大學出版社, 1984, p.548).
171) 吳光, 《黃老之學通論》, pp.116-118 참조.
172) 《孫臏兵法》은 孫臏의 死後 그의 門人들에 의해 편찬되었다는 것이 대체적인 추정이다. 李訓詳, 《先秦的兵家》, p.11 ; 李零, 〈齊國兵學甲天下〉, 《中華文史論叢》 第50輯, 1992, p.200, pp.210-211의 註 13.
173) 《孫臏兵法校理》, 〈勢備〉, p.79, "黃帝作劍, 以陳(陣)象之."

영향을 깊게 받았다는 지적[174]과도 일면 조응되는 이 귀절은 黃帝숭배의 대두와 표리를 이루는 兵主 蚩尤의 位相 동요 또는 쇠퇴를 반영한다고도 추측된다. 《大戴禮記》가 孔子의 권위를 빌어 '蚩尤는 利만 급급할 뿐 義를 모르는 탐욕스런 庶人인데 어찌 器를 만들 수 있는가'라고 질타함으로써 戰國時代 광범하게 유포되어 있었던 蚩尤作兵 설화를 의도적으로 부인하는[175] 것도 같은 맥락에서 이해된다. 그렇다면 '黃帝作劍'에서의 劍은 살육에 專用되는 凶器이기보다는 古聖王이 인간을 위해 마련해준 자기방어수단이었을 것임에 틀림없다. 이처럼 인간에게 문명의 利器를 발명해준 문화영웅으로서의 黃帝의 면모는 전국말에서 漢初에 걸쳐 편찬된 《管子》나 《世本》에서 더욱 유감없이 발휘된다. 거기에서 黃帝는 井·咸池(樂名)·火食·旒冕을 만들었을 뿐 아니라 자신의 臣들로 하여금 占卜, 算數, 書, 圖, 衣裳, 弓矢, 鼓, 鏡 등 인간생활의 거의 모든 부문에 걸친 다양한 문물을 만들게 했다고 묘사된다.[176]

또한 〈漢書藝文志〉에서 예컨대 《黃帝四經》, 《黃帝陰陽》, 《風后》, 《力牧》 등과 같이 黃帝의 명칭이 冠되거나 그의 臣名으로 된 先秦문헌이 27種이나 著錄되어있는 것 역시 黃帝 숭배의 성행을 반영하는데, 흥미롭게도 그들은 대부분 道家, 陰陽家, 兵家, 方術家 등에 속하며 儒·墨·法家類는 전혀 없다.[177] 이 현상을 道家 계열의 黃帝 수용과 그를 매개로 하는 정통 諸子학파와의 길항이라는 시각에서 해석함으로써 말하자면 思想界의 차원으로 왜소화하는 것은 표피적 단견으로 사료된다. 오히려 老莊思想의 기저에 맥류하는 신화적 세계관[178]이나 陰陽五行說의 배경을 이루는 遠古 以來의 原始思

---

174) 李訓詳, 《先秦的兵家》, p.119.
175) 《大戴禮記》, 〈用兵〉, "公曰, 蚩尤作兵與? 子曰, 否. 蚩尤庶人之貪者也, 及利無義, 不顧厥親, 以喪厥身. 蚩尤惛慾而無厭者也, 何器之能作! 蜂蠆挾螫而生見害, 而校以衛厥身者也."
176) 齊思和, 〈黃帝之制器故事〉(《古史辨》第七冊, 中, 上海古籍出版社 影印本 所收) 참조.
177) 吳光, 《黃老之學通論》, pp.119-121.
178) 李成珪, 〈諸子의 學과 思想의 理解〉(서울大學校東洋史學硏究室 編, 《講座中國史》 1, 서울 지식산업사, 1989 所收), pp.177-178.

惟[179]를 중시할 때 그것은 기층 민중을 저변으로 하는 보다 입체적인 黃帝숭배의 실상을 반영한다고 추정되며, 특히 方技略 36家 中 8家의 書名에 黃帝라는 이름이 붙을 정도였다는 사실은 黃帝설화가 민중적 주술신앙과 폭넓은 접점을 유지했음을 뚜렷이 입증한다. 그러나 또 한편 전국말을 시대배경으로 하여 편찬된[180] 합리적 경향의 兵書인 《尉繚子》가 冒頭의 〈天官〉篇에서 兵陰陽家의 주술적 黃帝 숭배를 비판, 배격하면서도 나름 대로 黃帝를 합리적 兵家의 開祖나 祖先英雄으로 인정하고 있는 것[181]은 당시 黃帝설화가 사회 전반에 미만되어 있었음을 웅변한다.

그러면 이처럼 黃帝설화가 전국 말기로 갈수록 확산, 유행한 배경은 무엇이었으며 또한 黃帝가 蚩尤를 대체한 연유는 어떻게 설명될 수 있을까? 그 해답은 전국 후반에 들어와 더욱 고양된 천하통일의 염원 속에서 찾을 수 있다. 즉, 刑殺의 戰神 蚩尤에 대한 숭배가 엄청난 참상을 동반한 무분별한 攻伐兼併戰爭을 표징한다면 黃帝는 그런 소모적 상호침략에 대한 비판 및 반성 속에서 代案으로 제시된 統一戰爭論의 대두와 함께 무력통일을 실현할 강력한 세속군주이자 동시에 당시인들이 열망한 통일의 시대정신을 一身에 체현한 至高神으로서 숭배되었기 때문이다. 이같은 추세는 《孫子兵法》으로 대표되는 戰國 中期의 '利'지상주의적 전쟁론에서 後期의 義戰論에로의 이행과도 軌를 함께 한다.

전국 중기, 즉 B.C. 4세기를 시대배경으로 편찬된[182] 《孫子兵法》에서는 전쟁의 궁극적 의미나 그 정당성 여부는 전혀 도외시된 채 오직 현실적 利害가 유일한 판별근거였고, "兵者, 詭道也"[183]라 공언될 정도로 승리를 위해선

---

179) 李零, 〈"式"與中國古代的宇宙模式〉, 《中國文化》 第四期, p.26.
180) 자세한 것은 張烈, 〈關于《尉繚子》的著錄和成書〉, 《文史》 第8輯, 1980을 참조할 것.
181) 《尉繚子》, 〈天官〉, "梁惠王問尉繚子曰, 黃帝刑德, 可以百勝, 有之乎? 尉繚子對曰, 刑以伐之, 德以守之, 非所謂天官時日陰陽向背也. 黃帝者 人事而已矣. …(中略)…黃帝曰, 先神先鬼, 先稽我智, 謂之天時, 人事而已."
182) 《孫子兵法》의 成書時期에 대해서는 춘추말기설, 전국중후기설, 전국중기설 등이 있는데 이 중 세번째가 가장 타당한 것으로 받아들여진다. 자세한 것은 李訓詳, 《先秦的兵家》, p.9 및 李零, 〈關于銀雀山漢簡《孫子》研究的商榷〉, 《文史》 七, 1979, pp.28-31 참조.

모든 것이 정당화되었다. 따라서 감정의 간여나 미신적 鬼神신앙은 물론이고 춘추기까지 전투 쌍방 간에 일정 정도 준수되었던 軍禮나 기타 명분과 의리 등도 철저히 배제되었다.[184] 《孫子兵法》에 일관하는 實利 추구와 그 저변의 냉철한 합리주의[185]는 同 世紀를 특징지우는 變法과 法家를 연상케하며 게다가 兵家의 주도적 變法 참여를 새롭게 부각시키려는 연구[186]도 있고 보면 그러한 실리주의는 변법의 또다른 특징인 嚴刑主義와 함께 당시 각국이 총력전의 양상에 대응하여 구축해나간 軍國體制를 지탱하는 양대지주이자 시대적 대세였다고 볼 수 있다. 예컨대 계속된 敗戰으로 영토상실 등 엄청난 손실을 입은 魏惠王이 孟子를 만나자 마자 대뜸 자국의 利와 직결되는 조언을 구한 것도 그런 시대상을 적절히 반영하며 동시에 그런 魏惠王에게 "何必曰利"라 질타한 孟子가 내놓은 대책이 고작 우원한 仁義政治의 理想論이었음[187]은 당시 仁義와 전쟁이 여전히 물과 불의 관계였음[188]을 방증한다.

孟子類의 관념적 王道論을 비롯한 과도적인 反戰平和論은 자가당착적 한계를 露呈함으로써 결국 爭亂의 종식을 위한 통일전쟁의 불가피성이 정당

---

183) 《孫子兵法》,〈始計〉.
184) 예컨대 '(敵으로) 하여금 강을 반쯤 건너오게 한뒤 공격하면 유리하다'(同,〈行軍〉, "令半濟而擊之, 利.")는 《孫子兵法》의 서술은 춘추시대 宋 襄公이 궁지에 빠졌거나 不備된 적을 공격하는 일은 軍禮에 어긋난다고 여긴 나머지 楚軍이 江을 완전히 건너와 대열을 정비할 때까지 공격을 늦춤으로써 결국 압도적으로 우세한 楚軍에 참패했다는 《左傳》의 일화(《左傳》僖公 22年. 이 일화와 軍禮의 관련성에 대해서는 高木智見,〈春秋時代の軍禮について〉, pp. 6-8 참조)와 좋은 대조를 이룬다.
185) 李澤厚,〈孫老韓合說〉, 同著,《中國古代思想史論》, 北京, 人民出版社, 1985, pp.78-79.
186) 李訓祥,《先秦的兵家》, 第三章,〈兵家事業與先秦政局〉참조. 그에 의하면 兵家에 속하는 인물들이 戰國變法에서 法家보다 오히려 주도적 역할을 담당했다고 하는데 필자로서는 그처럼 兵家와 法家를 굳이 구분해야할 적극적 이유도 필요성도 실감할 수 없다.
187) 《孟子》,〈梁惠王〉上, "孟子見梁惠王. 王曰, 叟不遠千里而來, 亦將有以利吾國乎? 孟子對曰, 王何必曰利? 亦有仁義而已矣…" ; 同, "梁惠王曰, 晋國天下莫强焉, 叟之所知也. 及寡人之身, 東敗於齊, 長子死焉, 西喪地於秦七百里, 南辱於楚." 여기서 "南辱於楚"는 《史記》卷40,〈楚世家〉懷王 9年條에 보이는 襄陵전투로 비정되며 楚는 이 때 8邑을 얻은 것으로 되어있다.
188) 張烈,〈關于《尉繚子》的著錄和成書〉, p.32.

화되면서[189] 전국 후기에 들어와 統一을 전제로 한 義戰論이 확산되었다. 《荀子》를 위시하여 《呂氏春秋》, 《管子》, 《孫臏兵法》, 《尉繚子》, 《六韜》, 《三略》 등 전국말에 성립된 諸子書가 거의 공통적으로 義戰論을 내세우고 있음[190]은 그를 웅변한다. 특히 《呂氏春秋》의 다음과 같은 내용은 義戰이 仁義 실현을 위한 불가피한 행위임을 적절히 보여준다. 즉,

> 무릇 兵은 天下의 凶器이며 勇은 天下의 凶德이다. 凶器를 쳐들고 凶德을 행함은 不得已함에서 말미암는다. 凶器를 쳐들면 반드시 殺人하게 되지만 殺人은 民을 生存케하는 所以이다. 凶德을 행하면 반드시 威勢를 과시하게 되지만 威勢는 敵을 두렵게하는 所以이다. 敵이 두려워하고 民이 生存하는 것, 이야말로 義兵이 尊隆되는 所以이다.[191]

이와같은 義戰論은 현실적으로 新占領地의 민심수습을 위한 선무공작의 일환[192]으로 구체화되기도 했을 터이며 실제로 《呂氏春秋》에는 점령 직후의 대책에 대해 비교적 상세히 언급한 내용[193]도 보인다. 黃帝가 義戰의 주체로 등장하는 것 역시 구체적으로는 黃帝에 익숙한 民衆的 정서에 호소함으로써 정복을 정당화하려 한 지배층의 기만적 의도를 반영하는 것인지도 모른다.

통일을 전제하는 義戰의 주역으로서의 黃帝의 면모는 馬王堆帛書 《黃帝書》[194]에 잘 나타나 있다. 우선 《十六經》에서 閹冉이 黃帝에게 "今天下大爭, 時至矣"라거나 "夫作爭者凶, 不爭者亦無成功"[195]라고 조언함으로써 통일전쟁

---

189) 이에 대해서는 李成珪, 〈戰國時代 統一論의 形成과 그 背景〉, 《東洋史學研究》 第八・九合輯, 1975, 一章 참조.

190) 李訓祥, 《先秦的兵家》, pp.132-138 ; 張烈, 〈關于《尉繚子》的著錄和成書〉, pp.33-34. 물론 그 이전에 義戰思想이 전혀 없었다고는 말할 수 없지만 이처럼 전국말에 보편적 현상을 이룬다는 사실은 그것이 하나의 시대적 대세였음을 실감케 한다.

191) 《呂氏春秋》, 〈論威〉.

192) 李成珪, 〈秦帝國의 舊六國統治와 그 限界〉, 《閔錫泓博士華甲記念史學論叢》, 서울, 三英社, 1985, 786-789.

193) 《呂氏春秋》, 〈懷寵〉의 내용이 그러한데 이에 대한 구체적 분석은 同上 참조.

194) 《黃帝書》의 成書시기에 대해서는 전국중기설, 전국후기설, 전국말에서 秦漢 교체기설, 한초설 등 여전히 다양한데(《黃帝四經今注今譯》, 前言, pp.8-20 ; 吳光, 《黃老之學通論》, pp.130-133 참조) 필자로서는 전국후기설이 가장 타당한 것으로 판단된다.

의 정당성을 내세우거나 또는 黃帝가 "나 혼자만이 天下를 兼倂占有한다"[196] 고 공언한 것 등이 그러하다. 통일전쟁의 보다 구체적인 명분은 《十六經》에 서 黃帝가 蚩尤를 정벌하고 나서 "義를 違反하고 天時를 背逆하는 (者는) 蚩尤와 같은 형벌을 받으리라"고 盟한 것[197]에서 자명해진다. 蚩尤로 상징되 는 "反義逆時" 행위란 앞서 언급한 《大戴禮記》에서 蚩尤가 利에만 급급할 뿐 義를 모르는 탐욕스러운 존재로서 비난당한 점을 미루어보아도 우선 영 토확장을 위한 침략전쟁을 지칭한다고 볼 수 있지만 또한 《經法》의 "三時 成功(=生長), 一時刑殺, 天地之道也"[198]나 《管子》의 "德始於春, 長於夏, 刑始 於秋, 流於冬"[199] 등을 감안하건대 자연의 理法인 四時의 리듬에 순응하기는 커녕 農時를 전혀 도외시한 채 四時 내내 무분별한 民力 동원과 침략전쟁 (즉, 刑殺)을 자행함으로써 民의 生存을 파탄케 하는 것임에 거의 틀림없다.[200] 따라서 이런 행위를 타도하는 義戰의 명분은 앞서 인용한 《呂氏春秋》의 그 것과도 일치된다고 볼 수 있고, 《黃帝書》에서 黃帝가 嚴刑主義나 刑一元論 을 표징하는 刑殺神 蚩尤와 달리 "刑德相養", "文武兼行"의 주체로서 부각 되어있는 것[201]도 이미 예견가능한 바이다.

以上에서 확인되었듯이 蚩尤 숭배의 퇴조와 그에 발맞춘 黃帝숭배의 대 두는 겸병전쟁에 대한 혐오와 통일에의 열망을 대변하는 동시에 實利만을 추구하는 法家的 刑一元論에서 보다 탄력적이고 호소력있는 刑德並用에로 의 이행 추세를 반영한다. 이와같은 刑德並用과 더불어 黃帝像에 체현된 또 하나의 속성으로서 통일염원의 시대정신을 보다 짙게 드러내는 것이 바로

---

195) 《黃帝四經今注今譯》第二篇 十六經,〈五正(政)〉, p.108, p.109.

196) 《黃帝四經今注今譯》第二篇 十六經,〈果童〉, p.112.

197) 《黃帝四經今注今譯》第二篇 十六經,〈五正(政)〉, p.109.

198) 《黃帝四經今注今譯》第一篇 經法,〈論約〉, p.73. 《鶡冠子》,〈泰鴻〉의 "三時生長, 一時殺刑, 四時而定, 天地盡矣"나 《春秋繁露》,〈陰陽儀〉의 "以三時成生, 以一時殺死"에 의거하면 成功은 生長과 같은 의미임을 알 수 있다.

199) 《管子》,〈四時〉.

200) 이런 '反義逆時'的 전쟁에 대한 비판은 《管子》에서도 확인된다. 즉, 同,〈兵法〉, "夫 兵事者, 詭物也. 不時而勝, 不義而得, 未爲福也."

201) 吳光,《黃老之學通論》, pp.147-149.

사방을 통할하는 中央帝로서의 位相이다.

우선 《孫子兵法》에서 그의 전체 기조에서 보면 예외적이긴 하나 黃帝가 四帝에 대해 거둔 승리를 언급한 것[202]이나, 보다 자세하게는 銀雀山漢墓에서 출토된 《孫子兵法》佚文 五篇[203] 중의 하나인 〈黃帝伐赤帝〉篇에서 黃帝가 四方의 靑·赤·白·黑帝를 정벌하여 天下를 옹유했고 또한 天下四面이 그에 歸依했다는 용례[204]를 꼽을 수 있다. 이같은 설화는 黃帝의 蚩尤정벌설화를 五行관념과 결합하여 각색, 확대한 결과로도 추정되는데 그런 시각에서 보면 五方을 대표하는 五色帝 간의 상호방벌과 中央의 黃帝에 의한 종극적 승리라는 구성은 戰國 爭亂의 現狀과 天下통일에의 확신 및 희구를 보다 밀도있게 반영한다고 여겨진다. 또한 黃帝가 中央에서 四方을 통달함으로써 天下의 宗이 될 수 있었다는 《十六經》의 서술[205]이나, 《尸子》佚文에서 '黃帝四面' 故事의 신빙성을 묻는 子貢에게 孔子가 "黃帝는 자신에 맞는 四人을 取하여 그들로 하여금 四方을 다스리게 했다"라고 답한 記載[206], 그리고 이와 유사한 《呂氏春秋》의 "黃帝立四面"[207] 등도 中央에 군림한 黃帝가 통일된 천하를 주재하는 이상적 질서를 보여준다. 이렇게 보면 西方的 속성의 戰神 蚩尤를 비롯하여 각 방위의 각 직능신들은 당연히 黃帝에 吸收되거나 또는 그 휘하에 종속될 수밖에 없고 예컨대,

202) 《孫子兵法》, 〈行軍〉, "凡此四軍之利, 黃帝之所以勝四帝也."
203) 李零에 의하면 이 5篇 가운데 3篇은 《孫子兵法》13篇에 대한 解釋이므로 그보다 뒷 시기에 편찬되었음이 명백하며 나머지 2편도 戰國 中後期에 작성되었다고 한다. 자세한 것은 同, 〈關于銀雀山漢簡《孫子》研究的商権〉 pp.25-27 참조.
204) 周亨祥 譯注, 《孫子全譯》, 貴州人民出版社, 1992, 附錄二, 孫子兵法佚文釋文, p.125, 〈黃帝伐赤帝〉, "孫子曰, 〔黃帝南伐赤帝〕…東伐□帝…北伐黑帝…西伐白帝…已勝四帝, 大有天下, 暴者…以利天下, 天下四面歸之."
205) 《黃帝四經今注今譯》 第二篇 十六經, 〈立命〉, p.87, "昔者黃宗質始好信, 作自爲象, 方四面, 傅一心, 四達自中, 前參後參, 左參右參, 踐位履參, 是以能爲天下宗."
206) 汪繼培 輯, 《尸子》卷下, 〈散見諸書文彙輯〉, "子貢問孔子曰, 古者黃帝四面信乎. 孔子曰, 黃帝取合己者四人, 使治四方…"
207) 《呂氏春秋》, 〈本味〉. 李學勤의 해석에 의하면 여기서의 四面은 바로 黃帝를 보좌하는 四臣이라고 한다. 이와 함께 黃帝四面에 대해 기타 자세한 것은 同, 〈《鶡冠子》與兩種帛書〉, 《道家文化研究》 第一輯, 上海古籍出版社, 1992, pp.340-343 참조.

옛날에 黃帝가 蚩尤를 얻어 天道에 밝았고 大常을 얻어 地理를 살폈으며 蒼龍을 얻어 東方을 변별했고 祝融을 얻어 南方을 변별했으며 大封을 얻어 西方을 변별했고 后土를 얻어 북방을 변별했다. 黃帝가 六相을 얻어 天下가 다스려졌고 神明이 도래했다[208]

라는 《管子》의 서술은 이제 자기 휘하의 六相으로 재편된 그들 諸神의 도움을 얻어 天地와 四方을 주재해나가는 세속 帝王이자 最高神으로서의 黃帝의 이중적 면모를 잘 보여준다. 물론 黃帝의 본래 모습은 天界와 地上界를 아우르는 全宇宙질서를 주재하는 至高神이었고 天下統一을 실현하는 전제군주로서의 면모도 그런 至上神의 도래에의 염원에서 촉발된 것이었으며 또한 문화영웅으로서의 黃帝像 역시 '神話의 歷史化'라는 人文主義 경향의 산물이었다. 특히 통일전쟁의 주역으로서의 黃帝像이 他國에 대한 정복을 정당화하려는 당시 지배식자층들의 기만적 의도 下에 부각, 증폭되었던 측면을 중시해 보면 보다 광범위한 민중적 정서를 담은 黃帝像은 오히려 至高神에 가까왔으리라 추정되며 이는 戰國과 秦漢에 걸쳐 宇宙의 最高神으로 숭배된 太一[209]이 바로 黃帝이기도 했다는 以下의 설명에서 보다 강화될 것이다.

黃帝와 마찬가지로 戰國 후기에 들어와 문헌자료에 본격적으로 등장하는[210] 太一은 大一, 太乙, 太極, 泰一 혹은 泰帝 등으로도 기록되며 方術家 계열 이외에는 《莊子》를 비롯한 道家 쪽 문헌에 散見된다. 그런데 《呂氏春秋》나 《淮南子》에서는 "太一" 또는 "一"이 陰陽未分 단계의 우주 본체, 또는 그 추상화된 道와 전혀 동일한 개념으로 사용되며, 《老子》에서도 이미 "一"이 道와 상통되는 개념으로 쓰이고 있다.[211] 따라서 과연 道와 같은 철학적 개

---

208) 《管子》, 〈五行〉. 여기에서의 蚩尤에 대해 安井衡의 《管子纂詁》는 '此蓋別一蚩尤, 非與黃帝戰於坂泉之野者也'라 하나 이는 蚩尤가 黃帝에 종속된 附屬神으로 재편되었을 개연성을 간과한 근거없는 주장에 불과하다.
209) 이와같은 太一 숭배의 개괄적 시말에 대해서는 顧頡剛·楊向奎, 〈三皇考〉, 《古史辨》七(中) 참조.
210) 예컨대 太一이 戰國末부터 진한시대에 걸쳐 宇宙의 최고신으로 命名된 어휘라는 지적(小野澤精一外 編, 《氣の思想》, 東京大學出版會, 1978, 第一部 第三章 第一節, 〈道家の氣論と《淮南子》の氣〉(福永光司), pp.136-137)은 그런 추세를 입증한다.
211) 同上 참조.

념과 天神 중 어느 쪽이 太一의 원래 실체였는가에 대한 의문이 당연히 제기될 수 있다. 이 때문에 道家의 太一 및 陰陽의 개념이란 北極星을 중심으로 하는 日月의 운행 및 자연의 변화를 설명한 戰國 天文學에서의 陰陽學說에서 연원한 것이라는 견해[212]가 있는 한편 太一이 철학적 개념에서 演化하여 陰陽을 總理하는 天神이 되었다는 적극적인 주장[213]도 제시되고 있다. 그러나 道家사상의 본질이 신화적 세계관의 철학화[214]였다거나 《老子》의 철학적 명제가 中國 原始神話 속에 함축되어있는 관념의 이론적 표현이었다.[215] 지적을 다시금 상기한다면 道家의 太一은 원초적 신격을 모태로 했을 가능성이 높고[216] 기실 이렇게 이해하는 쪽이 觀念의 일반적 발전 단계를 놓고 보더라도 자연스럽다. 따라서 黃帝가 그러하듯이 太一은 본래 天神이었을 것이다. 설사 그 造語가 道家에 의해 창시되었을지라도 그 저변의 관념은 전통적 至上神이었을 것이다. 이는 전국 중기의 것으로 추정되는 "兵避太歲"戈의 神像이 太一로 비정될 수 있었던 것에서도 설명된다. 이런 맥락에서 보면 太一이 전국말기에 새롭게 출현한 神이기는커녕 商代 이래의 最高神 上帝의 별칭이라는 지적[217]도 설득력을 지닌다. 여기서 古代에 있어서의 '黃'과 '皇'의 상호 통용을 주된 근거로 하여 黃帝는 곧 皇帝이며 따라서 皇天上帝라는 현재까지도 유력한 학설[218]을 제시해보면 太一과 黃帝는 동일한

212) 何新, 〈九歌十神奧秘的揭破〉, 《何新集》, 哈爾濱 黑龍江敎育出版社, 1988, p.374.
213) 關增建, 〈中國古代星官命名與社會〉, 《自然辨證法通訊》 1992-6(復印報刊資料 《先秦 ·秦漢史》, K21, 1993-2 再錄), p.10.
214) 李成珪, 〈諸子의 學과 思想의 理解〉, p.178.
215) 何新, 《中國遠古神話與歷史新探》, 第14章, 〈渾沌神與中國人的宇宙創生觀念〉, pp.268-270.
216) 太一의 기원에 대해 그것이 春秋戰國時代의 합리적 사유의 高潮에 부응하여 道家에 의해 上帝를 代替하는 개념으로서 배태, 형성되었지만 아직 그 자체에 내재한 汎神論의 舊痕을 완전 탈피하지 못했기 때문에 方士들에 의해 다시 上帝의 모습을 갖추어 등장했다는 다소 절충적인 견해(周勛初, 《九歌新考》, 上海古籍出版社, 1986, 第四章 〈東皇太一考〉, pp.41-42) 역시 필자의 주장을 보강해주는 것 같다.
217) 何新, 〈九歌十神奧秘的揭破〉, 《何新集》, p.371. 何新에 의하면 太一은 "帝"의 切語로서 太一이라는 명칭의 출현은 方仙術士들이 上帝를 避諱한 결과이며 이는 전국 후기에 帝王 등에 대해 稱名하기를 避諱하는 풍습이 성행하기 시작한 것과 일치된다고 한다.
218) 楊寬, 〈中國上古史導論〉, 《古史辨》 七(上), pp. 195-199 ; 袁珂, 《中國古代神話》,

上帝가 되는 셈이다.

　최근의 한 연구에 의하면 본래 태양신을 가리켰던 太一은 역법과 점성술의 전개에 따라 大辰星을, 그리고 마지막으로 전국시대에는 北極星을 지칭하게 되었다고 한다.[219] 그런 변화과정의 當否는 일단 차치하더라도 전국시대에 北極星이 바로 太一星이었음은 명백하며 이같은 귀착은 천체의 중심(즉, 우주의 중앙)이자 위치불변의 天極, 즉 北極星에 우주 최고신이 居할 것이라는 인식을 기반으로 한다. 그런 北極星이 上帝(즉, 黃帝)의 下都[220]이자 世界의 중심인 昆侖山과 對應하여 거기서 天地가 결합된다는 것[221] 역시 太一과 黃帝의 동일성을 입증하며 동시에 黃帝가 地上界의 中央에 군림하여 통일을 완수하는 세속적 帝王으로 등장할 수 있는 배경을 설명해준다.[222]

　《五行大義》에 인용된 《甘公星經》에 의하면 太一은 風雨와 水旱, 兵革, 飢饉, 疫疾 그리고 災害 등을 주관하는데[223] 이는 馬王堆三號漢墓에서 출토된 〈辟兵圖〉에서 太一이 風雨를 관장하는 雷公과 雨師, 戰神 蚩尤를 방불하는 武弟子, 水旱을 주재하는 靑龍과 黃龍 등을 휘하에 거느리는 모습[224]에서도 대체로 확인된다. 물론 黃帝에서도 同類의 기능이 확인된다. 우선 黃帝가 戰神으로서 숭배되거나 또는 전국시대에 편찬된 《黃帝內經》에서 확인되듯이 醫藥의 始祖로서 숭앙되는[225] 측면이 그러하지만 《韓非子》의 다음과 같은 용례는 馬王堆 〈辟兵圖〉와 너무도 흡사하다. 즉,

　　p.98. 한편 楊寬의 그런 주장에 대한 御手洗勝의 반박은 설득력이 부족한 것 같다(同, 〈黃帝の傳說〉 참조).
219) 何新, 〈九歌十神奧秘的揭破〉, pp.371-374 참조.
220) 《山海經》, 〈海內西經〉, "海內昆侖之虛, 在西北, 帝之下都." 袁珂가 여기서의 帝를 黃帝라 注한 것(同, 《山海經校注》, pp.294-294)은 당연하기도 하다.
221) 小南一郎, 〈西王母と七夕傳承〉, pp.50-51.
222) 馬王堆漢墓 〈辟兵圖〉에서 太一의 몸에 "祉"字가 쓰여있는 것도 天上의 中央에 居하는 太一과 五行의 中央인 土, 즉 黃帝의 대응 및 兩者의 일치를 보여주는 것으로 해석될 수 있다. 이에 대해서는 李零, 〈馬王堆漢墓"神祇圖"應屬辟兵圖〉, p.941 참조.
223) 《五行大義校註》 卷5, 〈論諸神〉, p.169, "(甘公星經云)太一主風雨·水旱·兵革·飢疫·災害." 《晋書》 卷12, 〈天文志〉上에도 유사한 내용이 보인다. 즉, "太一星, 在天一南, 相近, 亦天帝神也, 主使十六神. 知風雨·水旱·兵革·饑饉·疾病災害所在之國也."
224) 이들 부속신의 기능에 대해서는 陳松長, 〈馬王堆漢墓帛畵"神祇圖"辨正〉을 참조할 것.
225) 山田慶兒, 〈九宮八風說と少師派の立場〉, 《東方學報》 52, 1980, pp.200-201.

옛날에 黃帝가 泰山 꼭대기에서 鬼神을 會合함에 象牙로 장식된 수레를 타
고 여섯 마리의 蛟龍으로 수레를 끌게 하며 畢方은 車轄을 아울러 호위하고,
蚩尤는 앞에 인도하고 風伯은 앞으로 나아가 먼지를 털고 雨師는 길을 닦고 虎
狼은 앞에 있고 鬼神은 뒤에 있으며…[226]

  우선 黃帝의 象車를 끄는 여섯 마리의 蛟龍은 〈辟兵圖〉에서 太一의 탈것
으로 해석되는[227] 그의 가랑이 아래의 黃首靑龍에 대응된다. 양자에서 雨師
와 風伯[228] 또는 雷公이 호위하는 모습도 마찬가지인데 그들이 이처럼 길을
내고 장애물을 제거하는 先驅나 護衛로서 등장하는 것은 《淮南子》와 《楚
辭》에서도 확인된다.[229] 그리고 風伯과 雨師가 바람과 비로 먼지를 털고 길
을 닦는 것은 재앙을 제거하는 일종의 祓禳 행위임에 틀림없다. 특히 주목
되는 부분은 黃帝의 행차를 선도하는 蚩尤의 모습이 〈辟兵圖〉의 武弟子 四
人이 兵器로 무장한 채 太一을 前面에서 호위하는 것과 매우 洽似하다는 사
실이다. 따라서 武弟子는 蚩尤가 四方 및 四時 관념에 따라 나뉘어진 것이
라는 추측을 가능케한다.[230] 이 밖에 虎狼과 鬼神에 관한 서술은 〈辟兵圖〉와
배치되긴 하지만, 附屬神에서 확인되는 이와 같은 유사성에 의거하건대 太

---

226) 《韓非子》,〈十過〉, "昔者黃帝合鬼神於泰山之上, 駕象車而六蛟龍, 畢方竝鎋, 蚩尤居
    前, 風伯進掃, 雨師灑道, 虎狼在前, 鬼神在後….
227) 陳松長,〈馬王堆漢墓帛畫"神祇圖"辨正〉, p.91.
228) 風伯은 雷公의 기능을 담당하기도 한다(註 234 참조).
229)《楚辭》,〈離騷〉, "雷神告余以未具"; 同,〈遠遊〉, "風伯爲余先驅兮, 氛埃辟而淸涼
    … 左雨師使徑待兮, 右雷公以爲衛".;《淮南子》,〈原道訓〉, "令雨師灑道, 使風伯掃塵."
230) 가령 앞에서 언급한 《呂氏春秋》의 "黃帝立四面"에서의 四面을 黃帝를 보좌하는 四
    臣이며 그것은 또한 四時를 상징한다는 해석(李學勤,《鶡冠子》與兩種帛書), p.341)
    은 太一과 武弟子 四人의 관계에도 적용될 수 있다. 즉,〈辟兵圖〉에서 四神이 四方의
    兵을 나누어 맡고 太一이 중앙에 居한다는 李家浩의 설명이 우선 그를 증명하며(同,
    〈論<<太一避兵圖>>〉, p.288), 李零도 武弟子와 그들이 지참한 兵器가 四方 및 四時에
    각기 배당된다는 해석을 하고 있다(同,〈馬王堆漢墓"神祇圖"應屬辟兵圖〉, p.942). 이
    와같은 해석은 蚩尤가 天道에 밝아 黃帝의 휘하에서 天時를 관장했다는 다음의 서술
    과도 맞아떨어진다(《管子》,〈五行〉, "昔者黃帝得蚩尤而明於天道…蚩尤明乎天道, 故使
    爲當時"). 한편 武弟子 四人 각각에 題字가 배당되어 있다는 점(왼쪽 끝의 題記는 殘
    去됨)을 근거로 武弟子가 四人의 總稱이 아니라는 입장을 취하는 李家浩는 왼쪽에서
    두번째 神에 해당되는 題記의 '虓裘'는 蚩尤의 聲轉으로 추측되며 그 神이 입고있는
    虎皮를 《西京賦》에서 蚩尤가 입은 것과 일치된다는 점을 들어 이 神을 蚩尤로 비정
    하는데(同,〈論<<太一避兵圖>>〉, pp.285-286) 이 역시 필자의 견해와 一面 相通한다
    고 볼 수 있다.

一과 黃帝는 동일한 至高神임에 거의 틀림없고, 아울러 《韓非子》 쪽에 묘사
된 黃帝의 위용은 《楚辭》의 〈天問〉篇이 廟堂 壁畵에 대한 描述[231]이었듯이
〈辟兵圖〉類의 圖象을 모태로 했을 가능성도 크다.

太一이나 黃帝가 이처럼 戰神과 自然神 등을 휘하에 거느린 모습으로 등
장하는 것은 물론 太一=黃帝에 대한 당시인들의 총체적 願望을 반영한다.
앞서 언급한 《甘公星經》에 나열된 太一의 관장 사항은 바로 古代 일반민중
의 심각한 고통거리였던 홍수와 한발 및 그로 인한 기근, 戰禍, 疫疾 등이었
기 때문이다. 그러나 또 한편 전국시대의 혹독한 전란을 감내해야했던 당시
인들로서는 戰禍야말로 최대의 재앙이었고 따라서 太一과 黃帝는 戰神으로
서의 면모를 보다 전면에 드러냈고, 黃帝가 統一 실현의 주체로서 투영된
것도 그런 시대상을 반영함은 물론이다. 가령 劉邦이 沛公으로 추대된 뒤
행한 공식적인 擧兵儀式에서 우선 黃帝를 祭祀한 것[232]이나 또는 漢 武帝 때
의 경우이긴 하지만 南越 정벌에 사용할 목적으로 太一星을 그려넣은 靈旗
를 제작한 것, 그리고 《淮南子》의 〈本經訓〉에서 高誘注가 "太一, 天之刑神"
이라 설명한 것 등은 공히 그런 경향의 연장선에서 이해될 수 있겠다. 또한
〈漢書藝文志〉의 兵陰陽家에 著錄된 《太壹兵法》과 《黃帝》의 書名 역시 그들
이 전쟁신의 면모를 강하게 띠었음을 입증하는데 흥미로운 일은 그와 함께
《神農兵法》이 포함된 사실이다. 神農이 문자 그대로 農神이었음을 감안해
볼 때 그것은 중국고대에 있어서 농사와 전쟁의 중요성 및 그 상관성을 재
확인해주는[233] 동시에 전국시대의 戰神이 蚩尤나 蓐收의 부류를 제외하면
특정 직능신이기보다는 오히려 戰禍를 비롯한 饑饉이나 질병 등의 재앙을
모면하고자 하는 당시인들의 포괄적 희구를 체현한 존재였음을 간접적이나
마 입증한다.

---

231) 이에 대해서는 종래 찬반 양론이 계속되어왔지만 戰國 秦漢의 壁畵 습속에 비추어
  볼 때 타당한 것 같다(蕭兵, 《楚辭的文化破譯》 第三部 第一·二章 참조).
232) 註 110 참조.
233) 〈漢書藝文志〉에는 兵陰陽家의 《神農兵法》 이외에 數術略의 五行家와 雜占家로 각
  기 분류된 《神農大幽五行》과 《神農敎田相土耕種》이 著錄되어 있는데 이는 戰爭과 農
  事의 상관성 및 그 양자의 數術(즉, 天文占星 및 曆法)과의 밀접성을 반영한다.

이와 유사한 현상은 商代와 漢代에 있어서는 대체로 농사의 풍요를 보장하는 上帝의 使者로서 숭배되었던 雨師, 風伯 또는 雷公 등의 自然神[234]이 전국시대에는 전쟁과 직결된 신격으로서 관념되었고 기능했던 것에서도 확인된다. 이런 경향은 엄청난 폭풍우나 雷電이 당시인들에게 여전히 공포의 대상[235]이자 불길한 전조였고 또한 그런 氣象과 관련된 자연현상이 현실적으로 전쟁의 승패를 크게 좌우한다는 체험에서 비롯된 것 같다. 가령 黃帝와의 전쟁에 나선 蚩尤가 風伯과 雨師에게 부탁하여 폭풍우를 쏟아지게 했다는 설화[236]의 본질도 이런 시야에서 이해될 수 있을 것이다. 또한 銀雀山漢簡에서 雷가 일어나는 곳에서는 먼저 起兵하지 말라는 것[237]도 雷가 재앙을 초래한다는 인식을 깔고 있다. 특히 馬王堆〈辟兵圖〉의 雨師 題記에 "雨師, 光風雨雷. 從者死, 當者有咎…"[238]라는 내용도 전국시대의 雨師가 그에 동반하는 폭풍우로써 상대를 격퇴하는 戰神으로 기능했음을 입증한다. 이런 자연신들이 후술하듯이 특정 星座에 居하는 星神으로 전환된 것은 전국시대 太一이 北極星으로 낙착된 것과 軌를 함께 하며 그것은 呪術의 법칙화

234) 甲骨文에서는 곡물의 생육에 혜택을 주고 豊穰을 가져다주는 이들 雨, 雲, 風은 신격으로서 숭배되었으며(小野澤精一 外編,《氣의 思想》, 第一部 第一章, 戶川芳郎,〈甲骨文・金文에 見える 氣〉, pp. 20-22), 갑골문에 보이는 雷神 祭祀 역시 祈雨를 위한 儀式이었다(徐山,《雷神崇拜》, 上海三聯書店, 1992, pp.2-3). 後漢에 편찬된《風俗通義》에 보이는 風伯과 雨師 역시 마찬가지이다. 즉, 同,〈祀典〉風伯條, "(風伯)鼓之以雷霆, 潤之以風雨, 養成萬物, 有功於人, 王者祀以報功也"; 同, 雨師條, "…至於太山不崇朝而徧雨天下, 而於雷風, 其德散大, 故而獨稱師也." 그런데 前者의 引用에 의하면 風伯은 雷公의 역할을 하고 있음을 확인할 수 있고, 또한 雲師와 雷神이 동일시되는 용례도 자료에 보인다(饒宗頤,〈馬王堆<<刑德>>乙本九宮圖諸神釋〉,《江漢考古》, 1993-1, p.86).

235) 특히 번개와 우뢰를 동반하는 雷神에 대한 공포심은 古代 중국인에 국한되지 않는 것이었고(徐山,《雷神崇拜》, p.1), 商代의 靑銅器에 雷紋이 허다한 것도 饕餮紋이 그러하듯이 雷神에 대한 공포심에 호소하여 재앙이나 악귀를 쫓아내기 위한 의도(同, pp.109-110)를 보여준다.

236)《山海經》,〈大荒北經〉, "蚩尤作兵伐黃帝…蚩尤請風伯雨師, 縱大風雨."

237) 吳九龍 釋,《銀雀山漢簡釋文》, 北京 文物出版社, 1985, p.26, "凡雷之所毋先起兵 其在冬春 小兇 在夏大兇 …." 이와 흡사한 禁忌는《太平御覽》卷13에 인용된 다음과 같은 내용에서도 확인된다. 즉, "雜兵書曰, 雷電霹靂破軍中樹木屋舍者, 徙去, 吉也. 雷電豊所從來, 不可逆而相代(伐), 宜愼之也."

238) 이 내용의 考釋에 대해서는 李零,〈馬王堆漢墓"神祗圖"應屬辟兵圖〉, p.940 ; 陳松長,〈馬王堆漢墓帛畵"神祗圖"辨正〉, pp.89-90 참조.

추세를 반영하는 것이기도 하다. 말하자면 종래의 天神들이 이제 星神으로 轉移, 정착되었던 것인데 以下 三章에서는 그런 변화의 배경과 그 구체적 내용을 살펴보려 한다.

Ⅲ. 戰爭呪術의 整理 및 법칙화

1·2章에서 언급한 전쟁주술은 주로 神獸나 天神의 모습을 담은 器物의 呪力으로써 재앙을 퇴치하거나 또는 상대 적에게 재앙을 끼치고자 하는 매우 적극적인 주술이자 따라서 동시에 보다 원초적 단계의 주술이었다. 춘추전국시대에 걸친 과학의 발달 및 그에 수반하여 고양된 이성적 사고는 특히 지배층 간에 일정한 정도로 이런 주술의 신빙성과 효용성에 대한 懷疑를 일게했고 따라서 전쟁의 승패나 길흉을 보다 항상적이고 법칙화된 근거나 尺度로써 예측하기 위한 설득력있는 방안이 모색, 강구되었을 것은 쉽사리 예상되는 바이다. 〈漢書藝文志〉에 著錄된 兵陰陽家 및 상당 비율의 方術家 문헌은 그런 방안의 整理 결과인데, 그런 부류의 문헌으로서 馬王堆三號漢墓에서 출토된 《天文氣象雜占》이나 《刑德》乙本이 望氣候星, 즉 星象 및 氣象의 관측이나 星神 운행의 예측을 토대로 한 軍事 관련 占卜書[239]였던 점에서 확인되듯이 그런 법칙화에의 모색 결과 역시 당시의 과학 수준의 한계로 인해 여전히 擬似科學으로서의 呪術 단계에 머물 수밖에 없었지만 또 한편 그것은 천문학의 일정한 발달에 조응한 呪術의 법칙화였다. 물론 前章까지에서 언급한 呪術 역시 전국적 시대격을 뚜렷이 내포하고 있고 가령 馬王堆三號漢墓에서 전술한 辟兵圖와 함께 九宮圖[240]가 출토된 것은 漢初까지도 그

---

239) 顧鐵符, 〈馬王堆帛書 天文氣象雜占內容簡述〉, 《文物》 1978-2. 顧에 의하면 이들 문헌은 전국의 작품임이 거의 확실하다. 《天文氣象雜占》에 대해서는 山田慶兒 編, 《新發見中國科學史資料の研究:譯注篇》에 편리한 譯注가 실려있다. 한편 馬王堆漢墓帛書 《刑德》는 甲·乙·丙 三種이 출토되었는데 丙種은 지나치게 훼손된 상태이고 甲·乙本의 내용은 기본적으로 동일하다. 傅擧有·陳松長 編著 《馬王堆漢墓文物》, 長沙 湖南出版社, 1992, pp.132-144에는 《刑德》乙本의 사진과 釋文이 실려있다.

런 양자의 주술이 현실적 효용성을 인정받으면서 공존했음을 입증한다. 그
러나 또 한편 어느 쪽이냐 하면 辟兵圖類의 원초적 전쟁주술에서 天文占星
術을 동반한 법칙화된 呪術로의 展開가 하나의 흐름이었다고 보아 대과없
을 것이다. 以下에서는 전쟁주술의 법칙화가 특히 占星術을 동반한 배경이
나 그 저변의 관념원리가 무엇이었으며 그런 법칙화의 구체적 내용은 무엇
이었는가를 살펴보기로 한다.

1. 兵陰陽家과 占星術의 결합

전국시대에 占星術이 盛行하게된 역사적 배경에 대해 司馬遷은 〈天官書〉에
서 다음과 같이 서술하고 있다.

> 공격하고 (영토를) 빼앗기를 경쟁적으로 일삼아 전쟁이 계속 일어나고 城邑
> 이 빈번히 屠戮되었기 때문에 饑饉과 疫疾과 困苦함이 일어나고 臣下와 君主
> 가 함께 우려하니 그 길흉의 前兆를 관찰하고 星象과 雲氣를 占候함이 더욱 급
> 박해졌고 … 尹皐·唐昧·甘德·石申은 時務에 근거하여 자신들의 書籍을 論
> 著했기 때문에 그들의 占驗은 매우 혼란스럽고 번쇄하다.

즉, 참혹한 침략전쟁의 빈발과 그에 수반된 饑饉·疫疾 등의 재앙으로 인
한 지배층의 위기감과 불안에서 天上의 異狀과 地上의 재난을 연계하여 미
래의 길흉을 예측하는 占星望氣術이 급박하게 요구, 대두되었으며 또한 그
런 절박한 시대상황 때문에 趙의 尹皐, 楚의 唐昧, 齊의 甘德(公)[241], 魏의
石申 등과 같은 당시의 星象家가 편찬한 占星術 문헌도 일관된 체계를 결여
한 채 잡박한 수준에 빠지게 되었다는 설명이다. 이는 그 자신 占星家인 司
馬遷이 보기에도 雜多한 禨祥 일색의 극히 誕妄한 '星氣의 書'가 많았기 때

---

240) 이에 대해서는 傅擧有·陳松長 編著 《馬王堆漢墓文物》, pp.134-135의 圖版 및 饒宗
　　頤, 〈馬王堆《刑德》乙本九宮圖諸神釋 -　兼論出土文獻中的顓頊與攝提〉, 《江漢考古》
　　1993-1 참조.
241) 《史記》〈天官書〉는 甘德을 齊人이라 하고 《正義》는 七錄을 인용하여 楚人이라 한
　　다.

214

문에 이를 검증, 정리하여 〈天官書〉를 편찬했다는 〈太史公自序〉의 언급[242]과
잘 맞아떨어진다. 이처럼 전국시대의 占星術은 격렬한 전란기의 특수성을
고스란히 담고있는 시대의 산물이라 할 수 있고, 戰國에서 漢初까지의 점성
술의 총결이랄 수 있는 〈天官書〉가 '星家兵書'[243]라 일컬어질 정도로 戰爭을
주된 내용으로 하는 것도 전국 점성술과 전쟁의 밀접한 관련을 보여준다.[244]

그러나 上記한 司馬遷의 언급은 전국 점성술이 대두, 整理된 배경을 설명
한 것일 뿐 당시인들의 인식에서 점성술이 중시된 이유를 적극적으로 설명
해주진 못한다. 本稿의 분석틀로써 바꾸어 말하자면 전쟁주술의 전개 및 그
법칙화라는 線上에서 왜 天文占星術이 중시되었는가가 뚜렷이 설명되지 않
는다는 것이다. 필자의 소견으로는 우선 占星術의 체계화가 일정 수준의 天
文學 발전을 전제한다[245]는 점에서 戰國 점성술의 체계화[246]는 과학의 일정한
발전에 힘입어 전쟁의 吉凶을 보다 법칙화된 방법으로 예측함과 아울러 災
殃을 미리 회피해보고자 하는 의도를 반영한다고 사료된다. 가령 《淮南子》
에서 "天文은 忌諱되는 災殃을 피하는 所以이다"[247]라는 귀절이 우선 天文

---

242) 《史記》, 卷 130, 〈太史公自序〉, "星氣之書, 多雜禨祥, 不經. 推其文, 考其應, 不殊.
比集論其行事, 驗于軌度以次, 作天官書第五."
243) 劉韶軍 編著, 《古代占星術注評》, 北京師範大學出版社, 1992, p.100.
244) 〈天官書〉의 占辭內容을 빈도에 따라 분류해보면 전체 242條 中 戰爭이 93條로 압
도적 다수를 점하며, 水旱과 豊凶 45, 王朝의 盛衰治亂 25, 帝王將相의 安危 11, 君臣
關係 10 등의 순서로 되어있다(江曉原, 《天學眞原》, 遼寧敎育出版社, 1991,
pp.231-232). 이처럼 국가적 차원의 관심사가 주류를 이루는 양상은 유사한 재앙을
다룬 《山海經》이 개인적 질병퇴치 및 辟兵術에 관해 언급하는 것과 대조를 이루는데,
그것은 戰國 점성술이 권력층의 시급한 요구에서 체계화되었다는 上記 〈天官書〉의
인용에서도 확인되듯이 天文占星術이 줄곧 왕조권력의 독점적 전유물로서 그 휘하에
종속되어온 때문이며 이처럼 개인의 운명과는 무관한 국가적 관심사만을 대상으로
삼는 것은 고대 점성술의 보편적 현상이다(Joseph Needham, *Science and Civilization
in China*, The Cambridge Univ. Press, 1956, Vol.2, Part2; 吉川忠夫 外譯, 《中國の科
學と文明》, 第3卷, 思想史, 下, 東京, 1975, pp.394-395).
245) 藪內淸, 《中國の天文曆法》, 東京, 1969, 序論 〈中國における天文曆法の展開〉, pp.5-6.
246) 전국시대의 星座체계는 石申·甘公(德)·巫咸의 세 학파로 분류되며 이들 학파는
대체로 戰國 中期에 해당되는 前 4세기에 星座체계를 정비했으리라 추정된다(楊寬, 《
戰國史》, 上海人民出版社, 1980, p.453 ; 橋本敬造, 〈先秦時代の星座と天文觀測〉, 《東
方學報》 53, 1981)고 한다. 따라서 占星術의 체계화도 그 언저리에서부터 본격화되었
을 것이다.
247) 《淮南子》, 〈要略訓〉, "(天文者 所以)避忌諱之殃…."

의 그런 豫占的 기능을 보여주며, 秦始皇 때에 星象과 雲氣를 전문적으로 관측하는 이가 300명에 달했다는 것[248]은 당시 天文占星術의 성행을 입증한다. 특히 민중의 원초적 귀신 신앙과 대조를 이루는 당시 지배식자층의 天文에 대한 확신은 《六韜》[249]에 보이는 다음과 같은 서술에 잘 드러나 있다.

> 天文(에 능한) 三人은 星曆을 主司하고 風氣를 占候하며 時日을 推算하고 符驗을 고찰하며 災異를 측정하여 天心의 去就의 기미를 알아낸다.…(中略)…術士 二人은 속임수를 행하고 귀신에 의탁하여 대중의 마음을 현혹시키는 일을 맡는다.[250]

전후 문맥에 의하면 上記한 天文과 術士는 將軍의 휘하에 필수적으로 배치되어야 할 股肱羽翼 72人의 일부로 설정된 직책이다. 上記 인용으로부터는 우선 天文의 범위가 星象과 氣象을 포함하는[251] 天上의 모든 변화를 대상으로 삼는 광범위한 것이었고, 그런 天文 관찰과 도구에 의한 계산을 통해 길흉을 예측하는 방법이 지배층이나 일부의 전문 兵家에 의해 신봉된 반면 이제 귀신은 병사들을 기만하기 위한 수단으로 이용되고 있음[252]을 엿볼 수 있다. 따라서 上記 인용에서 時日을 推算한다는 것은 바로 式의 운용을 가리키는 듯하다. 전국시대부터 數術家에 의해 時日 占驗의 도구로서 본격 사

---

248) 《史記》 卷6, 〈秦始皇本紀〉, "秦法, 不得兼方, 不驗, 輒死. 然候星氣者至三百人, 皆良士, 畏忌諱諛, 不敢端言其過."

249) 《六韜》의 성립시기에 대해서는 戰國 中晚期說(李居平, 〈《六韜》源流考〉, 杭州大學古籍研究所 編, 《古文獻研究》, 哈爾濱師範大學北方論叢編輯部, 1989)과 秦始皇 在位期說(張烈, 〈《六韜》的成書及其內容〉, 《歷史研究》 1981-3)이 있는데 대체로 戰國 晚期로 보는 것이 타당할 것 같다. 또한 張烈은 《太公兵法》이 《六韜》로 改名되었다고 보는 반면 李居平은 양자가 별개의 書라는 주장을 펴고 있다.

250) 《六韜·龍韜》, 〈王翼〉.

251) 그리이스語의 天文學이 星象學인 것에 비해 중국의 전통적 天文學은 日月星辰에 관한 현상, 즉 星象과 地球大氣層內에서 발생하는 현상, 즉 氣象을 고찰 대상으로 한다(陳遵嬀, 《中國天文學史》 第一冊, 臺北 明文書局, 1984, p.1).

252) 이는 《墨子》 〈號令〉篇에서 巫祝과 望氣者가 望氣 및 占卜의 결과를 일반 民에게 告할 때 반드시 낙관적인 말을 골라서 해야 하고 비관적인 말로써 民을 놀라게 할 경우 가차없이 처벌된다는 규정("巫祝史與望氣者 必以善言告民, 以請上報守. 守獨知其請而已. 無與望氣妄爲不善言, 驚恐民, 斷弗赦")과도 상통한다. 鬼神이나 占卜과 관련된 사사로운 발설행위에 대한 강력한 禁止는 다음에서도 확인된다. 즉, 《禮記》, 〈王制〉, "假於鬼神·時日·卜筮 以疑於衆者 殺也."

용된 式은 天地의 모양을 본딴 天盤과 地盤을 돌려맞추어 미래 예측과 天人 溝通을 꾀한 器物이다.[253] 말하자면 그것은 우주의 축소판으로써 天道, 즉 天 神의 움직임을 법칙화하여 계산해내는 것이다. 가령 大軍의 出戰에는 太史 가 "天時", 즉 式을 지참한다는 《周禮》의 언급[254]이나 전국 楚의 군대에 길 흉의 때를 占하는 日官이 배치되었다는 사실[255]은 전국시대 전쟁에서 실제 로 式이 사용되었음을 방증한다.

　星象 관찰과 式의 운용은 星象의 규칙적 운행을 계산하여 미리 전쟁의 승 패와 길흉을 예측하려는 의도의 소산인데 특히 式으로써 특정 日時에 특정 天神(즉, 星象)이 위치하는 지점을 판별한다는 것은 기본적으로 星象 숭배 에　수반하여 기존의 諸神이 특정 星座에 居하는 星神으로 전환, 정착되어 일정한 직능을 행사하며 따라서 특정 星座와 특정 神이 동일시되는 관념을 전제한다. 우선 太一이 北極星에 居하는 星神이 되었거나　太歲가 가상의 星神이 된 것[256]이 그러하며 西王母가 관장하는 厲星과 五殘星도 유사한 부 류의 星神인데, 이들 모두는 거의 확실히 戰國 占星術의 산물이었다. 그러 나 太歲가 歲星과 반대 반향으로 운행하는 假想의 星이었던 점에 의거하자 면 星은 엄밀히 말해 天神 자체가 아니라 그의 居所일 뿐이다. 北極星이 "太一常居"라 일컬어지거나[257] 紫微垣과 太微垣이 각각 太一의 居所나 五帝 의 庭으로 불린 것[258]도 같은 이치인데 그렇다 해도 神의 居所인 만큼 여전 히 星에 神聖性이 동반되었음은 물론이다. 또한 본래 日月을 표상, 지칭하

---

253) 이에 대해 자세한 것은 李零, 〈"式"與中國古代的宇宙模式〉 참조.
254) 《周禮》〈春官宗伯〉, 大史條 "(大史)大師抱天時與大師同車"(鄭玄注, 大出師則 大史 主抱式 以知天時 處吉凶).
255) 《史記》, 卷48, 〈陳涉世家〉, "周文, 陳之賢人也, 嘗爲項燕軍視日."
256) 春秋末까지도 木星, 즉 歲星의 方位로써 征伐의 온당 여부를 점친 것을 보면 太歲 관념이 戰國 以後의 산물임은 확실한 것 같으며(李學勤, 〈"兵避太歲"戈新證〉, p.38), 또 한편 《左傳》의 天文 관련내용이 그 편찬 시기인 戰國 中期의 것(楊寬, 《戰國史》, pp.452-453)이라 해도 결과는 마찬가지이며 또한 攝提格을 비롯한 十二太歲年名의 案 出도 戰國 中期에 이루어졌다(同, p.453).
257) 《史記》, 卷27, "中宮天極星, 其一明者, 太一常居也."
258) 《開元占經》卷一, 〈天體渾宗〉, "((靈憲)曰)紫宮爲皇極之居, 太微爲五帝之庭…." 한 편 《淮南子》, 〈天文訓〉에는 "太微者, 太一之庭也"라 되어 있다.

거나 陰陽을 의미했던 刑德이 후술하듯이 전국의 兵陰陽家 및 數術家에 의해 天文占星術에서 가장 중요한 神格의 하나로 전환된 것도 그러하다.

전국에 들어와 전쟁과 밀접한 관련을 갖게 되었다고 추정되는 風伯과 雨師도 각기 箕星과 畢星으로 자리잡고 있다.[259] 또한 《山海經》에서 禦凶의 呪力을 지닌 神獸로 묘사된 天狗가 流血을 동반한 戰禍를 유발하는 天狗星으로 된 것은[260] 흥미롭게도 蚩尤의 전환 양태와 매우 흡사하다. 蚩尤는 전국시대 戰神이 星神化한 명백하고도 전형적인 例인데, 본래 戰禍를 야기하거나 막아준다고 여겨졌던 蚩尤는 蚩尤星 또는 蚩尤之旗로 전환하여 流血을 일으키는 등 戰爭과 밀접한 관련을 갖는 星으로 정착한다.[261] 또한 다음과 같은 《禮記》의 서술은 四獸가 천상의 四象으로 정착했음을 보여준다. 즉,

> 行軍에서는 朱鳥를 앞에, 玄武를 뒤로 하고, 靑龍을 左로, 白虎를 右로 한다. 招搖는 위에 있어 용기를 불러일으킨다[262]

---

259) 《風俗通義》,〈祀典〉第八, '風伯'條, "風師者, 箕星也. 箕主簸揚, 能致風氣"; 同, '雨師'條, "雨師者, 畢星也." 흥미로운 점은 곡식을 까부는 '키'의 의미인 箕星과 바람을 일으키는 風伯을 일치시켰다는 것인데 《獨斷》上에도 '風伯神, 箕星也, 其象在天, 能興風'이라 되어있다. 그렇다면 箕星의 출현과 바람 부는 것이 시기적으로 일치된다는 경험의 결과 風伯이 箕星이 된 것이 아닌가 추정된다. 같은 맥락에서 畢星의 출현과 降雨의 시기적 일치로 雨師가 畢星이 된 듯하다. 또한 《史記》卷4,〈周本紀〉, "九年, 武王祭于畢. 東觀兵, 至于盟津"에 대해 《索隱》은 "畢星主兵, 故師出而祭畢星也"라 注하고 있는데 과연 周初에 畢星이 그런 기능의 星神으로 관념되었는지는 극히 의문이다. 따라서 武王이 畢星에 제사했다는 上記 내용은 武王과 太公에 관련된 허다한 설화가 그렇듯이 전국시대에 만들어진 것으로도 추정된다. 한편 《史記》,〈天官書〉의 《正義》에서는 《天官占》을 인용하여 "(熒惑)其精爲風伯"이라 적고 있다.

260) 《山海經》〈西山經〉, "有獸焉, 其狀如狸而白首, 名曰天狗, 其音如榴榴, 可以禦凶." 한편 郭璞은 天狗星에 대해 "周書云,〈天狗所止地盡傾, 餘光燭天爲流星, 長數十丈, 其疾如風, 其聲如雷, 其光如電〉吳楚七國反時狀過梁國是也"라 注하고 있다. 《史記》〈天官書〉와 《晋書》〈天文志〉에도 天狗星이 流星의 하나로서 戰禍를 일으키는 별자리로 서술되어 있다. 즉, 《史記》, 卷27,〈天官書〉, "天狗, 狀如大奔星, 有星, 其下止地…千里破軍殺將"; 《晋書》卷12,〈天文志〉中, "(天狗)主候兵討賊. 見則四方相射, 千里破軍殺將. 或曰, 五將鬪, 人相食, 所往之鄕有流血. 其君失地, 兵尤起, 國易政, 戎守禦."

261) 《天文氣象雜占》, p.67, "蚩(尤)出, 下又流血"; p.70, "蚩又(尤)旗, 兵在外歸"; 《史記》, 卷27,〈天官書〉, "蚩尤之旗 類彗而後曲, 象旗, 見則王者征伐四方", ; 《晉書》, 卷12,〈天文志〉中, "(妖星) 六曰, 蚩尤旗, 類彗而後曲, 象旗 … 主伐枉逆, 主惑亂, 所見之方下有兵, 兵大起, 不然, 有喪."

262) 《禮記》,〈曲禮〉上.

여기서 朱鳥・玄武・青龍・白虎와 招搖는 四神과 北斗杓星을 상징하는 旗로서 이와같은 배치는 軍陣을 惡鬼나 邪氣로부터 호위하기 위함일 터인데, 招搖가 天上의 중앙에 위치하는 北斗杓星을 표상한다면 그를 둘러싼 四神은 地上界의 四方을 수호하는 神獸가 아니라 응당 二十八宿로 구성되는 天上의 四象=四維, 즉 星神을 지칭함에 틀림없다.[263] 최근 河南省 濮陽 西水坡에서 발굴된 仰韶文化 后崗期 墓葬에서는 墓主 양쪽에 조개껍질로 묘사된 龍虎가 모습을 드러냈는데 전문 연구에 따르면 놀랍게도 그 龍虎의 배치 구도는 星象에서의 東西 二宮으로 이해되며 따라서 그것은 二十八宿의 기원을 반영하는 星圖로 해석된다고 한다.[264] 그렇다면 青龍을 비롯한 四獸가 四象으로 정착된 것도 춘추 이전으로 소급되어야 할 지도 모르며[265], 따라서 四維의 경우를 포함한 諸神의 星神化 시기를 전국 중기 占星術의 체계화 이후라고 못박을 수도 없을 듯하다. 그러나 격렬한 전쟁과 天文學의 일정한 발전이라는 占星術 체계화의 양대 핵심 조건을 재차 중시해본다면 대체로 그 즈음에 兵陰陽家나 數術家에 의해 이들 星神이 특히 전쟁의 승패를 예측하기 위한 본격적인 占驗의 대상이 되었다고 판단된다.

당시인들의 占星術에 대한 확신과 諸神의 星神化는 다른 각도에서 해석하면 星을 神氣의 응축상태이자 따라서 神性의 顯現 實在로 이해한 때문일 것이다. 氣는 道家에 의해 관념적으로 해석되기도 했고 훗날 王充 등 기계론적 자연론자에 이르러 물질로서의 元氣로 규정되었지만 본래는 보이지 않는 힘이자 따라서 神이나 鬼의 작용으로 인식되었고[266] 望氣 역시 巫祝이 神의 작용을 예측하는 행위였다.[267] 가령 山川의 氣가 하늘에 올라가 형성된 雲의 양

263) 《淮南子》,〈兵略訓〉에서 用兵에 대해 설명하면서 "所謂天數者, 左青龍, 右白虎, 前朱雀, 後玄武"라 한 것도 이를 입증한다.
264) 馮時,〈河南濮陽西水坡45號墓的天文學研究〉,《文物》1990-3.
265) 戰國早期에 해당되는 曾侯乙墓의 漆箱 뚜껑에서는 이미 二十八宿를 四方의 七宿씩 배분하는 방법이 보이는데, 이 器物의 出土 以後로는 二十八宿의 확립시기에 대해 대체로 春秋期로 잡는 견해가 지배적인 것 같다(橋本敬造,〈先秦時代の星座と天文觀測〉,《東方學報》53, pp.196-197 ; 陳遵嬀,《中國天文學史》第一, pp. 74-75).
266) 戶川芳郎,〈甲骨文・金文に見える氣〉(《氣の思想》所收), pp.19-23.
267) 고대중국에서 望樓 형태의 臺는 전쟁의 승패와 직결되는 神氣의 길흉을 豫占하기

태로써 吉凶을 점치는 것도 본래는 그 雲氣가 山川에 居하는 鬼神이 發出한
것이라는 관념을 저변에 깔고 있는 것이다.[268] 日月星辰도 氣가 응축되어 반
짝이는 것[269]이라는 고대인들의 관념에 의거할 때 잠정적·과도적 현상인 雲
氣에 비해 星象은 神氣의 응축물이자 神의 영구적 顯現態로서 길흉예측을
위한 보다 확실한 근거이자 표준으로 인식되었을 것이며 따라서 候星은 望
氣보다 더 확실하고 장기적인 예측을 보장했을 것임에 틀림없다.[270]

　以上과 유사하게 전쟁주술의 법칙화 추구와 관련된 占星術의 성행 배경
을 설명해주는 보다 진보된 관념 틀은 天人感應 및 天地對應說이라 할 수
있다. 우선 張衡의 《靈憲》에 보이는 다음과 같은 인식이 그 好例이다.

> 　地上에는 山岳이 있어 그 氣를 發出하며, (地氣의) 精華는 凝集되어 星이 된
> 다. 星이란 것은 그 體가 地에서 생기며 그 精華는 天에서 이루어져, 서로 뒤섞
> 여 분포 배열되지만, 각기 속하는 바가 있어 (地上의 것들과 대응관계를 갖는
> 다).[271]

　즉, 星이 地氣의 精華이자 그의 天上에서의 表象이고 따라서 그 本質은
地上에 있기 때문에 星으로써 지상계의 미래를 예측할 수 있는 것인데 이런
관념은 전국시대에 星宿과 地理區域을 연계하여 星象의 변화로써 주로 해
당 제후국이 당면한 전쟁의 승패를 예측하는 分野說[272]로 구체화되었다. 또

위해 무축이 望氣를 하는 장소이기도 했다(拙稿, 〈中國古代의 市의 觀念과 機能〉,
　pp.25-26).
268) 神氣는 人氣로 발전하여 적군의 상공에 떠있는 雲氣를 望함으로써 승패를 예측하
　는 행위로 이어졌다. 이같은 고대인의 雲氣 관념에 대해서는 何丙郁·何冠彪, 〈敦煌
　殘卷《占雲氣書》硏究〉(上), 《文史》 25, 1985 참조. 한편 합리적 兵家인 《孫子兵法》과
　《孫臏兵法》에서는 氣가 군대의 집단적 심리로 규정, 용어화되고 있다(細川一敏, 〈兵
　家·黃老思想における氣の役割〉, 《氣の思想》 所收, pp.151-154).
269) 《列子》, 〈天瑞〉, "日月星宿 亦積氣中之有光耀者…虹蜺也, 雲霧也, 風雨也, 四時也,
　此積氣之成乎天者也." 後代의 用例이지만 彗星을 惡氣의 생성물로 보는 것(《魏書》 卷
　35, 〈崔浩傳〉, "彗星者 惡氣之所生…")도 동일한 관념의 표현이다.
270) 天人感應說에 입각한 星氣論에서 星體와 雲氣가 각기 통치계급과 平民을 대표, 상
　징한다고 구분하는 것(何丙郁·何冠彪, 〈敦煌殘卷《占雲氣書》硏究〉(上), p.73) 역시 그
　러한 星宿과 雲氣의 차별성을 반영한다.
271) 《開元占經》 卷一, 〈天體渾宗〉.
272) 《左傳》에는 주로 分野說에 의거하여 歲星의 위치로써 吉凶을 점치는데 《左傳》의

한 본래 歲星·太白·熒惑·辰星·鎭(塡)星이었던 五星이 五方·五行의 精으로 간주되어 地上界의 변화를 설명해주는 근거로서 星象學에서 특히 중시된 것도 같은 관념의 소산인데 馬王堆三號漢墓에서 발굴된 현존 最古의 天文書인 《五星占》[273]에서 '東西南北및 중앙에 해당되는 五行의 神이 天上에 올라가 五星이 되었다'[274]는 서술은 그를 웅변한다. 司馬遷의 〈天官書〉에 이르러 帝王을 정점으로 하는 地上의 국가조직을 그대로 天上에 옮겨놓은 것[275]도 물론 그런 관념의 연장선에 있다. 그리하여 〈天官書〉에서 黃河의 精인 天漢(즉, 은하수)에 별이 많으면 地上에 洪水가, 적으면 旱魃이 든다[276]는 것은 그런 관념이 占星術로 구체화된 好例가 아닐 수 없다.

科學과 呪術이 混淆된 以上과 같은 星象관념을 대거 수용하여 전쟁주술을 체계화한 것이 이른바 兵陰陽家였음은 〈漢書藝文志〉의 다음과 같은 설명에서도 잘 드러난다. 즉,

> (兵)陰陽이란 時에 따라 (兵)을 發하고 刑德(의 위치)을 推算하며 北斗(의 자루가 가리키는 方向)을 좇아 공격하고 五行相勝의 (理)에 의거하니 鬼神을 빌어 도움으로 삼는 것이다(陰陽者, 順時而發, 推刑德, 隨斗擊, 因五勝, 假鬼神而爲助者也).

上記의 정의에 따르자면 兵陰陽家는 天時나 時日禁忌의 중시, 占星과 向背 및 五行相勝說의 운용을 핵심적 특징으로 하는즉, 요컨대 초자연적인 諸

天文記事는 B.C. 4세기 중엽의 것이라 한다(藪內淸, 《中國の天文曆法》, p.6).

273) B.C 170년 전후에 성립된 이 《五星占》에는 현재 佚傳된 甘德의 《天文星占》과 石申의 《天文》의 일부내용이 담겨있다. 《五星占》에 대해서는 席澤宗, 〈中國天文學史的一個重要發現 - 馬王堆漢墓帛書中的《五星占》〉, 湖南省博物館 編, 《馬王堆漢墓硏究》, 長沙 湖南人民出版社, 1979(《中國天文學史文集》, 科學出版社, 1978 原載) 참조.

274) 山田慶兒 編, 《新發見中國科學史資料の硏究:譯注篇》, 《五星占》, "東方木…其神上爲歲星"; "西方金…其神上爲太白"; "南方火…其神上爲(熒惑)"; "中央(土)…其神上爲塡星"; "北方水…(其)神上爲晨星". 이와 거의 동일한 내용은 《淮南子》의 〈天文訓〉에서도 보인다.

275) 전통 중국 천문학의 이같은 특징에 대해서는 關增建, 〈中國古代星官命名與社會〉 참조.

276) 《史記》, 卷27, 〈天官書〉, "漢者, 亦金之散氣, 其本曰水. 漢, 星多, 多水, 少則旱, 其大經也"(《索隱》, "河圖括地象曰, 河精爲天漢也").

神, 특히 星神化한 天神의 힘을 빌어 전쟁의 승리를 도모하려는 兵學이라 할 수 있다.[277] 그것도 諸神의 움직임을 巫祝의 비밀스러운 靈力보다는 체계화된 법칙과 범주화된 테크닉을 토대로 한 관찰과 계산으로써 미리 예측하고자 하는, 말하자면 呪術의 법칙화이자 범주화된 呪術이었다. 이와같은 範疇化 및 그 결과로서의 문헌편찬은 종래 望氣候星 등 이른바 天道를 관장했던 巫祝에 대한 不信과 占星望氣를 요구하는 절박한 시대상황에 대한 대응이었다. 그러나 天文學 발전을 수용했음에도 불구하고 그것은 당시 과학의 낙후성과 그 주체인 이른바 數術家의 巫祝的 民間性으로 인해 과학의 불가결한 요소인 論理·區別性·規定性·統一性이나 이렇다 할 哲學性도 결여한 채 기껏 단순소박한 向背와 같은 실증되지 않은 呪術的 理論과 번잡한 경험적 자료를 토대로 구체적이고 실용적인 방법을 다양하게 전개할 뿐이었다. 兵陰陽家 및 數術家 문헌의 대다수가 마치 漢代 緯書의 前身格임을 자임하는듯 그 편찬 주체들을 알 수 없는 익명성[278]과 함께 그 書名에서 확인되듯이 黃帝나 太一, 神農, 天一 등 神의 권위에 호소하는[279] 신비주의를 채택할 수밖에 없었던 것도 그 때문일 것이다. 또한 數術家로 손꼽히는 五行家·堪輿家(風水家)·建除家(建除의 十二神占家)·叢辰家(占星家)·曆家·天人家(天一家)·太乙家(太一占星家)[280] 등 각 집단마다 자신들이 떠받드

---

277) 以上과 같은 〈漢書藝文志〉의 설명은 《淮南子》〈兵略訓〉에서 "故善用兵者…明於奇正賁·陰陽·刑德·五行·望氣·候星·龜策·禨祥, 此善爲天道者也"라는 兵陰陽家의 범위설정과 대동소이하다.

278) 馬王堆漢墓에서 출토된 《刑德》에서 "孔子故曰, 刑德始於甲子 云云"하는 것은 緯書 역시 같은 "孔子曰"의 형식으로 그 작성 주체를 孔子에 가탁함으로써 권위와 정통성을 확보하려 했던 것(安居香山, 《緯書》, 東京 明德出版社, 1969, pp.54-56)과 흡사하다.

279) 書名의 숫자에서 黃帝에 못미치는 太一의 경우도 다음과 같이 다양하다. 즉, 太壹兵法(兵陰陽), 泰一雜子星(數術·天文), 泰壹雜子雲雨(數術·天文), 泰壹陰陽(數術·五行), 泰一(數術·五行), 泰壹雜子候歲(數術·雜占), 泰壹雜子十五家方(方技·神仙), 泰壹雜子黃冶(方技·神仙). 주지하듯이 〈漢書藝文志〉는 실용서적을 兵書·數術·方技로 나누고 다시 兵書는 權謀·形勢·陰陽·技巧로, 數術은 天文·曆譜·五行·蓍龜·雜占·形法으로 나누었는데, 上記한 太一 관련 書名을 보더라도 이런 분류가 극히 편의적인 것임을 확인할 수 있고 따라서 數術略과 兵陰陽家로 각기 분류된 것 간에 공통점이 많으리라는 것은 예측 그대로이다.

280) 《史記》 卷67, 〈日者列傳〉.

222

는 至高神을 정점으로 다양한 神의 계보와 명령체계를 구체화했을 것은 뻔하므로 그로 인한 星神 간의 모순과 중복 및 불일치는 당연히 예상되는 바이다. 兵陰陽 16家 249篇이 모두 亡佚되었을 뿐만 아니라 數術略의 190家 2528卷도 《山海經》을 제외하고는 거의 絶滅된 것도 戰國의 전란이 종식된 뒤 그 효용성을 상실한 때문이기도 하지만 또 한편 그런 비과학성 및 일관성 결여 탓도 클 것이다. 陰陽五行說을 대거 수용한 《淮南子》에서

> 日月星辰의 운행과 刑德奇秘의 數術, 向背左右의 변화에 밝은 것은 전쟁의 도움은 되지만 全勝이 여기에 있는 것은 아니라[281]

고 서술하고 兵事의 승패는 정치에 있다고 결론짓거나 또는

> 무릇 큰 도끼로 오동나무를 격파하는데는 利時·良日을 기다리지 않고 격파한다. 큰 도끼를 오동나무 위에 얹어만 두고 人力을 들이지 않으면 招搖를 따르고 刑德을 낀다 해도 파괴할 수 없으니 (이는 격파할) 氣勢가 없기 때문이라[282]

한 것도 兵陰陽家에의 過信에 대한 비판과 반성이자 동시에 인간의 주체적 의지 강조 및 人間界의 상대적 자율성 확인으로 이해될 수 있다. 兵陰陽家의 비과학성에 대한 비판은 鬼神과 占卜을 부정한 戰國 합리론자들에 의해 이미 거세게 퍼부어졌다.

　우선 《韓非子》는 당시 여전히 전쟁에 앞서 占卜과 呪術이 자행되는 것에 대해 합리적 인식에 근거하여 비판하는데 특히 다음과 같은 數術家의 자가 당착적 모순에 대한 명쾌한 지적은 매우 적절하다.

> 以前에 魏는 數年間 東向하여 陶·衛의 땅을 모두 攻取했지만 數年은 西向하여 (秦과 다투어) 그 國土를 잃었다. 이는 승리를 가져오는 豊隆·五行·太乙·王相·攝提·六神·五括·天河·殷搶(暗紅色의 天槍)·歲星 등의 (吉星)이 수년간 西方에 있어 (秦을 保佑했기) 때문이 아니요, 또한 天缺·弧逆·刑星(太白)·熒惑·奎·臺 등의 凶星이 數年 동방에 있어 (魏를 懲罰했기) 때문도 아

---

281) 《淮南子》, 〈兵略訓〉.
282) 同上.

니다. 따라서 龜卜·易筮의 (吉兆), 鬼神의 (加護)가 있다고 언제나 승리하는 것은 아니고 左右向背가 (吉해도) 전념으로 싸워 좋은 것이 아니다. 그래도 (여전히) 그에 의지하는 것은 어리석음의 극치이다.[283]

이는 《史記》의 〈天官書〉나 《淮南子》의 〈天文訓〉과는 자못 相異한 戰國 占星術의 일단을 미흡하나마 보여주는 동시에 당시 兵陰陽家가 실제 전쟁에서 행사했던 상당한 영향력을 간접적으로 입증하는 셈이다. 兵陰陽家 비판은 전국말에 편찬된 합리적 兵書인 《尉繚子》에서 특히 두드러지게 보이는데 第一篇인 〈天官〉부터가 兵陰陽家 비판을 겨냥, 설정된 것이다. 거기에서 "黃帝刑德이면 百勝할 수 있다는데 사실이냐"고 묻는 梁惠王에게 尉繚子는 다음과 같이 대답한다.

(黃帝刑德이란) 刑으로써 정벌하고 德으로써 守禦함이니 이른바 天官·時日·陰陽·向背가 아니다. 黃帝는 人事일 따름이다.…天官時日은 人事만 같지 못하다.

이 역시 兵陰陽家의 핵심요소인 天官·時日·陰陽·向背를 근간으로 하는 理論 체계[284]로서의 黃帝刑德이 《尉繚子》 편찬 당시 크게 성행했음을 반증하는 것임에 틀림없고 이는 馬王堆漢墓에서 출토된 《刑德》乙本의 내용에서도 대체로 입증된다. 특히 그 《刑德》에 첨부된 九宮圖의 中央에는 식별하기 어려울 정도로 희미하게 "黃帝(帝)"로 추측되는 두 글자가 黃色으로 쓰여 있는데[285] 이 또한 黃帝와 兵陰陽家의 밀접성을 재차 입증한다. 그야 어쨌든 《尉繚子》에는 계속해서 鬼神·占卜·禱祠·占星望氣 등에 대한 반대, 비판과 人事의 중요성을 부각하는 내용이 반복적으로 보이는데[286] 이는 무

---

283) 《韓非子》, 〈飾邪〉. 번역은 張覺 譯注, 《韓非子全譯》, 貴州人民出版社, 1992, pp. 248-252에 따랐다. 《韓非子翼毳》의 注는 그와 적잖이 相異함을 첨언한다.

284) 李訓詳, 《先秦的兵家》, p.182.

285) 饒宗頤, 〈馬王堆《刑德》乙本九宮圖諸神釋〉, p.84.

286) 《尉繚子》, 〈戰威〉, "舉賢任能 不時日而事利 明法審令 不卜筮而事吉 貴功養勞 不禱祠而得福 又曰 天時不如地利 地利不如人和 聖人所貴 人事而已."(이와 동일한 내용은 〈十二陵〉篇에도 보인다) ; 同, 〈武議〉, "舉賢任能 不時日而事利 明法審令 不卜筮而獲吉 貴功養勞 不禱祠而得福 又曰 天時不如地利 地利不如人和 古之聖人 謹人事而已." ;

가치한 전쟁주술의 압도적 유행에 대한 합리론자의 외로운 투쟁으로도 해석될 수 있다. 그리고 《孟子》에서,

> 天時는 地利만 같지 않고 地利는 人和만 같지 못하다. 三里의 城과 七里의 郭을 占쳐 (天時에 합당한 방향으로) 공격해도 이기지 못한다. 무릇 占쳐 공격하면 반드시 天時를 얻는 것이 있게 마련이다. 그런데도 이기지 못함은 天時가 地利만 못해서이다[287]

라고 天時를 상대화하는 것 역시 당시의 실제 전쟁에서 天時의 吉凶을 따져 공격의 시점과 방향을 택하는 것이 일반적 행태였을 충분한 가능성을 시사한다. 또한 周 武王이 紂 정벌 과정에서 兵忌의 날짜에 출발했을 뿐더러 東面하여 太歲를 거슬러 맞이하는 등의 凶兆에도 불구하고 결국 승리했다는 일화[288]를 《荀子》가 소개한 것도 주술적 병음양가의 합리론 압도가 당시의 대세가 아니었는가 하는 억측아닌 억측을 품게 한다.

　兵陰陽家의 실제 영향력을 보다 직접적으로 입증하는 것은 우선 形勢·陰陽·技巧家와 함께 兵家에 소속하는 兵權謀家 역시 兵陰陽家의 理論을 수용하고 있다는 〈漢書藝文志〉 編者의 설명이다.[289] 이는 兵權謀家로 분류된 《孫子兵法》과 《孫臏兵法》이 兵陰陽學을 수용했다는 지적[290]으로도 일단 수

同, "武王伐紂, …兵不血刃而(克)商誅紂. 無祥異也, 人事修不修而然也. 今世將考孤虛, 占城(咸)池, 合龜兆, 視吉凶, 觀星辰風雲之變. 欲以成勝立功, 臣以爲難"(이와 같은 내용은 〈十二陵〉에도 보인다).

287) 《孟子》, 〈公孫丑〉下. '環而攻之'에 대한 통상적 해석은 포위공격이지만 전후 맥락에서 보면 占을 쳐서 天時에 합당한 방향으로 쳐들어간다는 것이라는 焦循의 《孟子正義》의 해석("天時多言向背, 如背孤擊虛. 背亨亭擊白奸之類. 每日每時, 各有其宜. 背宜向之方, 環而攻之, 則四面必有一處合天時之善者")이 극히 타당하다.

288) 《荀子》, 〈儒效〉, "武王之誅紂也, 行之日以兵忌, 東面而迎太歲 … 遂選馬而進, 朝食于戚, 暮宿于百泉, 旦厭(壓)于牧之野. 鼓之而紂卒易鄉, 遂乘殷人而誅紂." 아울러 《禮記集解》, 〈曲禮〉上, "外事以剛日, 內事以柔日"(孔氏曰, 十日有五剛五柔, 甲丙戊庚壬五奇爲剛, 乙丁己辛癸五偶爲柔也)에 따르면 出兵은 外事이므로 剛日에 행해야 吉한 셈이된다. 이와같은 時日禁忌는 《淮南子》에서도 확인된다(同, 〈天文訓〉, "德, 剛日自倍因, 柔日徒所不勝.…凡日, 甲剛, 乙柔, 丙剛, 丁柔, 以至于癸"). 한편 太歲가 戰國에 형성된 관념인 限, 上記 일화는 戰國의 산물이라 할 수 있다.

289) 《漢書》 卷30, 〈藝文志〉, "權謀者, 以正守國, 以奇用兵, 善計而後戰, 兼形勢, 包陰陽, 用技巧者也."

290) 李訓詳은 兵陰陽家의 특징인 五行相勝說이 《孫子兵法》과 《孫臏兵法》에서 운용되

긍된다. 그렇다면 결국 戰國 合理主義의 대표격이랄 수 있는 《孫子兵法》까지도 전쟁주술의 굴레를 완전히 탈각하지 못한 셈이 된다.

前章에서도 지적했듯이 《孫子兵法》은 감정의 개입과 鬼神숭배를 철저히 배제한[291] 냉철한 합리주의에 입각하여 전투의 진퇴를 實利의 여부로써 결정하는 특징을 보인다. 그러나 또 한편 그 兵書에도 禁忌로 판단될 소지가 없지 않은 내용[292]이 있고 보면 兵陰陽家와의 관련 가능성은 그만큼 높아지는데 필자의 소견으로는 다음과 같은 내용이 兵陰陽家와의 관계여부를 해명해 주는 관건으로 사료된다.

> (火攻에서) 불을 지르는데 (유리한) 시기가 있고 불을 일으키는데 (유리한) 날짜가 있으니, 시기란 날씨가 건조함이며 날짜란 月이 箕·壁·翼·軫에 있는 때이다. 무릇 (月이) 이 四宿(에 있는 때)는 바람이 일어나는 날이다.[293]

上記 인용은 一見 兵陰陽家나 數術家 문헌의 내용을 방불하며 특히 風伯이 箕星으로 정착했던 점[294]을 고려하면 더욱 그러하다. 그러나 또 한편 箕

고 있음을 지적하는(同, 《先秦的兵家》, pp.180-181) 반면 鄭良樹는 《孫子》의 "五行無常勝"이 五行相勝說과는 무관한 당시의 관용귀절이라 주장하고 있는데(同, 〈論孫子的作成時代〉, p.73), 鄭의 주장은 《孫子兵法》의 성립시기를 春秋末로 끌어올리려는 의도가 곁들여 있어 객관성이 부족하다. 한편 戰國 후반으로 갈수록 陰陽五行說이 諸子 문헌에 보편적으로 수용되는 경향을 감안해본다면 上記의 귀절만으로 《孫子》와 兵陰陽家의 직접적 상관성을 단정하는 것은 다소 성급한 것이 아닌가 사료된다. 李零도 陰陽이나 向背의 측면에서 역시 《孫子》에서 兵陰陽說이 확인된다는 점을 지적하고 있는데(同, 〈讀《孫子》札記〉, 陳濟康 編, 《孫子新探》, 北京 解放軍出版社, 1990, pp.201-204 ; 同, 〈齊國兵學甲天下〉, pp.206-207), 예컨대 《孫子》에서의 '陰陽'이 단지 그 본래 語義인 양지와 응달, 밝음과 어두움을 含意할 따름(同, 〈軍爭〉, "難知如陰" ; 同, 〈行軍〉, "凡軍, 好高而惡下, 貴陽而賤陰")임에 비추어보건대 과연 "天者, 陰陽, 寒暑, 時制也"(同, 〈計〉)를 李零의 주장대로 兵陰陽說이라 볼 수 있을지는 의문이다. 向背 역시 그러한데 이에 대해서는 後述한다.

291) 특히 敵情을 귀신을 통해 알 수는 없다거나(《孫子》, 〈用間〉, "先知者不可取于鬼神 不可象于事 不可驗于度 必取于人知敵之情也") 또는 兵士들의 미신과 의혹을 제거해야 죽도록 용감히 싸우게 된다(同, 〈九地〉, "禁祥去疑, 至死無所之")는 설명은 적어도 후자의 경우만은 당시로서는 지나친 理想論이긴 하지만 그 전형적인 例이다.

292) 《孫子》, 〈九變〉, "途有所不由, 軍有所不擊, 城有所不攻, 地有所不爭…." 鄭良樹는 이를 禁忌로 보고있는데(同, 〈論孫子的作成時代〉, p.67), 물론 그것은 단지 가능성일 뿐이다.

293) 《孫子》, 〈火攻〉.

星의 命名이 바람을 일으켜 곡식을 까부는 키에서 비롯되었음[295]에 비추어 보건대 上記한 天文지식은 고대인들의 장구한 경험의 소산일 것임에 틀림 없고, 《孫子兵法》의 작자 역시 이를 迷信과 무관한 과학이라 여겼을 것이다.[296] 같은 맥락에서 數術家의 주장도 부분적으로는 이런 경험과학의 토대 위에 주술적 원리가 접합, 전개되었을 것임을 짐작할 수 있다. 따라서 예컨대 그런 類의 접점을 근거로 《孫子兵法》에서 兵陰陽家의 흔적을 확인하려는 것은 극히 위험한 일이 아닐 수 없다.

합리주의에 대한 확신으로 충만된 《孫子兵法》과 동일한 齊地域의 兵學 전통을 계승했을 것임에도 불구하고 《孫臏兵法》에서는 의외로 呪術的 색채가 적지 않게 확인된다. 우선 "南陳之山 生山也, 東陳之山 死山也. 東注之水 生水也, 北注之水 死水也"[297]와 같은 呪術的 地理論이 그러하고, "五壤之勝, 靑勝黃, 黃勝黑, 黑勝赤, 赤勝白, 白勝靑"[298] 역시 五種의 土壤에 대해 兵陰陽家의 특징인 五行相勝說을 적용한 것이다. 이런 맥락에서 보면 "知道者, 上知天之道, 下知地之理"[299]나 "陰陽은 군대를 집결하여 敵과 싸우는 所以"[300]라는 내용도 兵陰陽家의 說을 차용한 것으로 이해된다. 특히 "天時‧地利‧人和의 三者를 함께 얻지 못하면 勝利하더라도 殃禍가 따른다"[301]는 귀절은 앞서 언급한 《尉繚子》나 《孟子》와는 대조를 이루는데 이는 인간의 주체적 노력만으로는 완전한 승리를 담보할 수 없다는 체험적 인식인지도 모른다[302].

---

294) 註259 참조.

295) 註259 참조.

296) 李零은 上記 인용이 候氣로써 바람이 일어나는 날을 정하는 것이므로 兵陰陽說이라 설명하는데(同, 〈讀《孫子》札記, p.203), 이는 兵陰陽家가 초자연적인 神의 힘을 빌어 吉凶을 예측하고 戰勝을 도모하는 전쟁주술이라는 정의에 비추어볼 때 上記인용은 어디까지나 경험과학의 영역이므로 수긍하기 어렵다.

297) 《孫臏兵法校理》, p.72, 〈地葆〉.

298) 同上.

299) 《孫臏兵法校理》, p.73, 〈八陳〉.

300) 《孫臏兵法校理》, p.87, 〈行篡〉.

301) 《孫臏兵法校理》, p. 59, 〈月戰〉. 이는 《淮南子》, 〈兵略訓〉의 "故上將之用兵也, 上得天道, 下得地利, 中得人心"이라는 戰爭論과 합치되며 같은 〈兵略訓〉의 "所謂天數者, 左靑龍, 右白虎, 前朱雀, 後玄武. 所謂地利者, 後生而前死, 左牡而右牝, 所謂人事者, 慶賞信而刑罰必, 動靜時, 擧錯疾"은 그 三者에 대한 적절한 해설에 해당한다.

그 귀절에 이어서 "天時에 따라 전투한다"[303]는 것 역시 兵陰陽家의 핵심인 天時에 대한 중시를 반영하는데 특히 天時와 관련된 내용은 당시 문헌에 많이 확인된다.

우선 趙의 孝成王 면전에서 荀子와 兵事를 論한 臨武君이 天時와 地利를 강조했고[304], 또한 〈漢書藝文志〉에 兵權謀家로 분류된 《范蠡》의 일부로 해석되는 《國語》에서의 范蠡의 언급, 그리고 《黃帝書》에 보이는 유사한 서술도 數術家의 영향을 감지케 한다.

> ① 得時無怠, 時不再來, 天予不取, 反爲之災.[305]
> ② 因天時, 與之皆斷. 當斷不斷, 反受其亂. 天固有奪有予, 有祥□□□□□不受, 反隨以殃.[306]

양자 공히 전쟁론의 일환으로서 제기된 上記 인용은 실용적 兵陰陽學에서 결여한 높은 철학적 의미를 내포하지만 대체로 앞서 인용한 《孫臏兵法》의 天時 및 災殃 云云과 같은 취지에서 災殃 회피를 위한 적절한 天時 선택의 중요성을 강조하고 있다. 이와 유사한 내용이 《意林》에 인용된 《太公金匱》에도 보이는데[307], 흥미로운 점은 上記 내용의 '當斷不斷, 反受其亂'이 道家의 言으로서 상투적으로 사용된다는 것이다.[308] 결국 以上은 전쟁에서의 天時의 중요성을 반영하며 그것은 兵陰陽家가 중시된 이유이기도 하다.

---

302) 이는 《孫臏兵法》이 "勝非所利"와 "物極則反"의 道家的 관념 위에서 十戰而十勝은 필연적으로 災禍를 수반할 것임을 확언한 것과도 맞아떨어진다(이에 대해서는 王家祥, 〈"十戰而十勝"是福還是禍?〉, 《江漢論壇》 1993-7 참조).

303) 《孫臏兵法校理》, p.59, 〈月戰〉.

304) 《荀子》, 卷10, 〈議兵〉, "王曰, 請問兵要. 臨武君對曰, 上得天時, 下得地利, 觀敵之變動, 後之發, 先之至, 此用兵之要術也." 楊倞은 "上得天時, 下得地利"에 대해 "若順太歲, 反孤虛之類也 ; 若右背山陵, 前左水澤之比也"라 注함으로써 天時와 地利가 兵陰陽家의 어휘임을 분명히 하고 있다.

305) 《國語》, 〈越語〉下. 同篇에는 "得時不成, 反受其殃"이라는 흡사한 귀절이 보인다.

306) 《黃帝四經今注今譯》, 第二篇 十六經, 〈兵容〉, p.139.

307) "且天與不取, 反受其咎, 時至不行, 反受其殃."

308) 《史記》, 卷52, 〈齊悼惠王世家〉, "(齊相)召平曰, 嗟乎! 道家之言 '當斷不斷, 反受其亂' 乃是也" ; 同, 卷78, 〈春申君列傳〉, "太史公曰…語曰, '當斷不斷, 反受其亂', 春申君失朱英之謂邪?".

2. 向背와 刑德

앞서도 지적했듯이 〈漢書藝文志〉에 著錄된 兵陰陽家나 數術家의 서적으로서 현존하는 것이 거의 전무하기 때문에 그 구체적 실상을 확인할 길은 난망하지만, 漢初에 편집된 《淮南子》나 또는 《史記》의 〈天官書〉를 비롯하여 여러 先秦문헌에 인용된 내용이 참조가 되며 또한 근자에 발굴된 자료도 도움을 준다.

그런 자료에 의하면 兵陰陽家의 일반적 내용은 특정 星宿의 출현과 전쟁을 상호 관련지우는 것이다. 가령 전쟁을 주관하는 太白(金星)이 나타나야 할 때 나타나지 않으면 戰禍가 그친다거나[309] 彗星은 반드시 전쟁의 流血을 수반한다거나[310], 南極老人이라는 별이 보이면 정치가 안정되고 보이지 않으면 전쟁이 일어난다[311]는 式이다. 여기서는 원초적 관념의 연장선에 위치하며, 따라서 兵陰陽家의 擬似科學으로서의 본질을 극명하게 드러내는 向背와 刑德에 대해서 주로 살펴보기로 하자.

兵陰陽家의 핵심적 呪術原理인 向背는 특정 星神이 있는 쪽을 맞이하여 向하면 그로부터 재앙을 받아 패배하는 반면 그것을 등지면 승리한다는 것인데 이는 1, 2장에서 神獸나 神人의 圖像을 앞세워 적의 공격을 퇴치하는 벽병주술과 전혀 동일한 관념을 바탕으로 한다. 가령 앞서 언급한 《荀子》의 일화에서 周武王이 東面하여 太歲를 거슬러 맞이하는 것이 凶兆인 이유는 商의 紂는 太歲를 등지는 반면 武王은 太歲를 거슬러 向하므로 그의 재앙을 받을 것이기 때문이다. 《淮南子》의 다음 내용도 같은 向背를 보여준다.

> 天神 중에서 靑龍보다 더 尊貴한 것이 없는데 天一 또는 太陰이라고도 일컫는다. 太陰이 居하는 곳은 背해서는 안되고 마주 向할 수는 있다. 北斗가 공격하려는 곳으로는 (北斗와) 서로 對敵할 수 없다.[312]

---

309) 《淮南子》,〈天文訓〉.
310) 《管子》,〈輕重〉丁, "國有彗星, 必有流血."
311) 《史記》卷27,〈天官書〉.

靑龍, 天一 또는 太陰이 바로 太歲임은 분명한데 上記 인용은 《荀子》의 일화에서 太歲를 마주 向하면 凶하다는 것과 모순된다. 이는 앞서 언급한 數術家 각파 간의 모순과 불일치를 입증하는 實例일 수도 있고, 또는 歲星의 所在國을 정벌하는 것이 不利하다는 用例[313]에 비추어보면 太歲가 歲星과 逆行하는 假想의 星이기 때문에 그 向背 원리도 逆으로 적용된 것인지도 모른다. 그러나 또 한편 "兵避太歲"戈를 다시금 상기하거나 또는 그에 연하는 여타의 자료[314]에 의거해보면 上記 《淮南子》의 용례는 예외로 치부될 수밖에 없을 것 같다. 요컨대 上記 引用의 뒷부분에 보이는 北斗의 경우도 그러하듯이 向背의 원칙은 마주 향하면 凶하다는 式이 대부분이다.

이와같은 向背가 기실은 呪術의 유사법칙에 의거하고 있음은 특히 北斗의 招搖星과 관련된 向背 운용에서 드러난다. 우선 다음의 내용을 살펴보자.

> (北斗의) 자루의 前端에는 두 개의 星이 있다. 하나는 (北斗에) 가까이 있는 것으로서 矛星이고 招搖라 (일컬으며), 또 하나는 (北斗에서) 멀리 떨어져 있는 것으로서 盾星이며 天鋒이라 한다.[315]

이 설명에 의거하면 北斗七星에는 포함되지 않는 招搖와 天鋒(즉, 玄戈[316])

---

312) 《淮南子》,〈天文訓〉.
313) 《左傳》襄公18年條, "晉人聞有楚師…董叔曰, 天道多在西北. 南師不時, (楚)必無功." 여기서 天道는 歲星이고 晉이 바로 그 아래 있기 때문에 歲星을 마주하는 남쪽의 楚는 不利하다는 것이다. 유사한 성격의 내용은 《淮南子》와 《尸子》에도 보인다(《淮南子》,〈兵略訓〉, "武王伐紂, 東面而迎歲…" ;《尸子》, 卷下,〈散見諸書文彙輯〉, "武王伐紂, 魚辛諫曰, 歲在北方, 不北征. 武王不從"). 이같은 관념은 歲星의 所在國은 五穀豊盛하여 그에 대한 정벌이 불가능한 반면 歲星의 相對 방위에 위치하는 國은 饑饉이 일어나 征伐 가능하다는 데서 비롯되었다고 한다(兪偉超・李家浩,〈論"兵關太歲"戈〉, p.140). 《淮南子》,〈天文訓〉의 "歲星之所居, 五穀豊昌, 其對爲衝, 歲乃有殃"이 그 근거 자료가 될 터인데, 결국 그것은 고대에 있어서 농사와 전쟁의 중요성 및 양자의 상호 관련성을 제시하며, 本稿에서 지금까지 다룬 辟邪呪術이나 戰神 숭배 및 占星術에서 양자가 상관성있는 핵심 테마로 등장하는 것도 그와 무관하지 않을 듯하다.
314) 《越絶書》,〈外傳記軍紀〉, "擧兵無擊太歲上物, 卯也."
315) 《史記》卷27,〈天官書〉, "(北斗)杓端有兩星, 一內爲矛, 招搖, 一外爲盾, 天鋒." 《漢書》卷26,〈天文志〉에 실려있는 동일 내용에 대한 注釋에서는 "孟康曰, 近北斗者招搖, 招搖爲天矛", "晉灼曰, 外, 遠北斗也. 在招搖南, 一名天鋒"으로 되어 있다. 그런데 평면상으로는 招搖가 天鋒보다 北斗로부터 멀리 떨어져 있으므로 여기서의 遠近은 육안으로 본 밝기에 따른 언급인 것 같다.

은 古代社會에서 北斗를 수호하는 창과 방패로서 관념되었던 것 같다. 따라서 가령 《淮南子》의 용례에서처럼 招搖를 마주 向해서는 안되고 좇아야하는[317] 연유는 招搖가 矛에 해당하므로 이를 마주 向하면 그에 찔려 禍를 당하는 것과 똑같이 戰禍를 당하기 때문이다. 天鋒이나 玄戈 역시 그 명칭에서 보건대 본래는 그런 관념을 내포하는 星으로도 추측되는데 이같은 관념은 동물의 角·牙나 특별한 兵器가 辟兵 呪力을 지녔던 것과 그 원리에 있어 전혀 동일하다. 앞서 인용한 《禮記》에서 軍陣의 중앙에 招搖의 旗를 세우는 것도 이런 招搖神의 강림에 힘입어 적을 퇴치하려는 의도였음을 쉽사리 엿보게 한다. 따라서 漢代에 太一을 그려넣은 靈旗를 정벌 대상인 南越쪽으로 向했던 것처럼 招搖를 그려넣은 이른바 招搖靈旗[318] 역시 같은 방법으로 사용했을 것이며, 王莽이 衆兵을 厭勝하기 위해 五石銅으로 주조한 北斗 모양의 '威斗'[319] 또한 동일한 관념과 용도를 드러내는 器物이다. 招搖에 적용된 向背와 동일한 例는 彗星에서도 확인된다.

彗星이나 槍星(즉, 天槍)은 그 모습이 이미 兵器를 방불하므로[320] 그의 출현은 당연 戰爭과 流血을 동반하며 그것이 보이는 國은 병기에 찔리듯이 재앙을 당하게 되어있다.[321] 이는 다음과 같은 《尉繚子》와 《淮南子》의 구체적 實例로써 확인된다.

① 楚將인 公子心이 齊國과 전투를 벌이는데 때마침 彗星이 나타났고 (彗星의) 자루는 齊에 있었다.(사람들은) 자루가 있는 곳이 승리하므로 공격할 수 없다(고 여겼다).[322]

---

316) 《睡虎地秦簡日書》 등에는 天鋒이 玄戈로 되어 있다. 이에 대해서는 饒宗頤·曾憲通, 《雲夢秦簡日書硏究》, 香港 中文大學出版社, 1982, 〈玄戈·招搖〉 참조.
317) 《淮南子》, 〈兵略訓〉, "雖順招搖, 挾刑德, 而不能破者, 以其無勢也".
318) 李零, 〈湖北荊門 "兵避太歲" 戈〉, p.24 참조.
319) 《漢書》 卷99, 〈王莽傳〉下, "(天鳳四年)八月, 莽親之南郊, 鑄作威斗. 威斗者, 以五石銅爲之, 若北斗, 長二尺五寸. 欲以厭(壓)勝衆兵."
320) 《爾雅》, 〈釋天〉, "彗星爲欃槍." 또한 《說苑》, 〈辨物〉, "欃槍, 彗孛, 枉矢, 蚩尤之旗, 皆五星盈縮之所生也"에서 나열된 나머지 星이 兵器와 관련된 것일진대 彗星 역시 兵器의 모양으로 인식되었다고 볼 수 있다.
321) 《管子》, 〈輕重〉丁, "國有槍星, 其君必辱. 國有篲星, 必有流血"; 《史記》 卷27, 〈天官書〉, "天槍長數丈, 兩頭銳. 謹視其所見之國, 不可擧事用兵".

② (周)武王이 紂 征伐에 (나섰는데)… 彗星이 나타났는데 그 자루를 殷人에게 주었다.[323]

上記한 두 인용은 그런 불리함에도 불구하고 公子心과 武王이 주술적 禁忌를 무시, 극복함으로써 결국 승리를 거두었다는 일화의 앞부분인데 그야 어쨌든 이는 彗星의 자루를 잡는 쪽이 유리하며 그 반대쪽은 불리하다는 向背 呪術의 실제를 보여준다. 홍미롭게도 《淮南子》의 高誘注에서는 彗星을 비짜루 모양에 비견하여 그 자루를 잡은 동쪽의 殷이 서쪽의 周軍을 쓸어없 애버리게 되어 있기 때문에 周에 불리하다는 식으로 설명하고 있다.[324]

天道에 해당되는 星辰 向背가 종래의 원초적 辟兵呪術에서 연원했다면 地利에 해당되는 地理向背는 아무래도 경험과학의 산물인 것 같다. 우선 《尉繚子》에 인용된 《天官》과 《淮南子》에 보이는 다음과 같은 兵陰陽家의 地理向背 원리를 분석하는 것에서부터 그에 접근해보자.

① 《天官》에서는 背水陣은 (군대를) 死地에 (빠뜨리는) 것이며 向阪陣(즉, 산비 탈을 마주한 陣)은 군대를 廢하는 것이라 말한다.[325]
② 소위 地利란 生을 뒤로 하고 死를 앞으로 하며, 牡를 左로 하고 牝을 右로 한다.[326]

우선 ②에 대한 적절한 해설은 같은 《淮南子》에서 '山爲積德, 川爲積刑, 高者爲生, 下者爲死. 丘陵爲牡, 谿谷爲牝'[327]이라는 내용이 제공하고 있다.

---

322) 《尉繚子》,〈天官〉.
323) 《淮南子》,〈兵略訓〉.
324) "時有彗星, 柄在東方, 可以掃西人也." 彗星을 비짜루로 여기는 관념은 《史記》〈天官書〉의 《正義》에 "天彗者一名掃星"에도 보이고 《說苑》에서도 확인된다(同,〈權謀〉, "彗星見, 彼操其柄, 我操其標, 以掃則彼利, 以擊則我利"). 《越絶書》의 〈外傳紀策考〉篇 에도 彗星의 자루 쪽에 위치한 越이 吳軍을 쓸어버리려는 凶夢을 꾼 夫差가 두려워 하는 내용이 담겨있는데, 그에 대해 伍子胥는 다음과 같이 탄력적인 五行相勝의 논리 로써 단순한 向背呪術의 허구를 지적, 설득하고 있는데("越在南, 火, 吳在北, 水. 水制 火, 王何疑乎? 北風來, 助吳也. 昔者武王伐紂時, 彗星出而興周. 武王問, 太公曰, 臣聞 以彗鬪, 倒之則勝. 胥聞災異或吉或凶, 物有相勝, 此乃其證") 이는 《孫子兵法》의 〈虛實〉篇에 보이는 "五行無常勝"과 동일한 주장이다.
325) 《尉繚子》,〈天官〉.
326) 《淮南子》,〈兵略訓〉.

232

즉, 高地나 丘陵은 陽=德=牡=左이고 따라서 生에 해당되고, 河水와 같은 下地나 谿谷은 陰=刑=牝=右이고 따라서 死에 해당된다는 것이다. 以上을 종합하면 '左背高(德) 前右下(刑)'이 되며 이 논리에 따르면 당연히 背山向水가 유리하고 ①의 경우처럼 그 반대의 布陣은 불리할 수밖에 없다. 주목되는 것은 이런 兵陰陽家의 地理向背와 恰似한 布陣방식이 《孫子兵法》에도 頻出한다는 사실이다. 몇가지를 적기해보자.

> ① 用兵의 법은 (敵이 점령한) 高陵을 向하지 말고 언덕(을 등진 敵)을 공격하지 말며….[328]
> ② 무릇 군대는 높은 곳을 좋아하고 낮은 곳을 싫어하며 陽地를 귀하게 여기고 陰地를 천하게 여기며….[329]
> ③ 丘陵과 隄防에서는 반드시 그 陽地 쪽에 布陣하되 오른쪽으로 등지도록(右背之) 해야 한다.[330]

上記한 내용은 《孫子兵法》에 일관하는 實利와 합리성의 원칙을 거론할 필요도 없이 대체로 오랜 實戰 경험의 시행착오을 거처 이룩되고 준수된 철칙임에 거의 틀림없다. 이는 중국 고대의 城邑이 易守難攻의 군사적 利點을 고려해 '居高臨下', '背山臨谷'의 위치에 축조된 것[331]과 軌를 함께 한다. 그렇다면 ③에서 高地를 右背하는 배치 역시 경험과학의 소산일 터이고, 이는 '前左水'를 配偶로서 당연 동반할 것이다. 《史記》에 보이는 "兵法, 右倍(背)山陵, 前左水澤"이 그를 웅변한다[332]. 그리고 이는 "무릇 전투에서는 바람을 등지며 高地를 등지고, 오른쪽으로는 高地를 왼쪽으로는 險隘를 (의탁해야) 한다"는 《司馬法》의 귀절[333]과도 거의 일치된다. 결국 高地를 오른쪽으로 등

---

327) 《淮南子》,〈地形訓〉. 이에 대해 高誘는 '高者陽 主生, 下者陰 主死'라 注한다.
328) 《孫子兵法》,〈軍爭〉.
329) 《孫子兵法》,〈行軍〉.
330) 同上. 이와 동일한 布陣 형태는 同篇의 "平陸處易 而右背高 前死後生 此處平陸之軍也"에서도 확인된다.
331) 杜正勝,〈周秦城市의 發展與特質〉,《歷史語言硏究所集刊》51-4, 1980, 617-622.
332) 《史記》卷92,〈淮陰侯列傳〉. 한편《淮南鴻烈集解》,〈天文訓〉, p.121의 注에 "曾國藩云…孫子曰, 右背山陵, 前左水澤"으로 되어있으나 이는 현존 13편《孫子》에는 보이지 않는 佚文인 듯하다.

지고 水澤을 왼쪽으로 마주하는 布陣방식은 兵陰陽家 고유의 向背 원리를
구체화한 것이기는커녕 효율적 攻守를 위해 유리한 위치를 모색하는 과정
속에서 축적된 경험적 兵法지식임에 거의 틀림없고 兵陰陽家의 向背 역시
그런 경험과학을 모태로 했을 것은 두말할 나위없다. 따라서 上記 인용한
布陣을 근거로 하여《孫子兵法》을 兵陰陽家의 向背와 관련지우는 견해[334]는
오류라고 볼 수밖에 없다. 그것은 단지 고대인들이 장구한 세월동안 축적한
경험과학의 한 측면을《孫子》와 兵陰陽家 양자가 공통적으로 수용한 것일
따름이다.

그런데 의아하게도 이 '右背山陵, 前左水澤'이 앞서《淮南子》의 向背로부
터 도출된 '左背高(德) 前右下(刑)'와 左右 부분이 합치되지 않는다. 前者가
경험과학 본래의 원칙이라는 필자의 소견이 타당하다면 後者 쪽이 左를 陽
과 동일시하는 陰陽說에 입각하여 변형된 것이라 추정된다. 그러나 또 한편
같은《淮南子》의〈天文訓〉에 보이는 "凡用太陰, 左前刑, 右背德"라는 귀절
은 前者의 '右背山陵, 前左水澤'과 일치된다.〈天文訓〉의 귀절은 명백히 地
上의 陰陽刑德을 天上에 옮겨 미래를 예측하는 것임에 틀림없을 듯하고, 따
라서 天上의 刑德論은 가령 彗星을 向하면 凶하다는 式의 소박단순한 天道
向背에 다시 경험과학과 呪術的 陰陽說이 뒤섞여 理論化된 地利向背가 결
합되어 보다 복잡화된 단계의 向背 理論인 것 같다. 그런데 또 다시 문제되
는 것은 上記한 "凡用太陰, 左前刑, 右背德"에 대해 王引之는《五行大義》와
《史記·天官書》의 다음과 같은 두가지 용례를 들어 "右背刑, 左前德"이 타
당하며《淮南子》본문은 筆寫과정의 오류라는 입장을 개진한다. 즉,

　① 從甲至癸爲陽, 從寅至丑爲陰, 陽則爲前爲左爲德, 陰則爲後爲右爲刑. 右背刑,
　　　左前德者, 所以順陰陽也.
　② 太白出東爲德, 舉事左之迎之吉. 出西爲刑, 舉事右之背之吉.

---

333)《司馬法》,〈用衆〉.
334) 李零,〈讀《孫子》札記〉, p.203.

  그렇다면 《淮南子》의 서술이 잘못된 것인가? 이에 대해서는 두 가지 가능성을 상정할 수 있다.

  첫째, 地理向背에서는 高山을 등짐으로써 德을 입는 반면 天道向背에서는 吉한 쪽을 향해나가는 것이라는 것. 즉, 앞서도 추측했듯이 地理向背는 경험과학을 토대로 한 것이며 天道向背는 辟兵呪術을 토대로 한 것이라는 점에 의거할 때 天道向背에서 兵器 모양의 招搖나 彗星을 向하면 瘡傷을 입듯이 災殃을 당하므로 背해야 한다는 것에 비추어보면 특정 星神이 德에 해당된다면 그것은 당연 向해야 하며 거꾸로 刑에 해당되면 背해야 하므로 당연 地上의 "右背德, 左前刑"과는 반대가 되어야 맞다. 따라서 앞선 《淮南子》의 "凡用太陰, 左前刑, 右背德"이 王引之의 注처럼 베끼는 과정에서 잘못되었다면 원래 "凡用太陰, 左前德, 右背刑"이었는데 筆寫者가 地理向背에 입각하여 이를 현재의 모습으로 수정한 것이 아니었을까 추측된다. 이렇게 보면 "太陰을 背해선 안되고 向할 수 있다"라는 앞선 《淮南子》의 언급도 쉽사리 해결된다.

  둘째로, 필자의 소견으로는 적어도 상기한 ①을 근거로 하여 "左前德, 右背刑"의 타당성을 주장하는 것은 오류라고 여겨진다. 왜냐하면 《淮南子》의 "凡用太陰, 左前刑, 右背德"은 太陰이 刑의 위치에 있을 때는 左前하고 德의 위치에 있을 때는 右背하는 것이 吉하다는 의미인 반면 ①에서는 단지 陽은 前, 左, 德에 해당되고 陰은 後, 右, 刑에 해당된다는 의미이기 때문이다. 따라서 이렇게 보면 경험과학과 일치되는 본래의 "左前刑, 右背德"에는 전혀 하자가 없을 뿐더러, 또한 太陰을 向해야 吉하다는 《淮南子》의 내용과 向하면 凶하다는 여타의 용례가 병존하는 것도 설명된다. 그리고 이처럼 刑德向背에 있어 吉凶이 고정된 것이 아니라면 上記한 ②는 刑德에 대한 또다른 설명방식으로 해석할 수 있는 것이다. 이는 刑德 向背의 吉凶법칙이 馬王堆漢墓 《刑德》乙本에서 아래와 같이 엄청나게 복잡화하는 것으로도 입증된다.

背刑德, 戰, 勝, 拔國. 背德右刑, 戰, 勝, 取地. 左德右刑, 戰, 勝, 取地. 左德背刑, 戰, 勝, 取地. 背德左刑, 戰, 勝, 不取地. 背刑右德, 戰, 勝, 不取地. 右德左刑, 戰, 敗, 不失大吏. 右刑德, 戰, 勝, 三歲將死. 左德刑, 戰, 半敗. 背刑迎德, 將不入國, 如人有功, 必有後殃, 不出六年, 還將君王. 背德迎刑, 深入, 衆敗, 吏死. 迎德右刑, 將不入國. 迎刑迎德, 戰, 軍大敗, 將死亡. 左刑迎德, 戰, 敗, 亡地. 左德迎刑, 大敗.[335]

이처럼 刑德의 向背와 관련하여 거의 모든 경우의 수를 열거하고 있으며 또한 迎德과 背刑이 반드시 吉한 것만도, 그리고 背德이 반드시 凶한 것도 아니라는 用例를 제시하고 있다.

《淮南子》의 刑德向背에 대해 지금까지 언급한 두가지 가능성 중 어느 쪽이 타당한지는 현재로서는 단정할 수 없다. 그러나 어쨌든 갈수록 설명방식이 복잡성을 더해간 것만은 확실하다. 이같은 경향은 가령 招搖나 彗星을 向해 공격해도 승리하는 경우가 현실에 나타나고, 또한 그런 例로써 특히 합리주의자들이 兵陰陽家의 이론에 불신을 표명함과 동시에 반격을 가하는 것에 대해 일종의 보완, 대응책을 마련한 결과가 아닌가 추측되기도 한다. 물론 그것은 兵陰陽家 스스로가 복잡다양한 전투상황에 유효적절히 대처하기 위해 취한 능동적 조치이기도 했을 것이다. 그러나 上記한 《刑德》의 조항들은 경험과학을 엄청나게 이탈함으로써 兵陰陽家 스스로 자초한 理論 및 법칙의 無用之物化를 實例로써 웅변하는 것 같다.

그러면 이처럼 조잡한 이론과 잡다한 禁忌로 일관된 兵陰陽家의 성행 배경은 어떻게 설명될 수 있을까? 무엇보다도 전국시대 과학 수준의 뚜렷한 한계를 꼽을 수 있다. 이것이 기층사회에 한정되지 않은 占卜과 呪術의 성행을 용인, 방치했을 것이고, 또한 그로 인해 냉철한 합리주의와 인간의 주체적 노력이 좌절됨으로써 주술적 天時觀이나 또는 式法類의 擬似科學에 의존케 했을 것이다. 그리고 이런 현상은 미증유의 전환기이자 격렬한 전란기라는 특수조건 속에서 가일층 조장, 증폭되었을 것 임에 틀림없다.

---

335) 《馬王堆漢墓文物》, p.137.

맺음말

　以上으로 本稿는 戰爭呪術을 素材로 삼아 전국시대에 여전히 보편적으로 존재했던 呪術的 관념의 저변구조 및 그 구체적 양상과 추이를 검토해 보았다. 그 결과 原初的 단계에서부터 戰國的 展開의 産物까지 여러 層次의 전쟁주술이 병존해 있었음과 동시에 또 한편으로는 그 저변에 일관하는 呪術的 원리는 전혀 동일한 類似法則이었음을 확인할 수 있었다. 그것을 좀더 구체적으로 정리해보자. 우선 兵器나 動物 (및 그의 角牙 등 특정 器官)이 지닌 원초적 辟邪呪力에 호소하여 戰禍의 회피나 勝戰을 도모하려는 辟兵呪術이 전국시대에도 의연한 역사적 실재로서 존재했음을 밝혀봄으로써 戰國 전쟁주술의 전통성을 입증할 수 있었다. 또한 西方에 대한 上古 이래의 관념을 저변으로 하여 西方을 대표하는 蓐收나 蚩尤 등의 戰神에게 戰勝과 再生을 祈求하는 습속 역시 강하게 지속된 동시에 전국 후반에 접어들면서 천하통일에의 회구 및 太一 숭배의 대두에 수반하여 四方帝 및 기타의 自然諸神을 제압, 통할하는 至高神이자 천하통일의 주역으로서의 黃帝의 면모를 보여주는 설화가 성행하게 되었고, 이와 함께 소모적 침략전쟁을 표징하는 존재로 전락한 蚩尤는 이제 보편적 神格의 黃帝 휘하에 從屬神으로 자리잡게 되었음을 알 수 있었다. 그리고 天文學의 일정한 발전에 동반한 占星術의 체계화에 힘입어 종래 巫祝的 靈感이나 특정 器物의 呪力에 의존했던 원초적 전쟁주술은 兵陰陽家로 정리, 체계화되었고 지배식자층의 天文에 대한 확신과 함께 이제 星神化된 諸神의 움직임에 대한 관찰 및 계산을 통해 미래의 吉凶을 예측하는 경향이 주류를 형성해갔다. 이같은 추세에 발맞추어 辟兵呪術用 깃발에 그려진 圖像도 動物 및 神獸에서 戰神으로, 그리고 太一 · 招搖 등의 星象(星神)으로 추이해갔다.

　아울러 이와 같은 본론의 검토를 통해 격렬한 전란기를 감내해야 했던 당시인들의 죽음에 대한 공포와 生에 대한 집착 및 再生 희구, 통일천하에의 보편적 冀求, 과학의 일정한 발전과 그 한계, 과학과 呪術의 混淆 등과 같은 전국적 시대상을 이해할 수 있었다. 또한 합리주의자들의 주술적 전쟁습속 및 兵陰陽家에 대한 반복적 비판을 통해 戰爭呪術의 성행을 다시금 간접적으로 확인할 수 있었다. 그리고 전국시대 대부분의 戰神이 豊收를 좌우하거나 관장하는 農神이었다는 사실을 통해 戰爭과 農事의 중요성 및 양자의 밀접성, 죽음과 再生의 不可分함 등을 엿볼 수 있었다. 本論에서 누차 언급했던 당시인들의 天時(天道)에의 각별한 중시 역시 시의적절한 農·戰 운용의 현실적 파정에 대한 비판적 당위론 개진의 일환일 경우가 허다하는 점도 지적해둘 만하다.

기실 天時의 준수가 陰陽家 계통의 제일차적 특징임은 주지하는 바인데, 이와 관련하여 마지막으로 언급하고 싶은 것은 兵陰陽家의 浮上이 戰國末에서 秦漢에 걸친 陰陽五行說 및 道家계열 思潮의 급격한 대두 및 보편적 성행과 궤를 함께 하는 현상일 듯하다는 필자의 추측에 대해서이다. 가령 동일한 지역적 전통을 배경으로 편찬되었음에도 불구하고 전국중기의 《孫子兵法》이 合理主義를 견지한 반면 《孫臏兵法》은 兵陰陽家의 학설을 적지 않게 수용한 대비적 양상이 그런 경향을 집약적으로 반영하는 것 같기 때문이다. 물론 두 문헌을 포함하는 齊地域 兵書가 兵陰陽學을 인정한 반면 《尉繚子》 및 三晋地域의 병서는 兵陰陽家를 배척했으며 이는 각기 齊 稷下의 道家 및 陰陽家, 그리고 三晋의 법가와 관련있다는 주장[336]이 제기되긴 했지만 이미 그것은 《孫子兵法》에 관한 限 설득력이 결여된 立論이었음이 本論에서 입증되었다. 그리하여 특히 합리적 경험과학에 주술적 兵陰陽家說이 결합된 《孫臏兵法》의 兵家理論이 戰國과 秦漢의 思想界의 架橋에 해당되는 《淮南子》의 〈兵略訓〉에 보이는 그것과 매우 흡사하다는 사실은 필자의 추정을 적절히 뒷받침한다. 물론 전자가 합리론의 입장에서 兵陰陽家를 수용했다면 후자는 兵陰陽家 이론에 대한 過信을 지적하면서 인간의 주체적 의지를 아울러 중시하려 했다고 볼 때 양자의 접근 루트는 다르지만 결과적으로는 똑같이 天道·地利·人和의 三者를 아울러 중시하고 있다[337]. 말하자면

---

336) 李零, 〈齊國兵學甲天下〉, pp.199-208 ; 李訓詳, 《先秦的兵家》, p.192.

238

양자는 인간의 주체적 노력과 객관적(필연적) 조건 및 時制가 적절히 결합되어야 最上이라 믿었던 것이다. 따라서 그것은 《孫子兵法》으로 대표되는 조숙하고 극단적인 합리주의의 좌절과 반성 속에서 兵家가 取한 모색결과이자 대응조치였으며 이는 특히 전국 후반 陰陽五行說의 대두와도 보조를 같이 한 것일뿐더러 戰國末 思想界가 예컨대 민간 주술신앙의 수용을 비롯한 현실과의 융합·타협을 지향한 것[338]과도 무관하지 않으리라고 이해된다. 더 나아가 《孫臏兵法》 및 〈兵略訓〉의 天地人 三者에 대한 同時的 중시는 漢代 董仲舒의 철학이 道家·陰陽家가 중시한 객관자연법칙의 遵循과 儒家·法家가 중시한 주관능동역량의 발휘를 결합하여 天地人 三者의 상호 보완 및 상호 규제·영향력 행사라는 宇宙모델을 계통화했다는 李澤厚의 주장[339]과도 照應된다. 따라서 그의 주장을 적극 수용하자면 董仲舒에 의해 완성된 儒家思想은 先秦諸子의 合理主義의 왜곡적 후퇴이기보다는 오히려 그의 총결적 완성으로도 이해될 수 있을 것 같고 이런 맥락에서 볼 때 적어도 《孫臏兵法》이나 〈兵略訓〉의 兵家이론 역시 그런 사상계의 큰 흐름에 방향과 보조를 맞추었다고 평가할 수 있을 것이다.

---

337) 註301 참조. 흥미롭게도 馬王堆漢墓 《黃帝書》에서도 동일한 관념이 보이는데 이는 《黃帝書》의 天時 중시에서 보자면 당연하기도 하다. 즉, 《黃帝四經今注今譯》, 第二篇 十六經, 〈兵容〉, p.139, "兵不刑天, 兵不可動. 不法地, 兵不可措. 刑不法人, 兵不可成."
338) 拙稿, 〈呂氏春秋 十二月紀의 성격〉, p.45.
339) 李澤厚, 〈秦漢思想簡議〉(同, 《中國古代思想史論》 所收) 참조.

【 그 림 】

<그림 1>

<그림 2>

<그림 3>

<그림 4>

秦漢代 말[馬]의 이용과 需給 構造

鄭 夏 賢[*]

머리말
Ⅰ. 말의 需要와 調達
　1. 需要의 여러 형태
　(1) 皇室의 需要
　(2) 官府의 日常的 需要
　(3) 戰爭과 兵馬의 需要
　2. 말의 調達과 馬政

Ⅱ. 需給 動向과 養馬業의 전개
　1. 말의 價格 動向
　2. 需給 實態와 養馬業
　(1) 秦代~前漢初—官給 체계의 弛緩
　(2) 前漢 중반 이후 —民間 養馬의 성장과 需給 조절
맺음말

머 리 말

　말은 그 기동력 때문에 中國 前近代의 거의 전 시기에 걸쳐 軍事的인 用途로서나 運送 수단으로서 높은 가치를 지닌 家畜이었다. 그 가치는 陸運의 비중이 커 말의 需要가 상대적으로 많았던 古代로 올라갈수록 높았으리라 짐작된다. 최초의 古代 帝國인 秦·漢도 말의 기동력을 이용할 수 없었다면 유지가 불가능하였을 것이다. 秦漢代는 기존의 車駕用 이외에 騎乘用 需要가

* 공주대 역사교육과 교수

급증, 말의 需要가 급격히 늘어난 시기이기도 하다. 그 가치 때문에 漢代를 보면 사람들은 "地用莫如馬"라 하여 天用인 龍, 人用인 龜와 함께 대등한 貴物로 인식할 정도였다.[1] 이러한 중요성 때문에 秦漢代의 말에 대해서는 적지 않은 연구가 이루어졌다. 그러나 아직까지의 연구는 품종 개량이나 飼養 기술과 같이 農學史的인 내용이 주류를 이룬다.[2] 말의 이용・流通이나 養馬業에 대해 경제적인 측면 또는 사회적인 측면에서 접근한 연구는 많지 않다.[3]

本稿의 내용은 일단 사회경제적 측면에 대한 관심으로부터 출발한다. 말의 飼養과 이용이 秦漢 사회에서 어떠한 의미를 지니고 있으며 또한 당시의 社會相을 다른 시기의 그것과 구별짓는 變數로서 어떻게 작용하고 있었는가. 이와 같은 문제에 접근하기 위해서는 우선 이용 實態에 대한 검토가 필요하다. 결론부터 미리 말하자면 당시 社會에 있어서 최대의 용도는 軍事的인 것이었다. 국가의 武用이라고 하든지[4] 天下의 武備라[5] 인식할 정도로 軍事的인 需要가 높았던 것이 말이 社會에서 높은 비중을 갖게 만든 가장 중요한 원인이었다. 심지어는 《說文解字》에서조차 "馬, …武也"라 字解할 정도였다. 武備로서의 인식 때문에 말에 대해서는 다른 畜産보다 國家의 통제

---

1) 《史記》平準書, p.1427(中華書局刊 標點校勘本, 이하 같음). 後漢初 馬援도 上表에서 "夫行天莫如龍, 行地莫如馬"라 하고 있다. 《後漢書》馬援列傳, p.840(中華書局刊 標點校勘本, 이하 같음)

2) 예를 들면: 謝成俠, 《中國養馬史》, 北京, 1959. 梁家勉(主編), 《中國農業科學技術史稿》, 北京, 1989. 郭興文, 〈論秦代的養馬技術〉, 《農業考古》1985-1. 郭興文, 같음(續), 《農業考古》1985-2. 楊尚奎, 釋執駒, 《歷史硏究》1957-10. 孫寶璉, 〈我國馬的修蹄與蹄鐵史稿〉, 《農業考古》1985-1. 秦和生, 〈馬騾裝蹄業的歷史性轉變〉, 《農業考古》1985-1. 張延晧, 〈西漢鎏金銅馬的科學價値〉, 《農業考古》1985-1.

3) 예를 들면: 木村正雄, 〈漢代の馬政について〉, 《立正史學》15, 1952. 森鹿三, 〈居延漢簡に見える馬について〉, 같은이, 《東洋學硏究:居延漢簡篇》, 京都, 1975. 趙夢涵, 〈西漢的養馬業〉, 《中國社會經濟史硏究》(廈門) 1987-4. 龔留柱, 〈秦漢時期軍馬的牧養和徵集〉, 《史學月刊》(鄭州) 1987-6. 이밖에 牧畜業 전반을 다루었으나 養馬에 큰 비중을 둔 연구로는: 余華靑・張廷皓, 〈秦漢時期的畜牧業〉, 《中國史硏究》1982-4. 高敏, 〈論秦漢時期畜牧業的特徵和局限〉, 《鄭州大學學報》1989-2. 특히 前者는 需要의 측면이나 牧畜의 지리적 조건 등에 대해 다각도로 검토, 養馬의 사회경제적 의미에 대해 시사하는 바 적지 않으나 다만 다른 畜産들과 함께 포괄적으로 취급한 점이 아쉽다.

4) 《漢書》五行志下之上, p.1470. "馬, 國之武用."

5) 《漢書》食貨志上, p.1133의 鼂錯 上言 중 "車騎者, 天下武備也, 故復卒. …", 同 西域傳下, p.3914의 武帝 詔書 중 "脩馬復令, 以補缺, 毋乏武備而已. …"

가 엄격하였다. 前漢初 일정한 크기 이상, 그리고 일정한 나이 미만의 말에 대해 關門 통과를 금지한 사실[6]은 구체적인 사례의 하나이다. 결과적으로 말의 需給에 있어서 國家의 정책은 결정적인 비중을 차지하지 않을 수 없었다.

말의 이용에 대한 이해를 바탕으로 다음 단계에는 需給 動向에 대해 검토한다. 필자는 접근의 실마리를 價格 변동에서 구하려 한다. 아울러 말의 需給 동향을 파악하기 위해서는 위에서 든 이유 때문에 말 需給에 대한 國家 정책 즉 馬政에 대한 이해가 불가피하다. 馬政에 관한 한 연구가 상당히 진행되었음에도[7] 불구하고 아직 불분명하게 남아 있는 점이 적지 않다.

秦漢代 말 需給에 있어서 가장 중요한 특징 가운데 하나는 國家가 최대의 需要者인 동시에 최대의 供給者이기도 하였다는 점에 있다. 그러나 需要의 측면에서 볼 때는 國家의 需要에 그치지 않고 官을 중심으로 지배층에서 漸增해 가던 용도와 奢侈 풍조 또한 需要를 늘리는 데 작용했다는 사실을 간과해서는 안된다. 한편 供給의 측면에서도 官營 養馬 이외에 私營 養馬가 성장하여 특히 漢代 들어 꾸준히 비중을 높여 갔다는 사실을 주의하면서 문제에 접근해야 할 것이다.

I. 말의 需要와 調達

1. 需要의 여러 형태

(1) 皇室의 需要

國家 차원의 需要를 살펴 보면 우선 皇室에서의 용도를 들 수 있다. 皇室에서의 가장 큰 용도는 儀典用[8]이었을 것이지만 그밖에도 祭祀의 犧牲, 賜

---

6) 《漢書》 景帝紀 中4年條. 御史大夫 衛綰의 上奏, "禁馬高五尺九寸以上齒未平不得出關." 中華書局刊 標點校勘本(이하 같음), p.147.

7) 注3 참조.

輿의 용도가 있었다. 皇帝의 御駕 행차는 그 중요도와 규모에 따라 大駕, 法駕, 小駕의 세 등급으로 구분하였는데 이중 大駕를 보면 車 1千乘, 馬 1萬匹을 갖추어야 했다.[9] 大駕의 행차가 前漢에서는 天과 地에 대한 祭祀時에 적용되었으므로 횟수가 적은 편은 아니었다.[10] 또한 皇后의 행차에도 大駕와 같은 규모의 車馬를 동원하는 경우가 있다.[11] 《漢官舊儀》에서도 離宮觀 70個所가 千乘萬騎를 수용한다고 한 것을 보면[12] 1萬匹은 皇室에서 구비해야 할 馬匹의 기준 규모였던 것 같다. 이 정도의 馬匹을 항시 확보하기 위해서는 皇室 소유 苑囿나 廐에서 지속적인 養馬가 필요하였을 것이다. 그리하여 養馬가 極盛할 때는 皇帝 소유의 6廐에서 각 1萬匹 씩의 말을 飼養할 정도였다.[13] 太僕의 官이 맡은 1차적 역할이 이러한 皇室 용도의 馬匹을 飼養하고 관리하는 것이었음은 주지하는 대로이다.

祭祀에서는 騩, 騂 등 특정한 색깔을 가진 말을 犧牲으로 이용하거나 駒 즉 망아지를 많이 썼는데[14] 武帝 太初2年 山川 祭禮의 犧牲을 生駒 대신에 木偶馬로 바꾸도록 하는[15] 등 차츰 그 需要를 줄여 간 듯하다. 말의 副葬 사례가 前漢을 계기로 급격하게 감소하는 것은 이러한 경향의 간접적인 증거이다. 한편 儀禮用으로서의 需要에는 皇帝에 의한 賞賜도 포함된다. 말 부족이 심했던 前漢 초기만 해도 賞賜의 사례가 극히 드물지만 前漢 중반 이후부터는 賞賜의 사례가 계속 증가한다.[16] 그러나 漢代의 賜與는 몇몇 예외[17]를

---

8)《續漢書》輿服志上 및 禮儀志下의 大喪 의례 등 참조.

9)《續漢書》輿服志上.《後漢書》pp.3648-3649. 大駕에는 千乘, 萬匹을 갖추는데 前漢에서는 天郊의 祭祀에 발동하였기 때문에 甘泉에서 이에 대비하였고 後漢에서는 단지 大行의 경우에만 발동하였다고 한다. 한편《西漢會要》卷23 輿服上의 天子車旗條 本注에는《三輔黃圖》를 인용, 大駕가 千乘萬騎를 갖추고 長安을 나가 甘泉宮에서 天에 祭祀 지냈다고 한다.

10)《西漢會要》卷9 禮三 親郊條에는 甘泉에의 幸行, 祭祀 사례만 해도 武帝 3회, 宣帝 5회, 元帝 5회, 成帝 4회가 수록되어 있다.

11) 周天游(點校),《漢官六種》, 北京, 1990, pp.218-219.《漢儀》의 佚文.

12)《漢官六種》p.51.

13)《漢官六種》p.79, "天子六廐, 未央廐·承華廐·駒駼廐·路軨廐·騎馬廐·大廐, 馬皆萬匹."

14)《漢書》郊祀志上 p.1206, p.1209. 郊祀志下 p.1246.

15)《史記》孝武本紀, p.484.《漢書》郊祀志下, p.1264.

제외하면 신분에 어울리는 威儀를 갖추도록 宗室이나 官吏들에게 1匹에서
2駟까지 정도의 車馬를 賜與하는 것이 대부분이어서 말 소비 가운데 賞賜
가 차지하는 비중은 주목할 정도가 못된다.

(2) 官府의 日常的 需要

　國家 需要의 주축을 이루는 것은 兵馬와 驛馬·傳馬일 것이다. 그중에서
도 兵馬가 더 큰 비중을 차지한다고 생각되지만 兵馬는 戰爭이라는 변수에
따라 需要의 增減이 두드러지므로 따로 취급하고 여기에서는 驛馬·傳馬
등 官僚 機構에서의 日常的인 需要부터 살펴 보자.

　중앙 官府에서의 需要에 대해서는 太僕이 皇室 馬匹을 관리한 것을 제하
고는 구체적인 내용이 분명하지 않다. 우선 各 官署에 騎吏를 두고 있는 것
은 연락이나 호위를 위한 것이었다고 생각되나 이로 인한 馬匹의 需要가 그
렇게 많지는 않았을 것이다.[18] 다만 兩漢의 壁畵나 畵像磚에 자주 등장하는
官吏의 車馬 出行圖를 보면 官吏의 행차에 導從하는 馬匹이 상당수에 달하
고 있는데 이를 이용해 中央 官署에서의 馬匹 需要를 추정해 봄직하다. 《續
漢書》輿服志上의 규정에 의하면 導從 행렬은 下級의 屬吏 및 騎吏들로 편
성되어 있다. 그러나 丞相의 경우만 보아도 長安令이 騎亭長 70人을 파견하

---

16) 武帝 이전에는 馬匹 賜與의 사례가 회소하게 나타나는 것으로 미루어 실제 賜與가
　　적었다고 추측된다. 高后가 冒頓單于에 御車 2乘, 馬 2駟의 헌상을 제의한 것(《漢書》匈
　　奴傳上, p.3755), 景帝 死後에 諸侯王과 列侯에게 馬 2駟를 賜與한 것(同 景帝紀,
　　p.153) 정도가 눈에 뜨일 뿐이다. 이에 비해 昭帝 이후부터는 사례가 급증한다. 前漢
　　의 예로서는, 《漢書》昭帝紀 元鳳5年 正月(p.231), 元帝紀 初元元年4月(p.279), 同5年4
　　月(p.285), 哀帝紀 綏和2年3月(p.334), 霍光列傳(p.2947) 등이 있다. 後漢에서는 車馬
　　賜與의 빈도가 더욱 높아진다. 《後漢書》皇后紀上 鄧太后條(p.421), 祭遵傳(p.746), 李
　　忠傳(p.755), 韋彪傳(p.917), 杜林傳(p.936), 楊厚傳(p.1050), 郭伋傳(p.1092), 虞延傳
　　(p.1153), 梁統傳(p.1175), 桓榮傳(p.1251), 張酺傳(p.1529), 循吏傳 任延條(p.2462), 宦
　　者傳 孫程條(P.2516, 2517), 儒林列傳 杜撫條(p.2572) 등 참조. 개인에 대한 賜與의 사
　　례는 포함되지 않음.
17) 《漢書》霍光列傳, p.2948. 霍光에게 賜與한 말의 총수는 2,000匹이었다. 後漢에서는
　　車馬·金錢·奴婢 등의 賜與가 巨萬에 달했다는 梁統의 子弟들, 賜與의 규모가 霍光
　　에 비등하였다는 梁統들의 예가 보인다. 《後漢書》梁統傳, 각기 p.1175 및 p.1183.
18) 《漢官》에 의하면 騎吏는 廷尉 26人, 太常 15人, 宗正·大鴻臚·太僕·少府·光祿勳
　　各 6人이었다. 《漢官六種》pp.1-6.

는 등[19] 丞相府 자체 이외의 인원이 騎吏로 포함되어 있다. 뿐만 아니라 後
述하는 바와 같이 下級 屬吏들은 자신들의 車馬를 自辦하는 사례가 적지 않
고 그렇다면 導從 馬匹 가운데에는 自辦한 것도 상당수였을 것이다. 전체적
으로 中央 官府의 需要가 차지하는 비중은 그다지 높지 않았을 것으로 추측
한다.

官의 需要에서 결정적인 비중을 차지한 것은 地方 官府에서의 需要였다.
그리고 地方 官府에서도 縣의 역할이 컸던 것 같다. 漢代의 陸運 조직이 縣
을 기본 단위로 구성, 운영되고 있다는 지적도 있지만[20] 평상시 최대의 需要
를 가진 驛傳은 後述하듯 縣의 관할이었던 것으로 추측된다. 여기에서 縣에
서 사용할 수 있는 車를 大縣은 70乘, 小縣은 50乘을 갖춘다는 《銀雀山漢簡
》守法守令篇의 잔존 斷簡들[21]을 참조할 만하다. 車 1乘과 결합되는 馬匹數
는 皇帝에만 적용되는 6匹 등 예외를 제하면 보통 4匹, 2匹, 1匹의 세가지
방식이 있다.[22] 그렇다면 평균 잡아 말 2匹~3匹을 배당시켜 볼 때 100匹에
서 200匹 정도의 말을 縣에서 구비하고 있어야 한다는 이야기가 된다. 이
내용은 戰國 상황을 토대로 한 것이지만[23] 과연 秦代나 漢代에도 적용될 수
있을까.

그런데 秦末 陳涉의 반란을 살펴 보면 陳涉은 처음 起兵하여 大澤鄉을 점
령, "行收兵"하면서 병력을 모아 陳縣의 공격에 임박해서는 車 600 내지
700乘, 騎 1,000餘를 확보하기에 이르렀다고 한다. 그 과정에서 함락시킨 縣

19) 《漢官六種》 p.36.
20) 大櫛敦弘, 〈秦漢國家の陸運組織に關する一考察 ―居延漢簡の事例の檢討から―〉, 《
東洋文化》 68, 1988. 다만 佐原康夫의 지적대로 居延漢簡의 車父名籍을 邊境 戍卒의
명단으로 보지 않고 縣의 陸運 組織으로 파악하는 등 大櫛의 논증 과정에는 문제가
있다. 그러나 陸運 組織이 縣을 단위로 구성, 운영되었다는 假說 자체를 부정할 필요
는 없다는 생각이다. 佐原康夫, 〈居延漢簡に見える物資輸送について〉, 《東洋史硏究》
50-1, 1991, 注27.
21) 吳九龍(釋), 《銀雀山漢簡釋文》, 北京, 1985, p.61, "…之數也, 車可用者大縣七十乘…"
p.74, "…乘, 小縣五十乘, 諸庫器善否美惡及角試…"
22) 《史記》 孝文本紀에 인용된 如淳의 注. "律, 四馬高足爲傳置, 四馬中足爲馳置, 下足爲
乘置, 一馬二馬爲軺置. 如置急者, 乘一馬曰乘也."
23) 위와 같음. p.18에서는 <守法守令篇>의 成書 연대를 商鞅變法 이전으로 보고 있다.

으로 蘄·銍·酇·苦·柘·譙이 있다.[24] 그렇다면 1개 縣當 車 100乘 남짓, 그리고 騎馬 160 이상이라는 수치를 얻게 된다. 車乘부터 보면《銀雀山漢簡》의 50~70乘을 상회한다. 그러나 이 숫자는 車의 경우만 보더라도 민간 소유의 車를 징발하였을 가능성을 염두에 둘 때 오히려《銀雀山漢簡》의 그것이 사실에 부합됨을 증명해 준다고 생각한다. 한편 陳涉軍은 車乘 이외에 騎馬만 縣當 160餘匹 이상 확보하고 있다. 이 경우도 民으로부터의 징발을 감안, 車의 경우에서처럼 절반 이상을 縣에서 관리한 馬匹로 잡을 때 적어도 80匹 이상을 縣의 官有로 볼 수 있을 것이다.《銀雀山漢簡》만으로는 직접 騎馬에 대한 자료로 이용하기 어렵지만 이렇게 陳涉의 사례를 가지고 보완할 수 있는 것이다.

결국 1개 縣에서는 車 50에서 70乘을 기준으로 그 이상, 그리고 騎馬는 적어도 80匹 이상을 확보하고 있어야 했던 것이 아닐까. 그리고 車當 2, 3匹의 말을 배당할 때 駕車用은 최소한 100匹 이상, 그러므로 1개 縣에서 駕車馬와 騎馬를 합해 180匹 이상, 개략적인 수치로 200匹 이상을 확보하고 있었던 것이라 보고 싶다. 前漢 初까지는《銀雀山漢簡》에 언급된 車馬의 규모가 대체로 유지되고 있었다고 생각한다.

前漢에 들어가면 郵驛에 관한 자료 등을 통해 부분적이기는 하지만 縣의 구체적인 需要에 접근할 수 있게 된다. 郵驛은 集權的 官僚制의 운영에 필수적인 제도였지만 그 유지를 위해서는 어느 정도의 馬匹이 필요하였을까. 東晉의 사례를 원용하면[25] 일단 郵驛은 縣의 소관으로 되어 있음을 알 수 있다.[26] 居延漢簡에서도 縣의 馬匹을 驛馬에 충당한다는 기록이 있는 것[27]은 이러한 추측을 뒷받침해 준다.

---

24)《史記》陳涉世家, p.1952.《漢書》陳勝傳, p.1787.
25)《續漢書》輿服志上 導從車條의 注에 의하면 "東晉猶有郵驛供置, 承受傍郡縣文書. 有郵有驛, 行傳以相付. 縣置屋二區. 有承驛吏, 皆條所受書, 每月言上州郡"이라 하였다. (밑줄 필자)
26) 역시 後代의 자료이기는 하나 唐代에서도 傳馬를 직접 관리하는 등 驛傳은 縣이 관할하였다고 한다. 荒川正晴, 〈中央アジア地域における唐の交通運用について〉,《東洋史研究》52-2, 1993, p.26.
27)《新簡》p.481, No.64A. "(前略)宜以時布縣廄置驛騎, 行詔書, 臣稽首以聞."

漢代의 정비된 郵驛制에 따르면 30里 마다 驛을 하나씩 두게 되어 있다고 한다. (《續漢書》輿服志上) 그런데 漢代 縣의 郵驛 체제를 이해하기 위해서는 선결되어야 할 문제가 있다. 驛과 傳의 차이에 관한 것이다.[28] 아마 기능의 유사함 때문에 兩者는 用語上 혼동되기도 하였던 듯하나 傳은 傳車를 이용한 郵驛 체계였고 驛은 驛騎를 이용한 郵驛 체계였던 것 같다.[29] 그리고 治所 즉 傳舍와 驛所를 비교하면 적어도 前漢初까지는 縣의 治所에만 두어진 傳舍 중심으로 郵驛制가 유지되었던 것으로 보인다.[30] 景帝 때 太子舍人이었던 鄭當時가 長安 郊外에 항시 驛馬를 두어 洗沐日 마다 賓客을 영접함으로써 聲價를 높였다든가[31] 王溫舒가 河內太守가 된 직후 私馬 50匹을 구입, 長安에 이르기까지 驛을 설치하여 上奏에서 皇帝의 回報까지 불과 2, 3일이 걸리게 되자 郡中이 그 신속함에 놀랐다고 하는 일화[32]를 살피면 武帝 시기까지도 驛은 常制도 아니었고 그 비중도 높지 않았던 듯하다. 前漢初의 馬匹 부족을 고려하면 縣 관할 아래 일정 거리마다 驛所를 두어 馬匹을 관리케 하기는 어려웠을 것이다. 文帝가 皇室 소유의 馬匹을 縣傳의 용도로 轉用하도록 한 것[33]은 당시의 형편을 잘 설명해준다. 이러한 상황에서 縣 소유 馬匹의 규모는 《銀雀山漢墓》의 그것을 크게 넘지 못했을 것이다.

이렇게 볼 때 30里 마다 驛을 두는 것은 前漢 중반 이후에야 常制로 자리

---

28) 驛과 傳의 관계에 대해서는 해석이 다양하여 일치를 보이고 있지 않다. 다음은 驛과 傳이 별개의 機構임을 강조한다. 勞榦,〈論漢代之陸運與水運〉,《歷史語言硏究所集刊》 16, 1947; 濱口重國,〈漢代の傳舍—特に其の設置地點に就いて—〉, 같은이,《秦漢隋唐史の硏究》, 1966. 이와는 달리 동일한 기구의 다른 표현에 불과하다는 견해가 있다. 森鹿三, 위의 논문. 차이를 인정하면서도 기능상 유사함 때문에 애매하게 처리한 연구도 있다. 高敏,〈秦漢郵傳制度考略〉,《歷史硏究》 1985-3. 필자는 별개의 기구임을 인정하는 쪽이지만 이들 차이점을 지적한 연구들도 시기에 따른 변화를 看過하여 驛制의 초기 현상에만 주목한 데 문제가 있다고 본다.

29) 高敏, 앞의 논문(1985), pp.74-77.

30) 濱口重國은 漢代를 통틀어 傳舍는 縣의 治所에만 설치되어 있었다고 보고 있다. 濱口重國, 앞의 논문.

31)《史記》汲鄭列傳, p.3112.

32)《史記》酷吏列傳, p.3148.

33)《漢書》文帝紀 2年11月條, p.116. "詔曰: ……太僕見馬遺財足, 餘皆以給傳置." 同 賈山傳, p.2335. "陛下卽位, 親自勉以厚天下, …省廐馬以賦與縣傳."

잡았을 것이다. 이후에는 傳車에 의한 郵驛이 폐지될 때[34]까지 두 방식이 혼용될 뿐만 아니라 驛과 傳 사이에도 명확한 구별이 없었던 것 같다. 居延漢簡 가운데 候의 吏가 傳驛馬名籍을 보고한 내용이 있고[35] 候 관할 아래 驛馬와 함께 傳車·傳馬를 관리하고 있는 것[36]을 보면 郵驛 수단으로서의 측면에서만 볼 때 驛傳은 혼용되었다고 볼 수 있지 않을까.[37] 다시 말하면 傳은 종래와 같이 傳車만을 둔 것이 아니라 동시에 驛騎를, 驛은 傳車馬를 함께 갖추었을 가능성이 높다는 뜻이다.

위와 같은 전제 아래 驛傳의 需要를 다시 검토해 보자. "縣大率方百里"라는《漢書》百官公卿表上의 기록을 근거로 하면 두개의 다른 縣 治所 사이의 路程은 百里가 되므로 그 사이에 두개의 驛을 두게 된다. 이렇게 四方으로 연결되었다고 볼 때 縣所의 傳舍까지 포함, 一個 縣에 5개 정도의 驛傳이 설치되었다고 추정할 수 있다. 그러면 1개 驛에는 어느 정도의 車馬가 필요하였을까. 居延漢簡에 의하면 居延縣과 같은 敵前의 邊境에도 驛傳이 설치되어 있었음을 알 수 있다.[38] 이 지역에서는 候 아래에 설치된 驛傳 1個所當 驛馬·傳馬의 數가 1, 2匹에서 10匹 남짓까지로 추정된다.[39] 이 數値는

---

34) 勞榦, 앞의 논문, p.76. 勞榦은《晉書》刑法志에 인용된 魏新律의 序를 근거로 後漢에 이르러 傳車 제도를 폐지하고 驛騎만을 두었다고 하나《後漢書》에 보이는 傳車 사례를 감안할 때 검토가 필요하다고 생각한다. 宋均列傳, p.1412. "(光武帝)詔使均乘傳發江夏奔命三千人往救之." 种暠列傳, p.1827. "(順帝末)出爲益州刺史, ……時永昌太守治鑄黃金爲文蛇, 以獻梁冀, 暠糾發逮捕, 馳傳上言."

35)《合校》No.284. 2A. "河平四年十月庚辰朔丁酉, 肩水候丹敢言之, 謹移傳驛馬名單." 문제는 肩水를 候官으로 보느냐, 候로 보느냐에 있다. 보고자인 丹은 284·8簡에도 나타나는데 陳夢家는 이 簡을 候에서 작성한 것으로 분류하고 있다. 그렇다면 縣보다 下八級에 해당하는 방어 조직인 候에 傳과 驛이 공존한 것으로 된다. 陳夢家,《漢簡綴述》, 北京, 1980, p.74.

36) 注39 참조.

37) 驛所와 달리 宿泊 시설로서 傳舍의 기능은 남아 있었을 것이다. 그러나 宿泊 또한 亭의 기능과 중복되고 있고 驛所에도 宿泊 기능이 있었을 가능성도 배제할 수 없다.

38)《漢書》李廣列傳 李陵條에 의하면 李陵의 對匈奴 원정에서 전투시에도 騎置를 설치하여 皇帝에 대해 신속한 보고가 가능하도록 하였다.

39) 漢簡 중 驛傳馬에 대해 추정할 만한 자료는 다음과 같다. 자료는 다음에서 인용함. 謝桂華(外編),《居延漢簡釋文合校》(上, 下), 北京, 1987.(이하《合校》) 甘肅省文物考古研究所(外編),《居延新簡》, 北京, 1990. (이하《新簡》)

  ㉠ … □卒□□逯□長主傳馬三匹, 廏佐一人, 徒四人 (《合校》No.3·33)

일반 縣에 설치된 驛傳의 규모를 추정하는 데에도 참고가 될 터이지만, 다만 1, 2匹이 배치된 사례는 邊境에서 防禦上의 이유로 인해 생긴 예외로 보아야 할 것이다.[40] 아울러 驛馬와 傳車馬가 동시에 두어졌다는 假定이 성립된다면 居延에서 얻은 數値 가운데 최대値을 잡아야 할 것이다.

　여기에서 이해를 돕기 위해 시대는 동떨어지지만 郵驛에 대해 구체적인 자료가 남아 있는 淸 乾隆시기의 상황을 살펴 보자. 乾隆 50年 이전에 관한 자료에서는 驛·站의 數나 驛馬의 數에 대한 설치 기준이 省마다 크게 차이가 나고 있다.[41] 이를 근거로 1개 驛當 馬匹의 數를 산출해 보면 평균 잡아

　　ⓛ … 四月戊辰朔丁丑誠北候 … / 驛一所馬二匹鞍勒各一 … (〃18·18)
　　ⓒ … 丙辰　出茭卌束, 食傳馬八匹 / 出茭八束食牛 (〃32·15)
　　ⓔ … 際驛馬一匹騂牡 … (〃78·36)
　　ⓜ 傳馬十二匹 / 傳車二乗 (〃212·69)
　　ⓗ 城北際驛馬二匹　毋鞍勒 (《新簡》p.377, No.268)
　　ⓐ 甲渠城北際長徐惲　有劾缺　惲際居主養驛馬 (〃p.500, No.352)
　ⓙ은 앞부분의 殘缺 때문에 해석이 어려우나 ⓐ을 참고하면 卒인 □□遂(=燧 즉 際)의 ?라는 이가 傳馬 3匹을 주관—飼養 및 관리를 의미하는 듯—하였다는 의미로 보고 싶다. 그러면 일단 그가 속한 廐에는 傳馬가 모두 3匹 있고 이를 관리하는 인원이 廐長와 佐 1人, 徒 3人—또는 廐長를 포함해서—이라고 볼 수도 있다. 그러나 다른 部의 경우 배치된 병력 10人 가운데 말 관리의 역할을 맡은 卒이라고 여겨지는 馬下의 인원이 1, 2人에 그치고 있다. (《合校》 No.267·17, No.267·22, 《新簡》 p.447, No.227) 馬匹의 숫자는 이를 훨씬 넘는다고 예상할 때 1人이 관리한 馬匹이 3匹이었다고 보는 편이 나을 것이다. 따라서 廐의 徒4人이 각 3匹을 맡으면 모두 12匹이 된다. 문제는 廐가 어느 官署에 속하였는가 하는 것인데 注35에서처럼 候에 傳馬를 두고 있고 際의 卒에 主養케 한 것으로 미루어 이 경우는 候에 있었을 가능성이 높다. ⓒ에서는 誠北候에 속한 驛 1개소에 말 2匹이 있었음을 알 수 있는데 뒷부분의 殘缺 때문에 이외의 車馬가 있었는지에 대해 확인이 안된다. 그러나 ⓔⓗ을 보면 驛馬 1, 2匹이 배치된 驛所 혹은 候 소속의 際가 있었던 것 같다. 단 소속 際의 吏에 驛馬 1匹을 타고 敵情을 살피도록 정찰시켰으나 匈奴를 만나 人馬 모두 납치된 사례에서 候長에게 典主의 책임이 있는데 驛馬를 잃었다 하여 추궁한 文書(《新簡》 p.460, No.81-102)를 참조하면 驛馬의 소재 여하에 불구하고 관리 책임은 候에 귀속되어 있음을 알 수 있다. ⓒ은 1個所(傳舍?)의 傳馬 8匹에 대한 飼料 지급 기록, ⓜ은 역시 1個所(傳舍?)의 傳馬와 傳車에 대한 기록이라고 생각된다. 이상의 簡들과 注35의 簡을 참조할 때 候는 傳의 기능과 驛의 기능을 겸한 郵驛 체계를 갖추고 있었던 것으로 보인다.

40) 《漢官六種》 p.187. 《通典》 禮門에 인용된 《漢官儀》에 의하면 驛騎가 발동할 때는 3騎가 同行한다고 한다. 그렇다면 餘分의 馬匹을 고려, 이 숫자의 두倍 정도가 驛所에 常備된 최소한의 馬匹數라 볼 수 있지 않을까. 1, 2騎는 邊境의 驛所에 한정된 예외일 것이다.

41) 《皇朝續文獻通考》 郵傳考 郵政條의 '驛站' 항목. 변경 지역을 제외하면 各省의 驛數는 廣東의 10所로부터 甘肅省의 331所에 이르기까지 다양하다. 규정된 驛馬의 總數

24, 25匹이 된다.[42] 시대적인 상황이 전혀 달라 交通 상황 전반에 관한 것은
격차가 심할 것이지만 馬匹 管理의 기술에는 근본적인 차이가 없다고 볼 때
驛站에 관한 한 참고 자료로 이용할 수 있지 않을까. 그렇다면 결국 漢代의
경우도 10匹은 1개 驛傳當 필요한 최소한의 숫자이고 많으면 20匹 내외 정
도가 驛傳의 규모가 아니었을까 추정해 보는 것이다. 따라서 어림 잡아 추
산하면 1개 驛當 10匹 이상, 1개 縣에는 적어도 50匹 이상의 馬匹이 郵驛의
유지에 필요하였을 것이다. 그위에 5里마다 설치되었다고 하는 郵가 있고
또한 郵驛을 위한 숙박 시설의 기능을 갖고 있는 亭에도 車馬가 필요하였다.[43]
이렇게 볼 때《銀雀山漢簡》의 斷篇은 중앙 정부와의 연결을 위한 郵驛의
유지에 최소한으로 필요한 車馬의 규모를 언급한 흔적이었던 것이다.

國家 권력은 최소한의 驛傳체제를 유지하기 위해 진력하지 않을 수 없었
고 前漢 초기와 같이 말 부족이 심각한 상황에서도 여러 수단을 통해 郵驛
用 馬匹의 확보에 힘을 기울였다. 이미 언급한 대로 文帝는 皇室 수요의 馬
匹을 줄이고 용도를 전환하여 縣의 傳馬로 돌리고 있다. 또한 武帝 元鼎6年
(B.C.111)

> 南陽·漢中 以外의 郡이 각기 [처음 설치된 郡과의] 거리 비율에 따라 처음
> 설치된 郡에 吏卒의 奉食·幣物과 傳車馬·被具를 지급하였다. (《史記》平準書)[44]

도 浙江省의 100匹로부터 直隷의 7,094匹(驛 포함)에 이르기까지 차이가 컸다. (《十通
分類總纂》卷374)

42) 앞의 자료를 근거로 1개 驛當 馬匹數를 산출하면 다음과 같다. 直隷 38.3, 山東 18.4,
山西 27.9, 河南 31.4, 江蘇 41.4, 安徽 18.7, 江西 16.3, 浙江 16.9, 湖北 34.8, 湖南
23.3, 陝西 25. 3, 甘肅 19.7, 四川 11.8, 雲南 6.3, 貴州 50. 4. 이를 근거로 한 평균치
는 24.9匹이 된다. (兩極의 수치인 雲南과 貴州는 제외) 한편 이들 省의 總 馬匹數
37,077을 總 驛站數 1,558로 나눈 평균치는 23.8匹이다.

43) 郵와 亭에 대해서는: 高敏, 앞의 논문, 1985.

44)《史記》平準書, p.1440. 中華書局刊 標點本은 "南陽·漢中以往郡, 各以地比給初郡吏
卒奉食幣物, 傳車馬被具."라 하여 '傳'을 動詞로 보았으나 필자는《史記會注考證》의
견해에 따라 '奉食幣物'과 '傳車馬被具'를 連讀한다. 예컨대 王莽 때 "傳車馬不能足,
賦取道中車馬"한 내용에서처럼 傳車馬의 용례가 확인되기 때문이다.《漢書》王莽傳
下, p.4158.

이라 한 조치를 보면 새로 설치된 西南夷의 郡縣에 시급하게 요구된 것이 傳車馬 즉 驛傳用 車馬였음을 알 수 있다. 縣의 馬匹 需要 가운데 최우선적인 것이 驛傳馬였음은 분명하다.

이제 縣 官府의 需要를 종합적으로 정리해 보자. 《漢書》百官公卿表上의 기록에 의하면 縣級의 행정 단위는 모두 1,587개 있었다고 한다. 이는 물론 前漢 말기를 기준으로 한 것이지만 여기에서 위에서 얻은 수치 즉 평균 200匹을 곱하면 30萬匹이라는 개략적인 수치를 얻게 된다. 그런데 1개 驛當 10匹에서 20匹 내외, 1개 縣에 최소 50匹 이상에서 100匹 정도가 郵驛의 유지에 필요하였다고 본다면 이 가운데에서도 郵驛제도를 위한 馬匹만 적어도 10萬匹 이상의 常備가 요구되었을 것이다.

그러면 이상에서 추적한 것만으로 漢代에 있어서 地方 官府의 馬匹에 대한 전체적인 需要를 가늠할 수 있을까. 여기에서 後漢 後半에서 末期에 걸친 墓室 壁畵 가운데 나타나는 車馬出行圖를 참조할 만하다. 예컨대 內蒙古 和林格爾에서 발견된 後漢 墓葬의 壁畵에는 墓主의 생애 가운데 繁陽縣令으로서의 車馬出行圖와 烏桓校尉로서의 車馬 出行圖가 그려져 있다. 烏桓校尉의 車馬 出行圖에서는 무려 129匹의 말이 등장한다.[45] 河北 安平縣에서 발견된 後漢末 墓葬의 壁畵에는 네 단계의 出行圖가 보이는데 1~3단계는 각 13匹의 騎, 4단계는 39匹의 騎가 그려져 있고 전체 합하여 80餘兩의 馬車가 등장하고 있다.[46] 이들 자료를 통해 일단 郡 또는 縣 治所에서는 屬吏의 騎乘用 馬匹만 數十匹 이상 구비하였을 가능성을 추측해 봄직하다.

그러나 같은 車馬 出行圖라 해도 遼陽市 棒台子墓 壁畵에서는 導從 馬匹이 7匹에 불과하다.[47] 壁畵 가운데 主簿·議曹掾의 侍從圖가 보이는 것으로 미루어 墓主는 主簿를 屬吏로 둔 二千石 이상의 高官을 역임하였을 것이고 아마도

---

45) 內蒙古文物工作隊·內蒙古博物館,〈和林格爾發現一座重要的東漢壁畵墓〉,《文物》1974-1.

46) 河北省文物硏究所(編),《安平東漢壁畵墓》, 北京, 1990, pp.16-21. 編者는 出行圖의 네 단계는 각기 墓主가 역임한 官職들의 車馬出行圖로 보고 모두 2千石 이상에 해당하는 高官이었다고 설명한다. 그렇다면 地方官이었다 하더라도 郡守에 국한될 수밖에 없다.

47) 王增新,〈遼陽市棒台子二號壁畵墓〉,《考古》1960-1.

郡守를 역임한 인물일 가능성이 높다.[48] 그렇다면 이보다 낮은 比二千石인 烏桓校尉 出行圖의 성대한 모습과 비교할 때 導從 규모에 커다란 편차가 존재하였음을 알게 된다. 여기에서 後漢의 明帝가 洛陽令의 車騎 행렬을 보고 그 성대함 때문에 河南尹의 행렬이라 여겼다가 확인해 보니 洛陽令이어서 그의 軒綬를 박탈했다는 사례[49]가 주의를 끈다. 원래《續漢書》輿服志上에 기록된 官吏들의 導從 규정에 비추어도 繁陽令의 예나 烏桓都尉의 예는 지나친 過禮이다. 결국 지역, 또는 地方官 개개인에 따른 편차를 인정하지 않을 수 없다. 게다가 이들 導從 騎馬가 모두 官給이라고 단정할 수도 없는 것이다.

이제까지 驛傳馬 중심으로 地方 官府에서의 需要를 살폈지만 驛傳馬의 관리는 縣 중심으로 이루어진 것이어서 郡 차원의 需要에 대한 검토가 배제되어 버렸다. 郡守의 屬吏 가운데 郵驛을 맡은 法曹가 눈에 뜨이는 것[50]을 보면 郡에서도 자체적으로 驛傳을 보유하였을 가능성이 있다. 그러나 전반적인 郵驛 체계의 管理는 縣이 맡았기 때문에 法曹의 역할은 縣 단위 郵驛 체계의 점검이나 治所의 驛傳을 관할하는 정도에 그쳤을 것이다. 이보다는 일부의 郡에 1萬騎 병력의 常備가 요구된 사실을 주목할 필요가 있다. (다음 節 後述) 이 경우 馬匹로는 1萬匹 이상의 常備가 필요하였을 것이다. 그러나 이는 西北의 몇몇 邊郡에 한정된 것으로서 이들 지역이 갖는 특수한 軍事的 입지 때문에 성립된 제도이다. 이 문제는 따라서 兵馬의 需要를 전반적으로 검토하는 과정에서 접근해야 한다. 官府의 需要를 전체적으로 파악하기 위해서는 역시 兵馬에 대한 접근이 불가피하다. 위에서 든 數値는 官府 需要의 최소한의 숫자를 의미하는 데 불과한 것이다.

(3) 戰爭과 兵馬의 需要

이제 兵馬로서의 말 需要에 대해 살펴 볼 차례이다. 兵馬의 需要는 殷代

---

48) 主簿와 議曹掾이 모두 屬吏로 확인되는 官職은 丞相 (安作璋・熊鐵基,《秦漢官制史稿》上, 濟南, 1984, p.40), 郡守 (陳夢家, 앞의 책, p.99) 뿐이다. 그런데 출토 지역이 漢代의 변경임을 감안한다면 郡守였을 가능성이 높다.
49)《漢官六種》p.154.
50) 安作璋・熊鐵基, 앞의 책(下), p.125.

부터 戰車의 駕御用으로 시작하여 春秋시기에는 이미 보편화된 것이었지만
兵馬 需要의 본격적인 증가는 軍制上의 변화, 즉 騎兵의 출현에서 찾아야
한다. 연구자들은 대개 戰國시기까지는 騎兵이 병력 전체에서 차지하는 비
중이 크지 않았다고 보고 있다. 이후 秦漢 교체기에 騎兵의 비중이 높아졌
으나 아직은 車騎 병행의 체제를 이루다가 武帝시기에 이르러 騎兵 중심 체
제로 자리잡았다는 견해[51], 秦末 內戰에서 馬匹의 손상이 많았던 데에다 이
어서 白登 전투에서 匈奴에 패배한 후 騎兵의 필요성을 절감하면서 말의 需
要가 급증하게 되었다는 견해[52] 등이 있다.

　여기에서 戰國시기 秦의 병력이 帶甲 100餘萬·車 1,000乘·騎 1萬匹이
라 한 張儀의 지적[53]을 참고할 만하다. 이를 통해 우선 말의 需要에서 차지
하는 비중이 車乘用보다 騎馬用이 높아졌다는 점이 확인된다. 그리고 병력
의 구성비가 步兵이 騎兵의 數倍 내지 10倍 정도였던 漢武帝 시기 對北方
정벌軍의 병력 구성[54]과 비교하면 아직 步兵이 핵심을 이루는 兵力 구조였
던 점을 알 수 있다. 그런데 秦 帝國을 거치면서 騎兵의 비중이 급증하는
것 같다. 秦末 내란 중에 叛軍들이 개별 전투에 동원한 병력이 2,000騎나
5,000騎에 이른 사례들[55]은 이러한 추측을 뒷받침해 준다. 假定이기는 하
지만 隨何가 步卒 5萬人과 騎5,000을 동원해서 전투한 것보다 자신의 功이 낮
다고 高祖에게 自讚한 말[56]에서는 당시의 병력 구성이 이미 武帝 시기의 형
태로 전환되고 있었음을 엿볼 수 있다. 다만 이러한 변화가 秦 帝國에서 이
루어졌는지 아니면 秦末 내란의 와중에 전투시의 급박한 필요에 의해 일어

51) 楊泓,〈騎兵和甲騎具裝〉, 같은이,《古兵器論叢(增訂本)》, 北京, 1980.
52) 木村正雄, 앞의 논문, p.61.
53)《史記》張儀列傳. p.2293.
54) 李廣利는 大宛을 정벌하기 위해 屬國 6,000騎·惡少年 數萬을 동원하였고(《漢書》
　　李廣利傳, p.2699), 이 가운데 玉門關을 진입한 것이 軍 1萬餘人·軍馬 1,000餘匹이었
　　다. (《史記》大宛列傳, p.3178) 元狩4年 衛靑과 霍去病은 匈奴의 정벌에 10萬騎와 步
　　兵 數十萬을 동원하였다. (《史記》衛將軍驃騎列傳, p.2934) 이를 보면 騎兵이 중심이
　　된 전투라 하더라도 數倍에서 10倍에 달하는 步兵이 동시에 동원되었음을 알게 된다.
55)《史記》淮陰侯列傳, p.2616.
56)《史記》黥布列傳, p.2603.

났는지는 확실하지 않다.

한편 秦始皇陵 兵馬坑의 軍陣을 분석한 연구에 의하면 그중 騎兵陣은 車主・騎補의 형태라고 하는데[57] 그렇다면 騎兵戰으로의 전환 추세와 맞지 않아 문제가 된다. 그러나 戰國末 趙에서 對匈奴 방어를 맡았던 李牧이 車 1,300乘, 騎 1萬3,000匹, 步卒 15萬을 동원한 사례는 전술상 騎兵의 비중이 높아지고 있음을 보여주는 것이다.[58] 騎馬의 숫자에 있어서도 趙의 전체 騎馬가 1萬이었다는 蘇秦의 지적[59]과 비교할 때 변방 방어에만 사용된 騎馬가 이 정도 규모에 달했다는 것은 戰國 中後半과도 다른 현저한 변화이다. 필자는 이미 戰國末부터 騎兵으로의 급격한 전환이 일어나고 있었다고 생각한다. 이제 다만 전투의 대상이 누구인가 어떠한 地形에서 전투가 이루어지는가 등에 따라 그때 그때 적합한 형태로 병력이 구성되었을 것이다. 秦始皇陵 兵馬坑의 병력 구성도 그것이 秦의 전체적인 병력 구성을 의미한다기보다 秦始皇의 親衛 병력이라는 특성에 따른 하나의 사례로 받아들이는 것이 낫다. 前漢 초기 遺蹟인 咸陽市 楊家灣 墓葬 출토의 土俑 軍陣에서처럼 騎兵 위주로 짜여져 있는 경우[60]도 있는 것이다.

이제 漢代에 있어서 騎兵의 증가 추세를 이해하기 위해 騎馬 동원의 사례를 들어 보자.

---

57) 袁仲一,〈秦始皇陵東側第二・三號俑坑軍陣內容試探〉, 同氏(外編),《秦俑硏究文集》, 西安, 1990, p.223.

58)《史記》廉頗・藺相如列傳, p.2450. 車, 騎와 함께 선발한 "百金之士五萬人, 彀者十萬人"을 步兵으로 추정한 楊泓의 견해를 따르면(앞의 논문) 騎:步의 비율은 1:11.5이다. 그러나 본문에서 후술하는 秦簡 자료에서는 말을 고른 이후 騎士를 고르는 것으로 되어 있는데 그렇다면 百金之士나 彀者 중에서 騎士를 선발하였을 가능성이 있다. 이 경우 비율은 더욱 낮아진다.

59)《史記》蘇秦列傳, p.2247.

60) 展力・周世曲,〈試談楊家灣漢墓騎兵俑 ─對西漢前期騎兵問題的探討─〉,《文物》 1977-10, pp.22-26. 墓葬의 年代에 대해서는 文帝 또는 景帝시기로 본다.

秦始皇	32年 (B.C.215)	30萬人*	蒙恬이 胡 공격, 河南地 획득(1)
高祖	7年 (B.C.200)	12萬人*	韓王信이 匈奴와 연합, 太原에서 반기 들자 高祖가 應擊(2)
	11年 (B.C.196)	兵車騎 20萬人*	韓王信·匈奴 연합, 太原에서 叛起(3)
文帝	3年 (B.C.177)	8萬5,000騎	匈奴가 北地·河南 침입, 灌嬰의 반격에 철수하자 罷兵(4)
	14年 (B.C.166)	騎卒 10萬	匈奴 침입에 渭水北에서 발병, 격파(5)
武帝	元光 2年 (B.C.133)	30萬人*	匈奴를 유인하고자 馬邑에 매복(6)
	元光 6年 (B.C.129)	合4萬騎	衛青등 4將軍, 各1萬騎로 匈奴 원정(7)
	元朔元年(B.C.128)	3萬騎	衛青이 匈奴 정벌(8)
	元朔 5年 (B.C.124)	3萬騎	衛青이 匈奴 정벌(9)
	元朔 6年 (B.C.123)	10餘萬騎	衛青이 6將軍 지휘, 匈奴 정벌(10)
	元狩 2年 (B.C.121)	1萬騎	霍去病이 匈奴 정벌(11)
	〃	1萬4,000騎	李廣 4千, 張騫 1萬騎로 匈奴 정벌(12)
	〃	車2,000乘	匈奴 渾邪王의 來朝에 환영 병력(13)
	元狩 4年 (B.C.119)	10萬騎 말數 14萬匹	衛青·霍去病, 各5萬騎로 匈奴 정벌(14)
	元鼎 5年 (B.C.112)	數萬騎	武帝가 北邊에 巡行해서 勒兵(15)
	元鼎 6年 (B.C.111)	1萬5,000騎	公孫賀가 匈奴 정벌(16)
	〃	1萬餘騎	趙破奴가 匈奴 정벌(17)
	元封元年(B.C.110)	18萬騎	武帝가 北邊에 巡行해서 勒兵(18)
	太初元年(B.C.104)	6,000騎	李廣利가 大宛 정벌(19)
	太初 2年 (B.C.103)	말 3萬匹	大宛 정벌을 지원하려 輜重兵 추가(20)
	〃	2萬騎	趙破奴가 匈奴 정벌(21)
	天漢 2年 (B.C.99)	3萬騎	李廣利가 匈奴 정벌(22)
	天漢 4年 (B.C.97)	7萬騎	李廣利6萬, 公孫敖1萬騎 匈奴 정벌(23)
	征和 3年 (B.C.90)	4萬騎	馬通이 匈奴 정벌(24)

昭帝	元鳳　　3年 (B.C.78)	2萬騎	匈奴가 烏桓 침공하자 范明友 應擊(25)
宣帝	本始　　2年 (B.C.72)	15萬騎	匈奴가 烏孫 침공, 5將軍이 匈奴 정벌(26)
	神爵　　2年 (B.C.60)	4萬騎	匈奴의 침입에 대비, 趙充國이 邊境 9郡에　주둔(27)
	甘露　　3年 (B.C.51)	1萬6,000騎	呼韓邪單于 來朝, 병력 동원해 환송(28)
王莽	始建國 2年 (10)	30萬人*	匈奴가 邊郡 침입을 재개, 병력 동원(29)
光武帝	建武11年 頃(35頃)	말 7,000匹	張堪이 騎兵 통솔, 公孫述 토벌에 참여(30)
	建武15年 (39)	數千騎	匈奴의 침입에 漁陽太守 張堪이 應擊(31)
	建武21年 (45)	3,000騎	安定屬國 胡人의 반란을 陳訢이 진압(32)
	〃	3,000騎	烏桓・匈奴가 代郡 침입, 馬援이 應擊(33)
明帝	永平16年(73)	4萬4,000騎	竇固등이 北邊戍卒 및 羌・南匈奴・鮮卑・烏桓 등 병력으로 北匈奴 정벌(34)
	永平17年(74)	1萬餘騎	竇固・耿秉이 車師 정벌(35)
	永平18年(75)	4,000騎	北匈奴가 車師 침공, 구원 병력 중 敦煌太守와 酒泉太守 소속 精騎(36)
和帝	永元元年 (89)	8,000騎	竇憲・耿秉이 南匈奴・羌・匈奴와 함께 北匈奴 정벌(37)
安帝	永初　　4年 (110)	步騎 1萬6,000人*	南匈奴・烏桓이 離反하자 應擊한 병력의 일부(38)
	元初　　6年 (119)	馬 3,000匹	鮮卑가 代郡 침공, 應擊한 병력의 일부(39)
	延光　　3年 (124)	步騎 1萬餘人*	班勇이 屯兵 동원해 車師前部 정벌, 西域지배 재개(40)
	延光　　4年 (125)	6,000騎	班勇이 敦煌등 3郡兵과 西域兵 동원, 車師後部 정벌(41)
順帝	陽嘉　　4年 (135)	6,300騎	北匈奴가 西域 침공, 敦煌太守 應擊(42)
靈帝	建寧元年(168)	5,000騎	段熲이 先零등 諸羌 정벌(43)
	熹平　　6年 (177)	合3萬騎	夏育등 3將이 各1萬騎로 鮮卑정벌, 南匈奴병력도 포함됨(44)

* 표시는 騎兵의 數가 따로 明記되지 않았으나 다수의 騎兵이나 馬匹이 포함되었
　으리라 추측되는 대규모 병력 동원의 사례를 제시한 것.

258

<인용 자료>

(1)《史記》秦始皇本紀, pp.252-253 (2)《史記》韓王信列傳, p.2633 및 劉敬列傳, p.2718 (3)《史記》曹相國世家, p.2028 (4)《史記》灌嬰列傳, p.2673 (5)《史記》孝文本紀, pp.428-429 (6)《史記》韓長孺列傳, p.2862 (7)《史記》衛將軍驃騎列傳, p.2923 (8)《史記》衛將軍驃騎列傳, p.2923 (9)《史記》衛將軍驃騎列傳, p.2925 (10)《漢書》武帝紀, p.172 (11)《史記》衛將軍驃騎列傳, p.2929 (12)《史記》李將軍列傳, pp.2872-2873 (13)《史記》汲黯列傳, p.3109 (14)《史記》衛將軍驃騎列傳, p.2934, 2938 (15)《史記》平準書, p.1438 (16)《史記》匈奴列傳, p.2812《漢書》武帝紀, p.189 (17)같음 (18)《漢書》武帝紀, p.189 (19)《漢書》李廣利傳, p.2699 (20)《漢書》李廣利傳, p.2700 (21)《漢書》武帝紀, p.201 (22)《漢書》武帝紀, p.203 (23)《漢書》武帝紀, p.205 (24)《漢書》武帝紀, p.209 (25)《後漢書》烏桓列傳, p.2981 (26)《漢書》宣帝紀, p.244 및 西域傳下, p.3904 (27)《漢書》趙充國傳, p.2972 (28)《漢書》宣帝紀, p.271 (29)《漢書》王莽傳中, p.4121 (30)《後漢書》張堪列傳, p.1100 (31)같음 (32)《後漢書》盧芳列傳, p.508 (33)《後漢書》烏桓列傳, p.2982 (34)《後漢書》竇憲列傳, p.810 (35)《後漢紀》卷 10 明帝紀. (36)《後漢書》耿弇列傳, pp.721-722 (37)《後漢書》杜融列傳, p.814. 동원된 병력은 杜憲과 耿秉이 각 4千騎, 南匈奴의 左谷蠡王 1萬騎, 南匈奴의 單于 1萬餘騎, 鄧鴻 및 羌・胡가 8千騎, 南匈奴의 左賢王 1萬騎, 합하여 모두 4萬6千騎였다. (38)《後漢書》梁慬列傳, p.1593 (39)《後漢書》鮮卑列傳, p.2987 (40)《後漢書》班超列傳, p.1589 (41)같음 (42)《後漢書》西域列傳, p.2930 (43)《後漢書》段熲列傳, p.2148 (44)《後漢書》鮮卑列傳, p.2933.3將 가운데 匈奴中郞將 臧旻은 南匈奴 휘하의 병력을 지휘함.

물론 이상의 자료는 병력 동원의 사례 가운데에서도 騎兵 혹은 騎馬의 숫자를 明記한 경우에 한정된다. 여타 병력과 합하여 통칭 xx人 하는 식으로 기록한 경우에는 그중에 포함된 騎兵의 숫자 혹은 동원된 馬匹의 숫자를 확인할 길이 없다. 예를 들면 天漢4年 公孫敖가 出兵해서 패전한 내용을 같은

《史記》衛將軍驃騎列傳에서도 衛將軍條에서는 "亡卒七千人"이라 하였는 데 비해 公孫敖條에서는 "亡七千騎"라 하고 있는 것을 보면 騎兵 사례를 반드시 xx騎라 기록한 것에 한정할 수는 없다. 그러나 騎兵을 別記하지 않은 예외가 빈번하게 나타나는 것이 아닌 이상 위의 사례만으로 騎兵 증가의 대체적인 경향을 파악할 수 있다고 생각한다.

여기에 든 자료를 통해 匈奴와의 전투를 계기로 騎兵 동원이 급증하였음을 알 수 있고 특히 武帝시기 元光6年(B.C.129)으로부터 元狩4年(B.C.119)이라는 짧은 기간에 대규모의 騎兵 동원이 집중되어 있음이 확인된다. 게다가 이 숫자에는 보조 馬匹의 수가 포함되지 않았을 가능성이 높다.[61] 불과 10년 남짓에 匈奴의 정벌에만 적어도 延 34萬이 넘는 兵馬가 동원되고 있다. 이렇게 엄청난 규모의 馬匹을 동원하였으면서도 武帝시기 匈奴 정벌戰이 지닌 需要上의 문제점은 전투에 동원된 馬匹의 소모가 막대하였다는 데에 있는 것이다. 元朔6年의 出征에서는 士·馬 합하여 10餘萬의 손실이 있었고 元狩4年의 出征에서는 14萬匹의 말 가운데 3萬匹도 되지 않는 말만 남았다고 한다.[62] 거의 80%에 달하는 損失率이었다. 앞에 든 天漢4年의 出兵에서도 公孫敖가 지휘한 1萬騎 가운데 7,000을 잃었던 것을 보면 당시에는 이에 필적하는 損失이 드물지 않았던 모양이다.

이에 비해 宣帝 이후는 呼韓邪單于의 來朝를 전환점으로 규모도 축소되고 동원의 빈도도 줄어든다. 무엇보다 匈奴가 내분을 일으켜 세력이 약화되고 이로 인해 北方의 정세가 小康 상태로 들어갔다는 점이 변화를 가져 온 요인임은 말할 나위 없지만 이와 함께 특히 필자의 주목을 끄는 것은 전투방식이 전환하였다는 사실이다. 즉 屯兵 방식을 주로 채택하면서 무리한 원정을 억제하는 戰術을 취하게 된 것이 결과적으로는 馬匹의 需要를 줄였을 뿐만 아니라 損失도 줄이는 효과를 가져왔을 것이다.

---

61) 《漢書》趙充國傳, p.2986. "發郡騎及屬國胡騎伉健各千, 倅馬什二"라 한 내용에 대해 顔師古는 '倅'은 '副'의 뜻으로 1,000騎라면 副馬 200匹을 더한다는 의미라고 보았다. 顔注에 따르면 xx騎라 한 경우는 副馬를 포함하지 않은 것이 된다.
62) 前者는 《史記》平準書, p.1422. 後者는 同 衛將軍驃騎將軍列傳, p.2938; 同 匈奴列傳, p.2911; 《漢書》食貨志下, p.1165.

260

어쨌든 漢代에 들어오면 騎兵의 규모는 戰國시기 일개 國家의 兵馬數가 5
千에서 1萬 정도였던 것[63]과는 비교가 되지 않는다. 다만 後漢에 들어 가서
는 동원의 규모가 줄어들고 있다. 그 대신에 邊郡 단위로 비교적 대규모에
달하는 兵馬의 需要가 계속되었음을 위의 자료를 통해 알 수 있다. 특히 邊
郡의 太守는 병력 1萬騎를 통솔한다는 《漢官儀》의 규정[64]이 위에 인용된 39
年, 75年, 135年 등 後漢에서의 실상과 상당히 부합하는 점을 볼 때 邊郡의
경우에만 1萬匹을 동원할 수 있는 체제가 갖추어져 있었음이 틀림 없다.[65]

이상에서 살펴 본 바와 같이 戰爭으로 인한 需要의 급증은 馬匹의 需給에
결정적인 영향을 끼쳤다. 武帝시기의 경우는 전체 官에서의 常時 需要를 초
과할 정도로 需要가 폭증, 말 需給 構造에 일대 타격을 주었던 것이고 이후
규모가 축소되었다 하더라도 정상적인 需給 構造에 결정적인 영향을 끼치
는 데에는 부족하지 않았다. 國家의 말 需給 정책은 이러한 비정기적인 需
要를 예측하고 대비하지 않을 수 없었을 것이다.

(4) 民間에서의 需要

이제까지는 國家의 需要에 대해 살펴보았지만 그러면 民間에서의 需要는
어떠하였는가. 성격상 이 부분에 대해서는 數値를 통한 접근이 불가능하다.
그렇더라도 需要의 형태를 파악함으로써 전체적인 需給 構造에서 民間의
需要가 차지하는 비중이나 의미를 이해할 수는 있을 것이다.

民間에서의 需要로서는 우선 車馬 및 騎乘을 위한 용도를 들 수 있다. 이
가운데 특히 중요한 것은 車駕用이다. 당시 사람들은 車馬에 대해 貴賤을
구별하는 수단으로 여기는 경향이 있었다. 이미 春秋시기부터 君子만이 車
馬를 이용한다는 식의 사고 방식이 존재하고 있었지만[66] 이러한 인식을 근

---

63) 《史記》蘇秦列傳, p.2243, "(燕)騎六千匹"; p.2247, "(趙)騎萬匹"; p.2255, "(魏)騎五千
匹"; p.2259, "(楚)騎萬匹"; 張儀列傳, p.2289, "(秦)騎萬匹"
64) 《續漢書》百官志5 縣鄕條의 注. 《後漢書》p.3624.
65) 《後漢書》竇融列傳, p.796. 更始帝 정권에 참여할 것인가 논의하면서 竇融이 張掖郡
의 屬國에는 精兵 1萬騎가 있으므로 河西 일대를 근거로 해서 형세를 관망하는 편이
낫다고 한 내용도 邊郡에 있어서 馬匹의 규모를 짐작케 한다.

거로 禮制에 의해 有爵者들을 車馬라는 표지로써 일반 民과 구분하는 관행이 생겨난 것 같다.[67] 그리하여 前漢에는 官吏의 車馬 등급을 禮制로서 규정하고 있는데 이것이 결과적으로는 仕宦에 車馬가 필수적인 것으로 되는 현상을 낳았다. 景帝 中元5年 처음으로 官吏들의 秩級에 따라 車馬의 치장에 차등을 두게 하였다는 詔書 가운데 二百石 이하의 官吏는 白布蓋를 하도록 규정하고 있어서[68] 二百石 이하의 下級 官吏들에도 車馬가 필수였음을 알게 한다. 한편 武帝 元狩4年의 算緡錢 시행令 가운데 吏에 比肩되지도 않고 三老·北邊騎士도 아닌 이들의 軺車에 대해서는 1算씩을 賦課하였다는 사실[69]을 통해 車馬의 乘用이 허용되는 범위를 예측할 수 있다.

그런데 정작 官吏로 처음 임용되는 이에 있어서 乘車馬의 허용은 동시에 부담으로 작용하고 있었다. 秦代의 경우는 확실치 않으나[70] 漢代를 보면 任官하는 사람은 車馬를 自辦하는 慣行이 있었던 것 같다. 大將軍 衛靑의 客이었던 任安이 車馬를 自辦할 능력이 없어서 衛靑으로부터 郎으로 추천을 받지 못하던 사례[71]는 郎官이 宿衛를 맡은 직책이었기 때문에 官吏 일반에 적용하기 어렵다 칠 수도 있다. 그러나 貢禹가 諫大夫로 徵召되자 땅을 팔아 車馬를 마련하였다는 일화(後述), 그리고 龔勝이 諫大夫로 辟召될 때 私車로 알현하였다는 일화[72] 등은 初任者에 車馬 自辦의 관행이 있었음을 증명한다. 國家가 醫巫를 徵召할 때는 車駕를 제공하는데 賢者를 徵召할 때는 제공하지 않아 불공평하다고 徵召 직후에 한 龔勝의 지적은 이러한 실정을 완곡하게 표현한 것이라 생각된다. 또한 杜周가 처음 廷史 즉 廷尉史로 徵

66) 《史記》循吏列傳, p.3100. "相(=孫叔敖)曰: …王必欲高車, 臣請敎閭里使高其梱. 乘車者皆君子, 君子不能數下車."
67) 《後漢書》王符傳, p.1637. 인용된 貴忠篇의 내용 가운데 "古者必有命然後乃得衣繒絲而乘車馬."
68) 《續漢書》輿服志上, p.3648.
69) 《漢書》食貨志上, pp.1166-1167.
70) 秦簡을 보면 戰國 極末의 경우 官吏用 乘馬는 官給이었음이 확인되고 있다. 注139 참조. 그렇다 해서 官吏의 自辦이 없었다고 단정짓기는 곤란하다.
71) 《史記》田叔列傳, pp.2780-2781.
72) 《漢書》兩龔傳, p.3080.

召되었을 때에는 온전치 못한 말 한匹 뿐이었는데 官職을 오래 역임하면서 家産이 數巨萬에 이르렀다는 사실[73]을 보면 屬吏에도 馬匹의 自辦이 요구되었던 듯하다. 그러나 後漢시기 趙曄이 縣吏가 되었으나 督郵를 맞이하다 직무에 수치를 느껴 車馬를 버리고 떠났다는 사례[74]에 의하면 官府에서 車馬를 지급하는 사례도 있어서 官吏의 自辦이 定制였다고 볼 수는 없겠다.

다음으로는 전쟁에서 從軍者들이 馬匹을 自辦하는 경우를 들어야 한다. 이는 근본적인 원인이 馬匹의 官給에 한계가 있는 때문이지만 이로 인해 騎兵 동원이 잦은 邊郡에는 馬匹의 需要가 생기게 되었다. 漢簡의 자료에 의하면 候, 候史 등 軍吏들이 騎馬를 自辦한 것은 분명하다.[75] 漢簡에는 이들에 의한 말 구입 사례들이 보인다.[76] 桓帝初 西羌과의 전쟁이 격화되는 가운데 "丈人은 어디 있나, 서쪽으로 胡를 치러 간다네. 吏는 말을 사고 君은 車를 준비하니, 청컨대 諸君을 위해 嚦胡를 울려나 볼까" 하는 내용의 童謠가 유행했던 것[77]을 보면 從軍 官吏들의 自辦 범위는 생각보다 광범위하였던 것 같다. 그러나 이들의 馬匹 自給은 官吏들이 車馬를 自辦하는 기존 관행의 연장선上에서 이루어진 조치라고 볼 수 있는 것이다. 이보다는 절대 다수를 차지하는 일반 騎士의 경우가 궁금하다. 自給의 범위가 騎士에까지 해당되었을까. 《漢舊儀》에는 皇宮의 宿衛에 임하는 騎士의 일부로 良家子를 선발하고 鞍馬를 自給케 하였다는 내용[78]이 있고 《居延漢簡》에도 騎士가 自給한 듯이 보이는 자료가 있다.[79] 그렇다면 騎士들도 馬匹을 自辦한 것은 분

---

73) 《史記》酷吏列傳, p.3154.
74) 《後漢書》儒林列傳, p.2575.
75) 森鹿三, 앞의 논문, pp.55-56.
76) 《合校》上 p.55, No.35·4. 《新簡》p.88, No.37B.
77) 《後漢書》五行志, p.3281.
78) 《漢官六種》, p.66. "中郞將一人, 施旄頭, 屬羽林, 從官七百人, 取三輔良家子, 自給鞍馬."
79) 《合校》上, p.69, "坐從良家子自給車馬爲私事論疑也□□書到相二千石以下從吏毋過品刺史禁督且毋狀者如律令." 缺落 때문에 의미가 불확실한 점이 있지만 앞의 내용은 從軍 중인 良家子가 自給한 車馬를 私事에 이용하였을 경우에 대한 처리를 거론한 것으로 보이는데 문제는 私事에 이용하였다는 데 있는 듯하다. 《合校》上, p.348, "以迹候 爲職 自給私馬"라고 한 簡은 私馬를 정찰에 이용하였다는 내용인데 주체가 나타나지 않아 아쉬우나 《合校》下 p.498, No.302·23 簡에는 "斥候騎士十九人馬十六匹

명한데 다만 自辦이 常制였다거나 전체 騎士에 해당된다고 단정지을 수는
없다. 宣帝時 黃覇가 京兆尹으로 在職中 騎士를 징발하여 北軍에 충당하였
으나 馬匹이 騎士의 숫자보다 모자라 징계를 받은 사실[80]은 騎馬를 官에서
직접 조달하였다는 증거인 것이다. 그러나 아마 官給으로 需要를 충당하기
어려운 상황에서는 騎士의 自辦이라는 방식으로 부담을 轉嫁하는 편법을
취하였고 이러한 편법은 생각보다 보편화되어 있었던 듯하다. 무엇보다 告
緡令에서 北邊騎士들에는 車馬 乘用을 허용하고 있던 사실이 이러한 추측
을 뒷받침한다. 이러한 실정을 감안할 때 騎士는 물론 戰爭에 從軍하는 私
從者들도 당연히 말을 自辦하였을 것이다.[81] 어쨌든 당시 軍吏 뿐만 아니라
騎士의 상당 부분, 그리고 私從者들의 自給이 있었다면 이로 인해 생기는
말의 私的 需要도 상당한 양에 달했으리라 짐작된다.

　　한편 官吏에 車馬 自辦을 강요하는 관행 또한 國家의 需要를 民間에 轉嫁
하는 측면이 짙다. 그러면서도 동시에 사회적으로는 지배층을 일반인으로부
터 분리하는 효과를 지닌 것이었다. 이후 이러한 의미에서 출발하여 車馬는
신분 또는 富를 과시하기 위한 수단으로 확대되어 갔다. 前漢 武帝初의 有
力者였던 田蚡이 諸侯들로부터 무수한 狗馬를 상납 받는 등 사치 행적으로
비난을 받은 것은 대표적인 사례이다.[82] 그러나 문제는 商人들의 車馬가 도
로에 줄을 이었다는 표현대로[83] 富商들 사이에도 車馬의 과시가 유행하였고
이러한 현상은 말의 품귀가 심각하였던 前漢 초기 그리고 匈奴 정벌로 말의

　　牛二"라 한 내용이 들어 있어서 정찰이 騎士의 임무임을 알 수 있고 따라서 두 簡의
　　보완에 의해 騎士의 自給을 확인할 수 있다.
80)《漢書》循吏傳, p.3631. "(黃覇)又發騎士詣北軍馬不適士, 劾乏軍興, 連貶秩." 注에서
　　孟康은 '馬少士多, 不相滿補也.'라 하였다.
81)《史記》匈奴列傳, p.2910, "乃粟馬發十萬騎, 私負從馬凡十四萬匹, 糧重不與焉." 이 내
　　용의 14萬匹에 대해《正義》注는 '負擔衣糧, 私募從者'가 모두 14萬匹이라 해석하여
　　官給이 아님을 분명히 했다.《漢書》李廣利傳, p.2700. "赦囚徒扞寇盜, 發惡少年及邊
　　騎, 歲餘而出敦煌六萬人, 負私從者不與." 邊騎는 北邊騎士로 추측되는데 私從者는 이
　　를 포함한 병력數에 산정되지 않고 있어서 騎士와는 별개의 존재임이 확실시된다. 私
　　從者의 성격에 대한 검토는 本稿에서는 피한다.
82)《史記》魏其武安侯列傳, p.2844, 2851.
83)《漢書》食貨志上, p.1132. 鼂錯의 上言. "商賈大者 ……千里游敖, 冠蓋相望, 乘堅策
　　肥, 履絲曳縞."

需要가 급증한 武帝 시기에는 國家 권력 측의 거부 반응을 불러 일으켰던 모양이다. 그리하여 官吏만이 車馬를 이용할 수 있다는 원칙론에의 복귀를 부추겼고 현실로는 車馬의 소유 금지가 아니라 위에 든 바와 같이 일반 民의 輜車 소유에 대해 算緡錢을 부과하는 조치를 출현시켰다. 특히 商人의 輜車 소유에 대해서는 2倍의 重과세 조치를 취하였다.[84] 告緡令이 바로 그것이다.[85] 이러한 禁制의 배경으로는 무엇보다 馬匹 공급의 부족이 작용하고 있었지만 그러나 馬匹의 需要가 진정되고 需給이 안정에 이르는 前漢 후반부터는 이러한 禁制도 이완되어 갔다. 그리하여 특히 後漢에 들어 가면 奢侈 풍조가 유행하는 분위기 속에 狗馬의 축적 사례가 빈번하게 나타나기에 이르는 것이다.

秦漢代는 商業의 발달과 함께 私的인 運輸業이 성행한 시기이기도 하다.[86] 그렇다면 말의 運送 수단으로서의 가치는 어느 정도였을까. 예상과는 달리 商品을 運送하는 수단으로서 말의 비중은 그렇게 높지 않은 것으로 보인다. 물자의 運送에 있어서는 말보다 牛나 驢, 특히 牛를 주로 이용하였던 것 같다.[87] 효과적인 運送 수단으로 이용하려면 아무래도 다수의 말이 필요한데 당시 물가를 감안할 때 일반 商人들이 다수의 馬匹을 소유하는 것은 쉬운

---

84) 商人의 車馬 소유에 대해서는 특히 禁制가 강하였던 듯하다. 《後漢書》 輿服志上, p.3648. "賈人不得乘馬車."
85) 《漢書》食貨志下, pp.1166-1167.
86) 王子今, 〈秦漢時期的私營運輸業〉, 《中國史研究》 1989-1. (《複印報刊資料(先秦秦漢史)》 1989-4)
87) 王子今, 앞의 논문(複印), p.77. 물자의 運送에 주로 牛力을 이용하였다는 증거는 우선 戰國末 秦의 경우 "秦王 … 收穰侯之印, 因使縣官給車牛以徙, 千乘有餘."(《史記》范雎列傳, p.2412); "官長及吏以公車牛稟其月食及公牛乘馬之品, 可也."(《秦簡》p.82) 前漢의 경우 "大司農取民牛車三萬兩爲僦."(《漢書》酷吏傳 田延年條, p.3665) 後漢의 경우 "順帝陽嘉四年冬, 烏桓寇雲中, 遮載道上商賈車牛千餘兩."(《後漢書》 烏桓列傳, p.2982) 특히 마지막 사례는 商人들의 運送 수단으로 牛車가 사용된 보기이다. 또한 "今夫僦載者, 救一車之任, 極一牛之力"(《淮南子》氾論訓)이라 한 것이나 匈奴와의 전투에 所要되는 1人當 300日分의 軍糧 稱18斛은 牛力이 아니면 감당할 수 없다는 王莽時 嚴尤의 발언(《漢書》匈奴傳下, p.3824)은 牛力을 일반적인 運送 수단으로 인식하고 있었음을 알게 한다. 居延漢簡에 나타나는 運送 노동력인 車父들도 牛車를 주로 이용하였으리라 추측된다. 《秦簡》의 인용은: 睡虎地秦墓竹簡整理小組, 《睡虎地秦墓竹簡》, 北京, 1978(이하 《秦簡》으로 생략)

일이 아니었을 것이다. 게다가 養馬에는 穀物 飼養이 불가피하였다는 점도 무시할 수 없었다. 이 때문에 軍馬의 한달 飼料 비용으로 田士를 1년 먹일 수 있다고 지적할 정도였다.[88] 이러한 飼養 비용으로서는 말을 運送 수단으로 이용할 경우 수입인 僦費와 비교할 때 도저히 타산이 맞지 않는다.[89] 이러한 상황에서 運送 수단으로서 말의 경제적 매력은 높지 않았을 것이다. 다만 西部의 武都郡에서는 地形이 험하고 도로가 정비되지 않아 運送에 따른 僦費가 運送 物資의 1/5을 차지하였다는데[90] 이와 같이 특이한 환경에서만 말을 運送 수단으로서의 사용하는 것이 경제성이 있었을 것이다. 商人들의 車馬가 도로에 줄이었다는 표현은 단지 富를 과시하는 수단으로서 輜車를 사용하였다는 의미에 불과하다.

  이러한 조건임에도 불구하고 後漢의 豪族 경영에 대한 자료들에 자주 養馬가 등장하고 있는 것[91]은 무엇 때문일까. 그것도 養馬에 절대적으로 유리한 조건을 갖춘 西部·北部 변경이 아니라 內地인 四川 지방을 무대로 묘사한[92] 《僮約》에도 豪族 경영의 일부로서 養馬가 눈에 뜨인다.[93] 이에 대해 필

---

88) 《漢書》趙充國傳, p.2987. 屯田의 잇점을 열거하는 도중에 나온 말로서 田士는 屯田兵을 가리키는 것이다.
89) 《九章算術》均輸篇에 의하면 車 1兩에 곡식 25斛을 운반할 때는 僦費를 1里 마다 1錢씩 받는다고 하였다. 그런데 軍隊의 行程을 하루에 30里, 吉行은 50里 씩 잡았던 것(《漢書》王吉傳, p.3058)을 참조해서 이 정도를 하루 行程으로 보면 매일 30錢에서 50錢의 僦費를 받는다. 그런데 車1兩을 말 한匹이 끈다 하더라도 飼養 비용은 兵士 食費의 12배에 달한다. 여기에서는 前漢 중반 居延 일대의 실정을 근거로 분석해 보자. 吏59人의 한달 食糧을 75斛으로 잡은 漢簡 (《新簡》p.423, No.55)을 참조하면 兵士의 食糧은 매달 1.27斛强이 된다. 《漢書》食貨志上 盡地力之敎에 대한 기록에서 食糧을 매달 1.5石이라 한 것과 비교할 때 이는 粟인 것 같다. 이를 당시 居延 일대의 粟價 평균치 斛當 100錢으로 환산하면 1人當 每月 127錢이 食費가 되는 셈이다. 그렇다면 12倍인 1,524錢이 飼料 비용으로 지출되는 데 비해 매일 30錢~50錢씩 한달에 900錢~1,500錢을 僦費로 번다 해도 최소 24錢에서 최대 624錢까지 赤字를 보게 되는 것이다. 粟價에 대해서는: 錢劍夫, 《秦漢貨幣史稿》, 武漢, 1986, p.234.
90) 《後漢書》虞詡列傳, p.1869.
91) 繆啓愉(輯釋), 《四民月令輯釋》五月條, p.54, "日至後, 可糶麷麮, 曝乾, 置甕中, 密封塗之, 則不生蟲, 至冬可以養馬.";《論衡》骨相篇, "富貴之家, 役使奴童, 育養牛馬.";《後漢書》仲長統傳, p.1648, "豪人之室, …馬牛羊豕, 山谷不能受."
92) 宇都宮清吉, 〈僮約硏究〉, 같은이, 《漢代社會經濟史硏究》, 東京, 1955. pp.347-354.
93) 위와 같음. pp.268-269, p.288.

자는 다음을 이유로 들고 싶다. 우선 樊重이 "池魚牧畜, 有求必給"하였던[94] 바와 같이 용도에 대비한다는 것, 특히 武備로서의 용도에 대비한다는 것이다.[95] 다음으로는 가격 변동에 대비한다는 것이다. 이는 적극적으로는 時勢差益을 기대하는 의미도 지닌다. 後漢 靈帝시기 郡國에 말을 調達케 하였으나 豪右들의 壟斷으로 말값이 200萬錢까지 올랐다는 사실(第2章第1節 後述)은 그 극단적인 예라 할 수 있다. 이렇게 볼 때 西北 변방을 제외한 지역에서 民間의 養馬는 장기적인 繁殖과 飼養을 통한 대규모 養馬의 성격을 지닌 것이 아니라 流通을 예비하는 단계에 머물러 단기적인 差益을 기대하는 정도의 소규모 養馬를 벗어나지 못한 것이 아닐까.

이상에서 살펴본 바와 같이 秦漢시기에는 民間에서의 需要라는 것도 상당 부분은 國家 부담의 轉嫁라는 성격을 지니고 있고 설사 奢侈와 같은 형태로 私的 需要가 증가하는 현상이 나타났다 해도 國家 需要라는 측면과의 관계를 벗어나서는 그 현상을 이해하기 어렵다는 점을 유의해야 한다. 즉 國家에서는 非정기적인 假需要를 의식하지 않을 수 없고 그러다 보니 非禮임을 알면서도 車馬의 奢侈를 방임할 수밖에 없었던 것이다.

2. 말의 調達과 馬政

이상의 검토에 의해 秦漢代에는 國家에 의한 需要가 말 需要의 근간을 이루고 있었음을 알게 되었다. 심지어는 私的인 需要조차 상당 부분은 國家의 필요에 따라 그 부담을 民에 轉嫁한 것이다. 이러한 상황에서 國家의 말 需給에 대한 관리 체계 즉 馬政은 말의 需給에 결정적인 영향을 미친다. 당시

---

94) 《後漢書》樊宏列傳, p.1119.
95) 이러한 점에서 余華靑·張廷皓가 秦漢시기 牧畜業의 유형을 民間의 경우 일반 農家經營 이외에 大牧主經營과 豪强田莊經營으로 나누어 前者는 商品化의 비율이 높았는데 비해 後者는 自給自足의 특징을 지닌다고 하였는데 말에 대해서도 적용되는 설득력 있는 가설이다. 다만 필자는 豪强田莊經營의 경우도 買占을 통해 時勢 差益을 기대하는 측면이 있었음을 看過해서는 곤란하다고 생각한다. 余華靑·張廷皓, 앞의 논문, p.19.

國家에서는 막대한 數의 馬匹들을 어떠한 방식으로 調達하였을까.

　　우선 秦代부터 살펴 보자. 秦簡을 통해 秦代에는 縣이 말 調達의 주된 역할을 맡은 官署임을 알 수 있다.

　　　　吏의 乘馬를 평가하는데 [말의 속도가] 느리거나 수척하다든지 평가 시기에 맞추지 못하면 각기 1盾의 벌금형에 처한다. 말의 服役 평가가 下等이면 廐嗇夫에 1甲, [縣]令·丞 및 佐·史을 각기 1盾의 벌금형을 처한다. 말의 服役 평가가 下等이면 皂嗇夫를 1盾의 벌금형에 처한다.[96]

管理 상태를 평가하여 부실하면 처벌한다는 것으로 보아 官吏의 말은 官給이었던 것 같다. 말의 이용에 대한 管理가 縣에 맡겨져 있었던 것도 알 수 있다. 調達과 훈련이 縣에 의해 이루어졌던 것은

　　　　騎馬는 五尺八寸 이상이어야 한다. 일을 감당 못하든지 달리거나 매거나 할 때 말을 듣지 않는지 하면 縣司馬는 二甲, 縣令과 丞은 一甲의 벌을 받는다. 먼저 騎馬를 징발하여 말이 갖추어지면 이어서 從軍者를 선발한다.[97]

는 秦簡에 의해서도 확인된다. 우선 騎馬의 훈련은 縣의 屬吏인 縣司馬의 임무였던 것이다. 아울러 여기에서는 縣 단위로 말의 징발이 이루어졌음을 알게 해준다. 官給에 의한 調達이었다면 "賦"라 표현하지 않았을 것이고 만약 官廐에서의 선별을 의미하려면 "選"이라든가 다른 말을 써야 했을 것이다[98]. 이는 民으로부터의 징발을 뜻하는 것 같다. 구체적으로 어떠한 방식이 있었는지는 알 수 없다. 다만 戰國시기 楚 등 다른 國家에서 括馬제도의 일환으로 징발에 의해 말을 조달한 바[99]와 같이 馬匹의 징발이 秦에서도 행해지

---

96) 《秦簡》p.142.
97) 《秦簡》p.132, "驀馬五尺八寸以上, 不勝任, 奔縶不如令, 縣司馬貲二甲, 令·丞各一甲. 先賦驀馬, 馬備, 乃遴從軍者, 到軍課之, 馬殿, 令·丞二甲; 司馬貲二甲, 廢."
98) 前漢의 자료이기는 하나 桑弘羊 등이 屯田을 건의하는 上奏文 가운데 "嚴敕太守都尉明燧火, 選土馬, 謹斥候, 蓄茭草."(밑줄 필자)라 한 내용을 참조할 만하다. 《漢書》西域傳下, p.3912.
99) 張君, 〈楚國括馬制度綜論〉, 《中國史硏究》 1989-2, p.117. 張君은 楚에서 시행된 징발제도인 籍馬 및 賦馬法이 秦에서도 시행되었다는 직접적인 자료는 없지만 대체적인 윤곽을 본문에 인용한 《秦簡》效律을 통해 확인할 수 있다고 하였다. 다만 구체적인

고 있었다고 짐작된다.

그러나 징발이 주된 調達 방식이었을까. 秦에서 말의 調達은 주로 官府
廐苑에서의 供給에 의한다는 지적이 있다.[100] 이를 결정적으로 뒷받침할 만
한 자료는 없다. 다음의 몇몇 인용문들을 통해 官營 養馬가 이루어진 廐 및
苑囿의 부분적인 윤곽을 살필 수 있을 뿐이다.

> 公馬·牛를 키우는데 말[소]이 죽으면 죽은 곳의 縣에 급히 보고한다. 縣
> 에서는 신속히 검사한 뒤 납입한다. 신속하게 처리하지 못해 부패하게 되면 부
> 패하기 이전의 값으로 보상케 한다. (中略) 大廐, 中廐, 宮廐의 牛馬는 그 힘줄,
> 가죽, 뿔과 [고기]값을 바치는데 [키우던] 사람이 官에 납입한다: 公馬·牛를 乘
> 服 하던 중에 어떤 縣에서 죽으면 縣에서는 고기를 전부 팔고 그 힘줄, 가죽,
> 뿔과 판매한 돈 전부를 납입한다. 돈이 규정보다 적으면 [乘服하던] 사람에게
> 채워서 官에 보고하도록 하고 官에서는 말과 소를 판 縣에 알린다. 현재 縣과
> 都官의 公服牛는 매년 1회 考課하는데 1년 동안 10頭 이상일 경우 ⅓이 죽거나
> 10頭 이하일 경우와 服牛를 받은 경우 3頭 이상이 죽으면 주관한 吏와 소를 기
> 른 徒 그리고 令과 丞 모두에 罪를 묻는다. …[101]

우선 이 내용의 첫 귀절을 《秦簡》에서는 數個 縣을 경유하는 放牧 형태의
官營 牧畜業에 대한 규정으로 보고 있다.[102] 다음 내용은 大廐·中廐·宮廐
등 중앙 관할의 대형 廐[103], 그리고 縣에서의 牧畜에 대해 언급한 것이다. 여
기에서는 明示하지 않았지만 縣의 말 飼養은 縣廐에서 이루어진 것 같다.[104]
廐嗇夫·皁嗇夫 등 畜産의 관리를 맡은 屬吏가 縣에 배치되어 있던 것[105]은
이러한 추측을 뒷받침한다.

論證 과정 없이 그대로 效律을 인용하는 데 그치고 있다.
100) 袁仲一,《秦始皇陵兵馬俑研究》, 北京, 1990, pp.220-221.
101) 《秦簡》p.33.
102) 《秦簡》p.34, 注1. 다만 이 해석이 설득력을 지니려면 本文의 "將牧公馬牛"라 한 귀
절에서 '牧'字만으로 放牧이라는 해석을 끌어낼 수 있는지, 그리고 數個縣을 경유하
는 放牧이 과연 존재하였는지 하는 문제들에 대한 설명이 뒷받침되어야 한다. 이 부
분은 일반적인 牛馬 飼養 전반에 걸쳐 縣의 감독을 받는 것으로 볼 여지가 있기 때문
이다.
103) 《秦簡》p.34의 注7.
104) 袁仲一은 各縣에는 廐가 있어서 官營 養馬에서 중요한 비중을 차지하였다고 보았
다. 袁仲一, 앞의 책, p.221.
105) 裘錫圭,〈嗇夫初探〉, 中華書局編輯部(編),《雲夢秦簡研究》, 北京, 1981, pp.259-261.

그런데 養馬의 형태에 있어서는 放牧 방식과 廏養 방식이 명백히 구분되는 점[106]을 주의해야 한다. 兩者의 차이가 소의 경우에서와는 달리 말의 飼養에 있어서는 중요한 의미를 지니는 것이다. 이러한 점 때문에《周禮》에서는 馬政에 관한 한 放牧에 관련된 官職과 廏養에 관련된 官職의 체계가 분리되어 있다.[107] 여기에서 縣廏는 물론 대규모의 廏, 즉 중앙의 대형 廏에서의 馬匹 飼養은 말의 1차적인 供給源으로서의 역할보다 최종 需要를 위해 필요한 단기적인 飼養과 중간 供給의 성격을 띠었다고 생각한다. 간접적인 증거이지만 인용문 가운데 마지막 부분에서 소에 대해 언급하면서 飼養 대상을 단순히 牛라 하지 않고 "服牛"로 명기하고 있는 점[108], 그리고 새끼 말의 관리에 대한 내용이 秦簡 중에 눈에 뜨이지 않는 점 등이 이러한 추측을 가능케 한다. 또한 漢代의 자료이지만《漢舊儀》에서 "太僕의 牧師諸苑 36個所는 北邊과 西邊에 분포해서 … 말 36萬頭를 나누어 기르고 골라 취해서 敎習하며 6廏에 供給한다"고 한 내용[109]도 추측을 뒷받침한다.

그러면 秦代에 이들 廏와 官營 牧場과의 관계는 구체적으로 어떠했을까. 특히 皇室 소유의 대규모 廏가 아니라 縣 단위 廏와의 관계가 궁금하다. 위의 秦簡에서는 그 관계가 분명하게 드러나지 않는다. 다만 같은 秦簡의 徭律에

　　縣은 禁苑과 公馬牛苑을 보수해야 하는데 役徒를 징발해서 참호, 담장, 울타리를 만들거나 수선하면 곧 苑吏에 알리고 苑吏가 순시한다.[110]

고 한 내용에서 苑은 1차적 供給을 맡은 官營 牧場인데 이 秦簡에서 縣과 苑吏와의 관계를 보면 이들은 縣의 관할에 속하지 않고 있다. 苑嗇夫가 없

106) 郭興文, 앞의 논문(1985-1), pp.298-299.
107) 謝成俠, 앞의 책, 第3章 第1節.
108)《秦簡》p.29. "乘馬服牛稟 ……"이라 하여 飼料 지급에 관한 규정에서 乘馬와 服牛를 連稱한 것은 말도 소와 마찬가지로 실제적인 용도를 지닌 것이 관리 대상이었음을 알게 해준다.《秦簡》p.33의 인용문에서도 일단 服牛를 언급한 이상 말도 乘馬를 의미한다고 볼 수 있을 것이다.
109)《漢官六種》p.90.
110)《秦簡》p.77.

으면 縣에서 '守' 즉 대리職을 둔다고 한 내용[111]도 苑囿가 縣의 직접 관할하에 있지 않았음을 뒷받침한다. 그렇다면 縣의 廐養은 苑囿의 官營 牧畜과는 별개로 이루어졌음을 확인할 수 있는 것이다.

그러면 縣 차원에서의 최종 需要를 위한 중간 供給까지 馬匹은 어떻게 調達되고 있었을까. 특히 官給은 어느 정도 비중을 차지하였을까. 여기에서 秦律에서 馬匹의 飼養에 필요한 芻·稿의 납입을 곡물의 納入과 거의 대등할 정도로 중시하고 있던 점[112]에 대해 주목할 필요가 있다. 이를 근거로 秦에서는 公權力에 의한 牛馬 飼養이 이루어지고 있었음이 지적되고 있다.[113] 그렇다면 말의 調達에서도 官給이 중요한 비중을 차지하였다고 이해할 수 있을 것이다. 그러나 芻·稿가 官營 牧場에서의 1차적인 養馬를 위해 주로 제공되었는지, 아니면 縣 등 需要 단계에서의 短期的인 養馬를 위해 제공되었는지가 궁금하다. 兩者의 차이가 말 需給과 養馬業의 현장에 미치는 영향은 상당한 것이다. 後者일 경우는 民間 養馬의 발달, 그리고 賣買를 통한 유통이 활발하였을 가능성이 예상되기 때문이다.

秦簡에는 芻·稿를 지출할 때 縣廷에 보고하도록 규정한 내용[114], 또 부족분이나 잉여분에 대한 철저한 점검을 大嗇夫 즉 縣嗇夫[115]와 丞이 책임지게 한 내용[116]이 있다. 이들을 참고하면 芻·稿는 縣 단위로 관리되었던 것 같다. 그렇다면 芻·稿의 需要는 주로 縣의 消費를 위한 것이 아니었을까. 물

---

111) 《秦簡》 p.106. "… 苑嗇夫不存, 縣爲置守, 如廐律. 內史雜."

112) 高敏, 〈秦漢賦稅制度考釋〉, 같은이, 《秦漢史論集》, 鄭州, 1982, p.82.

113) 佐竹靖彦, 〈商鞅田制考證〉, 《史學雜誌》 96-3, 1987, pp.29-30. 다만 佐竹은 《銀雀山漢簡》의 田法을 이용하여 秦의 官營 牧畜業에 대해 설명하고 있으나 여과 없이 그대로 받아 들일 수 있을지는 문제이다.

114) 《秦簡》 p.39. "禾·芻稿積索出日, 上贏不備縣廷. 出之未索而已備者, 言縣廷, 廷令長吏雜封其廥, 與出之, 輒, 上數廷, …(後略) 倉."

115) 大嗇夫와 縣嗇夫가 동일 官職이라는 점에 대해서는: 李成珪, 〈秦의 山林藪澤 開發의 構造 —縣廷 嗇夫組織과 都官의 分析을 중심으로—〉, 《東洋史學研究》 29, 1989, pp.79-80.

116) 《秦簡》 p.100. "禾·芻稿積廥, 有贏·不備而匿弗謁, 及諸移贏以償不備, …(中略)皆與盜同法. 大嗇夫·丞知而弗罪, 以平罪人律論之, 又與主廥者共償不備. 志計而廥籍內史. …(後略) 效."

론 芻·稿를 官營 牧場인 苑囿로 수송하였을 가능성도 있다. 예컨대 창고에 芻·稿를 납입할 때 다른 지역은 1萬石을 1積으로 취급하지만 咸陽만은 2 萬石을 1積으로 처리한다는 규정이 있다.[117] 이 규정은 咸陽의 경우 馬匹이 집중되어 있는 지역이어서 芻·稿의 需要가 높기 때문에 나온 것이라고 보고 싶다. 그렇다면 芻·稿를 咸陽으로 운반하는 사례가 있었을 것이고 역시 마찬가지로 官營 牧場으로의 운반도 예상할 수 있다. 그러나 漢代 居延 일대의 隊·候에서는 草飼料인 茭를 주로 채취해서 供給하였을[118] 뿐만 아니라 穀物 등에 대해서는 원거리 運送이 있었던 것과는 달리 茭의 경우 運送에 대한 자료가 거의 보이지 않는다.[119] 그렇다면 같은 草飼料를 咸陽이나 官營 牧場 등지로 運送하는 경우가 있었다 해도 소재 縣, 멀리 잡아도 주변 縣에 국한되었을 것이다.

이렇게 볼 때 芻·稿의 공출은 放牧을 위주로 한 官營 牧場보다는 주로 縣에서의 廏養을 위한 것이었다고 추측된다. 芻·稿의 납입은 물론 정기적으로 부과된 것이었다. 그런데 居延漢簡 가운데 茭의 부패에 대해 언급한 내용[120]이 있는 것을 보면 飼料로 쓸 수 있는 기간은 단기간에 그쳤을 터이고 이러한 형편에서 매해 되풀이 부과되었다면 官에 지속적인 需要가 있었다는 이야기가 된다. 결국 縣廏에서의 飼養에 충당하는 것이 가장 중요한 부분을 차지하였다고 생각할 수 있다.

秦代에는 말의 供給 構造에 있어서 縣廏 등 官廏의 중간 供給이 차지하는 역할이 매우 컸던 것 같다. 그러면 官廏 이전의 1차 供給源은 어떠했는가. 이 단계에 있어서도 官營 牧場인 苑囿에서의 養馬가 높은 비중을 차지하였을 것으로 짐작되지만 단정지을 만한 자료는 없다. 이 문제는 추정의 단계

---

117) 《秦簡》 p.38.

118) 《合校》 No.168·21. 《新簡》 p.85, No.6; p.95, No.154; p.135, No.60; p.509, No.477B.

119) 茭의 運送에 관해서는 한두 사례가 눈에 뜨이지만 候에서 隊까지의 단거리 運送에 불과하다. 《新簡》 p.363, "(前略)今適載三泉茭二十石致城北隊給驛馬(後略)" p.364, "(前略)留出入檄適爲驛馬運鉗庭茭廿石致止害隊"

120) 《新簡》 p.240, No.173. "…□呑遠置園中茭腐敗未以食…"

에서 잠시 보류해 두고 다음의 예를 들어 보자. 烏氏縣의 倮라는 인물은 牧畜으로 얻은 수입으로 기이한 織物을 구입, 戎王에 선물하자 그 열배에 달하는 家畜으로 보답하여 이렇게 모은 牛馬의 數가 골짜기로 헤아릴 정도였다고 전하는데[121] 그렇다면 民間 養馬가 차지하는 부분도 무시할 수 없다. 한편 秦始皇은 그에게 封君에 準하는 대우를 하였다고 한다. 이는 倮의 畜産도 징발, 買入 등 어떠한 형태로든 國家의 需要에 기여하였다는 것을 암시한다. 그렇다면 적어도 중간 供給 단계의 철저한 파악에 의해 말의 需給을 관리하는 것이 秦代 馬政의 특징이었다는 생각이다.

그런데 前漢에 들어가면 이러한 방식에 변화가 나타난다. 縣의 騎馬 · 車馬 비용이 모자라 차출한 말을 亭에서 기르게 하였다는 武帝 元鼎5年(B.C.112)의 다음 조치는 중요한 의미를 지닌다.

> 車馬와 騎馬가 부족하였으나 縣官의 錢이 모자라 말을 구입하여 구하기가 힘들었다. 이에 令을 내려 封君으로부터 3百石 이상의 官吏에 이르기까지 天下의 亭에 암말을 내고 亭에서는 새끼 말을 길러 해마다 증식分을 징발하도록 하였다. (《史記》平準書, p.1439)

우선 前漢에도 縣이 調達의 핵심 官署임에는 변함이 없음을 알 수 있다. 그럼에도 불구하고 亭에서 飼養하였다는 것은 秦代에 飼養과 供給을 맡았던 縣廐의 존재를 염두에 둔다면 이해가 가지 않는다. 혹 縣廐의 역할이 축소된 것은 아닐까. 漢代의 縣廐에 대한 자료는 居延漢簡을 제외하고는[122] 武帝 시기 陳留郡 圉縣의 廐嗇夫 한 例[123]가 눈에 뜨이는 정도이다. 이렇게 縣廐에 대한 자료가 적은 데 반해 漢代의 官印 가운데에는 馬丞이라는 官職이 縣 소속으로 다수 나타난다.[124] 이를 바탕으로 일단 다음과 같은 假定을 내

---

121) 《史記》貨殖列傳, p.3260.
122) 《合校》 No.51 · 23, "昭武廐令史樂成里公乘尹昌年卅二", 《新簡》 p.481, No.64A, "(前略)宜以時布縣廐置驛騎, 行詔書, 臣稽首以聞." 前者는 昭武縣의 廐를 지적한 것 같다. 後者의 廐는 機構로서의 廐가 아니라 단순히 廐養用의 建造物을 의미할 가능성도 있다. 《合校》No.212 · 65, "…闌廐嗇夫千秋里馬敞年卅七"에서는 廐嗇夫(또는 闌廐 · 嗇夫)가 보이지만 그 역할에 대해서는 확인할 수가 없다.
123) 《漢書》酷吏傳 田廣明條, p.3664.

려볼 수 있다. 漢代에는 馬丞이 廐嗇夫를 이어 養馬 내지는 官營 牧畜業을 전담한 관직이었다는 것이다.[125] 그러나 縣廐와 廐嗇夫의 존재가 있는 이상 이는 받아 들이기 어려운 假定이다. 따라서 필자는 馬丞을 말의 購入이나 需給 등 縣 단위의 馬政 실무 책임을 맡은 屬吏로 보려 한다.[126]

아마 漢代에는 邊地와 같은 특수한 환경을 제외하고는 縣廐를 통한 養馬 및 중간 供給이 크게 위축된 듯하다. 여기에서 말의 건강을 유지하기 위해서는 운동과 최소한의 放牧이 필수적이라는 養馬 기술상의 문제[127]를 고려해 볼 만하다. 한편 亭의 경우 부속된 土地가 딸려 있다는 지적이 있다.[128] 그렇다면 縣廐의 廐養이 어려워진 상황에서 養馬에 필요한 공간이 제한적이나마 확보되어 있고 치안이나 郵驛 등 기능상 말의 常備가 필요하였던 亭에서 일시적인 養馬가 이루어졌다고 볼 수 있는 것이다. 여기에서 논리상의 비약이 허용된다면 縣廐 중심의 供給 체계는 1차적 供給源으로서 官營 養馬의 비중이 컸고 그리하여 官給에 의해 안정된 供給이 가능하였던 상황에서 常設的으로 운영될 때 최종 需要에 대해서도 효율성을 발휘할 수 있었던 것이 아닐까. 그러나 이러한 供給 構造는 秦代 말기의 內戰으로 인해 지탱하기 어렵게 되었다.

前漢에 들어가면 戰術의 변화로 인해 급증하는 需要, 그리고 前漢初 官營 養馬業의 위축 때문에 '官營 牧場→縣廐→최종 需要'라는 供給 체계 위주로는 馬匹의 調達이 어렵게 되었다. 여기에서 高祖4年 算賦를 처음으로 부과하였다는 사실[129]에 대해 주목할 필요가 있다. 如淳은 注에서 《漢儀注》를 인용, 이 조치는 庫兵車馬의 비용을 조달하기 위한 것이라고 보았다. 처음부

---

124) 余華靑·張廷皓, 앞의 논문, p.20. 龔留柱, 앞의 논문(1987), p.11. 이들 논문에 인용된 馬丞 官印 자료들 가운데 郡 소속으로 보이는 사례는 하나도 확인되지 않고 거의 대부분 縣 소속으로 확인되는 官印들 뿐이다.
125) 余華靑·張廷皓, 위와 같음. 高敏, 앞의 논문(1989), p.93.
126) 이러한 점에서 馬丞을 郡縣의 馬政을 주관한 官職이라고만 처리한 龔留柱의 설명이 낫다. 龔留柱, 앞의 논문(1987), p.11.
127) 任文淳·張京鎭, 《새技術로 엮어진 實用畜産全書》, 서울, 1989, p.232.
128) 高敏, 앞의 논문(1985), pp.80-81.
129) 《漢書》高祖本紀上, p.46. "(四年)八月, 初爲算賦."

터 이러한 목적으로 사용되었는지는 불확실하다. 그러나 위에서 언급한 武帝시기 亭養馬에 대한 기록을 보면 縣의 주관 아래 말의 買入이 이루어지고 있었음을 알게 한다. 그리고 그 중요한 財源의 하나가 算賦였을 것이다. 한편 武帝는 財源이 부족하자 기존의 算錢 이외에 3錢 씩의 口錢을 추가하여 車騎馬의 調達에 보충하였다고 한다.[130] 그리고 買入이라 해도 그 資金이 부족할 경우에는 貰買라는 형식을 빌지만 실제 징발이나 다름 없는 방법[131]으로 變用되기도 하였다.

前漢初 이후에는 買入의 확대되어 가장 중요한 調達 수단 가운데 하나가 되었다. 王溫舒가 郡에서의 驛馬로 私馬를 구입하여 調達하였다는 사례[132]는 이미 인용한 바와 같다. 또한 宣帝 때 潁川郡守와 京兆尹을 역임한 趙廣漢은 먼저 개, 양, 소의 價格을 알아내고 이를 토대로 말값을 추정해냄으로써 말값의 동향을 정확하게 파악하였다고 하는 바[133], 이는 地方 官府에서 買入이 일상화되어 있음을 알려준다. 한편 需要의 증가에 대응하기 위해서는 買入 이외에도 賜爵 또는 徭役 면제의 방식으로 軍用 馬匹의 民間 養馬를 유도하기도[134] 하였는데 이는 징발을 전제로 한 조치였음이 분명하다. 뿐만 아니라 景帝시기에 이르러서는 官營 養馬를 대대적으로 재개하고 있다. (後述)

그럼에도 불구하고 武帝 이래 특히 北方 民族과의 戰爭으로 인해 비정기적이고도 엄청난 규모의 需要가 발생하면서 말 부족이 심각한 상황에 이르자 이전에도 행했던 방식대로 籍馬에 의해 징발을 확대한다든가, 民으로부터 貰買한다든가, 위에서 언급한 대로 亭養馬를 시행한다든가, 賣爵에 의해

---

130) 《漢官六種》 p.50 및 82.

131) 高敏, 앞의 논문(1989). p.101.

132) 注32.

133) 《漢書》 趙廣漢傳, p.3202.

134) 《漢書》 食貨志上, pp.1133-1134. "鼂錯復說上曰: ……今令民有車騎馬一匹者, 復卒三人. …令民入粟受爵至五大夫以上, 乃復一人耳, 此其與騎馬之功相去遠矣." 내용 가운데 車騎馬는 車와 馬를 함께 말한 것이 아니라 戰馬만을 가리킨 것이라는 지적이 있는데 수긍할 만하다. 金少英, 《漢書食貨志集釋》, 北京, 1986, p.86. 더 낮은 혜택을 준 入粟者에게 賜爵한 것으로 미루어 더 높은 혜택을 준 入馬者에게도 당연히 賜爵하였을 것이다.

獻納을 유도한다든가 하는 방식들을 채택하였다.[135] 한편 말을 贖錢의 代納으로 허용하기도 하였다.[136] 주의할 것은 이러한 방식들은 民間에 있어서 養馬의 盛行을 전제로 하고 있다는 점이다.

이제 다시 秦代의 문제로 돌아가 보자. 이상과 같이 前漢 初부터 買入의 확대가 이루어졌던 점, 그리고 景帝시기 본격적인 官營 養馬가 재개되었다고 전하는 점(後述) 등 前漢 초기의 사정으로부터 거꾸로 유추하면 秦代에는 1차적인 供給에서부터 官營 養馬가 높은 비중을 차지하였을 것이라는 情況 설명이 가능해진다. 게다가 芻·稿의 징발이 비록 縣의 需要를 주로 염두에 두었다고는 하나 放牧을 통한 官營 養馬에도 이용되었음을 배제할 수 없고 그렇다면 官營 養馬가 성행하였음을 뒷받침하는 자료로 이용될 수도 있을 것이다.

다음으로 國家 需要의 調達은 어떤 官署에서 주관하였을까 하는 문제에 대해 검토해 보자. 우선 주목할 것은 太僕의 역할이었다. 太僕은 특히 皇室의 馬匹에 대한 需要를 책임지는 官署이면서 동시에 최대의 官營 牧場이었던 皇室 苑囿를 관장하는 官職으로서 馬政에서 일정한 기능을 발휘하였다.[137] 秦代는 물론 前漢 초기까지만 해도 官給의 중요한 供給源이 皇室 牧場이었으므로 太僕의 비중은 매우 컸던 것 같다. 그런데 戰爭과 같이 불규칙한 대규모의 需要가 발생하면서 그때 그때 해당 官署에서 調達을 맡는 경우가 나타난다. 예컨대 衛將軍이 匈奴 정벌에 앞서 河東郡의 佐史였던 咸宣에게 河東郡에서 말을 구입하도록 한 것[138]은 대표적인 예이다. 居延漢簡에 나타나는 말 구입 역시 駐屯 지역의 長吏가 調達의 책임자였음을 알려주는 예라 하겠다. 戰爭과 같은 특수한 상황에서 馬匹의 調達은 幕府에서 주관하였던 것이다.

---

135) 이상은 모두: 龔留柱, 앞의 논문(1987), pp.12-13.
136) 《漢書》 霍光傳 霍山條, p.2948, "山又坐寫秘書, 顯爲上書獻城西第, 入馬千匹, 以贖山罪."同 外戚傳上, p.3959. "蓋主爲充國入馬二十匹贖罪, 乃減得死論."
137) 安作璋·熊鐵基, 앞의 책, pp.138-140.
138) 《漢書》 酷吏傳 咸宣條, p.3661.

그러나 調達에서 가장 커다란 비중을 차지한 機構는 秦代에나 漢代 모두 縣이었을 것이다. 심지어는 長安에서 騎亭長들을 丞相府에 제공하였던 관례[139]나 匈奴 渾邪王의 來朝에 車馬를 調達하지 못하였다 하여 長安令을 처형하려 하였던 사례[140]를 보면 京師에서조차 縣이 調達에서 핵심적인 역할을 맡았음이 증명된다. 다만 다음과 같은 내용은 前漢 중엽을 고비로 종래의 縣 중심 調達 構造에 부분적인 변화가 있었을 가능성을 제기한다. 즉 武帝 元朔3年(B.C.126) 上郡과 西河를 萬騎太守로 임명하였다는 내용[141], 그리고 宣帝 때 呼韓邪單于가 入朝하는 과정에서 "發過所七郡, 郡二千騎"하였다는 내용들이 그것이다.[142] 이렇게 郡 규모로 대규모의 騎馬를 동원하는 현상은 앞 節에서 살핀대로 後漢에도 邊郡의 대규모 騎兵 동력 동원 사례를 통해서 확인된다. 물론 이 내용은 단순히 騎兵의 병력 동원을 의미하는 것이지 말의 調達까지 의미하지는 않을 수 있다. 그러나 王莽이 匈奴 정벌을 계획하면서 內地의 12郡國에 買馬하여 長安에 보내도록 하였던 사실[143], 그리고 後漢 靈帝 때 郡國에 調馬케 하였다는 사실[144]을 고려하면 馬匹 需要의 규모가 커지면서 郡에서 騎馬의 調達에 개입하게 되었을 가능성이 있는 것이다.

다만 이러한 調達 사례는 정벌時 구성되는 幕府에서의 調達과 비슷한 성격을 띠고 있어서 일시적인 需要에 국한되어 있고 日常的인 調達은 역시 縣에 맡겨져 있었던 것 같다. 漢代의 것으로 추정되는 馬丞의 官印들은 대부분 縣의 것이고 郡의 사례로 보이는 것은 확인되지 않기 때문이다.[145] 元延2年(B.C.11) 紀年의 居延漢簡에서는 居延縣令과 丞이 亭長을 파견하여 酒泉 등 郡에서 騎馬를 買入하게 하고 있다.[146] 또한 戰爭과 같이 특수한 需要가

---

139) 注19.
140) 《史記》汲鄭列傳, p.3109.
141) 《漢官六種》p.82.
142) 《漢書》匈奴傳下, p.3798.
143) 《漢書》王莽傳中, p.4131.
144) 《後漢書》靈帝紀 光和4年條, p.345.
145) 注124.
146) 《合校》上, No.170 · 3B. "元延二年七月乙酉居延令尙丞忠, 移過所縣道河津關, 遣亭長 王豊以詔書買騎馬酒泉/敦煌張掖郡中當舍傳舍從者如律令 (後略)"

발생할 경우도 馬匹 調達의 실제적인 역할은 縣에서 맡고 郡의 역할은 감독 정도에 그쳤을 가능성이 높다. 武帝 때 渾邪王이 來朝함에 車馬를 동원케 하였으나 縣官들은 돈이 모자라 民으로부터 貰馬하였다는 이야기, 그리고 이 과정에서 民이 貰馬에 불응하며 말을 은닉하자 長安令에 책임을 물으려 는 武帝를 汲黯이 말리면서 통과 諸縣에서 순차적으로 迎接케 하도록 주장 한 것[147]등이 이러한 추측을 가능하게 한다.

Ⅱ. 需給 동향과 養馬業의 전개

1. 말의 價格 動向

지금까지는 需要의 실태와 供給의 構造에 대해서 살펴보았는데 그러면 이제 시기에 따라 需給의 상황이 어떻게 변동하였는가에 대해 구체적으로 검토할 차례이다. 需要 供給 문제에 접근하는 실마리를 얻기 위해 먼저 말 의 價格 동향에 대해서 살펴 보자. 말 價格에 관한 자료를 우선 문헌 자료 부터 시기順으로 열거한다. (밑줄 筆者)

① 漢興, 接秦之弊, … 自天子不能具鈞駟, 而將相或乘牛車, 齊民無蓋藏. 於是爲 秦錢重難用, 更令民鑄錢, 一黃金一斤, 約法省禁. 不軌逐利之民, 蓄積餘業以稽 市物, 物踊騰糶, 米至石萬錢, 馬一匹則百金. (《史記》平準書)
② 元狩五年(B.C.118) …… 天下馬少, 平牡馬匹二十萬. (《漢書》武帝紀)
③ (梁期侯 當千) 太始四年(B.C.93), 坐賣馬一匹賈錢十五萬, 過平, 臧五百以上, 免. (《漢書》武帝功臣表)
④ (貢)禹上書曰: 臣禹年老貧窮, 家訾不滿萬錢, … 有田百三十畝, 陛下過意徵臣, 臣賣田百畝以供車馬. (《漢書》貢禹傳)
⑤ 光和四年(181)春正月, 初置騄驥廄丞, 領受郡國調馬. 豪右辜搉, 馬一匹至二百 萬.(《後漢書》靈帝紀)

147) 위와 같음.

278

자료들 가운데 ④를 제하고는 모두 예외적인 價格을 보여주고 있다. 그러므로 평시 價格의 사례라고 짐작되는 ④부터 먼저 검토한다.

元帝 즉위 初의 사례인 ④의 경우는 가격이 명시되고 있지 않다. 그러나 貢禹가 자신의 자산이 1萬錢을 넘지 않았다고 한 발언을 근거로 해서 軺車·馬를 구입하기 위해 판 田 100畝를 가격으로 환산하면 약 7,700錢을 산출할 수 있다. 軺車와 말의 價格이 함께 기록된 居延漢簡의 사례를 援用하면[148] 軺車는 5,000錢, 馬는 4,000錢으로 車馬 합해 9,000錢이라는 수치가 나온다. 결국 貢禹가 田을 팔아 얻었으리라 짐작되는 금액을 조금 상회하므로 그가 구입한 말 값은 이 簡牘보다 약간 낮지만 거의 같은 수준이었을 것으로 보인다. 즉 3,700錢을 전후한 線에서 결정되지 않았을까. 이 가격은 후술하듯 漢代의 말값으로는 평균치에 약간 미달하는 수준이나 그의 財力으로 미루어 下級의 말을 구입하였을 것이고 그렇다면 당시의 價格이 안정되어 있음을 추측케 하는 자료가 된다.

①은 前漢初 물가가 전반적으로 騰貴하는 가운데 米 즉 搗精한 穀食은 石當 1萬錢까지 오르고 말은 匹當 100金까지 올랐다는 것이다. 金의 價格을 감안하면[149] 말 값은 匹當 100金 즉 수십萬~100萬錢에까지 달하였다. 그런데 穀價도 1萬錢까지 오른 것을 보면《史記》도 지적하고 있듯이 秦末의 內戰 직후 전반적으로 물자가 결핍된 상황에서 이에 편승한 商人들의 買占이 중요한 원인이었다.[150] 그러나 이에 그치지 않는다. 國家에서 莢錢을 사용함으로써 인플레 현상을 초래하였던 것이다.[151]

---

148) 본문 이하의 인용문 가운데 (2) 및 《合校》上, p.61, No.37 · 35.
149) 錢劍夫,《秦漢貨幣史考》, 武漢, 1986, p.92. 黃金 가격은 1金이 數十萬錢에서 100萬錢에 달했다고 한다.
150)《史記》平準書의 기록은 혼란이 되어 있다. 天子가 鈞駟를 갖출 수 없다고 하여 劉邦의 皇帝 즉위 이후에 騰貴 현상이 나타난 듯이 기록하였으나 貨殖列傳에는 滎陽에서 項羽와 대치하고 있는 상황에서 穀價가 1石에 1萬錢에 달했다고 한다. (p.3280) 이러한 혼란이《漢書》食貨志上에서는 정리되고 있다. 즉 내란 중에 穀價가 1石當 5,000錢에 달하여 死者가 過半이었고 즉위 후 天子는 醇駟도 갖출 수 없었으며 將相은 牛車를 타기도 하였다. 그리하여 高祖는 減稅와 긴축 정책을 시행하였다는 것이다. (p.1170)
151) 錢劍夫, 앞의 책, p.229.

②는 武帝 중반 匈奴 정벌로 인해 말이 부족해지자 나타난 현상인데 如淳의 해석으로는 民間의 養馬를 유도하기 위해 숫말의 기준 市價를 높였다는 것이다. 문제는 유도책이라고 하기에는 1匹에 20萬錢이라는 금액이 지나친 高價라는 점에 있다. 게다가 25年의 간격이 있다고는 하지만 ③에서는 15萬錢에 판 것이 기준 市價를 초과했다 하여 列侯를 免奪에 처하고 있어서 이해에 혼란을 가져 온다. 아마 列侯라는 지위를 이용하여 强賣한 사례였으리라 짐작된다. 이렇게 前漢初에서 武帝 중반까지의 價格 자료는 지나치게 高價를 나타내고 있어서 의문이 생긴다. 도대체 왜 평상시의 價格에 비해 이렇게 큰 차이를 보이게 되었을까. 의문을 잠시 접어두자.

한편 위의 ①에서는 穀價를 함께 언급하고 있으므로 穀價의 변동률을 援用하여 평시의 말값을 환산해낼 수 있다고 생각된다. 粟價를 石當 30錢으로 잡은 戰國시기 李悝의 자료[152]에 따라 搗精한 米價를 60錢 안팎으로 본다면[153] ①의 穀價는 166倍로 오른 것이 된다. 이를 근거로 말값도 마찬가지로 166倍騰하였다고 본다면 평소의 價格은 0.6金 즉 약 5,000錢으로부터 6,000錢 사이에서 유지되었을 것이다. 만일 居延漢簡을 근거로 산출한 居延 지방의 平價 약 100錢[154]을 기준으로 한다면 穀價는 100倍로 오른 것이 되고 말값은 100分의 1인 1萬錢에 약간 미달하는 액수로부터 1萬錢까지가 평소의 價格이었다고 볼 수 있다. 두가지 경우를 모두 예상해 보아도 결국 前漢에서는 5,000錢으로부터 1萬錢 정도의 價格을 정상적인 말 價格으로 인식하고 있었던 것이 아닐까. 여기에서 前漢 武帝 때까지의 물가 동향을 아는 데 가장 중요한 자료인 《史記》貨殖列傳을 보면 千戶侯의 年間 수입을 20萬錢으로 보고 이와 대등한 수입에 해당하는 財貨를 열거하여

陸地牧馬二百蹄, 牛蹄角千, 千足羊, 澤中千足彘, ……此其人皆與千戶侯等.

152) 《漢書》食貨志上, p.1125. 李悝의 盡地力之敎 관계 기록
153) 《秦簡》p.45. 倉律에 의하면 粟 1石6⅔斗를 搗精하여 糲米 1石, 다시 搗精하여 鑿米 9斗, 다시 搗精하여 毇米 8斗를 얻는다고 한다. 최종에는 부피가 ½이 되는 셈이다.
154) 陳直, 《漢書新證》, 天津, 1979(1959初刊). p.370.

280

이라 하고 있다. 이 기록에 따르면 200蹄 즉 50匹이 20萬錢이니까 말 1匹當 4,000錢이라는 계산이 나온다.[155] 이는 대체로 兩漢에 걸쳐 평균적인 말 가격보다 약간 싼 가격이다.[156] 《九章算術》에서는 假定 數值로서 소값 1, 818 錢과 대비하여 말값은 그 세배인 5,454錢으로 잡고 있다.[157] 이러한 사례들을 종합하면 적어도 前漢에서는 정상적인 말값은 5,000錢 내외라고 인식하였던 모양이다.

다음에는 居延漢簡을 통해 좀더 구체적인 物價 동향을 확인해 보자. 아래의 내용은 말 1필당 가격이고 함께 제시한 내용들은 동일한 簡牘 가운데 함께 기록된 참고 자료들이다.[158]

> (1) 4,000錢 — 10살배기
> (2) 4,000泉 — 小奴1人 1萬5,000; 大婢1人 2萬; 宅1區 1萬; 田1頃 1萬; 軺車1乘 5,000; 服牛1頭 3,000; 牛車1輛2,000[159]
> (3) 5,300錢
> (4) 5,500錢
> (5) 5,500錢
> (6) 5,500泉
> (7) 5,900錢
> (8) 9,500錢

---

155) 陸地牧馬 50匹을 年間 20萬錢을 얻을 수 있는 고정 資産으로 파악해서 100萬錢으로 보고 그에 따라 匹當 2萬錢으로 산출하는 이도 있다. 그러나 이렇게 볼 경우 貨殖列傳에 곧 이어 등장하는 通邑大都에서의 消費 價格에 비해 賣出價가 오히려 세배에서 네배에 달하는 논리적 모순이 생긴다. 따라서 50匹은 1年當 매출 규모로 파악해야 할 것이다. 이점에 대해서는 다음 연구가 상세하다. 宮崎市定, 〈史記貨殖列傳物價考證〉, 같은이, 《アジア史論考》(中), 東京, 1976 (原1976稿), pp.520-530.
156) 그리하여 宮崎市定은 이 4,000錢은 産地 즉 放牧 지역의 가격을 가리키는 것이고 商人의 매입價는 5,000錢, 매출價는 6,000錢이라고 보았는데 설득력 있는 견해라고 생각된다. 宮崎市定, 앞의 책, pp.528-529.
157) 《九章算術》方程篇. "(前略)問, 牛馬各價幾何? 答曰, 馬價五千四百五十四錢一十一分錢之六, 牛價一千八百一十八錢一十一分之二."
158) 자료는 순서대로 다음에서 인용. 《合校》上p.256, No.157・1; 《合校》上p.61, No.37・35; 《合校》上p.320, No.206・10; 《合校》上p.238, No.143・19; 《合校》下p.512, No.317・5; 《新簡》p.88, No.37; 《新簡》p.86, No.11; 《合校》上p.55, No.35・4.
159) 비교를 위해 《史記》貨殖列傳을 근거로 산출한 前漢 중반의 價格 기준을 들어본다. 僮 1萬, 소 2,000, 軺車 1萬, 牛車 1,000. 兩者를 비교할 때 개별적인 격차들은 있으나 전체적으로 커다란 차이가 없어서 物價에서 居延이 지닌 지역 특수성을 지나치게 강조할 필요는 없다고 생각된다. 산출 價格에 대해서는: 宮崎市定, 앞의 논문, p.542.

이 가운데에서는 (8)의 경우가 예외적으로 비교적 高價에 해당하는데 비슷한 사례가 또 확인된다. "言律曰:畜産相賊殺, 參分償. 和令少仲出錢三千及死馬骨肉付循, 請平"이라 한 내용의 敦煌 출토 漢簡[160]은 家畜끼리 살상하였을 경우 피해자 측에 ⅓을 보상한다는 律의 규정에 따라 3,000錢을 보상하였다는 내용인데[161] 그렇다면 말의 가격은 9,000錢이 되는 것이다. 이러한 몇몇 예를 빼면 居延漢簡의 자료들은 말값이 대체로 5,000錢을 기준으로 안정된 가격을 유지하고 있었음을 알려준다. 5,000錢이 표준적인 가격임은 위에 들었던 《史記》와 《漢書》의 자료에 의해서도 뒷받침된다. 이들 가운데 연대를 구체적으로 확인할 수 있는 예는 없지만 (2)와 (6)은 화폐 단위를 泉이라 한 것을 보면 王莽 정권 때의 것으로 추정된다.[162]

居延漢簡들의 작성 시기가 前漢 武帝 末年에서 後漢 光武帝의 建武年間에 집중되어 있는 것으로[163] 미루어 볼 때 武帝末로부터 後漢 초기까지 居延이 속한 河西 일대의 말값은 대체로 5,000錢 정도의 선에서 안정을 유지하였다고 하겠다. 물론 앞의 몇몇 예외에서 보듯이 말의 품질에 따라서는 1萬錢을 호가할 정도까지의 가격차는 존재하였을 것이다.[164] 다만

(前略) 其馬牛各且倍平, 及諸萬物可皆倍, 犧和折威侯匡等

이라 한 簡篇[165]에 의하면 王莽 시기에 平價 즉 평시 규정 가격의 2倍로 騰貴한 적이 있음을 확인할 수 있다. 이는 앞章에서 언급한 騎兵 동원의 사례

---

160) 勞榦, 《居延漢簡 ―考釋之部》, 臺北, 1960, p.229.
161) 連劭名,〈西域木簡所見<漢律>〉,《文史》29, 1988, p.132.
162) 陳直, 앞의 책, p.179.
163) 陳夢家, 앞의 책, p.230.
164) 품질에 따른 格差를 이해하려면 名馬의 존재를 염두에 두어야 한다. 相馬術의 達人이었던 伯樂이 어떤 말을 名馬라고 鑑定해주자 즉시로 價格이 열倍로 뛰었다는 일화가 戰國시기에 퍼져 있던 것은 좋은 사례이다. 《太平御覽》卷896 獸部8 馬4에 인용된 《春秋後語》 참조. 인용문 ③에서 梁期侯가 말을 15萬錢에 판 것도 名馬를 빙자한 强賣였을 가능성이 높다. 그러나 이러한 사례는 전체 말의 유통에서는 극히 예외에 속하는 것이라 생각된다.
165) 《新簡》, p.370, No.163. 官職名으로 犧和이 나와 있는 것으로 보아 王莽 정권 始建國元年 이후의 것이다.

와 함께 참고로 인용한 始建國2年의 匈奴 정벌에 따른 여파였다.

　이상의 漢簡을 통해 확인한 안정된 價格 動向이 과연 中國 全지역에 걸쳐 적용될 수 있는 것인지, 아니면 河西 일대에 한정된 것인지가 문제된다. 말할 나위 없이 居延은 말의 主産地에 속해 있는 바, 말값에도 지역에 따른 격차가 있었을 것이기 때문이다. 後漢 安帝시기 羌族을 방어하기 위해 三輔에 주둔한 任尙에게 劉訢는 郡兵을 罷하고 대신에 각기 數千錢씩 내서 20人마다 말 한匹을 구해 輕騎를 갖추도록 충고하고 있다.[166] 數千錢을 1人當 2千錢에서 3千錢으로 잡으면 말값은 4萬錢에서 6萬錢 가량이 되어 이 정도면 상당한 高價였다 여겨지는데 이는 戰爭으로 인해 三輔 일대에 말의 需要가 높아졌기 때문인 것 같다. 그렇다면 상황에 따른 지역차는 常存하였을 것으로 보아야 한다. 그러나 漢簡을 통해 확인된 價格 動向은 문헌 자료의 記述과도 대체로 부합하고 있다. 武帝末로부터 後漢初에 이르는 기간에 대해서는 騰落이나 品貴 현상에 대한 기록이 눈에 뜨이지 않는다. 게다가 貢禹가 漢簡의 價格들과 비슷한 價格에 말을 구입한 것이 內地에서였던 것을[167] 보면 전반적으로 말값은 안정 추세에 있었던 듯하다. 王莽 정권 시기에 말값이 倍騰하였다는 《新簡》의 자료도 匈奴 정벌을 준비하면서 海內가 모두 소란하게 되었다는 사실[168]을 참조할 필요가 있다. 즉 全國的인 物價 파동의 여파였다.[169]

　그런데 앞의 문헌 자료에서는 ①②③⑤에서처럼 暴騰이라 할 정도의 말

---

166) 《後漢書》西羌列傳, p.2890.

167) 《漢書》貢禹傳에 의하면 貢禹는 원래 琅邪人이었다. 이후 河南令을 거쳐 辭任한 후 庶人으로 지내다 諫大夫로 徵召되어 車馬를 구입하였는데 장소는 명시되지 않았지만 故鄕인 琅邪에서 구입하였을 가능성이 높다.

168) 《漢書》食貨志上, p.1143.

169) 다만 王莽末에서 後漢 極初에 걸쳐서는 劉秀가 처음 起兵하였을 때 소를 타고 參戰하였다는 사실(《後漢書》賈復列傳)로 미루어 地域에 따른 騰貴가 있었을 것임에 틀림 없다. 그런데 왜 史書에는 前漢初에 대해서와 달리 기록이 전하지 않을까. 이를 이해하기 위해서는 당시에도 河西와 같이 비교적 物價가 안정된 지역이 있어서 騰貴를 全中國에 걸친 현상으로 보지 않았기 때문이 아닌가 생각한다. 王莽정권에서 後漢 초기까지 居延이 속한 河西 일대는 정치적인 안정이 유지되었고 그 때문에 오히려 物價가 진정될 수 있었다는 지적이 있다. 李成珪, 〈兩漢交替期 河西生活의 一端 ─新發見 粟君訴訟文書의 解釋을 중심으로─〉, 《韓佑劤博士停年記念史學論叢》, 1981.

값 騰貴 현상이 나타나 주목을 끈다. 이러한 急騰은 어떻게 나타났을까. 장기적이고 구조적인 문제로 인한 현상은 아니었는가. 그리고 이 문제에 대해 국가는 어떻게 대처하였는가. ⑤의 경우는 명기하고 있듯이 富豪들의 買占으로 인한 騰貴임은 동일하나 국가의 징발로 인해 말이라는 單一 商品의 需要가 급증한 현상이라는 점에서 ①과는 성격이 다르다. 이러한 점에서는 ②의 경우도 유사하다. 그 원인에 대한 설명은 없으나 계속된 匈奴와의 전투 이후에 나타난 騰貴이므로 馬匹의 부족을 틈탄 商人들의 買占이 개재하였을 것임은 분명하다. ③의 경우는 이유가 확실치 않다. 다만 平價 즉 기준 가격을 초과한 말의 賣買가 위법이었다는 점에서 馬匹의 가격에 대한 國家의 통제가 있었음이 확인된다. 결국 ②③⑤의 사례를 통해서 말의 需給에 특유한 구조적인 문제가 존재하였음을 알 수 있게 되었다.

   그러면 다음으로는 價格 騰貴의 배경을 정확하게 이해하기 위해 이미 살펴본 需要의 측면에 대한 검토를 바탕으로 하면서 供給의 측면에서 養馬의 전개 과정을 함께 분석한다. 그 과정에서 需給에 결정적인 영향을 미친 馬政이 어떻게 작용하였으며 또 騰貴에 어떻게 대응하였는가에 대해서도 자연히 함께 살펴 보게 될 것이다.

2. 需給 實態와 養馬業

(1) 秦代～前漢初 —官給 체계의 弛緩

   前漢初라는 특이한 상황에서 일어난 ①의 騰貴 사례부터 살펴 보자. 앞章에서 살펴 본 바와 같이 戰國 말기부터 騎兵戰으로의 전환이 급속히 진행되고 있던 것이 당시 需要 증가의 가장 중요한 배경이었다. 그 위에 秦末 내란으로 인한 需要의 일시적인 증가, 그리고 商人들의 買占 위에 貨幣 정책의 여파가 겹쳐 가격 急騰을 초래하였다. 그러나 내란이나 買占 등이 직접적인 동기임은 분명하지만 가격 急騰의 배경에 대해 제대로 이해하려면 이러한 요인들만으로는 설명이 부족하다.

당시 상황을 볼 때 穀價는 안정을 위한 정책이 취해진 것으로 미루어 곧 진정되었을 것이다.[170] 이에 비해 前漢初 文帝 시기까지 皇室에서 말 소비를 억제하는 정책을 취하거나 말 調達에 대한 임시 대응책들을 실시한 사실들로 미루어 말의 品貴는 상당 기간 지속되었고 그에 따라 말값의 安定도 어려웠을 것으로 추측된다. 이러한 상황에서도 騎乘用으로 소를 대용하였다는 ①의 기록은 家畜 가운데 말의 品貴가 더욱 두드러졌음을 알게 한다.

이렇게 말에 특징적인 品貴 현상이 지속된 데에는 秦에서의 말 供給 방식이 작용하고 있다. 秦에서는 우선 1차적인 供給源으로서 官營 牧場에서의 牧畜이 중요한 비중을 차지하였다고 추측된다. 물론 앞에서 든 烏氏 倮의 예에서처럼 官營 이외에 私營 養馬도 존재하였다. 다만 이 경우 私營 牧畜을 입증하기는 하나 동시에 秦始皇이 그에게 封君에 준하는 대우를 하였다는 내용을 음미해 보면 결국 需給은 國家의 통제 아래 있었음을 말해주는 자료로 이용될 수 있다는 생각이다. 결국 秦은 적어도 중간 供給 과정을 장악함으로써 國家가 需給을 조절하는 형태를 취하였던 것이다. 그 결과 특히 縣에서의 廐의 역할이 중요시될 수밖에 없었다.

그런데 內戰을 겪으면서 國家 중심의 需給 체계가 와해된다. 우선 飼料로서 상당 부분을 차지하는 芻・稿의 징발이 제대로 이루어지지 못한 것이 急騰의 중요한 요인이 되었을 것이다. 말값 騰貴는 또한 穀價와도 밀접한 관련이 있었다. 秦簡에서도 禾 즉 穀物의 飼養을 규정한 내용이 눈에 뜨이지만[171] 秦代는 물론 漢代의 경우만 하더라도 中國의 養馬에는 穀物 飼養이 거의 필수적이었던 것 같다. 현재에도 말의 飼養에는 粗飼料인 生草・乾草 이외에 勞動 强度에 따라 일정한 분량의 濃飼料 즉 穀物이 불가피하다고 한다.[172] 다만 匈奴人들이 漢軍이 출현하였다는 것을 穀物이 섞인 말똥을 보고 알아냈다는 발언[173]에 의하면 匈奴와 같이 放牧이 용이한 지역에서는 반드시 穀

---

170) 錢劍夫, 앞의 책, pp.231-232.
171) 《秦簡》p.47, 倉律 "駕傳馬, 一食禾, 其顧來有一食禾, 皆八馬共. 其數駕, 毋過日一食. …"
172) 노동량이 많을 경우 귀리, 콩 등 穀物로 된 濃飼料가 필수적이라고 한다. 任文淳・張京鎭, 앞의 책, pp.230-231.

物을 飼養에 쓴 것 같지 않다. 그러나 秦漢에서는 일부 지역을 제외하고는 放牧 방식을 채택할 수 없었고 특히 內地에서는 廏養이 부득이하였던 점을 주의해야 한다. 이러한 상황을 《鹽鐵論》에서는 "內郡은 사람들이 많아 水泉 荇草를 충족시킬 수 없고 地勢가 따뜻하고 습하여 牛馬[를 기르는 데] 적합하지 않다"고 하였다.[174] 內地에서는 廏養의 성패를 좌우할 生草 飼料의 조달이 어려웠던 것이다. 이러한 점 때문에 결과적으로 廏養時 穀物 飼料에 대한 의존도가 높아질 수밖에 없었다. 漢代에 말의 穀物 飼養에 대해 수시로 비난이 가해지거나[175] 그 영향을 받아 穀物 飼養의 억제 조치가 내려지기도 한 것[176]은 穀物 飼養이 그만큼 성행하였다는 사실을 반증한다. 이러한 상황에서 穀價의 騰貴는 말 가격의 仰騰에 상승 효과를 가져왔을 것임이 틀림 없다. 특히 말값이 仰騰하였을 경우는 말의 경제적 價値가 穀物 飼養을 감당하고도 남음이 있었을 것이다.

필자는 앞에서 ①이나 ②에서 같이 지나친 高價 현상에 대해 의문을 제기하였다. 그러나 이상과 같은 여건하에서는 이러한 말값의 急騰이 얼마든지 가능하였을 것으로 생각된다.

그러면 前漢에서는 供給 부족을 어떻게 타개하였는가. 漢에서는 일단 國家의 需要를 줄이고 있다. 우선 皇室 用度의 馬匹 소비를 억제하였다.[177] 高祖부터 文帝·景帝까지 皇帝들은 廏馬의 數가 100匹에 불과할 정도로 검소하였다고 한 貢禹의 발언[178]은 과장의 느낌이 든다. 하지만 皇室에서 儀裝用 馬匹의 需要를 가능한 한 억제하였다는 증거임은 확실하다. 막대한 수의 馬

173)《東觀漢紀》卷12, 馬防列傳.
174)《鹽鐵論》未通篇, "御史曰, 內郡人衆" 이하.
175)《鹽鐵論》園池篇, "文學曰: ……今狗馬之養, 虫獸之食, 豈特腐肉秣馬之費哉?"《漢書》貢禹傳, p.3071, "(禹奏言)……[今]廏馬食粟將萬匹. …人至相食, 而廏馬食粟, 苦其大肥." 同 王莽傳中, p.4111, "(莽曰)……故富者犬馬餘菽粟, …貧者不厭糟糠."
176)《漢書》景帝紀, p.151, "[後元]二年…春, 以歲不登, 禁內郡食馬粟, 沒入之." 同 元帝紀, "[初元二年]九月 …太僕減穀食馬."
177)《史記》孝文本紀, "孝文帝從代來, 卽位二十三年, 宮室苑囿狗馬服御無所增益."《漢書》文帝紀 2年11月條, "詔曰: …… 太僕見馬遺財足, 餘皆以給傳置." 同 賈山列傳, "陛下(=文帝)卽位, 親自勉以厚天下, …省廏馬以賦縣傳."
178)《漢書》貢禹傳, p.3070.

286

匹을 동원하여 行幸하는 甘泉宮에서의 祭禮도 武帝 이전에는 거행된 사례가 없었다.[179] 같은 기간 馬匹의 賜與 사례가 희소하고 賜與時의 규모 또한 武帝 이후에 비해 비교가 되지 않는 것도 소비를 억제한 좋은 증거이다. 그러나 소비 억제는 소극적인 대처 방법이다. 게다가 攻勢를 취하지 않더라도 匈奴에 대비하기 위해서는 상당한 규모의 騎兵 확충이 불가피하였다.[180]

여기에서 景帝 初年 "始造苑馬以廣用"하였다는 《漢書》食貨志上의 기록이 눈길을 끈다. 이 자료를 근거로 前漢 초기 民間의 養馬에 의지하던 것에서 벗어나 官營 牧畜을 시작하여 供給 문제를 해결하였다고 보는 견해도 있으나[181] 이는 받아들이기 어렵다. 官營 養馬는 秦代에도 이미 중요한 供給 수단이었고 前漢初에는 다만 규모가 축소된 것에 불과하다고 보아야 한다. 이 점에서 《史記》平準書가 같은 내용을 "益造苑馬以廣用"이라 표현하여 官營 養馬의 규모를 확대한 것으로 본 것은 옳다.[182] 그러나 秦末의 官營 養馬의 위축은 그 정도가 엄청나서 거의 파괴에 가까울 정도로 축소되었던 것이 아닐까. 買入의 확대가 시작된 시점이 바로 이 시기였고 《漢書》에서 《史記》의 "益造苑馬"라 한 표현을 "始造苑馬"라 고친 것도 나름대로 의도가 있었을 것이기 때문이다. 이러한 상황에서 太僕의 관할 아래 牧師諸苑을 分置, 다시 官營 養馬의 확충을 꾀하였던 것이다. 당시 牧師諸苑의 養馬 규모는 30萬匹에 달하였다고 전한다.[183]

그러나 官營 養馬라는 방식만으로는 馬匹의 需要가 전반적으로 증가하는 추세에 있던 당시 상황에서 馬匹 부족을 근본적으로 해결할 수 없었다. 需

---

179) 注9.
180) 《史記》灌嬰列傳, 文帝3年에 匈奴가 北地 등지에 침입하자 丞相 灌嬰으로 하여금 8萬5千騎를 거느리고 대응케 한 사례, 《漢書》文帝紀, 14年에 匈奴가 北地에 침입하자 이에 대비하여 車 1,000乘과 騎卒 10萬人을 渭水 북쪽에 주둔시킨 사례는 前漢 初期에도 騎兵의 需要가 증가하고 있었음을 잘 설명해준다.
181) 木村正雄, 앞의 논문, pp.62-63.
182) 金少英, 앞의 책, pp.93-94. 이러한 의미에서 《史記》의 '益'이 옳은 표현이라고 본데 동의한다.
183) 《漢書》百官公卿表上 太僕條의 顔師古 注에 인용된 《漢官儀》 내용. 《漢官六種》 p.133.

給 문제 해결의 보다 근본적인 방안을 漢에서는 民間 養馬의 촉진에서 찾게 되는데 이러한 방향 전환은 이미 前漢初부터 나타나고 있었다. 앞에서 설명한 바와 같이 買入의 확대가 이루어지면서 방향의 전환은 불가피하였다. 文帝 시기에 일반 民이 말 1匹을 지니면 3人을 復除하는 제도를 시행한 것[184]은 民間에서의 養馬를 유도하는 대표적인 조치였다.

여기에서 秦代에 있어서 官營 養馬를 지탱해 주었던 芻·稿의 徵稅에 변화가 왔다는 사실에 주목해야 한다. 漢代가 되자 春秋시기부터 秦代까지에 비해 芻·稿의 부담이 가장 낮아졌다는 것[185], 前漢 文帝·景帝시기에 芻·稿를 金錢으로 折納하는 경향이 나타났다는 것[186]은 郡縣을 비롯한 官府에서의 養馬가 축소되었음을 알게 해주는 간접적인 증거이다. 居延漢簡에 보이는 官에서의 茭 買入 사례들[187]은 官營 養馬를 축소하면서 徵稅에 의한 芻·稿의 常備가 어렵게 되자 나타난 현상으로 보인다.

(2) 前漢 중반 이후 —民間 養馬의 성장과 需給 조절

前漢 초기의 긴축 정책, 그리고 民間에서의 養馬業의 성장, 그위에 景帝시기의 官營 養馬業의 대대적인 확충 등이 효과를 거두어 武帝 즉위初에 이르면 일단 말의 원활한 供給이 가능해진 듯하다. 衆庶들의 거리나 阡陌 사이에도 말이 눈에 뜨이고 암말을 탄 자는 乘馬者들이 무리 속에 넣어주지도 않을 정도였다고 한다.[188] 또한 과장된 표현이기는 하나 農夫들은 말을 경작에 이용하고 일반 民도 말을 타지 않은 이가 없었다고 할[189] 정도로 말이 흔해졌다.

그러나 武帝 초기의 供給 과잉 현상은 아직 匈奴와의 전투가 개시되지 않

184) 注134.
185) 楊作龍,〈周秦·兩漢的芻·稿及其稅考〉,《農業考古》1989-1, p.145.
186) 高敏,〈略論西漢前期芻·稿稅制度的變化及其意義〉,《文史哲》1988-3.
187) 《合校》上, No.84·6, "綏和元年九月以來/ 吏買茭刺";《合校》上, No.140·18, "出錢卅買茭卅束"; 《合校》下, No.312·10, "至觻得出錢五十九買茭卅七束□觻得 ●從居延至觻得馬食用二□ □□□出錢六茭二束"
188) 《史記》平準書, p.1420.
189) 《鹽鐵論》未通篇, "文學曰:聞往者未伐胡·越之時 … 牛馬成群, 農夫以馬耕載, 而民莫不騎乘, 當此之時, 却走馬以糞. ……. "

은 상태에서 나타난 제한적인 것이어서 匈奴 정벌이 再改되면서 需給 문제
는 곧 벽에 부딪치게 된다. 이미 말의 需要는 증가 일로에 있고 匈奴에 대
한 전술이 守勢에서 攻勢로 전환하면서 需要가 폭발적으로 증가하여 다시
供給 부족에 직면하게 된 것이다. 武帝시기라 해도 元狩3年 五大夫·千夫
이상의 爵 소유자로서 吏로 徵召되어 從軍하기를 원하지 않는 이들에 말을
供出케 하는[190] 일방 邊縣에서 民에 대한 牧畜을 허용하기까지는 馬政上 별
다른 조치를 취하지 않는 것으로 미루어 供給에 큰 차질이 없었던 것 같다.
이때는 匈奴에 대한 원정이 상당히 진행된 시점에 해당한다.

　이후 취해진 적극적인 供給 수단 가운데에는 심지어 戰爭 과정에서의 약
탈이 포함되기도 하였다.[191] 또한 漢代 전반에 걸쳐 살펴 보면 關市를 통한
胡馬의 輸入도 馬匹 供給의 한 수단이었다. 交易은 특히 後漢에 들어가 供
給 가운데 큰 비중을 차지하게 된다.[192] 그러나 輸入이나 掠奪은 일시적이고
불안정한 방책에 지나지 않는다. 掠奪의 경우 적어도 武帝期 동안에는 戰爭
과정에서 잃은 馬匹의 數가 더 많았다. 설사 이러한 방법들로 말을 얻었다
해도 이로 인해 얻은 馬匹을 增殖시키는 것이 보다 중요한 문제였다.[193]

　결국 촛점은 다시 養馬業으로 문제로 되돌아 간다. 여기에서 前漢 초기
민간 養馬의 實態에 대하여 再考가 필요하다. 당시 民間 養馬가 성행하기
시작하였다고는 하지만 실제 養馬의 효과는 한정되어 있었다고 추측된다.
亭養馬의 경우 供出의 대상이 諸侯王으로부터 300石 이상 吏에 이르기까지
로 국한되어 있다든가 五大夫, 千夫 이상의 爵位 소유자에 한해 말의 供出
을 강제하였다든가 하는 사실들을 감안하면 內地의 民間에서 말의 求得이
가능하였던 범위는 매우 제한되어 있었던 것 같다. 이는 실제 內地에서의

190)《史記》平準書, p.1428.
191) 余華靑·張廷皓, 앞의 논문, p.24.
192) 龔留柱, 앞의 논문(1987), p.15.
193) 극단적인 例이긴 하지만 大宛을 정벌하는 도중에 武帝가 말에 익숙한 두사람을 執
　馬校尉와 驅馬校尉로 선발해서 정벌 후 善馬를 고르는 데 대비케 하고 정벌이 끝나
　자 善馬 수십匹 그리고 中馬 이하를 암수로 3千餘匹 가져오게 한 것은 飼養을 전제
　로 한 掠奪의 대표적인 사례이다.《漢書》李廣利傳, pp.2700-2702.

養馬가 높은 경비를 요하는 廐養에 의할 수밖에 없었고 廐養을 갖출 만한 능력이 용이하지 않았던 현실에서 기인한다.[194] 아무리 武帝初에 供給이 원활하였다고는 해도 일반 庶民도 말을 탔다든가 農耕에도 이용하였다는 표현은 賢良・文學측이 失政을 부각시키기 위해 과장한 것임에 분명하다. 漢代를 통틀어 일반 民의 資産 가운데 말이 포함된 사례는 보이지 않기 때문이다.[195] 한편 邊方에서의 放牧도 邊方의 政勢 불안정으로 인해 投機的 성격을 강하게 띨 수밖에 없었다고 생각된다. 戎王과의 관계를 이용해 增殖에 성공한 烏氏 倮의 경우가 그러했고 秦始皇 말기에 변경으로 피신, 馬牛羊 數千群을 모은 뒤 漢初 民에 대한 禁制가 풀려 재물로써 雄邊하게 된 班壹[196]이 그러했다. ‘塞之斥’이었던 橋姚의 경우[197]도 그러하였을 가능성이 높다. 또한 말에 관해서는 직접적인 자료가 없지만 牧羊으로 단기간에 富를 쌓은 卜式의 사례[198]를 보면 당시 牧畜業을 통한 富의 增殖이 어떠한 형식으로 이루어졌는가 추측할 수 있는 것이다. 匈奴가 변방에 침입하여 苑馬를 약탈하는 등, 前漢 초기에 畜産의 약탈이 잦았던 사실[199]에서도 당시 西北 邊方의 실정을 잘 알 수 있다.

　이러한 상황에서 근본적으로 需給 문제를 해결하는 방안은 河西 4郡 등

---

194) 이러한 점에서 前漢시기 諸侯王들에 있어서 廐의 존재와 廐養을 맡은 官職이 多數 확인되는 것은 주목할 만하다. 吳榮增, 〈西漢王國官制考實〉, 《北京大學學報(哲學社會科學版)》1990-3, p.15.

195) 兩漢에 걸쳐 일반 農家의 畜産 사례로서는 돼지와 닭 정도가 확인될 뿐이다. 朴東憲, 〈漢代 農家 副業生産의 成長과 그 性格 — 前漢代 華北地方을 중심으로—〉, 《東洋史學研究》41, 1992, p.28 참조. 本文　p.280 인용문 (2)에서 公乘 徐忠이 5駟의 말을 소유한 것은 河西 지방이라는 지역 특성을 감안해야 하고 또한 資産도 7萬錢에 달하는 豪民의 대표적인 예로 보아야 할 것이다.

196) 《漢書》紋傳上, pp.4197-4198.

197) 《史記》貨殖列傳, p.3280.

198) 《史記》平準書, p.1431. 卜式은 재산을 少弟에 분배한 뒤 畜羊 100餘만 가지고 入山, 10餘年만에 羊을 1,000餘頭로 늘려 田宅을 구입하였다고 하는데 여기의 山이 구체적으로 어디인지는 알 수 없으나 단기간에 걸친 增殖 과정을 보면 투기적인 성격이 짙다.

199) 文帝14年 匈奴가 北地郡에 침입, 人民과 畜産의 약탈이 甚多했다는 기록(《史記》匈奴列傳, p.2801), 이후 해마다 변경에 침입해서 人民과 畜産을 약탈함이 甚多하였고 특히 雲中郡과 遼東郡의 피해가 가장 컸다는 기록(같음), 景帝 中元6年 上郡에 침입하여 苑馬를 약탈하였다는 기록(《漢書》景帝紀, p.150) 등을 참조.

郡縣의 설치를 통해 거점이 마련된 邊方 지역에서의 放牧이었다. 武帝 元狩
3年(B. C. 120) 武帝는 徙民과 함께 邊縣에서의 牧畜을 허용하였다.[200] 이 과
정에서 民에 馬匹을 대여하기도 하였다.[201] 《鹽鐵論》에서 御史大夫 桑弘羊이
匈奴 정벌의 성과를 긍정적으로 평가하는 가운데

> 先帝께서는 推讓하여 광대하고 풍요로운 땅을 개척하셨다. … 그리하여 사
> 람들을 모집해서 田作하고 牧畜케 함으로써 크게 쓰임을 얻을 수 있게 되었다.
> 長城 이남 濱塞의 郡에는 말과 소가 멋대로 뛰놀고 蓄積은 들에 가득해 그 것
> 을 헤아려도 끝날 바를 볼 수 없을 정도였다. (《鹽鐵論》西域篇)

라 하여 邊郡에서의 民富 증가를 지적한 것을 보면 이 조치 이후 邊地에 있
어서의 牧畜은 상당한 성과를 거두게 된 것 같다.

邊縣에서의 牧畜을 허용한 조치로 인해 邊境에서의 養馬는 본격적인 궤
도에 오르게 되는데 흥미를 끄는 것은 武帝에 의해 시도된 중요한 馬匹 調
達 정책들이 거의 이 조치 이후의 일에 해당한다는 점이다. 6년 뒤에는 家
馬의 制[202]가, 8年 뒤에는 亭養馬의 제도가 시행되었다. 그런데 말의 발육이
완성되는 것은 滿5살이라고 한다.[203] 居延漢簡에서는 말의 適齡期는 5살부터
12살까지로 잡고 있다.[204] 牧畜 허용 이후 말이 성장하여 繁殖이 가능해짐은
물론 직접 용도에 이용할 만할 때까지 시차를 둔 이후에 民으로부터 징발
등 방식으로 말을 調達하였던 것이다. 武帝에 의한 馬匹 調達 정책 가운데
買入 방식을 제외하고는 가장 규모가 컸으리라 생각되는 것이 籍馬의 제도
이다.[205] 그러나 籍馬는 민간의 養馬 성행을 전제로 해야만 효과를 거둘 수

---

200)《漢書》武帝紀 元狩3年條目.
201) 余華靑·張廷皓, 앞의 논문, p.23 에서는 이 조치를 단지 "民養官馬"로 해석, 亭養
   馬와 마찬가지로 官營 牧畜業 육성책의 일부로 보았는데 필자는 이에 동의할 수 없
   다.《鹽鐵論》御史大夫의 발언을 고려한다면 種馬를 제공함으로써 民間 養馬가 성장
   하는 계기로 작용한 측면이 더 크다.
202) 家馬의 제도가 시행된 시기에 대해서는: 木村正雄, 앞의 논문, pp.67-69.
203) 任文淳·張京鎭, 앞의 책, p.226.
204)《新簡》p.554, No.6. "(前略)太守君當以七月行塞, 候尉循行, 課馬齒五歲至十二歲."
205) 高敏, 앞의 논문(1989), p.78.

있는 방식이었다. 이러한 점에서 籍馬가 邊境 牧畜이 본격화된 시점으로부
터 상당 기간이 지난 太初2年(B.C.103)에야 시행되었다는 것은 당연한 것이
었다.

한편 ②의 高價 정책이 邊縣에서의 牧畜 허용 2년 뒤에 행해졌다는 사실
은 시사하는 바 크다. 前後 과정을 볼 때 民에 대해 邊境에서의 養馬를 유
도한 조치로 보는 如淳의 해석은 수긍할 만하다고 생각된다. 國家는 근본적
인 供給 문제의 해결을 위해 養馬를 권장하고 아울러 유통을 촉진시키겠다
는 의도 아래 高價 정책을 채택, ②와 같은 騰貴를 유도하기도 하였던 것이
다. 이후 國家는 말 價格 문제에 대해 꾸준히 개입하고 있었던 것으로 보인
다. ②에서와는 반대로 高價의 賣出을 규제한 경우이지만 國家에서 규정한
價格을 위반한 賣買가 처벌의 대상이었다는 사실은 앞의 ③ 사례에서 본 바
와 같다.

이후 武帝는 만성적인 供給 부족을 해결하기 위해 養馬者에 徭役 면제의
혜택을 주는 馬復令을 내려 民間의 養馬를 유도하기도 하고[206] 前述한 바와
같이 징발의 규모를 확대한다든가 하기도 하였다.

본격적인 養馬의 성행으로 武帝 末年에는 다시 供給이 충족되기에 이르
렀다. ③에서와 같이 高價로 말을 賣出한 것을 처벌하는 쪽으로 상황이 反
轉된 것은 이러한 실정을 반영한다. 그리하여 鹽鐵 논쟁에서 桑弘羊은 牧畜
業의 성취를 武帝의 변경 대책의 성과 가운데 하나로 높이 평가하였던 것이
다. 需給 상황의 好轉에 힘입어 昭帝는 始元4年(B.C.83)의 凶年을 계기로 民
에 대한 말의 供出을 폐지할 수 있었다.[207] 이어 다음해에는 亭母馬의 제도
를 폐지하고 馬弩關 즉 漢初 이래 말의 關外 유출을 금지해 왔던 규제를 해
제하였다.[208]

民間 養馬의 성장, 그리고 이를 전제로 한 馬政에 의해 馬匹의 需給은 안
정을 찾아 居延漢簡의 자료에서 추적하였듯이 말값은 後漢初까지 安定勢를

---

206) 《漢書》西域傳下, p.3914.
207) 《漢書》昭帝紀, p.220.
208) 《漢書》昭帝紀, p.221.

유지하게 되는 것이다. 需給은 균형을 이루었고 이후 價格의 전반적인 안정 추세는 王莽 정권 末과 後漢 初의 內戰 시기를 제외하면 後漢末 ⑤에서와 같은 急騰 현상이 다시 나타날 때까지 지속되었던 것으로 보인다. 後漢末 ⑤의 急騰 현상은 거듭된 黨錮의 탄압과 政權 분쟁 등 黃巾亂 前夜의 정치 적 불안이 가져온 부산물이었다.

이상에서 살펴 본 바와 같이 漢에서는 1차적인 供給源 가운데 상당 부분 을 民間 養馬에 의존하고 있는데 이에 그치지 않고 중간 단계의 供給 기능 즉 유통에 있어서도 상당 부분을 民間 부문에 의존한 듯하다. 《史記》貨殖列 傳 가운데 중요한 商品의 하나로 말이 언급되고 있는 것은 이러한 추측을 뒷받침한다. 漢代의 占卜 가운데 소와 함께 말의 購入을 묻는 것이 거의 常 例처럼 되어 나타나는 사실[209]을 보면 賣買는 광범위하게 이루어지고 있었 던 것 같다. 그리하여 말 主産地의 하나였던 燕·薊[210]를 오가며 말의 賣買 를 自業으로 삼았던 吳漢 같은 인물이 나타나기도 하였다.[211] 아울러 國家는 需要의 상당 부분, 그것도 戰爭으로 인한 부정기적인 需要를 民에 轉嫁하는 관행이 자리잡았다는 사실에 대해서 주목해야 한다. 부담의 轉嫁는 기본적 으로 賣買의 확대를 전제로 가능한 것이다. 이러한 상황은 다시 私營 養馬 業의 성장을 필연적으로 초래하게 된다.

私營 養馬의 盛行을 유도하고 그 위에 價格을 조절함으로써 말의 일정한 供給을 유지하는 방향으로 漢代의 馬政이 대응해 왔다는 것은 本稿가 다루 어 온 주제의 하나였다. 그러면 과연 價格의 조절은 어떠한 방식으로 가능 하였을까 하는 문제가 남는다. 필자는 國家가 개입할 수 있는 가장 중요한 방식은 官馬의 賣出時 價格을 조작하는 것이라 추측한다. 따라서 앞節 인용 문②에서 20萬錢을 平價로 하였다는 것은 官馬의 판매 價格일 것이다. 아무

---

209) 《史記》 龜策列傳, pp.3242-3251. 占辭의 풀이를 열거한 가운데에는 "求財物買臣妾 馬牛不得""求財物買臣妾馬牛追亡人漁獵不得" 등 馬牛의 買入에 대한 내용이 頻出한 다.

210) 高敏, 앞의 논문(1989), p.92. 燕·薊는 周代 이래 말의 主産地 가운데 일부로 꼽힌 幽州·冀州 일대에 속한다.

211) 《後漢書》 吳漢列傳, p.675.

리 私營 牧畜業이 성행하였다 하더라도 최대의 供給源은 역시 國家이고 따라서 이를 통해 物價 調節이 가능하였던 것이다. 흥미 있는 사실은 居延漢簡에서도 官馬의 賣出 사례가 보인다는 점이다.[212] 鹽鐵 論爭에서 國家가 飼料를 民과 다툰다 하여 文學측으로부터 비난을 받은 것도 이 때문이다.[213] 또한 물리적으로 價格을 통제하는 방법을 들 수 있다. 대표적인 사례가 위에 인용한 ③ 梁期侯의 사례에서 보인다. 그러나 이 경우 平價를 위반한 者가 列侯라는 신분이었기에 처벌을 통한 통제가 가능할 수 있었다. 통제에 의한 價格 조절의 효과는 제한적일 수밖에 없었을 것이다.

다음으로 價格 조절의 차원에서 반드시 짚고 넘어가야 할 문제가 供給 과잉에 대한 國家의 대응이다. 지금까지는 供給의 부족 만을 염두에 두고 논지를 전개해 왔지만 거꾸로 供給이 과잉될 경우도 고려하지 않을 수 없다. 말의 안정된 供給을 위해서 國家는 말값의 지나친 하락을 방지해야 할 필요가 있다. 이러한 차원에서 먼저 주목되는 것은 官營 養馬의 감축을 통한 조절이다. 이러한 상황에서 취해지는 대표적인 정책이 苑囿에 대한 개방 조치라고 생각된다. 苑囿에 대한 개방과 官營 養馬의 감축이 昭帝·元帝·成帝·平帝 시기에 수차 시행되었던 것[214]은 이러한 측면에서 접근할 필요도 있다. 즉 이 시기는 需要가 하강 곡선을 그리는 시점이기 때문이다. 국가에서는 饑饉으로 인한 救恤 정책의 차원에서 수시로 民에 대해 苑囿를 개방하거나 축소할 필요를 느꼈는데 이러한 필요성에 대한 인식도 결국은 官營 養馬의 비중을 낮출 필요성과 결합되어 현실 정책에 반영될 수 있게 되었다. 흥미를 끄는 것은 武帝시기에도 苑囿의 개방 조치가 취해진 적이 있지만 그 시기가 建元 元

---

212) 《新簡》p.86, No.11簡은 馬泉 5, 900을 令史, 隊長 3人, □史, 士吏 들에 분배하였다는 내용이고, p.88, No.37簡은 尉史가 馬泉 4,000을 납입하여 그중 3千?錢을 지출하였다는 내용으로서 兩者 모두 官馬를 판매한 대금의 지출 명세로 짐작된다.

213) 《鹽鐵論》園池篇, "今不減除其本而欲贍其末, 設機利, 造田畜, 與百姓爭荐草, 與商賈爭市利, 非所以明主德而相國家也. "(밑줄 필자)

214) 《漢書》昭帝紀, p.229, "[元鳳三年]罷中牟苑賦貧民"; 同 元帝紀, p.280, "[初元元年]省苑馬"; 同 貢禹傳, p.3073, "省宜春下苑以與貧民"; 同 翼奉傳, p.3171, "省苑馬"; 同 成帝紀, p.306, "[建始2年春]罷六廄·技巧官. …秋, 罷太子博望苑, … 減乘輿廄馬"; 同 平帝紀, p.353, "[元始2年]罷安定呼池苑, 以爲安民縣."

年 즉 즉위 직후로서 말의 供給에 餘裕가 있었던 시점이었다는[215] 사실이다.

한편 需要의 측면에서도 이 문제를 살펴볼 필요가 있다. 前漢 後半 이래 富民의 奢侈 풍조가 유행하는[216] 가운데 狗馬의 축적이 두드러지게 나타난다는 사실은 이미 지적한 바 있지만 이를 방치한 이유 가운데에는 적어도 馬匹에 관한 한 지속적인 需要를 유지할 필요가 있었던 점을 손꼽을 수 있을 것이다.

맺음말

먼저 秦漢代에 있어서 말의 需要에 대해 정리하면 첫째 官僚 組織을 위한 運送 수단, 둘째 軍事的인 需要, 셋째 民間에서의 運送 수단으로 나누어 볼 수 있다. 數値를 통해 살펴 본 바와 같이 가장 큰 需要는 軍事的인 부분, 특히 騎兵의 급증으로 인한 것이었다. 한편 乘用 수단으로서의 이용이 民間의 需要를 증가시키기도 하였지만 이 부분은 官僚로서의 신분 유지에 車馬가 필수적이라는 인식에서 유래한 것으로 公的인 需要를 民間에 轉嫁하는 측면이 있었다. 그러므로 民間에서의 需要를 고려한다 해도 최대의 需要를 國家가 창출하였다는 사실에는 변함이 없다.

다음으로 供給의 측면을 보면 秦代에는 주로 縣廏를 통해 國家가 2차적인 供給 과정을 장악함으로써 需給에 대한 國家 관리가 용이하게 이루어질 수 있었다. 1차적인 供給源은 아직 불분명한 부분이 남아 있기는 하지만 역시 官營 養馬가 주축이었다고 판단된다. 漢代에는 需要의 급증에 대응, 國家의 馬政은 私營 養馬業의 성장을 유도하여 需給에 균형을 맞추는 방향으로 전개되었다. 최종 需要 가운데 가장 비중이 큰 부분이 戰爭으로 인한 것

215) 《漢書》武帝紀, p.157. "[建元元年]秋七月, 詔曰: …罷苑馬, 以賜貧民."
216) 後漢의 奢侈 풍조 전반에 대해서는: 王永平, 〈論東漢中後期的奢侈風氣〉, 《南都學壇》(南陽), 1992-4. 다만 이 논문에서는 馬匹의 奢侈에 대해서 주목하고 있지 않다.

이었다는 점은 國家로 하여금 官營 養馬에 의해 직접 供給을 주도하는 방식이 아니라 需給을 조절함으로써 비정기적인 假需要에 대비할 수 있도록 하는 방향으로 전환케 하는 데 주요인의 하나로 작용한 듯하다.

　私營 養馬業의 발전에는 물론 技術의 진보가 중요한 전제 조건의 하나였다. 國家의 관심에 따라 漢代에는 품종 개량이나 다양화가 이루어졌는데 그 효과는 流通 과정을 통하여 민간의 養馬에까지 영향을 미쳤다. 또한 苜蓿을 도입하여 養馬에 최대의 難題였던 飼料 문제를 改善하는 등 飼養 기술이 발달한 .것도 養馬業의 성장에 기여하였다.[217] 이러한 배경 위에 武帝시기를 전환점으로 말의 需給은 안정 상태에 들어가게 되었다. 匈奴와의 관계가 小康 상태로 되어 전투의 需要가 줄어든 데에서 그 원인을 찾을 수도 있다. 그러나 戰爭에 대한 대비는 잠재적인 假需要를 항시 존재하게 만드는 것이다. 王莽 정권에서 匈奴에 대한 대대적인 정벌을 시도하였음에도 불구하고 말 값의 急騰 현상이 나타나지 않았던 것은 供給의 측면에서 假需要를 지탱할 만한 여지가 있었음을 증명한다. 말값의 안정은 무엇보다 변경 지역에서의 광범위한 放牧을 기반으로 가능해졌고 그중에서도 私營 養馬의 비중이 계속 증가한 데 힘입은 바 크다.

　前漢 중엽부터 변경 지역의 확보가 戰略上 중요한 의미를 가지는 것은 이러한 맥락에서이기도 하다. 결과적으로 養馬業을 비롯한 牧畜業의 성행은 邊境의 일부 지역에서 전개된 作物業의 성장과 함께 주변 民族과의 마찰을 더욱 심각하게 만들어 갔다. 그것은 이제 동일한 생활 공간을 둘러싼 이해관계의 갈등 형태로 나타나게 되었다. 이점에서 匈奴 뿐만 아니라 羌族과의 관계도 주목받을 만하다. 필자는 內蒙古의 和林格爾에서 車馬出行圖를 비롯, 대규모 壁畵를 갖춘 漢墓가 발견된 사실에 전형적인 高官墓가 邊方에 建造될 수 있었던 배경에 대해 궁금하게 여긴 적이 있었다. 그러나 당시 邊方 지역의 立地를 고려하면 얼마든지 가능한 일이었던 것이다. 騎士를 주로 西北邊에서 징발한 것[218]도 養馬業의 지역적 전개를 배경으로 한 부득이한

---

217) 謝成俠, 앞의 책, 第4章 第5節.

선택이었다.

漢代에는 말의 1차적인 供給源이 주로 北部와 西部 일대에 국한되었다. 다만 이 지역들은 異민족들과의 접경지였기 때문에 養馬業이 안정 궤도에 오른 이후에도 기반에 불안정한 요인이 남아 있었고 그 결과 需給의 動向에도 영향을 미친 것으로 보인다. 內地에서도 民間 養馬가 지속적으로 권장되었으나 供給의 측면에서 효과를 거둔 것 같지는 않고 기존의 馬匹을 管理하거나 유통을 통해 差益을 얻기 위한 제한적인 養馬의 수준에 머물렀다. 이 문제를 이해하기 위해서는 환경 등 生態的 요인과 함께 作物業과의 생산성 비교, 또는 人口 문제등이 함께 검토되어야 할 것이다.

한편 本論에서는 다루지 못하였지만 前漢 후반 이래 需給이 대체적으로 안정을 유지했던 점에는 匈奴·羌 등의 통제에 성공하여 邊地 牧畜業의 기반이 안정된 사실 이외에도 이들로부터의 輸入 등으로 새로운 말의 供給源이 확보된 사실이 중요하게 작용하였을 것이다. 이러한 점에서 關市에서의 交易에 대한 검토가 필요하다. 아울러 말에 대한 分析만으로 牧畜業 전반에 대한 이해를 구하는 것은 위험한 일이기 때문에 다른 畜産 특히 대형 家畜인 소와의 비교가 필요하다고 생각되나 이러한 문제들에 대한 검토는 다음 기회로 미루기로 한다.

戰國시기부터 말의 調達 방식을 둘러싸고 두가지 대조적인 방법이 거론되고 있었던 것 같다. 그 하나가 《銀雀山漢簡》 田法篇에서 거론한 철저한 官給 방식이고[219] 또 다른 하나가 《管子》에서 거론한 물가 調節을 통한 買入 방식[220]이었다. 秦代에는 적어도 帝國의 성립 이전까지는 關中 및 주변 일대를 확보한 秦으로서 牧畜業의 환경이 《銀雀山漢簡》에서처럼 官給 위주의 방식을 취할 수 있는 조건에 놓여 있었다. 그러나 漢代에 들어가 帝國 체제

---

218) 龔留柱, 〈關于秦漢騎兵的幾个問題〉, 《史學月刊》(鄭州) 1990-2, p.13.
219) 佐竹靖彦, 앞의 논문, p.29. 田法의 규정대로 農民으로부터 稿는 10分의 9를 공출하고 芻는 1人當 1斗만을 남겼다고 하면 牛馬의 飼育은 불가능하였을 것이라고 본다.
220) 《管子》 揆度篇. 齊桓公이 管子에게 平價 1萬錢인 陰山의 말 1千乘 즉 4千匹을 자신이 지닌 平價 1萬錢인 金 1千斤으로 얻을 수 있는 방법을 묻자 管子가 貨幣를 이용하여 價格 격차에 의해 구입할 수 있다고 답한 내용.

가 유지되면 1차적인 養馬業이 불가능한 절대 다수의 지역을 염두에 두지 않을 수 없게 된다. 게다가 戰國末부터 진행된 戰術上의 변화는 말의 需要를 급증시켜 官營 養馬를 통한 官給 방식만으로는 효과적인 供給이 불가능하게 되었다. 그러므로 조건의 변화에 따라 漢代에는 私營 養馬를 용인한 전제 위에 價格의 조절에 의해 말을 안정적으로 확보하는 방식으로 전환하였던 것이 아닐까.

湖北省 江陵縣 鳳凰山 10호 前漢墓의 화물명세서와 그 物品 분석

— 麻의 재배와 가공과정을 중심으로 하여 —

朴　東　憲[*]

Ⅰ. 문제의 제기
Ⅱ. 화물명세서의 물품분석
　1. 臬의 해석문제
　2. 雄麻의 재배시기에 대한
　　검토
Ⅲ. 雄麻의 재배와 가공과정 분석
　1. 雄麻의 재배 가능성에 대한
　　검토

　2. 雄麻의 가공과정 분석
Ⅳ. 소농민가정에서의 방직 가
　능성 분석
　1. 농경과 방직의 상호관계상
　　의 검토
　2. 분업발달상의 검토
Ⅴ. 화물명세서의 해석
맺음말

Ⅰ. 문제의 제기

湖北省 江陵縣 鳳凰山은 戰國時代 楚의 王城이 있었던 紀南城 내 남부 성

---

* 경희대 사학과 강사

벽 가에 남북으로 길게 뻗은 小山丘이다. 이 지역에는 전국 말기부터 前漢
에 걸치는 시기의 고분이 밀집하여 있는데 여기서 이미 180여기의 묘가 발
굴되었다. 특히 湖北省 江陵縣 鳳凰山 10 號 前漢墓에서 木牘 6 枚와 竹簡
170여매가 출토되었는데, 이 출토 자료는 기존의 한대사 연구가 주로 문헌
사료에 의존했던 한계를 극복하도록 하는 데 기여했다. 여기서 출토된 木牘
6 매 가운데 1, 2 호 木牘은 계약에 관한 것이고, 3, 4, 5 호 木牘은 帳簿이
고, 6 호 木牘은 遺冊이다.[1)]

그 가운데 2 호 木牘의 성격에 대해서는 官船을 이용한 판매를 위한 것으
로서 均輸・平準法의 萌芽적인 것이라는 견해[2)], 요역에 관한 것이라는 견해[3)],
소규모의 자금을 모아서 영리를 목적으로 상업활동을 하기 위한 합작조직
에 관한 것이라는 견해[4)], 어느 한 지역에서 중형 규모의 물자를 관리・저장하
고 할당하는 조직에 관한 것이라는 견해[5)] 등으로 나누어지고 있다. 그런데
같은 10 호 前漢墓에서 출토된 竹簡 가운데 丙組로 분류된 簡에서는 화물을
취급하고 있는 장부가 발견되고, 丁組로 분류된 簡에서는 商販을 위해서 인
원을 파견한 모습도 보인다.[6)] 이러한 위의 자료들을 종합해보면 전한 초기
강릉지역에서의 상판조직, 상업활동, 농업생산, 조세징수, 지리교통, 물품의
출하와 운송에 관한 사실을 파악할 수 있다. 특히 이것은 기존의 물품 운송
에 관한 자료가 居延 등 변경지방의 군수물자 운송에 관련된 것에 지나지
않았다는 점과 비교해 볼 때 특별히 중요한 의미를 가진다. 또한 강릉지역
의 이 물품 운송에 관한 자료들은 농촌에서 출하된 것으로 보이는 물품들을
취급하고 있기 때문에 농촌의 부업생산품이 도시의 유통경제로 유입되는
과정을 파악할 수 있어 그 유통구조를 분석할 수 있을 것으로 기대된다.

1) 黃盛璋, 〈江陵鳳凰山漢墓簡牘及其在歷史地理研究上的價值〉, 《文物》 1974-6, p.66.
2) 弘一, 〈江陵鳳凰山十號漢墓簡牘初探〉, 《文物》 1974-6.
3) 裘錫圭, 〈湖北江陵鳳凰山十號漢墓出土簡牘考釋〉, 《文物》 1974-7.
4) 黃盛璋, 앞의 논문 ; 好立隆司, 〈湖北江陵鳳凰山西漢墓出土の十號墓竹木簡牘につい
   て〉, 《歷史學研究》 436, 1976 ; 山田勝芳, 〈鳳凰山十號墓文書と漢初の商業〉, 《東北大
   學敎養部紀要》 33, 1981.
5) 姚桂芳, 〈江陵鳳凰山 10號漢墓 "中服共侍約" 牘文新解〉, 《考古》 1989-3.
6) 黃盛璋, 앞의 논문, pp.71-72.

기존의 연구에서도 유통과정에 대해 주목한 경우가 있었으나, 이것은 대부분 완제품으로서 시장에서 교류된 물건들을 중심으로 하여 그 유통권을 고찰하는 데 불과하였다. 즉 완성된 고대제국의 경제적 측면 특히 사회적·지역적 분업과 화북을 중심으로 한 거대한 유통권의 형성에 주목하거나, 전제국가의 지배체제 유지 측면에서 그 유통의 성격을 고찰하였다.[7] 그런데 이러한 연구는 중국 고대의 유통경제 발전과 그 중심적인 존재로서의 도시에 주목하였지만[8], 당시의 상품경제 존립의 기본적인 전제조건인 농촌경제에 대해서는 특별히 주목하지 않았다.

그러므로 이런 연구는 상업이 농촌경제와 소농민의 농업경영의 재생산과정에 어느 정도 뿌리를 두고 존재하였는지에 대해서는 구체적으로 고찰할 수 없었다. 이런 연유로 소농민이 유통과정에 개입하는 부분이 명확하지 않아 소농민이 생산한 농가부업생산물의 유통과정 분석이라기보다는 호족적인 경영에서 산출된 특산품적인 산품들의 유통구조 분석에 가까웠다. 개중에는 강릉 봉황산 10 호 前漢墓에서 발굴된 자료를 기초로 하여 전한 초기의 농촌지역의 상업에 관해 언급한 연구도 있었다. 그러나 그것도 향촌질서 장악자의 성장과정이나 치부방법을 분석하기 위한 것과 조세징수나 그 방법 등에 치중하였다.

그러므로 이러한 연구에서도 농가부업생산물의 유통과 그 구조에 대한 관심은 배제되어 있다. 물론 강릉 봉황산의 '中販共侍約'과 화물명세서 및 조세징수기록을 토대로 하여 당시 농촌의 농업경영과 조세체계의 많은 부분을 파악할 수 있도록 기여한 것은 사실이다. 하지만 화물명세서의 구체적인 작물분석이나 제품의 세부공정이 결여된 상태로 접근했기 때문에 공동체 간의 분업과 공동체 내의 분업의 많은 부분을 파악할 수 없었다. 그러므로 이것이 소농민의 구체적인 농업경영과 재생산구조를 파악하는 데 큰 기여를 해 온 것임에도 불구하고, 기존의 연구동향을 크게 진작시키는 데 기

7) 影山剛, 《中國古代の商工業と專賣制》, (東京大學出版會, 1984)
8) 宇都宮淸吉, 《漢代社會經濟史硏究》, (弘文堂, 1955) 3章 〈西漢時代の都市〉, 4章 〈西漢の首都長安〉, 5章 〈史記貨殖列傳硏究〉.

여하기보다는 자신들의 기존의 연구결과를 추인해주는 사료로 해석하는 데 치중해온 점이 없지 않다. 이러한 점을 극복하기 위해서는 일단 도시에서 유통된 물품의 최초 출하점으로부터 그 유통구조를 살펴볼 필요가 있다.

이점에서 먼저 농가부업생산물만이라도 그 유통구조를 종합적으로 체계화해볼 필요가 있다. 그 가운데 방직에 관련된 물품들은 가정과 국가경제에서 중요한 비중을 차지하였고, 그것이 교환을 매개하는 역할도 하였으므로 특히 중요하다. 그런데 기존의 연구에서는 대부분 출하물품의 세부적인 생산공정과 출하과정을 분석하지 않고, 그것을 원격지로부터 유통된 상품이거나 또는 호족경영의 산물로 파악하였다. 그러므로 출하 및 유통과정의 생략이 많았던 점을 보충하여 농업경영과 도시의 유통경제를 유기적으로 파악하는 것이 필요하다.

그래서 본고에서는 소농민의 부업생산물 재배 및 가공과정과 도시에서 유통되는 상품 간의 구체적인 연결고리를 찾으므로써 농촌경제와 도시의 유통경제가 접근하는 구체상의 일부분에 접근해보고자 한다. 그 작업의 기초로서 먼저 鳳凰山 10 호 前漢墓의 화물명세서를 지역농업사적인 시각에서 분석하는 것으로 시작하여 그것을 지역적으로 확대하려 한다.

그런데 농업과 가정수공업 또는 기타 수공업의 작업공정의 세분화, 세분화된 업종의 전업화 현상의 심화, 업종의 전문화에 따른 다양한 직종의 출현, 사회 각 분야의 전문화가 초래되면서 생산공정이 복잡해진다.[9] 그러므로 이러한 전 과정을 이해해야만 부가가치의 증대과정 및 세원의 변화[10]에 대해 추적할 수 있을 것이다. 그리고 이것은 농가부업생산물 생산과정의 고

---

9) 예를 들면 漢代의 방직품과 明·淸時代의 방직품의 생산공정 상의 차이는 큰 것으로 보인다. 즉 唐代 律令制가 유지되던 시기까지는 일반적으로 栽桑·養蠶·繰絲·絹帛機織의 과정이 분화되지 않고 있었다. 그러나 唐·宋時代에 점점 원료생산에서 벗어나 전문적으로 방직만 하는 戶가 늘어나기 시작하여 桑葉과 蠶種을 매매하는 현상이 이미 출현하고 있었다. 이와 같이 농업에서의 공동체내 분업과 공동체간 분업이 이루어지고 있었는데, 이것을 매개시켜 준 것이 바로 재생산과정 중 생산영역에서의 분업이다.

10) 국가재정 및 조세징수에서 絹帛의 비중이 증대하였다는 점을 그 대표적인 예로 들 수 있다.

찰로부터 시작해야 할 것이다.

그런데 화물명세서의 물품 가운데 있는 枲와 麜 등은 당시의 衣料와 상당히 밀접한 관련을 가지고 있다. 즉 麻布가 秦·漢이래 서민의 일상 衣料였고 군인들의 의료로서 사용되었다는[11] 점에서도 麻의 재배와 麻布의 생산과 유통과정에 대한 이해는 중요한 문제이다. 아울러 그것의 분업과정은 전근대사회에서 방직업이 가정경제와 국가재정에서 차지하는 비중이 컸다는 점에서도 특히 관심을 끄는 문제이다.

중국전근대 경제사의 전개에 대해서 최저 한도의 생활필수품만을 생산할 뿐 그 이상의 여력이 없어서 지속적인 발전 경향을 나타낼 수 없는 생존유지경제로 파악하는 경향이 있다. 이러한 경향은 방직경영에도 적용되었다. 특히 방직은 '男耕女織'이라는 용어의 보편화 속에서 그것의 사실성 여부와 구체적인 과정은 크게 문제가 되지 않았다. 즉 이것은 소규모의 농업과 가정수공업의 결합이라는 耕織結合에 의해서 소농경제를 장기간 지속시켰다는 주장과 결부되어 무너질 수 없는 정설로 인정되어 갔다. 더욱이 이것은 중국의 자본주의 전개과정에서 서양적인 산업혁명이 부재했다는 주장과 결부되어 耕織結合이 소농민층을 강인하게 존재하도록 하여 소농민층의 양극분해가 일어날 수 없도록 했다는 것으로 전개되었다. 이리하여 소농경제의 가내방직 생산공정상의 변화를 분석할 필요가 거의 없는 것으로 이해할 정도였다.

이렇듯 가내방직업이 봉건사회를 장기간 지속되도록 하였다면 산업혁명은 왜 먼저 방직업에서 일어나야 했고[12], 중국의 자본주의 맹아현상도[13] 왜

---

11) 陳維稷 主編, 責任編輯 陳永鏘, 《中國紡織科學技術史(古代部分)》, (科學出版社, 1984), p.388.
12) 영국의 산업혁명은 우선 가장 대중적이고 대량생산이 가능한 방직기술의 혁신을 기반으로 하여 연쇄반응을 통해 제철업, 석탄업, 기계공업 등의 부문으로 파급되어 '생산양식의 변혁' 즉 매뉴팩처로부터 기계제대공업으로 이행하면서 국민경제 전체의 근본적인 변혁을 일으켰다.
13) '자본주의 맹아'론과 강남직물업의 발전경향에 대해서는 吳金成, 〈明末·淸初 商品經濟의 發展과 '資本主義 萌芽'論〉, 《明末淸初社會의 照明》(吳金成 외저, 도서출판 한울, 1990) 참조.

방직업 분야에서 획기적으로 나타나야 했는가[14]하는 점을 고찰해보아야 할 것이다.[15] 그러면 방직경영이 사회경제적 변화에서 이처럼 중요한 역할을 하는 원인과 배경이 무엇인지를 이해할 수 있을 것이다.

그런데 이와 관련한 연구의 대부분은 '매뉴팩처'적인 '전문적 직물생산자의 존재'를 확인하기 위한 연구에 치중하였다. 이것은 한편으로는 '정체성론에 빠진' 연구의 다른 측면인지도 모른다. 왜냐하면 황제지배체제하의 재정확보와 소농민가족의 농업경영의 재생산 유지에서 방직경영이 차지하는 비중의 확대와 질적발전이라는 중국적인 특징을 무시한 채로, 서양적인 산업혁명에서와 같이 방직기술의 혁신이 기계제대공업으로 전화하였는지 여부와 그것이 어떠한 사회변혁을 초래하였는지에 대한 연구에 치중함으로써 상대적으로 동양사회가 정체되었다는 결론에 이르도록 할 수밖에 없었기 때문이다. 그러므로 이런 연구경향은 '자본주의 맹아현상'을 설명하는 데는 어느 정도 기여하였지만, 이 맹아가 맹아상태로 끝나 버리거나, 자본주의체제를 형성시키지 못하였다는 점을 인정할 수밖에 없는 상황 속에서는 맹아현상이 나타나기까지의 방직경영에서의 지속적인 생산력의 발전과 그에 따른 분업의 발달에 대해서도 거의 주목하지 않도록 하였다.

그리하여 직물은 농가의 부업으로 생산된 것으로서 先秦·兩漢시대의 대표적인 자급자족품이었다는 견해가[16] 주류를 이루었고, 한편 전국시대에 가내공업에서 생산된 布帛이 상품 성질을 띠고 있었으나 단지 약간에 지나지 않았다는 견해도 나타났다.[17] 이들 직물의 생산에 대해서는 織布기술과 관

---

14) 1313년에 王禎에 의해 쓰여진 《農書》에는 기계방적에 관한 지식이 언급되어 있는데, 이러한 기계들은 디드로의 《백과전서》에 그려져 있는 17세기말·18세기초의 기계류와 유사하다. 이러한 선진적인 기계류의 발전 경향이 조금 더 추구되었다면 중국은 직물생산에서 서구보다 400여년전에 진정한 산업혁명을 이룩하였을지도 모른다 (마크 엘빈 著, 李春植·金貞姬·任仲爀 共譯, 《中國歷史의 發展形態》, 신서원, 1989, pp.199-204 참조).

15) 이러한 시도들에 대한 專著로서는 徐新吾 著, 《鴉片戰爭前中國綿紡織手工業的商品生産與資本主義萌芽問題》, (江蘇人民出版社, 1981)을 참조바람.

16) 李亞農, 《先秦兩漢經濟史稿》, (中華書局, 1962), p.175.

17) 楊寬, 《戰國史》, (上海人民出版社, 1955), 제2장 참조.

련하여 직기의 구조에 대해 분석하거나[18], 직물업 경영에 대한 전반적인 설명에[19] 치중하였다. 그런데 이런 연구는 사료가 충분하지 않았기 때문이기는 하지만, 섬유작물의 재배, 수확, 가공, 방적, 직포로 연결되는 일관된 공정 전체에 대해서는 구체적으로 분석하지 않았다.[20] 또한 방직경영이 농가 부업의 성격을 가지고 있다는 견해가 주류를 이루고 있었음에도 불구하고 농가의 주곡경영과의 관련 속에서 방직경영을 고찰하지 않았다. 그리고 직물이 상품성질을 띠고 있었다는 것을 인정하면서도 그 직물이 구체적으로 어떠한 유통과정을 거쳐 생산되는지를 세밀하게 분석하지 않았다.

그러므로 방직경영을 주곡경영과 관련시키면서 한편으로는 '耕織結合體制가 장기간 지속된다는 동양적 특징'을 분석하기 위해 소농민의 재생산 유지, 국가경제 특히 국가재정적인 측면에서 고찰하여야 한다. 기존의 연구에서는 이 '耕織結合體制'가 장기간 지속된다는 점이 필요 이상으로 부정적으로 강조되었다. 즉 하나의 경제체제나 그것을 뒷받침하는 기술구성에서의 획기적인 변화라는 것을 필요 이상으로 강조하였다. 그러나 '耕織結合體制'가 인구압력 속에서도 끊임없이 소농민의 재생산을 어느 정도 유지시켜 왔다면 오히려 '장기지속적인 것을 긍정적으로 파악하는 관점'에서 세밀히 분석하여 그것의 일상적인 전개 속에서 지속적인 변화의 항상성·일상성을 찾아야 할 것이다. 그러기 위해서는 방직경영에서의 공정상의 분업 즉 작물 재배, 수확, 가공, 방적, 직포 등의 과정에서의 공동경영으로부터 개별경영으로의 변화와 그것을 연결해주는 분업의 기능을 세밀히 분석해야 한다. 비록 그것이 영세하고 잉여생산물 교환이라는 성격을 가지고 있어 전업화되지 않은 측면이 있더라도, 그것은 유통과정을 통해서 각 공정으로 상호연결되었으므로 유통과정을 통해서 이를 장기지속적인 측면에서 본다면 일단

---

18) 太田英藏, 〈古代中國の機織技術〉, 《史林》 34-1·2, 1951.
19) 佐藤武敏, 〈中國古代の麻織物生産〉, 《東洋史研究》 19-1, 1960.
20) 바로 위의 논문 ; 李仁溥, 《中國古代紡織史稿》, (岳麓書店, 1983). 이들 연구는 섬유 작물의 재배, 가공, 방적, 직포의 과정에 대해 어느 정도 언급하고 있으나 그것을 농가의 주곡작물 생산과 관련지워 구체적으로 분석하지 못하였다는 한계를 가지고 있다.

그 변화의 항상성을 찾아낼 수 있을 것이다.

이러한 고찰을 통해 농업생산력의 발전이 과연 어떠한 요인에 의해서 가능해지고 그것이 어떠한 경로를 거쳐서 가정경제와 국가의 경제체제에 영향을 미치는가를 살펴볼 수 있는[21] 기반을 마련할 수 있을 것이다. 그리고 이런 과정을 거치게 되면 대토지소유의 성립과 그 유지방법, 작물사, 농기구의 발전, 농업기술의 발전 등에 치중하여 왔던 한대 농업경영에 대한 연구를 극복하기 위해서 각종 토지제도가 성립될 수 있었던 기술구성, 노동과정, 노동조직, 사회구성의 원리 등의 요소들을 종합적으로 고찰하려는[22] 연구가 가졌던 한계 즉 소농경제의 재생산 유지(생산비, 조세부담, 생계비)라는 측면의 분석이 이루어지지 않은 상태로 다른 형태의 사회구성으로 변화되었다는 결론을 도출한 단점을 극복할 수 있을 것이다.

그러면 농업기술의 발달로 인해 생산량이 계속 증가되면서 아울러 위험 분산을 위한 다각경영도 시작되고, 이로 인해 약간의 작물이 상품화되기 시작하고, 이를 통하여 소농민가족의 농업경영과 그 지역 재생산구조 사이의 연결고리가 강화된다는 사실을 좀더 깊이 이해하게 될 것이다.[23] 그리고 이 과정에서 여성노동력의 구체적 사용과 가정경제에서의 역할을 규명할 수 있어 기존의 많은 연구가 '女性의 사회경제상 役割 不在論的 歷史研究'의 성격을 내포한 결함을 보충하는 작업을 시작할 수 있을 것이다. 또 이러한 작업은 당시의 민중들의 일상적 생활상의 항상적 변화를 고찰하는 데도 기여할 것이다.

그리고 이러한 연구는 상품유통구조의 근원과 과정을 이해하는 문제에

---

21) 유통과정에 대하여 언급하는 연구는 대부분 중농억상의 차원에서 언급하는데 지나지 않으나, 李成珪, 《中國古代帝國成立史研究》, (일조각, 1984) 第2編 〈齊民支配體制의 成立과 發展〉중 관영산업의 발전과 화폐정책은 제민지배체제의 성립과 유지라는 측면에서 농업경영의 재생산과정의 하나인 유통과정에 대해서 국가가 적극적으로 개입하여 유통과정을 장악·통제하는 이유를 설명하고 있어 주목할 만 하다.

22) 大澤正昭, 〈唐宋變革期의 歷史的意義〉, 《歷史評論》 357, 1980 ; 渡邊信一郎, 《中國古代社會論》, (靑木書店, 1986), 第一部 第一章 〈古代中國における小農民經營の形成〉 및 第二部 第四章 〈二世紀から七世紀に至る大土地所有と經營〉.

23) 拙稿, 〈漢代 農家 副業生産의 成長과 그 性格 ─ 前漢代 華北地方을 중심으로 ─ 〉, 《東洋史學研究》 41, 1992.

국한된 것이 아니다. 이것은 더나아가 균전제의 桑·麻田의 분석을 통한 토
지제도의 심층적 분석을 위한 시도[24]와 화폐경제와 포백경제의 관계 및 수
취체계와의 관계 분석을 위한 하나의 시도로서도 중요한 문제이다.

Ⅱ. 화물명세서의 물품분석

　戰國時代의 經濟地理書로 여겨지는 〈禹貢〉[25]안에 열거된 각지의 貢品과
司馬遷이 열거한 前漢의 원예, 방직품, 가축사육업 생산품 등은 대체로 비
슷하여 戰國· 前漢時期 각지의 부업생산품이 교류, 상품화되었음을 반영한
다.[26] 그런데 사마천이 열거한 2 할의 이익을 얻을 수 있는 상품의 품목은
대부분 도시생활자의 소비품으로서 식료품, 衣料品, 기구류 등인데 원료품
이라고 생각되는 것도 있다. 그것들의 대부분이 수공업품이거나 수공업의
원료인 점으로 보아 수공업과 상업이 농업생산품에 절대적으로 의존하고
있었음을 알 수 있다. 대개 수공업품 생산자 자신이 원료까지 생산하지 않
은 것이 확실하기 때문에 그들이 그 원료를 생산자로부터 반입하거나 스스
로 농촌에 나가서 농민의 수공업품과 농산물을 반입했을 것이다. 그렇지 않
으면 도시의 수공업자로부터 반입하거나, 자신이 스스로 도시의 수공업을
겸영하고 있는 경우도 있었을 것이다.[27]

　앞에서 언급한 부업생산물이 어떠한 경로를 통해서 시장에 유입되었는지

---

24) 북위의 균전제에서는 토지가 露田·桑田·麻田·園宅地의 4개의 체계로 분리되고
　　있는데(鈴木俊, 《均田租庸調制度の研究》, 刀水書房, 1980, pp.77-81 참조), 이것은
　　부업생산의 경영이 가정경제와 국가경제에서 차지하는 비중이 컸다는 것을 반영한
　　것으로 보인다.

25) 陸大壯, 〈中國商業地理學發展的回顧與前瞻〉, 《經濟地理》 (長沙)1988-4, p.284 ; 〈禹
　　貢〉의 成書 연대에 대해서는 西周, 春秋, 戰國시기로 각기 달리 파악하기도 하지만
　　(黃正林, 〈近年來《禹貢》研究進展綜述〉, 《中國史研究動態》(京) 1990-8, p.19), 成書시기
　　가 한대 이전으로 거슬러 올라가게 되면 부업생산물의 유통가능성을 오히려 크게 하
　　므로 成書시기는 문제될 것이 없다.

26) 林志華, 〈關于戰國時期商品經濟的幾個問題〉, 《安徽史學》(合肥), 1985, p.19.

27) 《漢書》(中華書局 標點校勘本) 권91 貨殖傳, p.3694 참조.

308

그 가능성을 몇 가지로 나누어 보면 ①농촌에서 생산된 부업생산물을 농민과 수요자가 직접 거래하는 경우, ②농민이 생산지 주위의 시장이나 도시에서 상인이나 중간상을 직접 찾아가서 제품을 판매하는 경우, ③중소 상인이나 수집상에 의해 조달된 생산품이 대상인에 의해 타 지역으로 판매되는 경우 등을 들 수 있을 것이다. 그러면 江陵 鳳凰山 10 호 前漢墓의 화물명세서를 통해 유통구조를 고찰해보기로 하자.

1. 稟義 해석문제

江陵 鳳凰山 10 號 前漢墓 2 호 木牘에는 ‘中販共侍約’으로 불리는 문서가 있는데, 같은 묘에서 출토된 죽간 가운데는 다음과 같은 내용의 화물명세서도 포함되어 있다. 이 화물명세서의 성격에 대해서는 墓主의 支付簿라는 견해[28], 이 종류들을 F類竹簡으로서 종합하고 그것을 筒와 稟 등의 교부내용을 기록한 것으로 파악하는 견해[29], 丙組簡으로 일괄하여 出售貨物帳이라 하는 견해[30], 상업경영의 장부로 파악하는 견해[31] 등으로 대별할 수 있다. 그러면 이러한 문서의 성격에 대해서 논의하기 전에 화물명세서에 기록되어 있는 내용 가운데 稟, 臏, 筒에 대해서 고찰해보기로 하자.[32]

　　(a) (六)月十六日<十五日>付司馬伯稟一[33]絜<唐>[34] 四十二
　　(b) 八月十三日付干(王)兄與司馬伯分二口<唐>[35] 三十八 直<値>[36]七十六

---

28) 長江流域第二期文物考古工作人員訓練班,〈湖北江陵鳳凰山西漢墓發掘簡報〉,《文物》1974-6.
29) 裘錫圭, 앞의 논문, p.60.
30) 黃盛璋, 앞의 논문, p.72.
31) 弘一,〈江陵鳳凰山十號漢墓簡牘初探〉,《文物》1974-6.
32) 黃盛璋, 앞의 논문, p.72에 주로 의거하되 아래의 인용논문을 참고로 하여 작성함.
33)《中華五千年文物集刊 簡牘篇一》에서는 稟一, 絜四十二로 끊어 읽으나 본문과 같이 끊어 읽는 것이 합당하리라 생각한다(後術 참조). 이하 稟와 臏의 가격과 관련된 것은 대부분 그러한 식으로 끊어 읽겠다.
34) 錢伯泉,〈從《中服共侍約》看漢初的商業活動〉,《中國社會經濟史研究》1986-2, p.45에서는 唐으로 해독하고 있다.

　(c) 九月一日□□付□□筒六合 <合>[37]五十四 直<値>三百二十四
　(d) 九月四日付五翁伯橐一三十三合[38] <合>[39]五十四 直<値>百六十四[40]
　(e) 九月九日付五翁伯筒二合 <合>[41]五十 直<値>百 橐一 三十<唐三十>[42] 凡百三十
　(f) 九月[十日]付[五翁][43]伯筒二合 <合>[44]五十四 直<値>百八
　(g) 九月十五日付司[馬伯]筒二合 <合>[45]五十四 直<値>百八 橐四絜 <絜>[46]七 直<値>二十[八] 凡百三十六
　(h) 十月十日付(橐)五絜? 絜[47]四 凡二十
　(i) 六月十六日□□決□至十月十日, 凡三月二十三日所出, 凡千八百二十八.

　위의 사료 가운데는 (a), (d), (e), (g), (h)의 橐, (b)의 分[48], (c), (e), (f), (g)의 筒 등의 물품이 보인다. 그리고 일자가 보이는데 이것은 아마도 그 물품을 취급한 일자로 보인다. 그런데 橐의 취급일자를 살펴보면 6월 16일, 9월 4일, 9월 9일, 9월 15일, 10월 10일이다. 그러면 橐의 취급일자가 이렇게 간격을 두고 있는 이유는 무엇일까? 농작물의 대부분은 수확기에 집중적으로 출하되고 있는 것이 상례이다. 그렇다면 먼저 6월부터 10월 사이에 계속 수확할 수 있는 농작물들을 찾아보기로 하자. 그러면 위의 물품가운데 橐에 대해서 알아보기 위해 관련된 자료들을 검토해보기로 한다.

---

35) 錢伯泉, 앞의 논문, p.45에서는 □를 唐으로 해독하고 있다.
36) 同上, p.45에서는 直을 値로 해독하고 있다(이하 모두 같음).
37) 同上, p.45에서는 合을 첨가하고 있다.
38) 同上, p.45에서는 橐一三十三合을 筒三合으로 이해하고 있다.
39) 同上, p.45에서는 合을 첨가하고 있다.
40) 筒의 가격은 개당 54 전이므로 筒 3개의 가격은 162 전이 된다. 그러므로 162 전이 164 전으로 잘못 계산되어 기록된 것으로 보인다(中國社會科學硏究所 編,《中國古代社會經濟史資料》1, 福建人民出版社, 1985, p.58 참조).
41) 錢伯泉, 앞의 논문, p.45에서는 合을 첨가하고 있다.
42) 同上, p.45에서는 橐一三十을 橐一唐으로 해독하고 있다.
43) 同上, p.45에서는 九月[十日]付[五翁]을 九月十二日付□□로 해독하고 있다.
44) 同上, p.45에서는 合을 첨가하고 있다.
45) 同上.
46) 同上, p.45에서는 絜을 첨가하고 있다.
47) 同上, p.46에서는 絜을 첨가하고 있다.
48) 錢伯泉, 앞의 논문에서는 分을 贋이 간략하게 표기된 것으로 해석하고 있다.

(1) 枲枲也[49]
(2) 枲枲也[50]
(3) 枲枲[51]
(4) 枲……[轉注]爲凡枲之大名[52]

《說文解字》에서는 (1)과 (2)로 정의하고 있어 枲[53]와 枲가 서로 互訓되고 있고 있음을 밝히고 있다.[54] 또한 (3)의 《爾雅》에서도 앞의 (1), (2)와 같이 枲와 枲를 같은 것이라 하면서 그 疏에서 "枲一名枲"라 하고 있다.[55] 이런 예는 (4)와 같이 청대 朱駿聲의 轉注에서도 나타나고 있어 일단 枲와 枲를 같은 것이라 추정하는 것은 문제가 없는 것같다.

(5) 枲與枲互訓皆兼苴枲牡枲言之[56]

그런데 段玉裁는 枲에 대한 주를 (5)와 같이 달면서 枲의 종류로 苴枲와 牡枲를 언급하고[57] 있다. 이미 〈禹貢〉, 《詩經》, 《周禮》 가운데서 枲의 雌株와 雄株의 고유 명칭을 열거하고 있는데 雄株는 枲라고 하였으며 雌株는 苴라고 하였다.[58] 그리고 《齊民要術》에서도 枲를 雌雄異株라고 하는데 雌株는 苴·苴枲라고 하고 雄株 즉 雄枲 또는 牡枲는 枲라고 하였다.[59] 그렇다면 화물명세서에서 언급하고 있는 枲는 枲의 雄株인 牡枲일까? 이렇게 단정하기 전에 다음 사료를 추가로 살펴봄으로써 이 문제를 보다 더 완전하게 고찰해

49) 段玉裁, 《說文解字注》(藝文印書館本) 7篇 下, p.1우.
50) 《說文解字注》 7篇 下, p.2우.
51) 《爾雅》(上海古籍出版社本 《爾雅注疏》를 이용함) 釋草, p.138上.
52) 朱駿聲 撰, 《說文通訓定聲》(武漢市古籍書店 影印本), p.34右.
53) 金文 중에도 이미 枲 字가 있는데 이것은 삼을 가리켰다(中國大百科全書總編輯委員會<<農業>>編輯委員會 中國大百科全書出版社編輯部 編, 《中國大百科全書 農業》 Ⅱ, 中國大百科全書出版社, 1990), p.1661.
54) 《說文解字注》 7篇 下, p.2右.
55) 《爾雅》 釋草, p.137上.
56) 《說文解字注》 7篇 下, p.2右.
57) 《說文解字注》 7篇 下, p.2우.
58) 《中國紡織科學技術史(古代部分)》), p.41.
59) 繆啓愉 校釋, 《齊民要術校釋》, (明文書局, 1985), p.89.

보기로 하자.

(6) 枲已緝績者曰麻……古無木棉凡言布皆麻爲之[60]
(7) 是以春秋冬夏皆有麻枲絲繭之功 以力婦敎也[61]
(8) 出爲五原太守 五原土宜麻枲 而俗不知織績 民冬月無衣 積細草而臥其中
見吏則衣草而出 寒至官 斥賣儲峙 爲作紡績 織紝 練縕之具以敎之 民得以
免寒苦[62]

(6)에서는 실을 잣는 것을 麻라 하여 枲와 구분하고 있다. 그런데 (7)에서
는 麻枲를 섬유작물로서의 麻만을 의미하는 것으로 보지는 않는다. 그렇지
만 (8)에서는 앞부분에 오원의 토양이 麻枲에 적당함을 언급하고 있어 섬유
작물로서의 麻를 의미하는 것으로 보인다.

(9) 夫男耕女織 天下之大業也……夫如是 匹夫之力盡于南畝 匹婦之力盡于麻枲[63]
(10) 古者庶人耋老以後衣絲 其餘則麻枲而已 故命曰布衣 及其后則絲裏枲表[64]

또한 (9)의 경우는 男耕女織에서 볼 수 있듯이 남자는 농경, 여자는 방직
이라는 남녀 사이에 노동력의 분업이 이루어지고 있음을 암시하고 있으므
로 여성노동력은 麻의 가공·처리와 방직에 사용되는 것을 의미하고 있다.
그러므로 (9)의 麻枲는 마의 가공·처리와 방직 등의 의미로 사용되고 있음
을 알 수 있다. 이에 비해 (10)에서는 麻枲가 비단과의 대구로 사용되고 있
으므로 방직품으로서의 삼베를 의미하고 있음을 알 수 있다.

그렇다면 화물명세서의 枲는 재배식물로서의 麻의 암수컷을 모두 의미하
는 것인가, 아니면 麻의 수컷인 牡麻를 의미하는 것인가, 그것도 아니면 재
배식물로서의 麻를 가공·처리한 반성품 또는 그 완제품인 방직품을 의미

60) 《說問通訓定聲》卷10, p.34右.
61) 《呂氏春秋》(陳奇猷, 《呂氏春秋校釋》, 學林出版社, 1990을 이용함), 卷26 上農,
p.1711.
62) 《後漢書》(中華書局 標點校勘本) 卷52 崔駰列傳, p.1730.
63) 《鹽鐵論》(馬非百 注釋, 《鹽鐵論簡注》, 中華書局, 1984를 이용함) 園池, p.101.
64) 《鹽鐵論》散不足, p.224.

312

하는 것인가?

이것을 좀더 구체적으로 살펴보기 위해서 《齊民要術》등의 농서를 통해 麻에 대해 분석해보기로 하자. 먼저 麻의 파종기에 대해서 살펴보기로 하자.

    (A) 良田一畝 用子三升 薄田二升 夏至前十日爲上時 至日爲中時 至後十日爲下
        時[65](《齊民要術》種麻 第八)
    (B) (五月)先後日至 各五日 可種禾及牡麻[66]
    (C) 崔寔曰 夏至先後各五日 可種牡麻[67](《齊民要術》種麻 第八)

(A)에서는 麻의 파종기를 하지 전 10일부터 하지 후 10일 정도까지로 규정하고 있다. 그런데 (B)의 《四民月令》에서는 麻 중 牡麻의 파종시기를 하지 전후 각 5일로 하고 있다. 그리고 (C)는 《齊民要術》의 저자가 《四民月令》을 인용하여 서술한 것으로 보이는데, (B)와 같이 하지 전후 각 5일 사이에 牡麻를 파종하도록 하고 있다. 그런데 다음의 자료는 위와 같이 麻를 언급하지만 파종기를 다르게 묘사하고 있다.

    (D) 種麻 豫調和田 二月下旬 三月上旬 傍雨種之[68]
    (E) 氾勝之書曰 種麻豫調和田 二月下旬 三月上旬 傍雨種之[69]

즉 (D)의 《氾勝之書》에서는 2월 하순에서 3월 상순에 걸쳐서 파종하고 있고, (E)도 (D)와 같은 시기에 파종하도록 하고 있다. 그런데 (E)에 인용되어 있는 내용이 (D)와 같은 것으로 볼 때 《齊民要術》의 저자가 《氾勝之書》를 인용하여 수록한 것으로 보인다. 이렇듯 麻의 파종시기가 각각 다르게 묘사되고 있다면 이러한 차이는 어디에서 비롯되는 것인가? 먼저 수확기를 고찰함으로써 이 문제에 접근해보기로 하자.

---

65) 《齊民要術校釋》, p.86.
66) 繆啓愉 輯釋·萬國鼎 審訂, 《四民月令輯釋》, (農業出版社, 1981), p.53.
67) 《齊民要術校釋》, pp.86-87.
68) 萬國鼎輯釋, 《氾勝之書輯釋》, (農業出版社, 1980), p.149 및 《齊民要術校釋》, p.91.
69) 石聲漢, 《氾勝之書今釋》, (科學出版社, 1956), p.25 및 《齊民要術校釋》, p.91.

(F) (枲)……穫麻之法 穗勃勃如灰 拔之 夏至後二十日漚枲 枲和如絲[70]
(G) 《氾勝之書》曰……穫麻之法 穗勃勃如灰 拔之 夏至後二十日漚枲 枲和如絲[71]
   (《齊民要術》 種麻 第八)

에서 보듯이 雄麻를 枲라고 한다면 枲는 하지 전후에 수확하는 것으로 된
다. 그렇다면 (A), (B), (C)에서와 같이 하지 전후 10일 사이에 파종해서 (F)
와 (G)에서와 같이 하지 후 20일에 수확할 수 있다는 것으로도 된다.

   그러면 桑科에 속하는 一年生 草木인 麻를[72] 파종한 후 30여일 정도에 수
확할 수 있는지를 알아보기 위해서 麻의 생육과정에 대해서 살펴보기로 하
자. 麻의 생육기간은 早熟과 晩熟의 두 유형으로 나누어 고찰할 수 있는데,
전자는 생육기간이 100-150일이고 후자는 150일 이상이 걸린다.[73] 그러므로
早熟種을 재배할 경우 (A), (B), (C)에서 가장 빠른 하지 전 10일경에 파종
하더라도 하지 후 20일까지는 30일 정도밖에 되지 않아 麻를 수확할 수는
없다.

   그렇다면 (D), (E)와 같이 2월 하순에서 3월 상순에 파종해서 (G)에서와
같이 5월에 속하는 절기인 하지 후 20일경에 수확하여 가공하기 시작할 수
는 있을까? 早熟種의 경우 가장 빠른 파종기인 2월 하순에 파종해서 6월 초
순에 수확한다면 (a)에서와 같이 6월 16일에 출하할 수 있었을 것이다. 또한
晩熟種이라 하더라도 (D), (E)와 같이 2월 하순부터 파종한다면 7월 20일에
서 8월 초순에 걸쳐서 수확하여 화물명세서의 (a)를 제외한 날짜에 출하할
수 있을 것이다. 즉 (d), (e), (g)와 같은 경우는 8월 이후에 출하되고 있으므
로 麻의 생육과 수확기간 상으로 볼 때 그 날짜에 麻의 출하가 가능하다.

   그런데 麻의 早熟種과 晩熟種의 재배와 수확에 따른 출하시기의 차이를
반영하고 있는 사료로 본다면 (D), (E)와 같은 파종시기와 (A), (B), (C)의

70)《氾勝之書輯釋》, pp.146-147.
71) 石聲漢, 《齊民要術今釋》(第一分冊), (科學出版社, 1967), p.91 및 《齊民要術校釋》,
    p.87.
72) 中國大百科全書總編輯委員會<<農業>>編輯委員會 中國大百科全書出版社編輯部 編,
    《中國大百科全書 農業》Ⅰ, (中國大百科全書出版社, 1990), p.142.
73)《中國大百科全書 農業》Ⅰ, p.142.

파종시기의 차이가 70일 이상이나 되어 조숙종과 만숙종의 생육기간의 차이인 50일보다 많아 생육기간 차이로 이해하기에는 석연치않은 점이 있다. 그렇다면 그것이 의미하는 것이 무엇인가 하는 문제가 제기된다. 우선 (D), (E)가 《氾勝之書》에 의거하고 있는 데 비하여 (A), (B)가 《四民月令》을 참고 내지 의거하였다는 점이 주목된다.

그런데 《齊民要術》에서는

> (H) 一畝 用子二升 種法與麻同 三月種者爲上時 四月爲中時 五月初爲下時[74](《齊民要術》種麻子 第九)
>
> (I) 崔寔曰 二三月 可種苴麻[75](《齊民要術》種麻子 第九)

라 하여 2-5월초에 걸쳐서 파종하는 작물 즉 苴麻를 種麻子 第九에서 언급하고 있다. 그러므로 麻子와 苴麻가 같은 작물임을 나타내고 있다.[76] 또한 (A), (C)에서 보듯이 하지를 전후해서 파종하는 작물은 牡麻로서 種麻 第八에서 언급하고 있다. 그러므로 《齊民要術》의 저자는 種麻 第八에서 牡麻를 서술하고 種麻子 第九에서는 苴麻를 언급하고 있음을 알 수 있다.

또한 (D)의 《氾勝之書輯釋》의 내용과 같은 것이 《齊民要術》에도 기재되어 있는데, (E)에서와 같이 이것은 種麻子 第九에 기재되어 있으며, 같은 편에서 한편으로는 《四民月令》에 근거하여 (I)에서와 같이 苴麻로 명시하여 기재하고 있다. 그렇다면 위의 사료들에서 보이는 2-5월까지 파종하는 것은 雌麻이고 6월에 파종하는 것은 牡麻이므로 牡麻를 6월에 출하하였다고는 할 수 없을 것이다.

그렇다면 과연 화물명세서에서 언급한 시가에 苴麻를 출하할 수 있는지 살펴보기 위해 苴麻의 성장과 수확과정을 분석해보기로 하자.

> (J) 《雜陰陽書》曰 麻生於楊或荊 七十日花 後六十日熟[77](《齊民要術》種麻子 第九)

---

74) 《齊民要術校釋》, p.90 및 《齊民要術今釋》, p.96.
75) 《齊民要術今釋》, p.97 및 《齊民要術校釋》, p.91.
76) 《齊民要術校釋》, p.89.

(K) 種麻之法 霜下實成 速斫之 其樹大者 以鋸鋸之[78](《齊民要術》種麻子 第九)

그런데 (J)에서 보듯이 2월 하순에 파종한다면 5월 초순경이나 되어서 꽃이 피고, 7월 초순경 정도에 수확할 수 있게 될 것이다. 이러한 식으로 본다면 강릉지역이 기온이 높은 지역이라는 것을 감안할 때 2월 초순경까지 麻의 雌株를 파종한다면 위와 같은 시기에 수확할 수 있을 것이다. 물론 (H)와 같이 3-5월 사이에 파종한다면 5월 중순경에서 7월 중순경에 꽃이 피고, 7월 중순경에서 9월 중순경에 수확할 수 있어 화물명세서의 (d), (e), (g)와 같이 출하할 수는 있지만 (a)와 같이 6월 16일에 출하할 수는 없다. 더욱이 수확시에 (K)에서와 같이 베거나 톱질을 하고 있으므로 여러 군데의 밭에서 수확한 것이 아니라면 몇 차례에 걸쳐 수확할 수는 없을 것이다. 그러므로 (a), (d), (e), (g)의 枲가 모두 한 작물에서 몇 차례에 걸쳐 수확된 것은 아님을 알 수 있다. 더욱이

(L) 養麻如此 美田則畝五十石 及百石 薄田尙三十石[79](《齊民要術》種麻子 第九)

에서와 같이 種麻子 第九에서 수확량을 石으로 세고 있는 점을 볼 때, 화물명세서의 枲와 같이 묶음을 단위로 하여 판매할 수 있는 물품이 아님을 알 수 있다.

그렇다면 다시 麻의 雄麻와 雌麻의 차이에 대해서 구체적으로 살펴보아야 할 것이다.

(M) 崔寔曰 牡麻 無實 好肌理 一名爲枲也[80]
(N) 崔寔曰 二三月 可種苴麻[81](《齊民要術》種麻子 第九)

---

77)《齊民要術校釋》, p.91.
78)《氾勝之書輯釋》, p.150 및《齊民要術校釋》, p.91.
79)《齊民要術校釋》, p.91 및《氾勝之書輯釋》, p.150.
80)《齊民要術校釋》, p.86.
81)《齊民要術校釋》, p.91 및《齊民要術今釋》, p.97에서 細註로 "麻之有實者爲苴"라고 하고 있다.

(O) 玉篇云 有子曰苴 無子曰枲[82]

(J)에서와 같이 枲子를 2월에 파종한다면 5월 초순경이 되어서 꽃이 피고, 7월 초순경 정도에 수확할 수 있게 되어 화물명세서의 (b)의 贖과 같이 8월 13일에 출하할 수 있었을 것이다. 그러나 (M)에서 보듯이 牡麻(=雄麻)는 열매가 없고 苴麻(=雌麻)는 열매가 있는 것을 말하는 것을 알 수 있는데, 여기서 말하는 열매가 바로 삼씨로서 (L)에서와 같이 수확하여 식용으로 사용하는 것이다.[83] 그러므로 雄麻는 麻莖을 이용하여 섬유로 사용하려는 것이고, 雌麻는 子를 거두려는 것을 목적으로 하였음을[84] 알 수 있다.

이상을 종합해볼 때 위의 枲는 분명히 麻의 雌株는 아닐 것이다. 그러므로 위의 枲는 (O)에서 잘 구분하였듯이 雄麻에서 수확된 물품임에 틀림없다.

2. 雄麻의 재배시기에 대한 검토

그런데 《氾勝之書》에서는 분명히 麻와 동시에 枲도 열거하고 있다. 그러면 그 麻와 枲가 동일한 것을 의미하는지 아닌지를 검토해보아야 한다. 앞에서 《齊民要術》에서는 麻의 雄株를 枲라 하는 것을 살펴보았지만 麻의 雄株는 5월경에 파종하는 것으로 되어 있다. 그에 비하여 《氾勝之書》에서는 枲의 파종시기에 대해서

(ㄱ) 種枲 春凍解 耕治其土 春草生 布糞田 復耕 平摩之 種枲太早 則堅剛厚皮多節 晚則不堅 寧失于早 不失于晚[85]

이라 하여 春草가 나온 후 그 위에 糞을 뿌리고 다시 갈아서 고르고 파종하

---

82) 《說文解字注》7篇 下, p.1우.
83) 《齊民要術校釋》, p.89. "大麻 雌雄異株 其雌株……子實稱爲贖 雄株稱爲枲" 참조.
84) 《中國大百科全書 農業》Ⅱ, p.1662.
85) 《氾勝之書輯釋》pp.146-147.

는 것으로 되어 있다. 이러한 점으로 볼 때 적어도 5월경까지는 枲를 파종하고 있음을 알 수 있다. 그런데 《氾勝之書》에서는 하지 후 20일 정도에 수확하고 있고 《四民月令》에서는 10월에 수확하고 있는 점을 볼 때 《氾勝之書》와 《四民月令》의 양자간 枲의 수확기 차이 특히 파종으로부터 수확까지의 시기에 대한 차이 문제가 대두됨이 확실하다.

그렇다면 麻의 雄株를 枲라고 하였다는 점에서 麻의 雄株와 枲를 동일한 것으로 표현하는 것이 어딘가에 문제가 있는 듯이 보이기도 한다. 그러면 용어의 사용 사례를 살펴봄으로써 접근해보기로 하자. 먼저 《氾勝之書》단계부터는 麻의 雄株와 枲를 명확히 별개의 의미로 사용하기 시작한 것인지 아니면 같은 말로 사용하는 사례가 출현한 것인가를 고찰해보아야 할 것이다. 그런데 《氾勝之書》의 枲는 麻라 할 수 있어[86] 枲와 麻가 다른 것이라는 것은 성립하기가 어렵다.

그러나 이것은 당시까지 枲를 麻의 일종으로 사용하던 용례로 인한 것일 수도 있다. 어쨌든 《氾勝之書》가 麻와 枲를 구분하여 수록한 것은 주목할 만하다. 즉 이러한 것은 강릉 봉황산의 화물명세서 등에서 볼 수 있듯이 麻의 雄株를 枲라 하여 보편적인 명칭으로 사용하고 있던 용어사용법을 《氾勝之書》가 수용한 것으로 보인다. 그보다 먼저 〈禹貢〉, 《詩經》, 《周禮》 등에서 麻의 雄株는 枲라 하고 雌株는 苴라고 하였으며, 《說文解字》에서 麻와 枲가 서로 互訓되고[87] 있는 점을 종합해볼 때 《齊民要術》의 麻의 雌株는 苴, 苴麻라고 하고 雄株 즉 雄麻 또는 牡麻는 枲라고 구별한 것은 정확하다. 이렇듯 《齊民要術》의 저자도 전통적으로 麻의 雄株를 枲라고 통칭하였다는 점에 근거하여 枲를 麻의 雄株 즉 雄麻로 인식하여 種麻 第八에 서술한 것으로 보인다.

그리고 《氾勝之書》에서도 種麻篇에서 枲 즉 雄麻를 언급하고[88] 麻子篇에서는 雌麻를 언급하고 있는데[89], 이는 《氾勝之書》가 宋代에 佚亡되었다가

86) 《氾勝之書輯釋》, pp.146-147. 枲는 大麻의 雄株로서 牡麻라 해석하고 있다.
87) 《說文解字注》 7篇 下, p.2右.
88) 《氾勝之書》(玉函山房輯佚書本) 卷上, p.9, 種麻篇 참조.

318

청대에 들어와서 洪頤煊, 宋葆淳, 馬國翰 등에 의해서 編輯·復原되었던 때문으로 보인다.[90] 그러나 《氾勝之書輯釋》은 麻로 표현할 때는 雌麻를 의미하고 枲라고 할 때는 雄麻를 지칭하고 있다.[91] 그리고 《氾勝之書今釋》에서도 麻를 雌麻로 파악하고 枲를 雄麻로 파악한 것은[92] 《氾勝之書輯釋》과 같다.

이상으로 볼 때 枲가 雄麻를 의미하는 것임을 다시 한번 확인해보았다. 그러면 《氾勝之書》와 《四民月令》 사이의 雄麻 수확기 차이 문제에 대해서 분석해보기로 하자.

　　(ㄴ) (枲)……穫麻之法 穗勃勃如灰 拔之 夏至後二十日漚枲 枲和如絲[93]
　　(ㄷ) 《氾勝之書》曰……穫麻之法 穗勃勃如灰 拔之 夏至後二十日漚枲 枲和如絲[94]
　　　　《齊民要術》 種麻 第八)
　　(ㄹ) 十月 可析麻 趣績布縷 作白履 不借[95]

위에서 보듯이 雄麻의 수확·가공기를 명백하게 언급하고 있는 것은 (ㄹ)의 《四民月令》이다. 즉 《四民月令》에서는 10월에 麻纖維를 잘게 쪼개고 접속을 하되 아직 직조하지 않은 상태까지 작업을 하고 있는 데[96] 비하여 《氾勝之書》에서 언급하고 있는 것은 하지 후 20일 사이에 漚枲하는 것으로 보아 하지 후에는 수확하는 것으로 보인다. 그러면 (ㄹ)의 작업이 수확 후 가공·처리를 직접 가리키고 있지만, 앞에서 살펴보았듯이 《사민월령》에서는 하지 전후에 웅마를 파종하고 있어 100-150일 정도의 생육기간을 고려한다

---

89) 《氾勝之書》 卷上, p.8, 麻子篇 참조.
90) 현존 玉函山房輯佚書本 《氾勝之書》는 馬國翰에 의해서 복원되었는데, 그가 대체로 《齊民要術》의 編次에 따라 《氾勝之書》의 編次를 구성하였기 때문에 《齊民要術》과 별 차이가 없는(天野元之助, 《中國古農書考》, 龍溪書舍, 1975, pp.11-12) 것으로 보인다.
91) 《氾勝之書輯釋》, pp.146-151 참조.
92) 《氾勝之書今釋》, pp.25-27 참조.
93) 《氾勝之書輯釋》, p.146.
94) 《齊民要術校釋》, p.87 및 《齊民要術今釋》, p.91.
95) 《四民月令輯釋》, p.98.
96) 《四民月令輯釋》, p.102.

면 10월 전후에 수확할 수 있으므로 어쨌든 《사민월령》과 《범승지서》의 응마의 수확기 차이가 5개월이 된다.

그렇다면 이러한 차이를 어떻게 규명해야 하는가? 먼저 각각의 파종기와 수확기를 비교하여 보자.

> (ㅁ) 種枲 春凍解 耕治其土 春草生 布糞田 復耕 平摩之 種枲太早 則堅剛厚皮多節 晚則不堅 寧失于早 不失于晚[97]

위의 《氾勝之書》에서는 枲가 2-3월에도 파종되고 있는 것으로 기록되어 있으므로 이러한 시기에 파종하고 5-6월에 수확한다면 수확하기까지의 기간이 100-120일 정도는 될 것이다. 그리고 《四民月令》에서는 5월의 하지 전후 각 5일에 파종하고 10월에 수확하기 때문에 파종에서 수확하기까지의 기간은 약 150일 정도는 될 것이다. 이러한 점으로 볼 때 麻의 생육기간이 早熟種은 100-150일이고 晚熟種은 150일 이상이 걸린다는 점과 비교해보면 麻의 성장기간에 대해서는 큰 문제가 없음을 알 수 있을 것이다.

그렇다면 《氾勝之書》와 《四民月令》의 파종과 수확시기의 차이 때문이 아닐까? 먼저 두 농서가 대상으로 한 지역적 차이를 고찰해보기로 하자. 氾勝之는 成帝 때에 議郎으로 임명되어[98] 일종의 기술고문으로서 수도권지방 일대의 농업생산을 지도하였다.[99] 여기에서 알 수 있듯이 《氾勝之書》가 주 대상으로 하고 있는 지역은 넓게 잡으면 현재의 陝西, 山西, 河南, 湖北, 四川 등을 포괄하는 지역이었을 것이다. 그런데 《四民月令》의 저자인 崔寔 (103-169)은 冀州 安平(현재의 河北省 安平縣)에서 태어나 五原과 遼東 두 군의 태수를 지냈다. 그는 五原의 태수로 재임 중에 그 지역의 주민에게 麻의 재배방법을 가르치고, 河東(현재의 산서성)에서 전문기술자를 초빙하여 주민에게 紡績과 織布를 가르쳐 추위를 벗어나게 하였다고 한다.[100] 五原(현

97) 《氾勝之書輯釋》, p.146.
98) 《漢書》 卷30 藝文志, p.1743.
99) 石聲漢 著, 《中國古代農書評介》, (農業出版社, 1980), p.15.
100) 《中國古代農書評介》, p.18.

320

재의 내몽고자치구 지역)이 산서와 섬서성의 북쪽지역에 해당되므로 범승
지와 최식이 활동하던 지역 간의 기온차가 있었을 것은 당연하다.[101]

그러면 麻의 파종과 기후의 관계에 대해서 고찰해보기로 하자. 麻는 재배
범위가 대단히 광범한 작물로 남방은 인도에서 북방은 시베리아에 이르기
까지 거의 세계 도처에서 재배되고 있고, 발아온도도 섭씨 1-42도 사이면
되기[102] 때문에 이러한 차이가 생긴 것이 아닐까? 즉 麻는 원산지가 인도, 페
르시아이지만 용이하게 기후의 변화에 적응할 수 있으므로[103] 중국에서도
기후의 차이에 적응할 수 있었을 것이다. 이렇듯 日照시간이나 식물이 생장
할 수 있는 적당한 온도의 지속기간이 식물의 생장에 큰 영향을 미치므로
이에 적응할 수 있는 형태로 재배하였을 것이다.[104]

위의 여러 상황을 토대로 각 지역의 麻의 파종시기를 고찰해보면 동북지
구에서는 기후가 한냉하여 4월 중순에서 5월 상순에 걸쳐서 파종하고, 서북
지구는 평야지대와 산악지대의 기온차가 커 3월 하순부터 5월 상순에 걸쳐
서 파종하며, 河北의 沙壤土에서는 4월 하순에서 5월 초순에 파종하고 특히
음습하고 냉한 습지와 粘壤土에서는 5월 하순까지도 파종한다고 한다.[105] 오
원군이 북쪽 변경에 위치하였다는 점과 최식이 여기에서 麻의 재배법을 가
르쳤다는 점을 감안한다면, 《四民月令》이 雄麻의 파종기를 하지 전후 각 5
일로 잡은 것은 그 지역의 기후와 풍토를 감안할 때 타당한 것으로 보인다.[106]

101) 1월 평균기온을 예로 들어 보면 秦嶺·淮水를 연결하는 이북과 陰山·燕山을 잇는
  선 이남의 화북평원의 경우 약 0~-12℃ 정도이며, 新疆의 天山과 내몽고의 陰山을
  연결하는 이북의 지역은 대개 -10~-22℃이며, 장강유역은 대개 0-8℃사이라고 한다
  (崔德卿,〈中國古代의 自然環境과 地域別 農業條件〉,《釜大史學》18, 1994, p.5, 이하
  〈地域別 農業條件〉으로 약칭함).
102) 編輯兼發行者 金益達,《農業大事典》,(學園社, 1962), pp.486-487.
103) 張炳浩·金泳錫·河完植·崔榮煇,《纖維材料學》,(螢雪出版社, 1977), p.115.
104) 예를 들면 일평균온도가 섭씨 5도 이상의 생장기는 동경 110도 이동의 경우는 기
  본적으로 북에서 남으로 갈수록 증가하며, 대개 위도 1도가 낮아질수록 생장기는 평
  균 9.4일 증가하므로 동북 북부는 약 130일, 松遼평원은 150-180일, 요동반도와 화북
  평원 북부, 汾水유역은 210-240일, 黃淮평원과 漢水 상류지역은 240-270일, 장강 중하
  류지역은 270-300일 정도라고 한다(崔德卿,〈地域別 農業條件〉, p.5).
105) 《中國農業百科全書》(農作物卷 上), p.80.
106) 早播하여 건조기를 경과하는 것보다는 발아한 뒤에 심한 건조가 없도록 하는 것이

그리고 四川은 동계에 온난하여 12월 하순부터 5월 상순에 걸쳐서 파종하고, 河南은 火麻, 線麻 등의 早熟種과 寒麻, 綠桴麻 등의 晩熟種을 재배할 수 있으며, 華北의 각 지역은 파종기와 용도에 따라 春麻와 夏麻로 나누어지는데 춘마는 섬유용이 많으며 4월 중순에 파종하여 7월 사이에 收割하여 漚麻하고, 夏麻는 5-6월에 파종하여 8월 하순에 收割해서 漚麻한다고 한다.[107] 이러한 점을 감안한다면 《氾勝之書》가 구체적인 파종기를 제시하기보다는 기온과 초목이 자라날 수 있는 토양의 여건을 중시한 것은 《四民月令》이 주요 농사지도 대상으로 하는 지역보다 대상지역이 넓었던 점과 한편으로는 편찬자가 후자에 비해 보다 농업기술 전문가적인 점이 작용하였던 때문으로 보인다.

　　물론 위의 농서의 파종기와 수확기의 차이는 시대적인 기후의 차이와 지역적인 기온과 토양의 차이도 고려되어야 하지만, "麻欲得良田 不用故墟"[108] 에서 볼 수 있듯이 連作 문제도 고려하여야 한다. 여기서 墟란 대개 連作地를 가리키므로[109] 연작하지 않고 윤작하는 것이 좋다는 것을 주장하는 것을 알 수 있다. 그래서 윤작이나 이모작을 위해서 조숙종과 만숙종이 이용되었을 것이므로 재배와 수확 시기의 차이도 있었을 것이다.[110]

　　《氾勝之書》와 《四民月令》의 파종과 수확시기가 차이나는 또 다른 이유는 작물사적인 면에서도 찾을 수 있다. 《사민월령》과 《제민요술》에서는 雄麻를 하지 전후에 파종하고 추분에 베어 겨울에 漚麻하고, 《범승지서》에서만 2-3월에 파종하고 하지 후에 웅마(枲)만을 베어 漚麻하고 雌麻는 남겨두었다가 가을에 열매를 수확하였는데, 이것은 《사민월령》과 《제민요술》 단계에 들어와서는 웅마(枲)의 皮만 얻기 위한 전문적인 재배법이 나타나기 시

　　필요하다는(《農業大事典》, p.487) 점을 볼 때 두 지역의 차이는 기후, 토양, 우량 등의 제반 요소를 고려한 것이므로 타당한 것이라 생각된다.

107) 《中國農業百科全書》(農作物卷 上), p.80.
108) 《齊民要術校釋》, p.86.
109) 《齊民要術校釋》, p.89.
110) 古賀登, 〈均田法と犁共同體(Pflug-gemeinschaft)〉, 《早稻田大學大學院文學硏究科紀要》17, 1971, p.139 윤작체계표 참조.

작하였음을 반영한다.[111] 이런 변화는 주곡작물의 수급상황과 결부된다. 즉한 이전에는 麻子가 곡류의 하나로서 주식용으로도 사용되어[112] 麻子가 오곡의 하나로 인정되었다. 그러나 조와 맥류가 점차 주곡에서 차지하는 비중이 커지면서 麻는 곡류로서의 역할이 약해졌으며, 이에 수반하여 麻는 주로 섬유용으로서 사용되기 시작한 것으로 보인다.[113] 그러므로 전한 후기에 성립된 《범승지서》에 기록되어 있는 麻는 皮麻를 얻기 위한 섬유작물로서의 재배와 주곡작물로서의 재배가 동시에 이루어지고 있었음을 알 수 있다.

이러한 변화는 섬유작물 재배기술의 발전과도 연결된다. 즉 麻는 암수딴그루이면서도 환경의 영향을 받아 性의 전환현상을 나타내고 심지어는 암그루에 수꽃, 숫그루에 암꽃이 달리는 중간성의 것도 있다.[114] 그러므로 마의종자를 구별하는 것이 힘들었을 것이다. 그러나 섬유용의 麻 즉 枲와 식용의 麻 즉 雌麻를 구별할 필요성이 증대하고 식량의 수급상황이 원활해지면서 그에 대한 방법이 고안되기 시작하였을 것이다. 그런 점은 《범승지서》에서는 마의 암수 종자에 대한 구별법이 기재되어 있지 않는데 비하여 《제민요술》에서는 마의 암수 종자의 구별법에 대해서 서술하고 있는 데서도 알수 있다. 물론 주곡의 수급상황, 지역적 차이, 시대적 차이를 감안해야 할것이지만, 마의 용도별 분화현상이 심화되어 가고 있음을 알 수 있다.

그러므로 《氾勝之書》, 《사민월령》, 《제민요술》에 기록되어 있는 雄麻의파종기와 수확기는 모두 정확한 것임을 알 수 있다.

---

111) 西山武一・熊代幸雄,《校訂譯註 齊民要術》, (アジア經濟出版會, 1984), p.89.
112) "麻一斗七錢"(《九章算術》<四庫全書本> 卷八 方程, p.18上)이라는 표현에서 보듯이 麻를 斗로 팔고 있는데 여기서의 麻는 雌麻 즉 大麻子를 가리키고 있다.
113) 남송시대에서도 아직 雌麻의 열매를 식용으로 하고 있다(周藤吉之,《宋代經濟史研究》, 東京大學出版會, 1962, pp.329-331).
114) 趙載英.李殷雄.金基駿.金榮鎭,《作物學槪要》, (1975, 鄕文社), pp.170-171.

Ⅲ. 雄麻의 재배와 가공과정 분석

1. 雄麻의 재배 가능성에 대한 검토

그렇다면 이제는 화물명세서에 나온 枲와 黂이 과연 강릉지역에서 재배되어 출하된 것인지를 분석하기 위해서 먼저 재배 가능성에 대해 살펴보기로 하자.

기원전 6세기경의 《詩經》〈陳風〉에 인용되어 있는 麻와 紵의 재배에 관한 내용[115], 《尙書》〈禹貢〉에 기재되어 있는 전국 9주 중의 靑州, 豫州 2주에서 枲가 貢品으로 바쳐졌다는 내용[116], 기타 《禮記》, 《周禮》 등 古籍 중에 麻와 紵麻에 관한 내용이 적지 않게 기재되어 있다. 더욱이 大麻子가 호남성 長沙에서 출토되고[117] 있다. 이런 점을 볼 때 선진시기에 이미 麻가 주로 황하중하류지역에서 재배되었음을 알 수 있다.[118]

또한 《管子》〈立政〉에서는 토지의 高低, 위치, 肥瘠 등을 관찰하여 적합한 토양을 선택해 麻를 재배할 것을 제안하고[119] 있고, 《管子》〈地員篇〉 중에는 麻를 심을 적당한 땅으로 赤壚와 五沃之土를 언급하고 있어[120] 전국시대 이래 이미 麻의 생장에 적합한 토양에 대해 이해하고 있었음을 알 수 있다. 이러한 지식을 기반으로 국가가 麻 종자의 파종비율까지 언급할 정도로[121] 麻의 재배기술이 발전되고 있었다. 이러한 것을 감안할 때 한 이전에 麻가

---

115) 《詩經》(上海古籍出版社本 《毛詩正義》를 이용함) 國風 陳風 東門之池, p.252上. "東門之池 可以漚麻……東門之池 可以漚紵."
116) 《尙書》(上海古籍出版社本 《尙書正義》를 이용함) 권6 夏書 禹貢, p.78 및 pp.82-83.
117) 黃展岳,〈漢代人的飮食生活〉,《農業考古》1982-1, p.79.
118) 《中國大百科全書 農業》Ⅱ, p.1661.
119) 《管子》(上海古籍出版社本) 立政, p.18下. "相高下 視肥墝 觀地宜……使五穀桑麻皆安其處."
120) 《管子》地員, p.172下. "赤壚 歷彊肥 五種無不宜 其麻白 其布黃."
121) 睡虎地秦墓竹簡小組 編, 《睡虎地秦墓竹簡》, (文物出版社, 1978), p.43. "稻麻畝用二斗大半斗."

재배되었을 것이라는 것은 의심할 여지가 없다.

그리고 1957년에 西安 灞橋에서 발굴된 전한 초기 묘 가운데서 麻섬유로 만든 殘紙가 발견되었고, 그밖에도 麻섬유를 모포, 담요, 깔개, 雨衣, 麻鞋 등을 만드는 데 사용하고 있었다.[122] 또한 馬王堆의 출토문물 속에서 麻布와 紵麻布가 있었고[123] 위도상으로 거의 비슷한 지역인 巴, 蜀지구에서도 麻와 紵가 많이 재배되었는데, 고대의 온도가 현재보다 높았던 점을 감안한다면 전한시대의 강릉 지역에서도 麻를 충분히 재배할 수 있었을 것이다.[124]

그러면 먼저 화물명세서가 발견된 봉황산 지역에 대해서 살펴보자. 鳳凰山은 전국시대 楚의 왕성터인 紀南城 남부 성벽부근에서 남북으로 길게 뻗은 小山丘인데, 이 지역은 전국말에서 전한에 걸친 시기의 고분이 밀집한 지역이다. 그 중 문제의 10 호 前漢墓는 봉황산 남쪽에서 발견되었으며 서쪽으로부터 8 호, 9 호, 10 호의 순으로 나란히 매장되어 이 세기의 墓主는 일가에 속하는 것으로 추정된다.[125]

그러면 이 화물명세서에 기록되어 있는 물품의 생산자를 고찰하기 위해서 墓主에 대해서 분석해보기로 하자. 10 호묘의 출토유물과 묘제를 8, 9 호 및 167, 168 호의 각 묘와 비교하여 보면 현격하게 차이가 있다. 즉 8, 9, 167, 168 호의 묘주들은 생전에 많은 가내노예와 함께 전 노비수의 6분의 1 내지 3분의 1에 해당하는 농경노예를 소유하고 있었는데[126] 비해서 화물명세서가 출토된 10 호묘에서 출토유물이나 그 내용에서 현격하게 차이가 나고 있어 10호 묘주의 경제력은 이들 묘의 묘주보다는 열등하였음을 반영하는 것으로 보인다.

이러한 점에서 화물명세서가 출토된 10 호묘의 墓主가 상업활동에 노동력만을 제공한 것은 아닌가 하는 추측도 가능하다. 그러나 10 호 전한묘의

---

122) 《中國大百科全書 農業》II, p.1662.
123) 《中國紡織科學技術史(古代部分)》, p.132.
124) 한대 幷州・兗州・豫州와 강릉지역이 속하고 있는 荊州 북부에서 모두 麻와 紵가 생산되었다(孫毓棠, 〈戰國秦漢時代紡織業技術的進步〉, 《歷史研究》 1963-3, p.147).
125) 黃盛璋, 앞의 논문, p.74 참조.
126) 山田勝芳, 앞의 논문, p.175.

6 호 木牘의 背面에는 "四年後九月辛亥平里五夫(五大夫)倀(張)偃敢告"[127]라는 기사가 있어 그의 爵이 五大夫였다는 것을 알 수 있는데, 그 遺冊의 正面에는 大奴 1 인, 大婢 2 인도 기록되어 있어 그가 3 인의 노비를 거느리고 있었음을 알 수 있다. 그리고 그는 鄭里, 市陽里, 平里의 里正을 겸하고 있었던 것이 틀림이 없는데, 82算錢徵收簿에는 鄕佐에게 건네준 算錢의 지출항목이 명기되어 있어 장언이 鄕有秩 내지 嗇夫 겸 里正이었던 것으로 고려되기도 한다.[128]

이와 같이 10 호묘의 묘주가 里正인 이상[129] 상업활동에 노동력만을 제공하였을 정도로 빈곤하였을 리가 없으므로[130] 재생산을 유지할 수 있을 정도의 토지를 보유한 里正이었을 것이다. 그리고 中販共侍約에 열거되어 있는 사람들도 그들이 동업자인 이상 적어도 麻를 재배하거나 麻의 출하과정에 참여할 만한 재력이나 항상적 고정적이지는 않지만 어느 정도 잉여노동력을 보유했을 것이다. 그러므로 그가 적어도 화물명세서에 나오는 물품을 재배할 수 있는 여력은 있었을 것이다.

그렇다면 화물명세서에 나오는 작물을 재배할 수 있었던 지리적, 토양적 측면에서의 가능성을 고찰해보기 위해 그가 鄕有秩이나 嗇夫 또는 里正을 역임하였던 지역인 江陵縣 西鄕에 대해서 고찰해보기로 하자. 秦은 楚都 紀南城을 멸망시킨 후 그 땅에 南郡을 두고 郡治를 郢에 두었지만 始皇帝 말년에는 郡治를 江陵으로 이전했는데, 漢도 이를 계승해서 江陵 동북인 郢(郢城)에는 郢縣을 설치했다.[131] 한대의 江陵 縣城은 長江에 임하여 동서로 기다란 형태로 이루어져 있었는데, 《漢書》 〈식화지〉에 의하면 西鄕이라고 칭하는 鄕은 離鄕인 경우가 많다고 언급하고 있으므로 縣治와 郡治가 설치된 성곽 내 동부를 강릉 都鄕으로 하고 서부를 離鄕으로 하였을 가능성이 있다.[132]

127) 池田 溫, 《中國古代籍帳硏究》(槪觀.錄文), (東京大學出版會, 1979), p.292 참조.
128) 山田勝芳, 앞의 논문, p.187.
129) 永田英正, 〈江陵鳳凰山十號漢墓出土의 簡牘 ― とくに算錢を中心として〉, 《鷹陵 史學》 3・4, 1977, p.153 ; 山田勝芳, 앞의 논문, p.184.
130) 好竝隆司, 앞의 논문, pp.44-45 참조.
131) 山田勝芳, 앞의 논문, p.187.

326

그러면 강릉지역의 토양과 기후 등을 검토함으로써 강릉지역에서 麻가 재배될 수 있었는지를 살펴보기로 하자.[133] 강릉지역은 北亞熱帶지역에 위치하고 있으며, 대륙성기후에 속하고 있는데, 연 평균기온은 섭씨 16.5도이다. 湖北省 江陵縣에서 약 5km 떨어진 紀南城은 東周시대 楚의 郢都가 있었던 지역으로 그 지역은 대부분 충적평야에 속하는데 기복이 그리 크지 않은 언덕들도 약간 있다.[134] 서북으로는 큰 산이 병풍처럼 둘러쳐있고, 남으로는 長江이 흐르고 있으며, 동으로는 長湖가 漢水를 직통하고 토지는 비옥하고 雨水도 충분하고 기온도 온화하였다. 그리하여 매우 빠른 시기부터 이 일대가 개발되어 糧, 油, 麻, 桑 등이 생산되었다.

기남성 매 구역의 유적지에는 주거지가 밀집되어 있고, 각 구역 혹은 매 유적지의 사이에는 모두 큰 광활한 지대가 있는데, 이러한 지역이 기남성의 많은 지역을 차지하고 있다. 이 광활한 지역을 시추와 斷面觀察을 통해 분석해보면 적지 않은 광활한 지역의 지층 즉 현대의 耕土밑에 보편적으로 연한 회색(淺灰色)土層이 존재하였다. 그리고 그곳에서 소량의 炭末, 腐植質, 螺殼 등의 물질이 보여 이들 토양이 당시의 農田이었음을 알 수 있다. 더욱이 강릉 지역에서 이미 猪, 羊, 狗, 牛, 馬, 鹿, 鷄, 鴨, 鵝 등이 사육되었음을 알 수 있는데, 이들 동물의 糞은 (ㄱ)에서 糞을 주고 있는 데서 볼 수 있듯이 麻의 재배에 유익하게 이용되었을 것이다.

그러면 위의 문헌과 발굴사료를 근거로 하여 강릉지역에서의 재배 가능성을 토양과 기후분석을 통해서 작물학상으로 검토해보자.[135] 淮河유역 이남

---

132) 山田勝芳, 앞의 논문, p.187.
133) 楊權喜, 〈東周時代楚郢都的農業生産考略〉,《農業考古》 1990-2, pp.111-116. 아래의 강릉지역의 토양과 기후에 대한 서술은 특별히 인용처를 언급하지 않는 경우는 이 논문에 의거한 것임을 밝혀둔다.
134) 《詩經》國風 王風 丘中有麻, p.154上. "丘中有麻 彼留子嗟"의 丘를 《毛傳》에서는 언덕위의 메마른 밭으로 해석하고 있는데, 충적평야는 모래와 자갈 따위가 퇴적하여 이루어진 곳이므로 이 지역에서도 麻를 재배하는 것은 그리 문제가 없었을 것이다. 물론 한대에는 야생 마를 채취하는 방법으로부터 마를 재배하는 방법으로 대부분 변화하였지만, 소농민도 잉여노동력이 있었다면 충분히 야생으로 자라는 麻를 채취하거나 가공할 수 있었을 것이다. 그리고 그 양의 차이가 문제이겠지만 그 가능성은 충분하다.

및 長江유역은 동계에도 온난한 一年多熟地區로서 麻의 적당한 윤작체계에 따라 12월 하순부터 파종을 개시하여 다음해 4월 상순까지 파종할 수 있다.[136] 이와 같은 파종시기를 고려한다면 화물명세서에서 보이는 6월 16일, 9월 4일, 9월 9일, 9월 15일, 10월 10일에 출하할 수 있도록 6월부터 10월까지 수확할 수 있었을 것이므로 그 枲는 강릉지역에서 재배한 것임을 알 수 있었을 것이다.[137] 그러므로 兩漢시기 장강중하류 지구의 농가에서 麻를 심을 수 있었을 것이다.

2. 雄麻의 가공과정 분석

여기서는 雄麻를 수확하여 가공하는 과정을 살펴보기로 한다. 그러면 《說文解字》를 통해서 枲와 麻의 관계를 검토해보기로 하자.

(가) 布枲織也[138]
(나) ①其艸曰枲曰萉②析其皮曰壯曰尣③屋下治之曰麻④緝而績之曰線曰縷曰纑⑤織而成之曰布[139]
(다) 然則未治謂之枲治之謂之麻以巳治之偁加諸未治則統謂之麻[140]
(라) 枲巳緝績者曰麻……古無木棉凡言布皆麻爲之[141]

(가)에서 許愼은 布를 설명하면서 枲가 방직된 것이 布라 하고 있는데, (가)부분에 대한 段玉裁의 注인 (나)의 ①에서는 그 작물의 풀 상태를 枲라

---

135) 삼은 재배범위가 대단히 광범한 작물이며 남방은 인도에서 북방은 시베리아에 이르기까지 거의 세계 도처에서 재배되고 있을(《農業大事典》, p.486) 정도이므로 《氾勝之書》와 《四民月令》이 대상으로 하고 있었던 지역 모두에서 재배되는데 그리 큰 문제는 없었을 것이다.
136) 《中國農業百科全書》(農作物卷 上), p.80.
137) 선진시대와 그 이후의 시기를 비교해보더라도 大麻의 재배와 수확시기에는 큰 차이가 없다고 한다(《中國紡織科學技術史(古代部分)》, p.41).
138) 《說文解字注》7篇 下, p.54右.
139) 《說文解字注》7篇 下, p.54右.
140) 《說文解字注》7篇 下, p.2右.
141) 《說問通訓定聲》卷10, p.34右.

328

고 한다. 또한《說文解字》의 枲에 대한 단옥재의 注인 (다)에서도 枲를 治하지 않은 것은 枲라고 하고 治한 것은 枲라고 하고 있다. 더나아가 (라)에서와 같이 枲를 가공·처리하여 실의 상태로 만든 것을 枲라고 하는 경우도 있다. 종합해보면 枲의 용례는 웅마의 풀 상태인 枲를 의미하는 경우, 웅마인 枲와 苴麻의 臟을 의미하는 경우, 枲의 治한 상태를 가리키는 경우, 枲를 가공·처리하여 가는 실의 상태로 만든 경우를 의미하는 것으로 크게 나누어 볼 수 있다.

그렇다면 일단 枲가 雄麻 그대로이거나 雄麻를 收割하여 반성품으로 만든 것인지 雄麻를 수확하여 방직한 완성품인지를 구체적으로 고찰하기 위해 枲가 수확되어 紡織되기까지를 살펴보아야 할 필요가 있다. 紡이란 실을 잣는 것이고[142], 織이란 피륙을 짜는 일이므로[143] 방직은 일단 크게 2개의 공정으로 구분할 수 있을 것이다.

그러면 雄麻의 수확 이후 가공과 방직까지의 과정이 소농민가정에서 모두 가능하였는지를 살펴보자. 먼저 삼을 쪼개서 실을 만드는 과정까지를 고찰하면《說文解字》에서는 길쌈할 때에 雄麻 줄기의 외피를 벗겨내고 그것을 물 속에 담가 둔 후 이것을 다시 가공하는 과정을 잘 언급하고 있으므로《說文解字》와 기타 자료의 비교분석을 통하여 이 과정을 분석해보기로 하자.

첫번째 단계는 ②에서와 같이 枲(雄麻)의 줄기에서 껍질을 벗기고 그것을 물에 담가서 일차가공하는 것이다.[144] 그 과정을 구체적으로 살펴보면, 雄麻는 脫膠, 剝皮, 刮靑, 分劈 등의 과정을 거쳐 방직에 이용된다.[145] 脫膠라는 것은 靭皮纖維作物의 경우에 雙子葉植物의 靭皮部에서 麻섬유를 채취해서

142)《說文解字注》13篇 上, p.5右. "紡紡絲也."
143)《說文解字注》13篇 上, p.3右. "織作布帛之總名也 ……經與緯相成曰織."
144) 趙載英.李殷雄,《作物學槪論》, (鄕文社, 1968), p.470. 현재는 일반적으로 수확적기가 되면 雄麻를 수확하여 도막낸 生莖을 쪄서 벗긴 삼을 새끼 줄에 걸어 일광에 건조시키며 이렇게 하여 말린 삼을 皮麻라고 하는데, 그대로 판매하기도 하며 皮麻를 물에 불려 麻挽臺 위에 놓고 粗皮를 삼틉으로 훑어 낸 후 다시 말리는데 이것을 精麻라 한다.
145)《中國紡織科學技術史(古代部分)》, p.136. 이하 방직과정 전 첫단계의 공정에 대해서는 특별히 언급하지 않는 한 이 책에 의거한다.

이용하기 위해서 麻섬유와 膠質(콜로이드)를 분리해서 紡紗할 수 있도록 하는 과정을 지칭한다. 각종 麻纖維는 펙틴(pectin), 半纖維素, 木質素(리그닌), 지방질과 水溶物 등 非纖維素의 半生物質을 통칭하여 교질이라고 한다.[146] 그런데 이들 섬유세포는 매우 細長하며 고무질물에 의해서 섬유 상호와 다른 부분이 고착되어 있다. 그러므로 이것을 채취하려면 물리적으로 인피부만을 채취하거나 화학적으로 고무질물을 용해하여 인피섬유만을 분리해야 하는데, 麻類의 대부분 즉 麻, 亞麻, 黃麻, 苧麻 등이 모두 이런 방법으로 인피섬유를 분리한다.[147]

그러면 그 과정을 漚漬脫膠法을 통해서 구체적으로 고찰해보기로 하자.[148] 麻皮는 일정한 량의 수분을 吸수한 후에 팽창하여 각종 탄수화합물을 용해시켜 천연적으로 존재하는 미생물이 번식하기에 좋은 양분을 제공한다. 그것들은 번식과정 중에 대량의 생물효소를 분비하여 纖維素보다 훨씬 풀어진 半纖維素와 펙틴(pectin)質을 일정부분 분해시킨다. 이러한 과정을 거쳐 麻纖維는 점차 脫膠상태에 이르게 된다.

漚漬脫膠法을 사용한 脫膠시 미생물의 번식에 영향을 끼치는 것으로는 漚漬온도, 水流속도, 漚漬시간 및 水質 등이다. 예를 들면 물에 담그는 시간이 너무 짧게 되면 미생물의 번식량이 충분하지 않아 膠質이 충분히 제거되지 않기 때문에 漬麻시에 세밀하게 分劈을 하기가 쉽지 않다. 물에 담그는 시간이 너무 길게 되면 미생물 번식량이 많아 필요 이상의 교질이 제거되기 때문에 麻纖維가 손상되어 강도, 길이 등에 손실이 생겨 방직의 성능을 약화시킨다. 또 하나의 脫膠하는 방법은 煮練脫膠法인데, 이 방법은 먼저 껍질을 벗기고 靭皮纖維層을 알칼리성물질의 용액에 넣어 끓여서 脫膠하는 방법이다.

그런데 끝부분을 갈라 下皮를 벗기고 나서 칼로 흰 果肉을 긁어내고 껍

---

146) 中國大百科全書總編輯委員會 中國大百科全書出版社編輯部 編, 《中國大百科全書 · 紡織》, (中國大百科全書出版社, 1984), p.272.
147) 《作物學槪論》, p.450.
148) 《詩經》國風 陳風 東門之池, p.252上. "東門之池 可以漚麻⋯⋯東門之池 可以漚紵"에서 보이는 漚麻나 漚紵는 漚漬脫膠法에 의한 麻와 紵의 脫膠를 언급하는 것이다.

질을 잘게 분할하기 위해서는 竹刀나 鐵刀와 같은 칼이나 낫이 필수적으로 필요하다. 楚의 영도에서는 鐮刀, 銅鐮, 鐵鐮이, 雨台山 楚墓 가운데는 銅鐮이, 기남성의 水門 유지에서는 鐵鐮이 발굴되어[149] 마의 수확과 가공을 위한 도구 등이 존재하였을 가능성을 반영하고 있다. 그런데 (나)의 ③이나 "人所治也在屋下"[150]에서는 屋 주위에서 삼을 가공하고 있는 것이 보여 이 단계까지는 소농민가정에서도 노동력의 보유 정도에 따라 할 수 있었을 것이다.

그러면 (나)의 ②의 내용을 이해하기 위해 다음 사료를 분석해보기로 하자.

> (갑) 尤分枲莖皮也[151]
> (을) ①枲萉之總名也 ②枲之爲言微也 微纖爲功[152]

(갑)의 내용을 분석해보면 尤은 枲의 껍질을 벗기는 것을 의미한다. (을)의 ①에 대한 段玉裁의 주에서는 枲가 苴麻인 黂을 의미하는 것으로 하고 있으나[153] (을)의 ②에서는 枲를 작다는 의미로 사용하고 있다. 그렇다면 枲의 의미가 두 가지로 해석되어 어느 쪽 내용이 맞는 것인지를 검증해야 할 필요가 있다.

그런데 段玉裁는 "緝績也"에 대한 주에서 다음과 같은 내용을 언급하고 있다.

> (병) ㉠凡麻枲先分其莖與皮曰尤 ㉡因而漚之取所漚之麻而枲之枲之爲言微也微纖爲功 ㉢析其皮如絲而撚之而剝之而績之而後爲縷[154]

여기에서 보듯 줄기와 껍질을 분리하는 것을 빈이라 하고 그것을 물에 담그었다가 꺼내어 잘게 쪼갠 것을 枲라 한다. (나)의 ②, (갑), (병)의 ㉠을 종

149) 楊權喜, 앞의 논문, pp.115-116.
150) 《說文解字注》 7篇 下, p.2右.
151) 《說文解字注》 7篇 下, p.1右.
152) 《說文解字注》 7篇 下, p.1左.
153) 《說文解字注》 7篇 下, p.1左.
154) 《說文解字注》 13篇 上, p.34右.

합해볼 때 尢이 枲의 줄기와 껍질을 분리하는 것을 의미하고 있음을 알 수 있고, 枺는 그것을 물에 담그었다가 더 잘게 쪼갠 것을 의미하는 것이 틀림 없음을 알 수 있다. 또한 枺는 (을)의 ①에 대한 단옥재의 주에서 보듯 苴麻의 臎을 의미함을[155] 알 수 있어 臎의 껍질도 尢이나 枺로 만들어 布로 만들 었음을[156] 알 수 있다.

두번째 단계는 삼이 극히 가늘고 자잘한 섬유이므로 이것을 접속해야 한 다. 즉 剝皮 이후에는 紡績의 과정이 이어지는데 고문헌의 績 혹은 緝 등은 대개 績麻를 가리켰고 紡은 紡絲를 가리켰다.[157] 그러면 이 방적의 과정에 대해서 분석해보기로 하자. 紁는 "紁績所未緝者"[158]에서 보듯이 벗겨낸 껍질 을 잘게 쪼갠 것을 접속하고서 아직 비벼서 접속하지 않은 것을 의미한다.[159] 그리고 緝은 "緝績也"[160]에서 보듯이 차례로 접속한 곳을 비벼 꼬아서 다시 떨어지지 않게 하는 것이다(그림 1 績麻 표시도 참조).

세번째 단계는 (그림 2 삼삼기 표시도)에서 보듯이 접속한 섬유들을 다시 하나하나씩 전체적으로 연결하여 방적할 수 있는 긴 실을 만들어 내는 삼삼 기와 삼올잣기가 계속된다. (병)의 ㉢에서 보듯이 하나 하나씩 연결하여 방 적할 수 있도록 긴 실을 만들어 내는 것이 績인데, 이와 같이 紁, 緝, 績의 과정을 거치면 삼은 (나)의 ④와 (병)의 ㉢같이 곧 縷(실의 가닥)가 된다.[161] 그리고 이 縷는 (나)의 ④와 같이 纑, 線 등으로도 칭해졌다.

이러한 작업을 위해서 紡錘와 紡輪 등이 사용되었다. 신석기시대부터 양 한 사이 유물 가운데는 대개 방륜이 있는데, 돌로 만들어진 것, 나무로 만들 어진 것, 도기로 만들어진 것 등이 있으나 형태에는 거의 변화가 없었으며,

---

155) 《說文解字注》 7篇 下, p.1左. "艸部曰葹枲實也𧄸或葹字也."
156) 《淮南子》(四部叢刊本) 說林訓, p.5右의 "臎不類布 而可以爲布"와 《淮南子》 說山訓, p.12左의 "見臎而求成布"에서 보듯이 臎으로도 布를 만들고 있다. 이 내용과 주)153 을 종합해볼 때 臎은 苴麻의 열매와 껍질을 모두 가리키는 말임을 알 수 있다.
157) 孫毓棠, 앞의 논문, p.153.
158) 《說文解字注》 13篇 上, p.34右.
159) 《說文解字注》 13篇 上, p.34右.
160) 《說文解字注》 13篇 上, p.33左.
161) 陸宗達 著, 金槿 譯, 《說文解字通論》, (계명대학교출판부, 1986), p.228.

주로 紡紗를 위해서 사용하였다. 紡錘는 瓦, 瓦塼, 專, 紡塼, 紡甎, 塼 등으로
불렸는데 이것은 細紗를 합해 돌려서 두 가닥 실을 한 가닥 실로 만들기 위
해 회전시키는 도구이다.[162] 商代에 强撚絲가 이미 출현하고 있어 紡車와 같
은 종류의 실을 꼬는 기계가 있었음을 알게 한다.[163] 비록 상·주시대에 원
시적인 紡車가 출현하였을지라도 紡紗하는 주요 공구는 여전히 紡錘가
대부분 사용되고 있었다.[164] 그런데 1976년 발견된 山東 臨沂 金雀山 前漢
墓 가운데서 출토된 帛畵에는 紡車의 모습이 보이고 한대의 많은 화상석
에서도 紡車가 보편적으로 보여(그림 3 紡車 표시도 참조) 한대에 이미
紡車가 보편적으로 이용되고 있었음을 알 수 있다.[165]

다음은 삼실을 방적할 수 있도록 정련하는 과정을 살펴보자. 대개 삼실로
만들어진 최초의 실 가닥은 일반적으로 명주실보다는 거칠다. 또한 삼을 실
로 삼는 과정에서 거기에 묻은 때와 먼지를 제거하고, 또 거친 것은 버리고
잘 삼아진 것만 골라야 한다. 이처럼 삼실을 정련하고 표백해야만 방직에
사용할 수 있는데, 이 과정에서 나무를 태운 재를 사용하여 실을 희게 만들
고 유연하게 만든다.[166] 즉 재로써 때와 거친 것을 제거하고, 다시 물로 비
벼 씻어 낸 다음 햇볕에 쬐는 暴練이라는 과정을 거쳐야 한다. 고대에는 삼
실을 누이는 데에 두 가지 재를 사용하였는데, 하나는 欄이라고 부르는 것
으로서 練木, 즉 먹구슬나무를 태워 만든 것이고, 다른 하나는 蜃灰라고 하
는 조개 껍질로 만든 것을 사용하는 방법이다. 이러한 재로 삼실을 누이는
순서는 먼저 재로 삼실을 비비고 난 다음 물로 빨아 걸러 낸다.

직물의 제조과정은 실잣기(紡績)과 피륙짜기(織布) 등 2 가지 공정으로
나누어진다.[167] 실잣기를 거친 후의 피륙짜기 과정은 베날기, 베매기, 베짜기

---

162) 王若愚, 〈紡輪與紡專〉, 《文物》 1980-3, p.75 및 孫毓棠, 앞의 논문, p.152-153 참조.
163) 《中國紡織科學技術史(古代部分)》, p.56.
164) 《中國紡織科學技術史(古代部分)》, p.174.
165) 《中國紡織科學技術史(古代部分)》, p.174.
166) 孫毓棠, 앞의 논문, p.169.
167) 비록 한국 현대의 삼베 방직과정을 언급하기는 했지만, 삼베의 방적과 직포과정에 대
한 일반적인 모습은 KBS의 한국의 미 시리즈 〈삼베〉(1991. 10. 7 방영, 후에 KBS방송사
업단에서 비디오 테이프에 수록하여 출판) 참고하면 쉽게 그 과정을 파악할 수 있다.

등의 과정으로 일단 세분할 수 있다. 베날기는 직물 수만큼의 실을 직물과 같은 길이로 정리하여 날실(經絲)를 준비하는 것을 이르는 것으로 베짜기의 첫번째 과정이다. 다음으로 베매기는 바디의 구멍에 날실을 끼우고 풀을 먹이면서 도투마리에 감는 과정이다. 그런데 바디의 구멍에 날실을 꿰는 작업에는 많은 시간과 노력이 필요하고, 베를 맬때는 대개 두 사람의 보조자를 포함하여 세 사람이 한다. 즉 풀칠하는 사람과 마주앉아 날실을 고루 잡아주는 사람과 도투마리를 돌리는 사람이 필요하나 인력이 부족할 때는 두 사람이 하기도 한다. 그리고 베를 매는 과정에서는 날실에 풀칠을 하면서 불에 풀이 마르도록 해야 하기 때문에 비가 오거나 바람이 불 때는 할 수 없다. 이런 단계를 거쳐 베짜기에 들어간다.

그런데 피륙은 그 날의 촘촘함에 따라 노력과 시간의 차이가 굉장히 크다. 그러므로 소농민가정에서 이 모든 과정을 수행할 수 있었는지를 고찰하기 위해서는 농업노동력 편제상의 검토가 필요하다.

Ⅳ. 소농민가정에서의 방직 가능성 분석

1. 농경과 방직의 상호관계상의 검토

앞절에서는 雄麻의 가공과정과 방직과정에 많은 노력이 투입되어야 함을 설명했다.

그러면 앞의 화물명세서에 기록되어 있는 枲와 纋의 출하 날짜인 6월 16일, 8월 13일, 9월 4일, 9월 9일, 9월 15일, 10월 10일을 전후한 시기의 농경작업과 가사활동을 살펴보아야만 앞절에서 언급한 과정을 수행할 수 있었는지의 여부를 분석할 수 있다. 이 문제를 좀더 구체적으로 고찰하기 위하여 농가의 농업노동의 과정과 편제에 대해서 고찰해보기로 하자.

먼저 麻의 재배, 가공, 방적, 직포 등이 어떠한 농업노동력의 편제와 안배에 의해서 발전하였는가를 《漢書》〈식화지〉와 전한 후반기인 成帝시기에 쓰여진 《氾勝之書》를 통해서 농경작업에 대해 접근해보기로 하자.

① (大豆) 조심스럽게 가족 수를 헤아려 1 人當 5 畝씩 대두를 파종한다.[168]
② 그러나 民 가운데 소가 적어……平都의 현령 光이 趙過에게 소를 대신해 인력으로 犁를 끄는 방법을 가르쳤다……농민이 서로 품앗이하여 인력으로 犁를 끌도록 하여……[169]
③ (區種麥) 성인 남녀가 (함께) 10 畝를 경작하여, 5월에 수확한다.[170]
④ (區種大豆) 한 사람의 성인 남자가 5 畝를 경작할 수 있다.[171]

①은 1 가의 대두 파종 면적을 산출하는 기준을 서술하고 있는데 춘추·전국시기의 상황을 반영한 것으로 보인다.[172] ②는 무제기에 조과가 소의 부족 때문에 소농민들이 耕作할 때 겪는 어려움을 해소하기 위해서 인력으로 犁를 끄는 방법을 보급하도록 한 것에 대한 서술이다. ③은 《氾勝之書》에서 區種法으로 주곡작물인 麥을 경작하는 법을 서술한 것이고[173], ④는 《氾勝之書》에서 區種法으로 부업작물인 大豆를 경작하는 법을 서술한 것이다.

위의 사료에서는 노동주체의 차이가 명확하게 드러나는데, 한대로 접어들수록 1 인 농경이 점차 발전되기 시작한다는 점이다. 즉 집단적인 농경이 점차 개별적인 농경으로 변화하고 있음을 알 수 있다. 그러면 이것이 어떠

---

168) 《氾勝之書輯釋》, p.129.
169) 《漢書》卷24 上 食貨志, p.1139.
170) 《氾勝之書今釋》, p.47.
171) 《氾勝之書今釋》, p.47.
172) 友于·李長年, 〈管子的重農學說和水利土壤知識〉, 《中國農學史》(中國農業遺産研究室編著, 科學出版社, 1984), p.131.
173) 《범승지서》에 나오는 區種法대로 강릉지역에서 麥을 재배했는지를 증명하는 것은 쉬운 일이 아니다. 그러나 다음 정황을 고려해볼 때 강릉지역에서 麥을 재배할 수 있었음을 알 수 있을 것이다. 당시 주곡작물로는 조가 매우 보편적이었으나 황하유역을 제외한 장강유역과 남방지구에서는 벼가 주된 작물이었으며 한편으로는 밀과 보리를 심고 있었는데, 이것은 馬王堆의 한대 묘속에서 그 종자들이 발견되고 있는 것으로도 짐작할 수 있다(王仲殊 著, 《漢代考古學槪說》, 中華書局, 1984, p.31). 현재의 강릉지역을 포함한 지역이 長江中下流冬麥區에 속하고 있는데(全國農業區劃委員會 編, 《中國農業自然資源和農業區劃》, 農業出版社, 1991, pp.68-69) 어느 정도의 기후 변화를 고려해도 맥의 재배가능성은 충분하다.

한 의미를 갖는가를 다음의 사료와 비교하여 알아보기로 하자. 먼저 소농민 가정에서 방직할 시간이 있는지를 고찰해보기 위해 다음 사료를 분석해보자.

   ⓐ 率時農夫 播厥百穀……亦服爾耕 十千維耦[174]
   ⓑ 載芟載柞 其耕澤澤 千耦其耘[175]
   ⓒ 長沮桀溺耦而耕……耰而不輟[176]
   ⓓ 譬如農夫作耦 以刈殺四方之蓬蒿[177]
   ⓔ 先君桓公與商人 皆出自周 庸次比耦 以艾殺此地[178]

　위의 사료들은 모두 耦를 결성하여 공동으로 농경작업을 하고 있는 것을 언급한 것이다. ⓐ에서는 파종까지의 농경작업에 耦의 편성이 행해지고, ⓑ에서는 개간에서부터 수확까지의 모든 농경노동이 집단적으로 이루어지고 있다. 그리고 耦의 편성단위가 '十千'과 '千'인 것에서 알 수 있듯이 대규모의 집단노동을 행하고 있는 것으로 보인다. ⓓ와 ⓔ는 耕起를 위한 사전 작업으로서 陳根제거와 제초작업을 위해 耦를 편성하고 있다. 이러한 것을 고려할 때 ①이 춘추·전국시기의 상황을 반영한 것이라면 ⓐ, ⓑ와 같은 농업노동형태는 서주시기의 대규모의 집단노동방식으로부터 ⓒ, ⓓ, ⓔ와 같은 春秋時代의 소규모 집단경작방식으로의 변화 후의 상황을 묘사하고 있는 것으로 보인다.

   ⓕ 飮食相約 興彈相庸 耦耕俱耘 男女有婚[179]
   ⓖ 里宰掌比其色之衆寡……以歲時合耦于鋤 以治稼穡 趨其耕耨[180]

---

174) 《詩經》周頌 臣工之什 噫嘻, pp.723-724.
175) 《詩經》周頌 閔予小子之什 載芟, p.745.
176) 《論語》(上海古籍出版社本 《論語注疏・孝經注疏》를 이용함) 微子, p.164.
177) 《國語》(上海古籍出版社本) 吳語, p.601.
178) 《左傳》(藝文印書館本 十三經注疏6을 이용함) 卷47, p.19, 昭公 16년조.
179) 《逸周書》(四庫全書本) 卷14 大聚解 第39, p.7左 ; 金燁,〈中國古代의 地方統治와 鄕里社會〉,《大丘史學》37, 1989, p.101에서는 彈(僤)을 농민들의 勞力 교환을 위한 조직으로 이해한다.
180) 《周禮》(林尹 注釋,《周禮今注今譯》, 書目文獻出版社, 1985를 이용함) 地官 里宰, p.164.

ⓗ 於是乎輕賦□斂 調□□富 結單言府 斑董科例 收其□□□□……□□耕千
耦梵梵黍稷[181]

ⓘ 高祖爲亭長時 常告歸之田 呂后與兩子居田中耨 有一老父過請飲 呂后因餔
之[182]

그러므로 ⓘ은 ⓕ, ⓖ와 같이 전국시대에 들어와 개별가족에 의한 농업경영의 형태가 보다 보편화되고 경작방식의 규모도 보다 작아진 八口之家 정도의 농업경영에서 이루어진 농업생산의 경작 면적을 제시한 것으로 보인다. 이상을 종합해 볼 때 ⓐ부터 ⓖ까지의 변화에서 주목되는 것은 개별가족의 농업경영에서의 노동력의 편제가 대규모적인 형태로부터 소규모적인 형태로 변화하고 있다는 사실이다. 즉 점차 里單位로 1 구를 이루어 부부중심의 2 인 1 조로 소농경영에 불가결한 협업을 하도록 국가가 편제했던[183] 농업노동방식의 기능이 약화되어 가고 있음을 반영하고 있다.

그리하여 국가권력 중심의 里單位의 공동노동으로부터 '僤'의 편성과 같은 개별적인 노동력 편제가 나타나기 시작한다. 그러므로 위의 사료들은 비가족 노동력이 포함되던 단계에서 순가족적인 노동력을 중심으로 하는 농업경영으로 바뀌기 시작하면서 개별가족적인 노동구성을 보조하기 위한 '僤'과 같은 조직도 출현하고 있음을 반영한다.[184] 또한 ⓘ에서와 같이 파종을 위한 起耕작업이나 수확 등 대규모의 작업이 필요하지 않은 中耕작업은 여성과 소년들이 하는 것도 가능하였던 것으로 보인다.

그러면 위의 두 사료들을 종합하여 고찰해보기로 하자. 예를 들면 ⓘ의《氾勝之書》에 인용되어 있는 내용에서 노동주체에 대해 언급하지 않는 것은 춘추·전국시기가 대체로 집단노동의 형태가 우세하던 시기였기 때문이었을 것이다. 또다른 원인은 대두가 당시로서는 주곡으로서 중요한 지위를 차

---

181) 《隷釋》(四庫全書本) 卷15 都鄕正衛彈碑, p.14上.
182) 《史記》(中華書局 標點校勘本) 卷8 高祖本紀, p.346.
183) 李成珪,〈秦의 地方行政組織과 그 性格 ― 縣의 組織과 그 機能을 中心으로― 〉,
《東洋史學研究》31, 1989, p.34.
184) 拙稿,〈漢代 農家 副業生産의 成長과 그 性格 ― 前漢代 華北地方을 중심으로 ― 〉,
《東洋史學研究》41, 1992, p.71 참조.

지하여 대두의 재배는 상당히 중요시 되었으므로 대두의 파종시에는 당시의 기술수준으로서는 당연히 집단으로 농경작업을 했을 것이기 때문이다. ②의 《漢書》〈食貨志〉의 내용에서는 서로 품앗이하고 있는 것으로 보아 노동력의 편성에 비가족이 참여하고 있음을 알 수 있다. ③은 부부로 보이는 성인 남녀의 협업으로 농경이 이루어지고 있다. 그런데 ④는 성인 남자 혼자서 개별적인 노동으로 농경작업을 하고 있다.

　위의 사료들은 노동주체가 대규모 집단으로부터 家와 같은 보다 작은 집단으로 변화한다는 것을 반영하고 있다. 이와 같은 노동주체에 대한 차이의 원인은 무엇일까? ③은 保水 문제로 인하여 耕起부터 파종까지가 되도록 신속하게 되어야 할 필요가 있었던 화북의 건조농법하에서 경작면적이 부업작물경작지 보다 넓었기 때문에 여자의 농업노동력도 크게 중시되어 농경작업에 참여한 것으로 생각된다. 또는 보유토지가 적었던 소농민가족의 부부가 2 인 노동력으로 당시 그리 일반적이지 않았던 區種法을 사용하여 경작하고 있는 것으로 보인다. 그런데 ①, ②에서 ③으로의 변화는 비가족적인 성원을 포함하는 집단노동으로부터 가족단위 농업경영으로 변화하는 모습을 명확히 반영하고 있다는 것이다. 즉 ⓒ, ⓓ, ⓔ와 같은 소규모의 집단노동방식 가운데서 춘추시대에 공자가 본 ⓒ에서와 같이 장저와 걸익이라는 비가족적인 성원으로 이루어진 耦의 편성에서 전한시대의 상황을 반영한 ③과 같이 부부단위 耦의 편성으로 변화하고 있다. ③은 경작지 전체에 대한 耕起 여부는 알 수 없지만 一人耕 一人耦에 의한 耦耕에서의 노동편제가 아닐까 생각된다. 즉 장저와 걸익이 농경하던 형태로 아마도 남자는 耕起하고 여자는 씨를 덮는 작업을 하였을 것이다. 그러한 변화가 ④에서는 보다 명확해진다는 것이다. 물론 ④는 상대적으로 좁은 면적이었고, 파종도 2-4월 사이에 하면 되었고[185] 게다가 황무지 등 척박한 땅에 물을 주면서 파종하는 것이었기 때문에 단기간내에 耕起・破碎・播種・覆土 등 일련의 작업을 신속하게 해야만 할 필요성이 감소하여 성인 남자 혼자 경작하였을 것

---

185) 《四民月令輯釋》, p.25, 37 및 47 참조.

338

이다. 이처럼 농업노동으로부터 해방되기 시작한 여성노동력이 점차 방직노동력으로 전화되기 시작하였을 것이다(후술).

위와 같은 노동력 편제에서의 변화의 특징은 이제까지 농구의 기능적인 측면에서의 결함을 집단노동력의 편제로써 해결하려 하던 농업경영이 점차 쇠퇴하고 있음을 보여주는 것이다. 그 주요한 원인으로는 한대에 들어오면서 耦耕이 쇠퇴하는 것을 들 수 있는데, 그 구체적인 요인은 삽과 犁(鏵) 등의 출현으로 耦耕의 중심농구였던 耒耜의 주요한 기능이 약화되고 牛耕의 보편화로 인하여 耒, 耜를 사용하는 노동의 생산성이 상대적으로 떨어지면서 牛犁에 의해 대체되어[186] 가게 된 점을 들 수 있다. 그리하여 ②와 같이 牛耕이 보급되고 牛耕을 할 수 없는 소농민들도 인력으로 끄는 쟁기를 사용하였는데, 이것은 농기구의 성능으로 보아서 耒耜보다는 능률적인 것이었다.

그러므로 ③의 區種法으로 麥을 파종하는 경우의 부부단위 농경에서 보이듯이 춘추말 전국기 5-6인의 개별가족 단위의 노동에 기초하여 40-50 畝를 경작하는 耦耕이 적어도 한대에 들어와서는 耦의 편성이 가족내에서 이루어지는[187] 모습을 잘 반영하고 있다. 위의 사료들에서 나타나는 가장 큰 변화는 소농민의 생산활동이 대규모집단이나 비가족에 의존하지 않고도 가족내에서 해결되어 가는 모습으로의 변화를 반영하고 있다는 것이다. 그런데 그 가장 중요한 원인은 和土 기술 및 농기구의 개발과 보급으로 保水문제가 해결되어 가면서 耕起작업과 파종작업이 분리되어 가는 경향이 심화되고, 이에 따라 농기구와 농업기술의 결합을 극복하기 위한 집단노동의 필요성이 감소하고 집단노동의 경향이 줄어든다는 점이다. 그리고 가족의 경제적 자급자족성의 상승과 함께 가족 이외의 노동력을 필요로 했던 농경작업에서 순가족 내의 농경작업으로 변화되어[188] 가는 경향은 심화되어 갔다.

---

186) 崔德卿,〈中國古代의 耒耜와 耦耕考〉,《釜山史學》14 · 15, 1988, pp.193-194 참조.
187) 《中國古代社會論》, 第一部 第一章〈古代中國における小農民經營の形成〉참조.
188) 牧野巽,〈漢代における犁耕法進步の意味するもの ― 中國における純家族的農法の成立 ― 〉,《中國社會史の諸問題》(牧野巽著作集 第6卷), (御茶の水書房, 1985), pp.86-87.

물론 한대의 碑에 기록되어 있는 ⓗ에서는 주곡작물인 黍와 稷의 생산을 위해서 耦를 편성하고 있다. 그런데《氾勝之書》에서는 같은 구종법이라도 麥은 부부단위 농경으로, 豆는 丁夫 1 인 노동으로 구분하여 서술하고 있다. 이처럼 같은 농법으로 재배할 경우에도 작물에 따라 노동력 편성에서의 집단적인 노동으로부터 순가족적인 1 개인의 노동으로의 변화라는 현상이 나타난다는 점이다. 이러한 변화는 과연 무엇을 의미하는 것인가?

그렇다면 개인단위 농경작업은 어떻게 이루어졌는지를 좀 더 알아보기 위해 다음 사료에 주목해보자.

(種瓠法)(ㄱ)以三月耕良田十畝 作區 方深一尺……瓠直十錢 幷直五十七萬六千文 用蠶矢二百石(ㄴ)牛耕工力 直二萬六千文 余有五十五萬[189]

위의 사료는 瓠를 재배하는 법을 서술한 것인데, 여기서는 耦의 편성 형태에 대해서 추정할 만한 요소는 없다. 오히려 (ㄴ)과 같이 牛耕을 위해 소를 빌리는 비용과 인건비로 26,000문을 지출하고 있다. 인건비가 耕起時에 소를 빌리는 비용이나 소를 부리는 사람의 인건비였는지, 아니면 파종부터 수확하기까지에 들어간 총액수인지는 확실하지 않다. 牛耕으로 耕起할 수 없었다면 3월은 여성들이 蠶桑에 바쁜 시기이기 때문에 남성노동력만을 이용해서 (ㄱ)의 區를 만드는 작업에 ⓕ와 같이 서로 품앗이로 해결하거나 고용노동으로 해결하였을 것이다.

이렇듯 牛耕에 대한 비용과 인력의 비용을 언급하고 있는 것을 본다면 강제성을 띤 耦의 편성 이외에 자율적인 요소를 내포하는 사사로운 노동 편제가 나타나는 것이 아닌가 하는 추정이 가능하다. 물론 재생산구조가 열악한 소농민이 인건비를 많이 투입할 수는 없었을 것이므로 그 정도는 그 작물의 수입이 재생산에 기여하는 한계에 머물 수밖에 없었을 것이다.

그런데 ④와 같이 區種法으로 豆를 경작하는 경우는 1인의 노동력으로도 가능하였을 것이지만, 種瓠法에서처럼 1인 주도로 약간의 타인 노동력

189)《氾勝之書輯釋》, p.155.

이나 우경을 이용해 1 개인 단위로 농업경영을 하였다면 가족노동력 가운데 다른 하나의 노동력은 어떻게 이용되고 있었을까? 그것을 분석하기 위해서는 먼저 부부와 기타 2-3 인 정도로 이루어진 가족경영에서 나머지 노동력의 안배에 대해서 살펴보고 전체 노동력 안배와 편제에 접근해야 할 것이다. 그래야만 앞에서 가공한 皮麻를 각 가정에서 모두 완제품으로 방적할 수 있는지 고찰해볼 수 있을 것이다.

그렇다면 그 시기에 가족 내의 다른 주요한 노동력의 하나인 여성노동력은 어떻게 사용되고 있었는지를 여성노동력의 사용을 구체적으로 묘사하고 있는 《사민월령》을 통해서 살펴보기로 하자.[190]

> (正月) 紅女에 명하여 조속히 포를 짜게 한다.
> (二月)蠶事가 아직 시작되기 전에는 縫人에게 명하여 冬衣를 빨게 하고, 솜을 빼서 겹옷을 만든다.
> (三月)청명절에 蠶妾에 명하여 잠실을 정비하게 하고……누에가 부화하면 곧 婦子와 함께 그 일에 전념한다.
> (四月)고치가 이미 섶에 들어가면 조속히 고치로부터 실을 뽑고……機·북을 준비하여 날실과 씨실을 조절한다.
> (六月)紅女에 명하여 縑, 縛을 짜게 한다.
> (八月)縑·帛을 練하여 채색하도록 하고 綿을 뽑아서 絮를 만든다.
> (十月)麻를 析하여 絹績하고 縷를 만들며 白履·不借를 만든다.

이것은 《四民月令》에서 蠶桑[191], 방직과 그에 관련된 제반 작업의 내용을 뽑은 것이다. 그러면 이것을 ③의 區種麥 수확시기, ④의 區種大豆의 농경에 관련되는 시기의 노동력 사용을 규정하고 있는 《범승지서》와 비교하여

---

190) 노비를 이용한 방직이므로 일반가정까지의 상황과 꼭 일치하지는 않을 것이고 시기적으로 전한기의 봉황산 화물명세서와는 일치하지 않으나, 한대 이전에 이미 麻와 桑의 재배와 방직이 이루어지고 있으므로 사료부족상 이를 이용하여 당시 여성노동력의 사용상황과 방직과정을 방증해보는 데 이용할 수는 있을 것이다.

191) 춘추·전국시기의 견직물은 주로 황하 중하류지역에서 생산되었고 장장유역에서는 황하유역에 비하여 그 발전이 완만하였다. 그리하여 황하 이남 지역에서는 전국시대까지 楚, 吳, 越 등과 成都 지역에서 생산되는데 불과하였는데, 한대에 들어와서 장강 중하류 지구에서 점차 발전하기 시작하였으므로(李賓泓, 〈我國歷史上絲織業重心南移及其因素分析〉, 《經濟地理》(長沙)1989-1, pp.54-55) 강릉 지역에서도 견직물 생산이 가능하였다.

보자. 물론 소농민가족의 농업경영에서는 《四民月令》에 수록되어 있는 대로 모든 농업경영과 가사활동을 영위할 수는 없었을 것이므로 토지, 재산, 농업노동력의 보유 정도에 맞게 소농민가족의 농업경영에서는 그 품목을 채용하였을 것이다.[192]

그러므로 《氾勝之書》를 통해서 먼저 주곡작물과 기타 부업작물에 사용되는 노동력의 구체적인 사용을 검토해볼 수 있는 몇 가지에 대해서 살펴보고 나서 麻의 가공이나 방직 가능성에 대해서 분석해보기로 하자. 《氾勝之書》에 실려 있는 ③은 冬麥의 재배에 관한 내용인데, 8월에 파종하여 다음해 4-5월경까지는 수확하는 것으로 되어 있다. 그에 비하여 같은 《氾勝之書》에 실려 있는 ④는 大豆의 재배에 관한 것으로 2-4월 사이에 파종하여 8월에 콩잎은 따서 보관하였다가 10월에 팔고 있으므로 그 해 9월경까지는 수확했을 것이다. 여기에서 보듯이 당시의 주요한 곡물인 麥과 대두 등의 재배와 수확기간이 麻의 가공시기와 많이 겹치고 있음을 알 수 있다.

그러면 《四民月令》을 통해서 麻의 가공시기에 해당하는 시기의 각 작물의 파종과 수확에 대해 살펴보기로 하자.[193] 3월에는 稻를 파종하고[194], 5월에는 穬麥·大麥·小麥을 수확하고 禾·黍·牡麻 등을 파종하며, 6월에는 굉맥·小麥을 수확하고 葵·冬葵·蕪菁·小蒜·冬藍 등을 파종하며, 7월에는 小麥·春麥 등을 수확하고 芥·苜蓿·蕪菁·大葱·小葱·胡葱·小蒜 등을 파종하며, 8월에는 굉맥·大麥·小麥·芥·苜蓿 등을 파종하고 黍를 수확하며, 9월에는 葵의 가공·生薑의 收藏·蘘荷의 收藏 등이 행해지며, 10월에는 稙禾의 수확·대두의 수확·소두의 수확·瓜의 收藏·蕪菁의 수확·

---

192) 《四民月令》은 崔寔 개인의 사상만은 아니고 前漢末에서 後漢에 걸쳐서 政令에 관계하는 사람과 史書 編纂者들에 공통하는 사상이었으므로(藤田勝久, 〈《四民月令》의 性格について — 漢代郡縣의 社會象〉, 《東方學》 67, 1984, pp.41-46) 당시인들이 생각하고 있는 농업경영관을 잘 반영하고 있는 것으로 보인다.

193) 이하의 내용에 대해서는 渡部 武 譯注, 《四民月令》, (平凡社, 1987) 내용분류표 참조 ; 萬國鼎·陳祖規·鄒介正, 〈四民月令及有關資料反映的後漢魏晉的農業和農學〉, 《中國農學史》, pp.226-231 참조.

194) 문헌사료와 출토자료를 통해서 볼 때 江陵지역을 중심으로 한 楚지역에서 稻를 재배하였음이 확실하다(陳振裕, 〈從鳳凰山簡牘看文景時期的農業生産〉, 《農業考古》 1982-1, p.65 참조).

大葱의 이식 등이 행해지며, 11월에는 禾의 수확·稻의 수확·소두의 수확 등이 행해진다.[195] 이상의 작물의 파종과 수확에 대한 것은 물론 파종과 수확의 구체적인 작업만을 서술한 것으로 起耕, 中耕·除草 등의 중간과정은 생략된 것이므로 麻의 가공과 방직에 전력하기는 더 힘들었을 것이다.[196]

물론 수확과 가공과정을 보더라도 麻는 너무 일찍 수확하면 섬유의 외관은 좋으나 약하고 收量이 적은데 비하여 늦게 수확하면 수량은 많으나 섬유의 빛깔이 좋지 않고 粗剛하게 되어 품질이 떨어진다. 그러므로 잉여노동력이 있는 시기에 무조건 수확할 수는 없었다.

또한 雄麻의 가공과 麻布의 방직을 제외하고서도 2-4월 사이는 蠶의 사육과 방직의 사전 준비에서 가장 중요한 시기이고, 5월부터 10월까지도 蠶桑과 방직에서 중요한 시기로 보인다. 물론 그렇다고 하더라도 여성노동력도 保水를 중시해야 할 주곡작물의 재배 등에는 一人耕 一人耦 등의 형식으로 ③과 같이 농업노동력으로 참여했을 것이다. 또한 기타 주곡의 수확기나 파종기를 필수적으로 지켜야 할 작물의 재배나 수확시는 여성노동력도 가족노동력의 주요 구성원으로 농경작업에 참가하였을 것이다. 그런데 4-10월까지는 대부분의 주곡작물의 파종과 수확기에 해당되고 부식품의 준비, 기타 물품의 준비 등 가사활동도 많이 있다.[197] 특히 5-6월에는 가장 바쁜 농번기에 해당된다.

그러면 《漢書》〈食貨志〉에 실려있는 상고시기의 방적에 관한 다음 기사를 통해서 여성노동력의 방직노동에의 이용이 어떠한 식으로 이루어졌는지를 고찰해보기로 하자.

---

195) 文士丹,〈長江中游先秦農業試析〉,《農業考古》1990-1, p.137. 한초에 이미 강릉 지역에서 稻, 粟, 麥, 豆, 大麻 등의 오곡을 재배하고 있고, 전국시대 이래 장강 중류 지역에서 稷·黃粱·秬黍 등의 주곡류, 葵·芥菜·藕·芋·笋·生薑·小茴香·葫蘆瓢 등의 야채류가 출토되고 있어 이것들이 재배되었을 가능성을 높여준다.

196) 물론 위에 열거된 작물을 모든 농가에서 다 재배하기는 힘들었을 것이다. 다만 위의 작물들이 개별가족의 다각적 농업경영이 확립되어 가면서 확산되었을 것이고, 특히 농민들이 재생산을 유지하기 위해서 적극적으로 재배하기 시작하였을 것이라는 점에 주목하고자 한다.

197) 渡部 武 譯注,《四民月令》,(平凡社, 1987) 내용분류표 참조.

(가)冬 民旣入 (나)婦人同巷 (다)相從夜績 女工一月得四十五日 必相從者 所以省費燎火 同巧拙而合習俗也[198]

위의 (가), (나)와 같이 농한기인 겨울에 부인들이 마을 단위로 공동 방직노동을 하면 안 되었을까? 그러나 麻의 경우 찬바람이 나면 베가 부서져 바디를 오르내리기 힘들며 북을 넣기도 힘들기 때문에[199] 삼베와 모시는 찬바람이 나면 짜지 못한다.[200] 그러므로 (다)와 같이 이것은 방직노동의 전과정이 아니라 단지 방직노동 중의 일부라고 할 수 있는 방적에 관련된 노동을 공동으로 하는 것에 불과하다. 그리고 그것도 공동으로 농한기인 겨울에 여자들이 촌락공동체적인 공동의 방직노동을 통한 부업생산으로서 방직을 하고 있는데 불과하다.[201] 전국시대에 점차 개별가족에 의한 경영이 확립되면서 개별가족단위의 농업경이 확립되어 갔지만, 이 사료가 어떤 시대적 상황을 묘사하고 있는지를 고찰하기 위해《呂氏春秋》의 다음 사료를 주목해보기로 하자.

是以春秋冬夏皆有麻枲絲繭之功 以力婦敎也 是故丈夫不織而衣 婦人不耕而食 男女貿功 以長生[202]

위에서는 방직노동이 춘하추동의 사계절에 모두 이루어지고 있음을 나타내고 있다.《四民月令》에 기록되어 있는 한대의 방직경영에 대한 사료와 비교하여 보더라도 위의 사료가 한대의 상황과도 일치할 수 있다는 것을 알수 있다. 주목할 만한 것은《여씨춘추》의 사료에서는 '男耕女織'적인 분업

---

198)《漢書》卷24 上 食貨志, p.1121.
199) 그러나 무명과 명주는 철을 가리지 않고 짤 수 있다.
200)《四民月令》에서도 그래서 "正月……命女工 趣織布"(《四民月令輯釋》, p.2)라 하고 있는데 비하여 11월과 12월에는 직포에 대한 기사가 없는 것도 이러한 것과 관계가 있는 것으로 보인다.
201)《中國古代工業史の硏究》, pp.178-179. 이처럼 전국시대에 들어와서 촌락에서의 麻織物 생산이 증가하면서 관영공장에서의 마직물 생산은 그전같이 성행하지 않게 되고, 국가는 촌락의 공동작업소에서 공동작업의 형태로 생산된 마직물을 貢稅로 징수하는 방법으로 전환하였다고 한다.
202)《呂氏春秋》卷26 上農, p.1711.

을 표방하고 있는 점에서는 《한서》〈식화지〉에서 열거하고 있는 한대 이전 상고시기의 방직경영에 관한 사실과 일치하지만, 방직노동의 시기가 춘하추 동이라는 것을 특별히 언급하면서 그것을 장부와 부인이라는 부부단위의 성별 분업으로 언급하고 있다는 점이다. 이런 현상은 李悝의 盡地力之敎에 서 보이듯이 불완전하나마 농업경영은 개별가족에 의한 경영이 확립되어 갔지만, 직물생산에서는 직물을 생산하는 농가와 아직 직물을 생산하지 않 는 농가로 나누어지고 있었으므로 개별가정에서의 방직경영이 확립되지 않은 상황을 반영하고 있는[203] 상태보다는 진전된 것이다.

그러나 농경작업에 여성노동력도 참여하여야 할 필요성이 많았던 시기에 (그림 3 紡車 표시도)에서 보이듯이 3 명의 노동력이 필요한 방적에 얼마나 많은 노동력을 투입할 수 있었는지는 의문이다. 그러면 다음 사료를 통해 이런 상황을 고찰해보기로 하자.

　　　五畝之宅 樹牆下以桑 匹婦蠶之 則老者足以衣帛矣 五母鷄 二母彘 無失其時 老者足以無失肉矣 百畝之田 匹夫耕之 八口之家足以無飢矣[204]

위의 사료에서 맹자는 8 인의 가정에서 노동력을 주로 농경과 방직에 사용할 경우 재생산이 원활하게 유지될 수 있다는 것을 언급하고 있다. 즉 8 인 정도의 가정이어야만 농경노동과 방직노동의 가정내에서의 성별분업이 가능하였다는 것을 묘사하는 것이다. 즉 8 인 가정에서 성인의 남성노동력 은 농업에 종사하고 여성노동력과 노약자의 노동력은 방직노동에 종사하였 다고 한다면 이러한 남여 노동력의 분화가 가능하였을 것이다. 이런 연유로 춘추·전국시대 이래의 많은 저작에서 농업노동력을 많이 보유한 가정을 부유한 가정으로 파악하였을 것이다.[205] 그러므로 麻의 가공시기와 주곡 및

---

203) 《中國古代工業史の硏究》, pp.178-179 참조.
204) 《孟子》盡心 上, p.239上.
205) 이런 점에서 《한서》 식화지의 李悝의 盡地力之敎에 언급되어 있는 소농민가정이 5 명을 보유하였던 점을 감안한다면("今一夫挾五口 治田百畝……衣 人率用錢三百", p.1125) 그들이 방직노동에 투하할 노동력이 부족하였으므로 의복를 구입하였을 것이라는 것을 유추해볼 수 있을 것이다.

부업작물의 재배 및 수확시기가 대부분 겹치기 때문에 가족경영이 불완전하게 형성되어 가던 시기에는 소농민가정의 여성노동력이 방직에 전업적으로 종사하기란 곤란하였을 것이다.

　아울러 방직의 도구를 소농민 모두가 구비하는 것도 실질적으로 불가능하였을 것이다. (그림 4 한대 織機 표시도)에서 보듯이 정교한 직기는 상당히 복잡한 형태로 되어 있는데 이런 정교한 직기와 紡車, 紡錘, 鐵刀, 竹刀 등의 도구를 소농민가정에서 모두 구비하였는지는 의문이다. 이러한 도구만이 아니라 위의《漢書》〈식화지〉에서는 공동으로 방직노동을 하여 불을 밝히는 연료를 절약하려는 데서 볼 수 있듯이 소농민가정에서의 연료비도 상당한 부담이 되었다는 것을 알 수 있다.[206]

　그렇지만 방직생산력의 발달은 계속되고 있었다. 그런 점에서 방직생산력의 발달은 공예작물의 재배, 방적과정, 직포과정상의 발달을 통해서 종합적으로 분석해보아야 할 것이다.

2. 분업발달상의 검토

　그러면 여러 생산력의 발전으로 인한 분업 발달을 감안하면서 소농민가정에서의 방직 가능성을 검토해보는 동시에 麻의 가공과정에서 중요한 역할을 하는 脫膠과정에 대한 기술 발달을 고려하면서 고찰해보기로 하자.[207] 앞에서 언급한 漚漬脫膠法은 누구나 다 할 수 있을 정도로 쉬워 보이지만 이것도 고급품을 만들기 위해서는 상당한 지식과 관찰이 필요하였다. 그런데 이러한 脫膠시의 조건은 麻纖維의 질에 크게 영향을 끼친다. 또한 10-15일 정도의 시간이 소요되어[208] 노동력이 충분하지 않은 소농민은 재배한 모

---

206)《史記》권71 樗里子甘茂列傳, p.2316. "臣聞貧人女與富人與會績 貧人女曰 我無以買燭 而子之燭光幸有餘 子可分我與光 無損子明而得 一斯便焉."에서 보듯이 秦 武王기에도 아직 연료비를 자급할 수 없어 모여서 紡績을 하고 있는 모습을 유추해볼 수 있다.

207) 이하 탈교기술의 발전에 대한 것은 《中國紡織科學技術史(古代部分)》, pp.137-138 참조 바람.

든 麻를 탈교하기에는 힘들었는데, 의류가 점차 고급 원료를 사용하는 방식으로 변화하고 있었다는 점에서 새로운 脫膠 방법이 필요한 시기였다. 이미 진·한시대에 새로운 化學脫膠法이 나타나 脫膠시간을 줄일 수 있고 그 효과를 증대시킬 수 있었다.

그러면 또다른 脫膠 방법인 煮練脫膠法을 이용하여 가공·처리하는 방법을 고찰해보기로 하자.

葛之覃兮 施于中谷 維葉莫莫 是刈是濩 爲絺爲綌 服之無斁[209]

위의 사료는 칡덩굴을 베어다가 가공·처리하여 고운 칡베(絺)와 거친 칡베(綌)를 짜서 입는 모습을 묘사하고 있다. 그런데 여기서 주목할만한 것은 칡을 베어서 가공·처리하는 과정에서 보이는 濩 字에 대한 해석인데, 이 濩를 《毛傳》에서는 煮로 해석하고 있고 孔潁達의 疏에서도 煮로 해석하고 있다. 그렇다면 이것은 불로 갈을 푹 삶은 이후에 흐르는 물에 빨아 깨끗하게 하여 방직에 사용한다는 것이 된다. 그러므로 불을 이용하여 삶아서 脫膠하는 방법 즉 煮練脫膠法의 초보적인 형태를 여기에서 볼 수 있다.[210]

그런데 葛에 대한 煮練脫膠法이 이미 선진시기의 문헌사료에 나타나고 있지만 麻에 대한 기록은 보이지 않는다. 문헌사료에 보이는 최초의 것은 삼국시대 陸璣가 撰한 《毛詩草木鳥獸蟲魚疏》에 보이고 있다. 湖北 강릉 봉황산 167호 前漢墓 가운데서 대량의 麻絮가 발견되었는데, 金屬分光분석 방법을 사용해 이것을 분석한 결과 麻纖維 표면에 많은 칼슘이온과 마그네슘이온이 붙어 있음을 알 수 있다. 이것은 현대의 化學脫膠 방법을 이용해서 가공·처리한 麻糸를 사용하여 방직한 麻布를 분석한 결과와 거의 유사한 수치를 보이고 있다. 그런데 이러한 제품은 漚漬脫膠法을 통해서는 얻을

---

208) 《中國紡織科學技術史(古代部分)》, p.46.
209) 《詩經》 國風 周南 葛覃, p.29下.
210) 葛과 麻을 삶아서 탈교하는 煮練脫膠法에 대해서는 《中國紡織科學技術史(古代部分)》, pp.45-46, 137-138을 참조바람.

수 없다. 즉 이것은 石炭水 혹은 초목의 木炭液을 이용한 煮練脫膠法에 의해서나 가능한 것이다. 또한 강릉 봉황산 168 호 前漢墓에서 출토된 紵麻絮는 이미 알칼리성 물질을 사용하여 탈교하고 있어[211] 紵麻와 비슷한 성질을 가지고 있는 대마에도 적용되었을 가능성을 더욱 높여 준다.

더욱이 이와 같은 脫膠기술의 발전은 방직품의 질에 영향을 미칠 뿐만 아니라 방직품의 염색에도 영향을 미치게 된다. 그런데 한대에는 戰國時代의 기초 위에서 染織공예가 비약적으로 발전하고 있었으므로[212] 고급품을 만들기 위해서는 정교한 탈교방법을 사용할 필요가 있었다.[213] 또한 방직품도 기존의 葛布에서 麻布로 대체되어 가는 상황이었으므로[214] 기술과 노동력이 충분하지 않은 소농민가정에서 최상의 기술로 완전히 脫膠하여 모든 皮麻를 방직하는 데 이용할 수는 없었을 것이다.[215]

그러면 다음 사료를 통해서 방직과 농경의 분업 내지 전업화 현상이 어떠한 관계를 갖고 있었는지를 고찰해보기로 하자.[216]

---

211) 孫機,《漢代物質文化資料圖說》, (文物出版社, 1991), p.51.

212) 이러한 상황을 반영하여 藍靛(청색물감), 茜草(홍색물감), 茈(紫色물감), 梔(황색물감) 등의 염료작물이 모두 재배되었고(曹貫一,《中國農業經濟史》, 中國社會科學出版社, 1989, p.195), 染織의 산출량과 품종도 많았다(吳淑生・田子秉,《中國染織史》, 上海人民出版社, 1986, p.68).

213) "古者庶人耆老以後衣絲 其餘則麻枲而已 故命曰布衣 及其后 則絲裏枲表"(《鹽鐵論》散不足, p.224)에서 보듯이 점차 麻布보다 고급품이라고 할 수 있는 비단의 사용이 확산되고 있었으므로 麻布의 제품도 보다 향상될 것이 요구되었을 것이다.

214) 葛을 방직의 섬유원료로 사용하는 것은 춘추・전국시대에 정점에 도달하였지만, 그 후 점차 麻 등의 섬유로 대체되었다가(《中國紡織科學技術史(古代部分)》, p.43), 한대에 들어와서는 絹絲 등의 고급 섬유원료가 사용되기 시작하였다.

215)《僮約》에서는 "織履作麤"라 하여 거친 베를 짜고 있는데,《僮約》의 무대가 일반소농민가정이라기 보다는 호족적인 경영이라는 성격을 감안한다면 일반소농민들이 만든 것은 훨씬 더 거친 것이었을 것이다. 그러므로 이러한 사료를 통해 한대 중기에 점차 거친 베가 보급되어 가는 모습을 알 수 있어 방직 생산력의 발달이 크지 않았거나 소농민에게 보편화되지 않았을 것이라는 추측이 가능하다.

216)《孟子》의 내용은 전국시대의 사료이므로 한대의 상황과 일치하지 않는 문제점이 있다. 그러나 여기서는 주로 방직과 농경의 전업화경향이 나타나기 시작한다는 것을 강조하려는 것인데, 이런 현상이 한대에는 더 심화되었을 것이므로 전국시대의 사료를 방증자료로 삼는 데 큰 문제점은 없을 것이다.

348

> 孟子曰 許子必種粟而後食乎 曰然 ㉠許子必織布而後衣乎 ㉡曰否 許子衣褐
> 許子冠乎 曰冠 曰奚冠 曰冠素 曰自織之與 曰否 ㉢以粟易之 ㉣曰許子奚爲不自
> 織 曰害於耕[217]

위에서 孟子는 ㉠과 같이 許子가 방직을 해서 옷을 입는지를 질문하는데,
陳相은 ㉡처럼 許子는 방직을 해서 옷을 만들어 입지는 않고 褐을 입고 있
다고 한다. 이어서 맹자는 許子가 관을 쓰고 있는지를 묻고 ㉢과 같이 관을
만들어쓰지 않고 ㉣처럼 粟을 주고 사서 관을 쓰는 이유를 묻자 농사에 방
해가 되기 때문이라고 한다.

이처럼 이미 전국시대에 공동체 간의 분업현상이 나타나고 있다. 그러면
왜 이러한 공동체 간의 분업이 나타나야만 했는가? 그러나 이것은 원시사회
의 姓이나 연령에 의한 단순한 純生理學的 기초 위에서 발생한 분업과는 다
른 것이다. 왜냐하면 이것은 공동체의 범위를 벗어나서 교역하기 시작했음
을 반영하기 때문이다. 각 공동체는 생활양식, 자연환경, 노동력의 보유 정
도가 다를 수 있기 때문에 이 분업은 타공동체와의 접촉 및 생산물의 교환
을 전제한다. 그러므로 각 공동체는 위의 ㉢, ㉣의 과정을 거쳐 수공업이 농
업으로부터 분리하고 있다.

그러면 이것은 어떠한 과정을 거쳐서 나타났을까? 그것을 농경과 방직에
촛점을 맞추어 고찰해보기로 하자.

> 是故丈夫不織而衣 婦人不耕而食 男女貿功 以長生 此聖人之制也[218]
> 夫男耕女織 天下之大業也……夫如是 匹夫之力盡于南畝 匹婦之力盡于麻枲[219]

위의 사료들은 하나의 개별가족에 의한 농업경영에서도 남성노동력과 여
성노동력의 노동과정상에서의 노동의 분할에 의해 농업생산력을 증진시키
기 위해 분업을 하는 현상이 나타나기 시작하였음을 반영하는 것으로 이해

---

217)《孟子》滕文公 上, p.98上-下.
218)《呂氏春秋》권26 上農, p.1711.
219)《鹽鐵論》園池, p.101.

할 수 있다.

그러나 위와 같은 사회적 분업의 과정은 순조롭지는 않았다. 춘추·전국 이래의 각국의 대립과 항쟁은 남성노동력으로 하여금 병역을 비롯한 국가의 역과 농경작업을 동시에 수행하도록 하였으므로 농경에 투입될 수 있는 남성노동력이 감소하지 않을 수 없었으므로 그들의 재생산이 열악해질 수밖에 없어 그에 대한 최소한의 대비책이 필요하였다.

다음의 사료를 통해서 이 문제에 접근해보기로 하자.

戍律曰 同居毋幷行 縣嗇夫 尉及士吏行戍不以律 貲以甲[220]

이와 같이 秦律에서는 한 가정에서 2 명 이상을 戍役에 징발하지 말도록 하여 재생산을 가능하도록 하고 있다.[221] 그러므로 방직할 수 있는 기술적 가능성이 충분하더라도 여성노동력이 방직에만 전념하는 것이 불가능하였을 것이다.[222] 이런 까닭에 위의 기록은 남성노동력과 여성노동력의 분업을 유지시켜 "一夫不耕 或受之飢 一女不織 或受之寒"[223]과 같은 상황을 피하여 소농민의 재생산을 유지하려는 대책이라고 할 수 있다.

이러한 남녀의 분업을 통한 재생산 유지 노력이 과연 성공했는지 분석하기 위해서는 방직품의 원료 수급 문제를 통해 의복 자급[224] 여부를 살펴보아

---

220) 《睡虎地秦墓竹簡》, p.147.
221) 이것은 "土有當年而不耕者則天下或受其饑矣 女有當年而不績者則天下或受其寒矣" (《呂氏春秋》 권21 愛類, p.1462)와 같은 상황을 피하여 매년의 식량을 우선 확보할 수 있도록 하고, 더나아가 의류의 자급에 도움을 주려는 것이었다.
222) "孟子曰 有布縷之徵 粟米之徵 力役之徵 君子用其一 緩其二 用其二而民殍 用其三而父子離"(《孟子》 盡心 下, p.260上)에서 보듯이 소농민의 재생산을 유지시키기 위해서는 하나만 주로 징수하고 2 가지는 완화시킬 것을 주장하고, 2 개 이상을 징수할 경우는 소농민의 재생산을 유지시키기 어렵다는 것을 주장하고 있다.
223) 《漢書》 권24 상 食貨志, p, 1128.
224) 인류의 초기 의복은 나뭇잎과 풀로 몸을 가린 것으로부터 수렵경제의 끊임없는 발전으로 비로소 동물의 가죽으로 몸을 감싸게 되었다. 그러다가 麻絲를 발명함으로써 포백을 짜 옷을 제작해서 입고 누에고치의 실로써 의복을 만들어 입었다(華梅 著, 朴聖實·李秀雄 역, 《中國服飾史》, 耕春社, 1992, pp.2-5). 이렇듯 의복이 점차 고급품으로 변화되어 가고 있었으므로 적어도 한대와 같은 시기라도 야생의 葛이나 褐衣를 이용한 열악한 상태의 옷을 자급자족하는 것은 가능하였을 것이다.

350

야 할 것이다. 그러나 옷을 자급하였는지 아닌지를 고찰하기 전에 먼저 옷
의 원료에 대해 살펴보아야 할 것이다.《詩經》속에는 葛을 채집하여 방직
하는 것에 관련된²²⁵⁾ 기사가 몇 십 군데가 있는데, 이것은 葛과 麻 등을 재배
하지 않았던 시기에는 주로 야생의 葛을 이용하다가 점차 葛을 재배하였음
을 반영하고 있다.²²⁶⁾ 의복의 구입은 잉여생산물의 증가와 사회발전으로 인
한 농경과 의료생산의 분업화와 그로 인한 각각의 전업화가 나타나기 시작
하면서 출현한 변화일 것이다. 아무리 단순하고 원시적인 사회일지라도 그
사회가 수많은 구성원의 다양한 욕망을 충족시킬 생산물을 생산하는 한 그
사회의 총노동은 각종 유용노동으로 분할되기 마련이다. 그러므로 이러한
문제는 분업의 관점과 보편적인 역사발전 가운데서 나타나는 소비의 고급
化 경향과 관련하여 분석해야 할 것이다. 이런 연유로 이러한 경향과 관련
하여 나타난 사치품의 생산과 유통은 분배구조와 생산력 발전과의 상관관
계 속에서 고찰해야 한다. 어쨌든 사치품의 출현은 그에 대한 욕구를 확대
시키는데, 이러한 인간의 소비욕구를 이용해서 이윤을 추구하려는 상업이
존재하는 한 더욱 확대되지 않을 수 없었을 것이다.²²⁷⁾

그러므로 원시사회 단계에서 葛을 원료로 한 의복을 착용하기 전의 의복
원료부터 고찰해보아야 할 것이다. 원시사회에서는 의복의 원료를 채집하는
것이 주된 단계로 葛, 麻, 野蠶 및 수렵으로 획득한 鳥獸의 깃털과 가죽을
가공하여 사용하는 것이었다가, 점차 원료를 재배하고 사육하는 단계로 발
전하여 麻를 재배하고 누에를 기르며 羊을 기르는 단계로 발전하였다.²²⁸⁾ 이
와 같이 원료를 채집하고 그것을 가공하여 입는 단계에서는 性別분업에 입
각한 단순한 분업으로 의복을 충당하였다. 그러나 원료를 재배하여 가공하
는 단계에 이르면서 의복을 만들기까지의 과정은 동일 생산과정 또는 상호

225)《詩經》國風 周南 葛覃, p.29下. "葛之覃兮 施于中谷 維葉莫莫 是刈是濩 爲絺爲綌
服之無斁."
226)《中國紡織科學技術史(古代部分)》, pp.42-43.
227) 李成珪,〈中國 大同思想의 歷史的 展開와 그 特徵〉,《韓國史市民講座》10, 1992,
pp.222-231 참조.
228)《中國紡織科學技術史(古代部分)》, p.3.

관련된 생산과정에서 다수의 노동이 계획적으로 상호협력하는 단계로 발전하게 된다.

그러므로 옷을 구입하는 것은 원료가 부족하여 구입하였다기보다는 생산력 발전에 따른 사회 분업의 결과로 인해 기존의 물품보다 질이 좋은 고급품이 출현하고 그것이 일반화하는 과정에서 나타난 현상이라 할 수 있다. 즉 원료가 열악한 것이라 하더라도 의복의 원료를 사회전체로서는 어떠한 방식으로든 자급하였을 것이다. 그 이유를 고찰해보기로 하자. 위의 맹자와 허자의 견해 중 ㉡과 같이 褐을 입고 있다고 했는데, 이 褐에 대해서 趙岐의 注에서는 스스로 布를 짜지 않고 褐을 입고 있다고 하는 것, 毳로 만든 것을 입는 것, 枲衣를 입고 있는 것, 粗布로 만든 옷을 입고 있는 것 등을 열거하고 있다.[229] 위의 사료는 맹자가 사회적 분업의 필요성을 언급하기 위해서 예를 들고 있는 것으로서 許子(許行)은 농경에 불리하기 때문에 농경을 제외한 모든 것은 교환에 의존하고 있다고 한다. 그렇지만 의복만은 褐과 같이 원시사회와 같은 단계의 의복 원료로서 이용되었던 것을 착용하고 있다. 즉 先秦 시기에 노예들이 여름옷으로서 입었다고 하는 褐衣를 입고 있는데, 褐은 麻의 조악한 것과 짐승의 털을 합해서 짠 衣料로서 질이 조잡한 것이라고[230] 한다. 그렇지 않으면 동물의 깃털이나 가죽 등을 이용하였을 것인데[231], 어쨌든 ㉠과 같이 織布하여 의복을 자급하느냐는 물음에 대해 ㉡과 같이 아니라고 하면서 褐을 입고 있다고 하는 것으로 보아 그것이 비록 열악한 것이기는 하나 周代에 이미 여름에는 葛布를 입고 겨울에는 裘(毛皮)를 입었다고[232] 하는 것에서 보듯이 漢代의 재생산이 어려운 소농민이라도 이런 상태의 옷을 자급하는 것은 문제가 없었을 것이다. 어쨌든 이 사료는 사회적 분업이 나타나고 발전되어 가는 모습의 맹아적 현상을 보여주고 있다.

---

229) 《孟子》滕文公 上, p.98上.

230) 許南亭·曾曉明 編著, 《中國服飾史話》, (輕工業出版社, 1989), p.17.

231) 《禮記》(上海古籍出版社本 《禮記正義》를 이용함) 卷21 禮運, p.416. "昔者先王……未有麻絲 衣其羽皮."

232) (日) 原田淑人 原著, 常任俠·郭淑芬·蘇兆祥 譯, 《中國服裝史研究》, (黃山書社, 1988), p.6.

이처럼 교환이 규칙적으로 이루어지면서 그 생산물이나 半成品은 교환과
정을 거쳐 상품이 되어 타생산품의 일부분이 되므로 각 생산영역은 전체생
산 과정 가운데서 연결되게 되어 사회적 분업으로 발전하게 된다. 이러한
예는 《周禮》〈天官〉〈太宰〉의 屬官으로 典絲, 典枲, 內司服, 縫人, 染人, 屨
人 등이 열거되어 있는 모습에서도 찾아 볼 수 있다.[233] 비록 이것이 내용상
으로 보아 주로 왕실을 위한 생산에 종사하는 분야에서의 '직무 내지는 공
정상의 분업에 기초한 협업'의 단계로서 개별가족에 의한 농업경영 내에서
의 농경작업 내지는 방직작업이 여러 작업과정으로 나누어지는 분업과 같
은 것이라고는 볼 수 없는 한계가 있지만, 어쨌든 사회적 분업의 맹아 현상
을 반영하고 있는 것으로 인정할 수 있는 사례로 생각된다.

그러면 이러한 분업의 다른 형태에 대해서 살펴보기로 하자.

匡章曰 陳仲子豈不誠廉士哉……(가)彼身織屨 (나)妻辟纑 (다)以易之也[234]

위에서 진중자는 분명히 (가)와 같이 완제품인 屨을 만들고 있고 진중자
의 처는 삼실을 쪼개 다듬고 있다. 그런데 진중자와 진중자 처의 작업과정
을 '작업장내에서의 노동의 기능분할이라 할 수 있는 작업장내에서의 분업'
인가 아니면 사회의 총노동이 농, 공, 상 등의 커다란 생산부문으로 구분되
고 나아가 각 생산부문 내부의 특수한 직업들로 구분되는 사회적 분업인가
하는 문제다.

이 문제를 검토하기 위해서 먼저 (가)의 屨에 대해서 분석해보아야 할 것
이다. 《詩經》에서는 칡으로 만든 신을 葛屨라 하여 언급하고 있고[235], 《方言
》에서는 絲로 만든 것은 履라 하고 麻로 만든 것은 不借라고 한다.[236] 이에
비해 扉와 屨를 履의 지역적인 명칭으로 이해하기도 하고, 《左傳》의 杜預의

---

233) 《周禮》, pp.3-6 참조.
234) 《孟子》 滕文公 下, p.120下.
235) 《詩經》 國風 齊風 南山, p.195上. "葛屨五兩 冠緌雙止."
236) 《方言》(長澤規矩也 編, 《和刻本 辭書字典集成》 第1卷, 汲古書院을 이용함) 卷4,
    p.219上. "絲作之者謂之履 麻作之者謂之不借."

注에서는 草로 만든 것을 屝라 하고 그 疏에서는 絹으로서 만든 것은 履라 하고 麻로서 만든 것은 屝라고 하고 粗末한 것은 屨라고 한다.[237] 또한《說文解字》에서는 "屨履也"라 하는데 段玉裁의 注에서는 漢 이전에는 履를 모두 屨라 하였다는 내용을 인용하고 있다.[238] 이것을 종합해보면 여기서의 履는 짚신, 비단신, 칡이나 삼껍질로 짚신처럼 삼은 신 등을 의미하고 있음을 알 수 있다.[239] 그러므로 진중자의 처가 가공한 삼실이 진중자가 신을 삼는데 사용된 것인지를 아직 확신할 수는 없다.

그러면 이를 구체적으로 분석하기 위해서 진중자의 처가 하는 작업 가운데 먼저 辟에 대해서 고찰해보면《孟子注疏》에서는 "緝績其麻曰辟"이라 하고 있는데 여기서의 緝績이란 "緝績也"[240]와 "績緝"[241]에서 보듯이 길게 쪼갠 麻纖維를 이어서 실을 만드는 과정을 의미하고 있다. 또한 "練其麻曰纑"에서 練은 명주를 삶아 누인다는 뜻으로[242] 이것은 麻를 정제하는 과정에도 적용될 수 있다.[243]

이러한 과정을 종합해볼 때 진중자와 그의 처의 작업은 동일작업상의 분업이 아니다. 왜냐하면 (가)에서 진중자가 신을 삼는 작업이 먼저 나오고 뒤이어 열거된 (나)에서 그의 처가 麻纖維를 실로 만들고 그것을 깨끗하게 정제하는 과정이 설명되어 있기 때문이다. 즉 실로 만든 상태에서 織布를 원활히 하고 고급품을 만들기 위해 정제하는 것이므로 진중자 처의 작업은 織布를 위한 사전작업인 방적과정이다. 그런데 신을 만드는 麻纖維는 織布를 위해 가공·처리하는 것보다는 훨씬 조악한 麻纖維를 쓰고 직포를 위한 것과 같이 세밀하게 정제하지도 않는다. 또한 동일한 작업이라면 작업의 순서

---

237) 林巳奈夫 編,《漢代の文物》, (京都大學人文科學硏究所, 1976), pp.30-31

238)《說文解字注》8篇 下, p.3右.

239)《中國服飾史》, pp.34-35 참조.

240)《說文解字注》13篇 上, p.33左.

241)《說文解字注》13篇 上, p.34右.

242)《說文解字注》13篇 上, p.11左. "練湅繒也"

243)《동약》의 便了가 "結葦膯纑"이라 하여 칼로 삼을 쪼개고 삼실을 누이고 있는데(曾永義·黃啓方 主編,《注音詳解古今文選》 新第452호〈僮約〉, 國語日報附設出版部, 1979, p.6), 이것을 纑로 표기하고 있다.

상 진중자의 처의 작업이 먼저 이루어져야 함으로 그의 처가 하는 작업이 먼저 서술되고 진중자가 하는 작업이 뒤에 서술되어야 한다. 그러나 위의 사료에서는 진중자의 작업이 먼저 서술되고 있으므로 작업공정상으로 분석해도 그들 부부의 작업은 각각 다른 제품을 만드는 공정임을 알 수 있다. 그런데 진중자의 처가 만드는 것은 완제품인 방직제품이 아니므로 방직을 위한 원료로서 실을 팔았을 것이다.[244] 그러므로 (다)처럼 그들 부부는 각각 다른 물품을 만들어서 유통구조를 통해 판매하여 자신들의 생활을 유지하고 있음을 알 수 있다.

또한 《管子》〈輕重 甲篇〉에서도 남편은 신을 삼고 아내는 縷를 만들어 팔아서 생활하는 빈민에 대해서 서술하고 있는데[245], 이것은 바로 진중자 부부의 경우와 유사하다.[246] 여기에서 확실히 알 수 있는 것은 방직이 완성되기 전의 반성품을 만드는 사람들의 모습이 보이고 있다는 점이다. 그런데 위의 〈輕重 甲篇〉의 내용을 한대의 경제사상이 반영된 것으로 파악하고 있다는[247] 점을 인정한다면 이러한 분업의 현상은 한대에도 나타나고 있었을 것으로 추정해도 무리가 없을 것이다. 예를 들면 《僮約》에서도 "織履作麤"[248]라 하여 신을 삼고 거친 베를 짜고 있는 모습이 보이고 있다. 《僮約》의 무대가 일반 소농민가정이라기보다는 호족적인 경영이라는 점을 감안한다면 일반 소농민들이 만든 것은 노동력, 기술, 도구의 미비로 인해 훨씬 더 거친 것이었을 것이다. 그러므로 상품성이 떨어지고 노동력도 한계가 있었으므로 자급부분을 제외하고는 반성품으로 출하하였을 가능성이 더 커진다. 비록 許子의 생존시대와 漢代의 농업경영이 달라진 것은 사실이지만, 재생산구조가

---

244) 《睡虎地秦墓竹簡》, p.155. "甲盜錢以買絲 寄乙 乙受 弗智(知)盜 乙論可(何)??(也)? 毋論"에서 보듯이 전국시대의 秦簡에서도 絲를 구입하고 있는 모습을 기록하고 있다.

245) 《管子》(馬非百, 《管子輕重篇新詮(下冊)》, 中華書局, 1979를 이용함) 輕重 甲篇, pp.529-530. "桓公憂北郭民之貧 召管子而問曰 北郭者盡屨縷之甿也 以唐園爲本利 爲此 有道乎?"

246) 陳仲子는 齊의 世家大族의 자제였지만, 그의 형의 녹이 의롭지 않은 것이라 하여 그의 형을 피해 나와 신을 삼고 실을 만들면서 빈궁한 생활을 하고 있었다.

247) 金谷治, 《管子の研究》, (岩波書店, 1987), pp.328-336.

248) 《注音詳解古今文選》 新第452호 〈僮約〉, p.6.

열악한 일반소농민은 주곡경영과 부업생산에 소비하고 남는 시간을 들여 거친 포를 방직하여 의복을 자급하는 정도에 머물 수밖에 없었을 것이다.

후세에 들어와서 布가 직물의 총칭으로 변화되었지만 초기에는 적어도 木棉이 없었기[249] 때문에 布라고 하면 麻布, 葛布, 絟布를 뜻했는데[250], 麻布의 경우 商・周시대에 이미 雄麻섬유의 질량이 雌麻섬유의 질량보다 우수하다는 것을 알았기 때문에 웅마섬유를 사용하여 細布를 만들어서 비교적 고급의료에 사용하였고, 雌麻섬유를 사용하여 粗布를 만들었다.[251] 그러므로 소농민이 방직하는 것은 麻布 가운데서 粗布를 약간 방직하거나 葛을 원료로 이용해서 葛布를 방직하는 데 불과하였을 것이다.[252]《史記》에서 보이듯이 麻를 1,000 畝씩 재배하는[253] 麻 재배업자가 직접 麻織物業까지 경영하지는 않았을 것이므로 그들이 재배한 麻는 시장에 출하되어 마를 생산하지 않는 농가, 紡絲業者[254], 織布業者 등에게 판매되어 실로 만들어졌을 것이다.[255] 이러한 과정은《사민월령》의 10월조 "可析麻 趣績布縷"에서도 皮麻를 잘게 쪼개 실로 만드는 과정에서 살펴볼 수 있다. 더나아가 그런 분업은 사회가 발달할수록 심화되었을 것이다.

이처럼 방직을 위한 반성품이 매매되고 있으므로 마의 재배와 방직과정이 하나의 지역에서의 작업에서 하나 이상의 지역에서의 작업으로, 그리고

---

249)《說文解字注》7篇 下, p.54右. "古者無今之木棉布但有麻布及葛布而已."

250)《小爾雅》(《和刻本 辭書字典集成》第1卷을 이용함) 廣服, p.160下. "麻紵葛曰布 布通名也." 참조.

251)《中國紡織科學技術史(古代部分)》, p.41.

252) 商・周시대에는 주로 葛을 보편적인 衣料로 사용하였는데, 갈은 주로 야생과인공재배를 통해 획득하였다. 그리고 춘추・전국시대에 갈을 섬유원료로 사용하는 것이 전성기를 맞이하였고 그후 점차 麻 등의 섬유원료로 대체되었다(《中國紡織科學技術史(古代部分)》, pp.42-43). 여기에서 보듯이 麻가 새로운 의료로서 부상하고 있는 시기였으므로 화폐를 획득하기 위해서는 麻를 우선 판매하였을 것이다. 그러므로 소농민 가정에서는 노동력이 충분해도 마섬유를 이용한 방직은 제한될 수밖에 없었을 것이다.

253)《史記》卷129 貨殖列傳, p.3272. "齊魯千畝桑麻."

254) 예를 들면《管子》輕重 甲篇에 나오는 빈민은 麻를 재배한 것으로 보이지 않으므로 시장에 출하된 麻나 그 가공품을 이용하여 紡絲나 織布를 하였을 것이다.

255)《中國古代工業史の研究》, pp.195-196.

작업공정도 여러 사람과 지역에서의 작업으로 분화하는 완전한 사회적 분업의 단계로 나아갔다.[256] 물론 모든 방직제품이 이 과정을 거쳤다는 것이 아니라 이런 현상이 출현하였고 그것이 사회발전과 더불어 심화되어 간다는 점이다.

이처럼 춘추·전국시기에 들어와서 방직품의 생산과 무역이 점차 번영하자 麻縷絲絮 등의 半成品이 이미 시장에 출현하고 있었다. 周代 布帛의 표준에 대한 기재에 의하면 麻縷紗線의 細度와 布의 密度가 밀접하게 서로 관련되어 있었는데, 麻縷의 細度를 제고하기 위해서는 紡紗者의 노동량이 훨씬 더 증가함으로 麻縷의 교역시 細度는 가격결정의 중요 요소였다.[257] 그런데 여기서의 麻란 枲와 麻가 互訓되고 있는 데서 알 수 있듯이 아직 가공·처리되지 않은 것이고, 縷는 섬유를 접속하여 그것을 비벼 꼬아 떨어지지 않게 하고 그것을 전체적으로 연결하여 긴실을 만들어낸 상태를 의미한다.[258]

이렇듯 하나의 방직품이 완성되기까지 다양한 방식의 분업이 이루어지면서 소농민의 재생산과 수공업, 상업이 밀접하게 연결되어 간다. 그리하여 이들을 연결하는 유통경제가 더욱 발전되어 가면서 이들 분업을 원활하게 유지시키기 위한 노력이 뒤따르게 되는데, 이를 기반으로 하여 방직원료의 가격, 방직품의 규격 등에 대한 논쟁이 벌어지기에 이른다. 이것은 바로 각 농가를 포함하는 촌락공동체에서 마의 재배, 가공, 방적, 방직의 여러 과정이 완성되는 단계로부터 초보적이나마 공동체 내외의 분업을 통해 각종 공정단계로 분해하는 방향으로 진행하고 있음을 반영한다. 이와 같이 작업공정이 분해되면 이것을 연결시켜 주는 과정이 필요하다.

그러면 다음 사료를 주목해보자.

　　　從許子之道 則市價不貳 國中無僞 雖使五尺之童 適市莫之或欺 ①布帛長短同

---

256) 麻紡織業 기술의 진보로 형성된 노동생산성의 향상은 생산력의 발전 혹은 노동부문의 분화를 야기하고, 이것은 이미 존재하거나 확대하고 있는 시장 수요로 연결되었다(彭澤益 主編, 《中國社會經濟變遷》, 中國財政經濟出版社, 1990, p.25).
257) 《中國紡織科學技術史(古代部分)》, p.55.
258) 《說文解字通論》, p.228.

則價相若 ②麻縷絲絮輕重同則價相若 五穀多寡同則價相若 屨大小同則價相若[259]

　①의 포백과 같이 방적을 한 완제품도 보이지만, ②의 麻縷絲絮와 같은 반성품도 보이는데, 완성품이 장단 즉 길이로 값을 계산하는데 비하여 이러한 반성품은 대개 그 무게로 값을 계산하고 있는 것이 주목된다. 이렇듯 반성품이 출하되고 그 계산방법도 발전하고 있다. 그러므로 이러한 매개과정을 통해서 독립된 작업과정이 하나의 업종에서 통합되었을 것이다. 즉 농업에서 분리된 수공업에 의해서 그것이 통합되게 된다.

　그러면 소농민가정에서 섬유작물의 재배와 직포까지를 모두 하기 위해 麻의 가공이나 紡績을 주곡과 기타 부업작물의 수확이 끝나서 노동력이 충분한 11월 이후인 겨울에 하면 안되었을까? 麻의 껍질은 건조하기 전에 벗겨야 하기 때문에 건조상태로 보관할 수가 없다. 기온이 내려가 찬바람이 불면 베가 부서져서 바디를 오르내리기 힘들며 북을 넣기도 힘들기 때문에 삼베와 모시는 찬바람이 나면 짜지 못한다. 그리고 가공과정이 복잡하고 방적기구도 많이 소용되었으므로 집단적인 농경방식에서 개별적인 농업경영이 분리·발전하여 가고 있었던 당시의 농가에서 방직할 수 있는 량은 상당히 적었을 것으로 보인다. 이미 진·한 이전에 脚踏開口織機가 만들어져 직조능력이 크게 제고되어 예를 들면 脚踏織機 1 대가 紡錘 30-40 개가 뽑아내는 실을 직조할 수 있었다.[260] 그리고 관영방직업이나 사영방직업에서 이들 기계를 설치하여 대규모로 방직하는 자료를 볼 수 있는데[261], 그렇다면 그 원료는 어떻게 구하였을까? 그 원료는 시장경제를 통하여 구입하거나 재정적 유통을 통하여 반성품을 조달하여 織布하였을 것이다.

　게다가 江陵 정리름부에서 보이듯이 소토지를 보유하고 있는 농민이 많았음을 알 수 있는데, 이들이 지력소모가 큰 雄麻의 재배를 전문적으로 하

---

259)《孟子》滕文公 上, p.100上.
260)《中國紡織科學技術史(古代部分)》, p.174.
261) 전한시기에 황실에 東西織室을 두고 있었고, 관이 방직수공업을 경영하였는데 여기서는 복잡한 방직공구와 정세한 공예기술이 사용되었다(王曉,〈建國以來我國古代紡織機具的發現與研究〉,《中原文物》1989-3, p.71).

358

기는 힘들었을 것이다. 마를 재배할 수 없는 경우 소농민 상호간의 枲의 판
매나 가공・처리한 반성품의 판매도 있었을 것이다.[262] 즉 이들은 재생산구
조가 잘 유지될 수 있는 적당한 형식으로 방직경영을 영위하였을 것이다.[263]

V. 화물명세서의 해석

방직원료인 반성품의 유통과정을 좀 더 구체적으로 고찰하기 위해 화물
명세서가 출토된 강릉 봉황산의 10 호 前漢墓에서 같이 출토된 2 호 木牘에
주목해보자.

> □□(年)　辛卯中販:　(販)長(ㄱ)張伯石兄秦仲陳伯等十人相與爲販約(ㄴ)入販錢
> 二百　約二會錢備不備勿與同販卽販直行共侍……毋人者庸賈(ㄷ)器物不具物責十錢
> 共事以器物毀傷之及亡販共負之于其器物擅取之罰百錢(ㄹ)販吏令會不會:(會)日罰
> 五十會而計不具者罰比不會爲販吏集　器物及人販吏秦仲[264]

위의 사료는 (ㄱ)과 같이 張伯이 판장이 되고 10 인이 각자 200 전씩 갹
출하여 공동으로 사업을 하기로 약속한 내용을 담고 있다. (ㄷ)은 각자가 구
비해야 할 상품의 기물을 구비하지 않은 자는 하나에 10 전씩의 벌금을 내
는[265] 것으로 보이고, (ㄹ)은 관리가 소집한 날에 모이지 않은 자는 50 전의
벌금을 내고 모였어도 재물의 항목이 정리되지 않은 자는 모이지 않은 자와
같이 50 전의 벌금을 내는[266] 것으로 보인다. 즉 이것들은 공동으로 하기로

---

262) 《詩經》 國風 衛風 氓, p.133上. "氓之蚩蚩 抱布貿絲"에서의 布와 絲의 교환은 아마
　　도 絲를 구입해서 織布를 하고 있는 것으로 보여 이미 紡績을 하지 않고 織布만을 하
　　는 경우도 있었음을 알 수 있다.
263) 물론 여기에는 지질에 따라 麻를 재배할 수 없는 토지도 있었을 것이므로 麻만을
　　전문적으로 재배하기 힘들었을 것이고, 마를 재배할 수 있는 지질의 토지를 전혀 보
　　유하지 못한 농민도 있었을 것임을 감안해야 할 것이다. 그러므로 이러한 마의 재배
　　는 토지보유정도, 노동력의 보유정도, 지질, 기타의 부업생산의 경영 등을 고려해서
　　재생산유지에 가장 적합한 양을 재배하였을 것이다.
264) 黃盛璋, 앞의 논문, p.67 및 《中國古代籍帳研究》(槪觀.錄文), p.294 참조.
265) 山田勝芳, 앞의 논문, p.183.

한 사업의 위약에 대한 벌칙조항으로 보이는데, 이것은 과연 무엇을 하기 위한 동업일까?

그런데 화물명세서의 (i)를 보면 6월 16일부터 10월 10일까지의 취급물품의 총액이 표시되어 있는 점을 볼때 위의 화물명세서가 완전한 형태의 것임이 틀림이 없다. 가령 행상이나 상인집단이라고 한다면 6월부터 10월까지만 영업할 리가 없다. 더구나 1, 828 전 정도만을 수입으로 얻었다고 한다면 10인의 4개월 정도의 수입이라고 보기에는 너무나 적다.

私車를 고용해서 운수하는 것을 僦라고 하고 전문적으로 운수업으로 생활하는 자를 僦人이라고 하는데[267], 매 운행시의 평균수입액인 166 전을 10인의 수입으로 나누어 본다면 17 전 정도이고 이것을 4개월 정도의 수입으로 환산하여 보면 68 전 정도밖에 안된다. 가령 물품의 뒤에 있는 42 전을 槀 1 혈을 운반해주고 받은 운임으로 보는 것은 완성품인 布 1 필의 가격이 질과 寬幅에 따라 125-500 전에 이르렀다는 것을 고려할[268] 때 너무 고액이다. 또한 槀의 뒤에 있는 숫자가 4, 7, 30, 42로 다양한 것을 농업노동력의 수급 상황에 따른 잉여노동력의 상업노동력화 정도의 차이로 이해하는 것도 한계가 있다. 왜냐하면 그 운송시기가 6-10월로 되어 있는데 그것이 노동력에 대한 댓가였다면 9월에도 7-30으로 다양하게 나타난 원인을 설명할 수 없기 때문이다. 그리고 농사에 더 바쁜 10월에 오히려 4로 표시되어 있어 농업노동력의 수급상황과 관련된 것으로는 보기 어렵기 때문이다. 또한 운송거리의 차이로 이해하는 것도 槀와 같이 열거된 인명이 司馬伯과 五翁伯으로 고정되어 있는데도 불구하고 운임으로 추정된다고 하는 그 숫자가 다른 것을 감안할 때 그 해석은 설득력이 없다. 그리고 한 번 운송하는데 화물 한 가지에 42 전만을 받고 운행할 수 있을까? 그것도 한두 번이 아닌 대부분의 운송과정을 살펴보아도 11 번의 운송의 총수입이 1, 828 전이므로

266) 黃盛璋, 앞의 논문, p.67 ; 好立隆司, 〈湖北江陵鳳凰山西漢墓出土の十號墓竹木簡牘について〉,《歷史學硏究》436, 1976, p.44.

267) 王子今, 〈秦漢長城與北邊交通〉,《歷史硏究》1988-6, p.92.

268) 王震亞, 〈漢代絲綢之路上的物價・稅收及市場管理述論〉,《西北師大學報(社科版)》(蘭州) 1994-1, p.93.

매번 운송시의 수입액수는 166 전 정도에 불과하다.

그러므로 이들을 운송집단으로 보는 것은 무리다. 운송집단이라면 물품의 가격까지 언급할 필요는 없다. 단지 수량과 그 운임만을 언급하면 된다. 이런 점에서 강릉 봉황산의 자료는 운반물의 분량이 너무 적기도 하거니와 수입도 너무 적어 전문적인 僦人으로 이해하는 것은 불가능하다. 그리고 筒 1 합의 가격이 54 전으로 일정한 것으로 보아 이들 집단이 장거리 운송집단이라면 장거리교역일 경우 부대비용이 추가되어 가격이 일정하지 않을 것이므로 장거리 운송집단으로도 보기 힘든 점이 있다. 그러므로 장백 등을 전업적인 운송집단 즉 취가집단이라고 보는 것은 문제가 있다.

그러면 위의 화물명세서에서는 취가집단에 대한 운임의 지불과 수령의 형태에서 사용되는 형식의 付라는 글자와 화물명세서나 기타의 사료에서 나오는 付라는 글자의 사용 용례를 비교함으로써 새로운 가능성을 찾아보자. 그러기 위해 다음 사료들에 주목해보자.

> (갑) 皇天旣付中國民 越厥彊土[269]
> (을) 出百五十付當南候長犢宗以償就 粟錢畢不當復償☑(178・8甲1003)[270]
> (병) 所責卒恭錢及 就錢九十七候長五十☑(190・34 乙壹參朱版)[271]

(갑)의 付는 附와 같은 뜻으로 급여하다 또는 주다라는 뜻으로 사용한 것으로 그 뒤에 받는 사람이 나열되고 있다. 이러한 점은 한대의 사료인 거연한간에서 나온 (을)에서도 마찬가지인 것으로 보인다. 그러므로 앞의 화물명세서의 "(六)月十六日<十五日>付司馬伯枲一絜<唐> 四十二"와 같은 용례도 (갑), (을)과 같이 누구에게 주다라는 것으로 이해해야 할 것이다. 위에서부터 보면 누구에게 무슨 물품을 몇 개 급부했다고 기록하고 그 뒤에는 수량의 단위, 단가, 합계 금액을 기록하는 식으로 된다.[272] 그런 식으로 해석한

---

269) 《尚書》梓材, p.210上.
270) 中國社會科學院考古硏究所編, 《居延漢簡》(甲乙編)下冊, (中華書局, 1980), p.121上.
271) 《居延漢簡》, p.129上.
272) 永田英正, 앞의 논문, pp.132-133 참조.

다면 "6월 15일(16일)에 司馬伯에게 枲 ― 絜<唐>[273]을 42 전에 급부했다"고 해석할 수 있다.

그런데 枲가 무엇인가를 정확하게 판단하기 위해서는 화물명세서에서 枲의 묶음 단위를 絜 또는 唐으로 표기하고 있다는 점에 주목해야 할 것이다. 예를 들면《설문해자》에서는 "絜麻一耑也"라 하여 麻(=枲) 한 단을 뜻하는 것으로 하고 있으며[274], 단옥재는 그 주에서 "一耑猶一束也 耑頭也 束之必齊 其首故曰耑"[275]이라 하고 있다. 즉 이것은 枲를 匹 단위로 세는 완제품이 아니라는 것을 확실히 밝히고 있다. 또한《說文解字》에서는 "繆枲之十絜也"라 하여[276] 枲의 한 단을 의미하는 絜과 열 단을 뜻하는 繆라는 고유한 계산단 위까지 성립되고 있다. 더욱이 "束之必齊其首故曰耑"이라는 말에서 볼 수 있듯이 묶을 때 그 머리를 가지런히 하였기 때문에 耑이라고 하였다고 한 다.

그러면 蕡에 대해서 고찰해보기로 하자. 앞에서 언급했듯이 麻子를 2월에 파종한다면 5월 초순경이 되어서 꽃이 피고, 7월 초순경 정도에 수확할 수 있게 되어 蕡을 8월에 출하할 수 있었을 것이다. 또한 淮河유역 이남 및 長江유역은 동계에도 온난한 一年多熟地區로서 麻의 적당한 윤작체계에 따라 12월 하순부터 파종을 개시하여 다음해 4월 상순까지 파종할 수 있었다. 그 러므로 일단 강릉지역에서 蕡이 재배되어 출하될 수 있었을 것이라는 추정은 가능하다.

대체로 마의 雌株는 섬유의 수량은 많이 산출되나 품질은 雄株의 것이 더 좋다.[277] 그래서 雄株의 껍질을 이용하여 만든 포는 비교적 고급의료에 사용될 정도로 精細하였고, 雌株의 껍질을 이용하여 만든 포는 비교적 조악하였 다.[278] 그러므로 苴麻의 껍질인 蕡도 尤이나 枕로 만들어 布로 만들었음을

---

273) 絜이나 唐은 量詞이다.
274)《說文解字》의 "繆枲之十絜也"에 대해 段玉裁의 주에서는 "枲卽麻也"라 하고 있어 (《說文解字注》13篇 上, p.37左) 枲와 麻가 같은 뜻으로 쓰임을 언급하고 있다.
275)《說文解字注》13篇 上, p.37左.
276)《說文解字注》13篇 上, p.37左.
277)《作物學槪論》, p.466.

362

알 수 있다.

그런데 臏은 식용으로도 사용되었다.[279] 그러면 위의 분은 식용인가 섬유용인가를 고찰해보아야 할 것이다. 이 분을 세는 단위가 唐으로 되어 있는데, 이 당이 큰 묶음을 의미하고 식용의 마는 斗로 판매되고 있다는 점을 감안한다면 위의 분도 식용의 열매를 수확한[280] 이후 채취한 마섬유를 사용하기 위한 줄기를 의미하는 것으로 보인다.[281]

그러면 筍에 대해서 고찰해보자. 위의 화물명세서의 (f)"九月[十日]付[五翁]伯筍二合 <合>五十四直<値>百八"에서 筍는 "筍飯及衣之器也"[282]에서 보듯이 음식과 옷 등을 담는 그릇이고 合은 양사이다.[283] 그러므로 五翁伯에게 사를 2 개 팔았다는 것으로 된다. 그리고 화물명세서의 司馬伯과 五翁伯이 枲와 筍를 모두 취급하고 있는데, 이 筍가 완제품이라고 한다면 이들을 수공업자로 볼 수는 없을 것이므로 이들은 枲, 筍를 취급하는 상인으로 보아야 할 것이다.

다음으로 枲와 臏의 가격에 대해서 분석해보자. 枲 1 혈의 가격이 6월 4일 출하분 42 전, 9월 4일 출하분 54 전, 9월 9일 출하분 30 전, 9월 15일 출하분 7 전으로 되어 있다. 이처럼 枲의 가격이 차이나는 원인은 무엇인가? 물론 수요와 공급에 따른 가격의 차이는 일차적으로 감안해야 하겠지만, 또한 수확시기에 따라 질의 차이가 있으므로 이것도 감안해야 할 것이다. 그리고 삼베는 찬바람이 나면 더 이상 짤 수가 없기 때문에 가을이 가

---

278) 《中國紡織科學技術史(古代部分)》, p.41.
279) 《禮記》 月令, p.322. "孟秋之月……食麻與犬."에서 보이는 麻는 麻實 즉 마의 열매인 蕡과 苴로서 식용으로 사용되는 臏이다.
280) 臏이 麻子로도 불려졌다는 데서 麻의 雌株를 臏이라고 일컬었다(《齊民要術校釋》, p.89).
281) 臏은 밧줄, 새끼, 상복을 만들기 위한 원료로서 사용한다(王若愚, 〈從台西村出土的 商代織物和紡織工具談當時的紡織〉, 《文物》 1979-6, p.50).
282) 《說文解字注》 5篇 上, p.8左.
283) 三保忠夫, 〈中國古代墓葬出土簡牘資料における 量詞の考察〉, 《島根大學教育學部紀 要》(人文·社會科學) 25. 전국시대 이전에는 양사가 발달하지 못했으나 한대에는 양 사를 쓰지 않는 경우, 양사를 쓰는 경우, 器物稱量法을 사용하는 경우 등으로 나눌 수 있어 양사가 발달하기 시작했음을 알 수 있다.

까워지는 시기의 것은 가격이 떨어지지 않았는가 하는 점을 고려해야 할 것이다.

그렇다면 臁이 비교적 높은 가격이라고 할 수 있는 38 전에 매매되고 있는 것은 桌는 조그만 묶음이었던 데에 비하여 분을 묶은 단위인 唐은 혈보다 큰 묶음이었기[284] 때문일 것이다. 이에 비하여 笥가 비교적 일정한 가격에 팔리는 것은 원료의 求得과 생산과정에 계절적인 한계가 덜한 점이 작용하였을 것이다.

위의 물품명세서에서 취급하고 있는 물품이 桌나 臁 등의 枲類와 笥라는 수공업품에 한정되어 있고, 출하품만 있고 구입은 없다는 점에서도 이것은 농가의 부업품의 출하를 위한 협동조직인 것으로 보인다. 즉 2 호 木牘의 문서는 강릉지역의 농민들이 桌, 臁 등 물품을 시장에 출하하기 위한 조직에 관한 것으로 보인다. 이상에서 보았듯이 위의 桌와 臁은 수확하여 출하하기 편리하도록 간단히 처리한 상태 그대로 출하된 것이다. 이것은 枲의 가공에 많은 노동력이 필요하고 또한 많은 물을 필요로 하고 있으므로[285] 강가에 위치하고 있던[286] 시장에서 처리하도록 그대로 출하된 것으로 보인다.

그리하여 《僮約》의 "綿亭買席 往來都洛 當爲婦女求脂澤 販於小市 歸都擔桌"[287]에서 보듯이 桌는 도시와 향촌을 왕래하는 상인의 중개를 통해서 가공 · 처리되어서 방직을 위한 반성품으로서 시장에 출하되었을 것이다. 즉 "氓之蚩蚩 抱布貿絲"[288]에서 보듯이 실을 사러 오는 사람이나 "白圭가 누에고치가 나올 때면 生絲를 사들이고 곡식을 팔았다."[289]는 데서 알 수 있듯이 물가변

---

284) 錢伯泉, 앞의 논문, p.46.
285) 섬유용으로 쓰는 대마는 일반적으로 웅주인데 수확한 후 잎과 곁가지를 제거하고 5-7일 정도 물에 담근 후 늘어서 말린다고 한다(《中國大百科全書 農業》 I, p.142).
286) 《漢代考古學槪說》, p.37. 1972년 내몽고 和林格爾의 한묘 벽화중의 그림에는 3 개의 방형연못이 있는데 그 안에서는 枲를 물에다 담그고 있는 사람이 있다는 점에서 볼 수 있듯이 물이 풍부해야 하고 또한 담그는 시간만도 5-7일 정도이므로 이 과정에서 많은 노동력이 필요하였음을 알 수 있다.
287) 〈僮約〉, 《注音詳解古今文選》 新第452호, p.6.
288) 《詩經》 國風 衛風 氓, p.133上.
289) 《史記》 권129 貨殖列傳, p.3259.

동에 따른 시세차익을 이용하여 치부하려 하는 상인들에게 팔렸을 것이다. 예를 들면 鉅鹿 織戶 陳寶光의 作坊에서는 정밀한 직기가 120 대나 있었다고 하는데, 아마도 방직원료의 생산과 가공과정이 상당히 복잡하여 많은 남성과 여성노동력을 필요로 하였다는 점으로 보아 이 직기가 소화하는 원재료를 진보광 가가 모두 재배하여 가공할 수 없었을 것이므로 이런 유통구조를 통해서 반성품을 구입하여 방직을 하였을 것이다.[290] 즉 〈蜀都賦〉에서 언급되어 있는 바와 같이 사영방직업을 영위하는 시장의 수공업자들에게 최종적으로 원료로서 인도되었을 것이다.[291]

이러한 과정을 통해서 사영방직업이 번성하였으므로 강릉 봉황산의 화물명세서는 농촌의 麻類作物의 재배농가와 도시의 사영방직업자가 하나의 유통구조 속에서 연결되는 모습을 나타내는 것으로 볼 수 있다. 즉 이것은 여성이 가사노동과 농경의 보조노동을 하면서 방직노동을 하였기 때문에 방직에만 전념할 수 없었으므로[292] 화물명세서와 관련된 농민은 자신의 노동력과 농가경제의 재생산의 원활한 유지를 위해서 비록 전업화된 생산은 아니지만 자신이 紡績과 織布를 할 수 있는 부분을 제외하고는 반성품 상태로 출하할 수밖에 없었음을 의미한다.[293] 즉 마를 재배한 농가가 수확한 마를 그대로 시장에 출하하면 도시의 수공업자나 상인이 이것을 가공하도록 하여 絲로 만들어 이것을 직포과정에 제공하였을 것이다.[294]

---

290) 麻의 생산자는 모두 소농민이었는데, 麻를 방직할 기술수준은 낮았으므로(高敏, 〈秦漢時代의 官私手工業〉, 《中國―社會と文化》 4, 1989, p.118) 이것이 반성품으로 출하되었을 가능성은 커진다.

291) 이에 대해서는 별고에서 다룰 예정이다.

292) 金秉駿, 〈秦漢時代 女性과 國家權力 ― 課徵方式의 變遷과 禮敎秩序로의 編入―〉, 《震壇學報》 75, 1993, p.116.

293) 가내방직수공업의 원료가 농작물의 분포상황과 풍토 등에 의해서 규정되고 더욱이 그 농산물의 종류와 산출량도 각 지구의 기후조건에 영향을 받았으므로(高敏, 앞의 논문, p.117) 마직물이라는 일상 의료가 광범위한 지역에서 요구되고 소농민가정에서 재배한 섬유작물을 가공하여 직포까지 완결할 수 없는 한 반성품이 출하될 필요는 항시 존재하고 있다.

294) 《中國古代工業史의 研究》, p.196. 도시의 織布業者를 대부분 빈농에서 전화된 사람이 많은 것으로 파악하여 소규모경영을 하였던 것으로 파악하는데, 이들 빈농이 도시로 진출하여 가공처리, 방적 등을 담당하는 수공업자로 전화하였을 것이다.

이러한 과정을 통해 원래는 서로 관계가 없었던 여러 생산이 서로 의존하는 부문들로 전화하여 하나의 사회적 분업체계를 이루는 모습을 검증할 수 있었다. 그리고 이 과정에서 사회의 총노동이 농업, 공업, 상업 등의 커다란 생산부문으로 나누어지고, 각 생산부문 내부의 특수한 직업들로 나누어지는 총체적인 모습을 마의 재배로부터 직포과정까지의 이해를 통해 확인할 수 있을 것이다.[295] 그리고 이런 과정을 통해 半成品과 원료 제공자로서의 농민의 역할을 인식하게 될 것이고, 이러한 물품들이 농민의 재생산을 유지하는 데서 하는 역할을 인식할 수 있을 것이다.

맺음말

이상에서 강릉 봉황산 10 호 전한묘의 화물명세서에 수록되어 있는 물품을 분석하기 위해 그 물품의 재배, 가공, 출하과정을 고찰하였다. 그 결과 전한초 강릉지구에서 張偃 등이 농가의 부업생산물인 枲와 黂을 방직 원료로서 시장에 출하하고 있음을 보았다. 그리고 '中販共侍約'의 200 전의 출자금은 이들 물품을 출하하는 데 드는 비용을 충당하기 위한 것으로 이해할 수 있었다. 이렇듯 '中販共侍約'은 전한초 강릉의 농업지역에서 농민이 縣城 안의 상인이나 전문수공업자들에게 농가부업생산물을 출하하는 모습을 담고 있어 향리에도 이미 소규모의 유통구조가 형성되어 있었음을 반영하고 있다. 즉 화물명세서에 수록된 물품의 구체적인 분석이나 제품의 세부공정을 고찰하면 농가의 반성품인 枲가 농업과 수공업 및 상업의 분업과 매개 과정을 통해 紡績과 織布과정을 거쳐 방직품으로 생산되는 모습을 확인할 수 있을 것이다.

---

295) 이러한 분업은 농업, 수공업, 상업이 각각의 생산수단의 분산을 전제로 하고 있으므로 이것을 기반으로 하여 소농민과 수공업, 상업이 하나의 재생산구조 속에서 각각의 재생산을 유지할 수 있었다.

그런데 이런 형상은 개별가족에 의한 농업경영이 확립되어 가던 시기에 아직도 개별가족에 의한 방직경영은 확립되지 않고 있는 상황을 반영한다. 즉 관영공장에 의존하던 마직물생산이 촌락공동체의 공동노동에 의존한 공동방직경영에 의한 생산으로 전화되었다가 개별가족에 의한 개별방직경영으로 변화되어 가는 상황을 반영한다. 그러나 전한 중기 경까지는 농업경영에서는 개별가족에 의한 경영이 어느 정도 확립되어 갔지만, 방직경영에서는 아직 개별가족에 의한 방직경영의 확립이 불가능하였음을 반영한다. 그러므로 개별가족에 의해서 개별농업경영과 개별방직경영이 어느 정도 확립되어 가기 시작하는 전한말 이후에야 개별가족의 재생산구조가 어느 정도 확립되어 가는 것을 유추해볼 수 있었다.

그리고 이러한 다각경영을 통해 소농민의 재생산구조가 보다 신축성을 가질 수 있었을 것이다. 왜냐하면 섬유작물의 재배와 방직경영은 전근대사회의 의식주 문제 가운데 衣料부분의 생산에서 중요한 역할을 하였을 뿐만 아니라 그 생산물은 농가가 재생산 유지를 위해 교환경제에 참여하는 주요한 수단이었기 때문이다. 한편 이것은 도시의 상업이나 수공업이 밀접하게 향리의 농업경영과 연결되어 있었음을 구체적으로 입증해주는 것이라 할 수 있다. 그리고 이러한 것을 통해서 국가가 왜 그토록 방직을 권장하였으며, 그것이 이후 원택지제도나 桑田·麻田 등의 토지제도의 규정으로까지 구체화되었는지를 이해할 수 있을 것이다.

그러므로 이러한 과정을 통해 농촌경제를 자연경제나 화폐경제의 어느 하나로 파악하는 견해보다는 오히려 양자가 어떻게 접속되고 유지되어 왔는가를 파악하는 것이 선결문제라는 것을 알 수 있다. 그러면 농촌경제 속에서도 유통경제의 흐름이 지속되고 있었는데, 이러한 부분이 전 경제차원의 부가가치의 증대과정으로서 나타나는 것으로 이것은 미세하지만 많은 사회변화의 싹을 내포하고 있는 것이라는 것을 이해할 수 있어 중국사의 내재적 발전상을 장기지속적이고 일상적인 측면에서 심층적으로 분석하는 데 기여하게 될 것이다.

그런데 이러한 유통은 채소·과실·축산 등 상품화율이 높은 근교농업에서 일정한 생산권을 이루어 먼저 발전을 보게 된다. 그리고 점차 각 지역농업의 특정상품 생산부문에의 전문화, 지역분화와 주산지 형성, 농업에서의 사회적 분업의 발전을 반영하는 상업적 농업의 맹아적 형태로 발전되어 간다. 그러나 고대시기의 농가부업생산경영은 개별소가족의 발전과 결부시켜 볼 때 그것은 비록 농업에서의 사회적 분업이라는 성격을 가지고 있지만, 기본적으로 다각경영의 일부였으므로 자급경제에서의 소량적·비항상적 상품화, 상품경제의 침투에 의한 보완적·궁핍적 상품화라는 성격을 가지고 있어 자본주의적 성격을 잉태하기 시작한 상업적 농업과는 성격을 달리 한다.

【그 림】

(그림 1) 績麻 표시도

인용처:『中國紡織科學技術史(古代部分)』, p.17

(그림 2) 삼삼기 표시도

인용처: 金英淑 編著,『圖解 韓國服飾史辭典』, (民文庫, 1988), p.277

(그림 3) 紡車 표시도(1976년 山東 金雀山 前漢墓에서 출토된 紡車圖)
인용처:『中國紡織科學技術史(古代部分)』, p.175

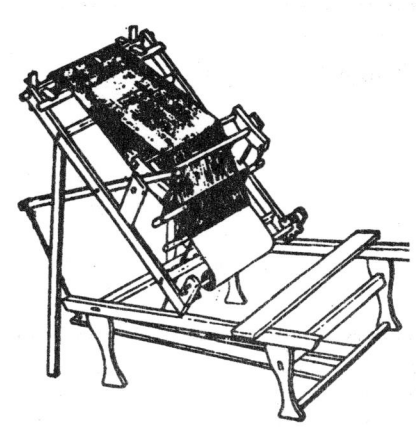

<成都 土橋 曾家包에서 출토된   <한대의 織機復原圖>
한대의 織機 刻石>
(그림 4) 漢代 織機 표시도
인용처:『中國紡織科學技術史(古代部分)』, p.200

講座中國史 I ～ VII (전 7권)

서울大學校 東洋史學研究室 編
신국판 / 반양장 / 각권 값 8,000원

講座 中國史 I
—古代文明과 帝國의 成立—
서울大學校東洋史學研究室 編

지식산업사

중국사에 대해 초보적인 지식은 있으나 좀더 깊이, 더 넓게 알고 싶은 독자를 상대로 한 새로운 편제의 현대식 중국역사총서로서 통사적 객관성과 논문식 주관성을 적절히 배합한 것이 특징이다. 또한 기존의 중국사 전반에 걸친 주요 문제를 고대문명에서 근현대까지 모두 31명의 저자가 36장의 논문으로 나누어, 각장이 하나의 독립된 주제를 갖고 기존의 연구성과를 수렴해 서술하였다.

概觀 東洋史

東洋史學會 編
신국판 / 반양장 362쪽 / 값 11,000원

해방 이후 이 땅에 東洋史學이 성립된 지 40년이 다 된 마당에 비로소 우리 학계의 전역량을 결집하여 이룩된 최초의 東洋史 槪說이다. 東洋史學會가 기획에 착수한 지 7년 만에 완성한 이 작업은 28명의 전공 학자가 동원, 우리 학계의 현 수준에서 최선의 성과로 지목되는 업적이다.

서울大學校東洋史學講義叢書 IX
古代中國人의 生死觀

마이클 로이 저 / 이성규 역
신국판 / 반양장 224쪽 / 값 9,000원

神과 인간의 관계, 내세와 현세, 이 양자를 연결하는 架橋, 우주와 만물 창조의 신비스러운 질서와 규율 등에 관해 古代 中國人들은 어떻게 생각하는가? 고독과 소외 속에서 이성과 과학에만 매달리고 있는 현대인들에게 인간을 우주·자연과 조화된 존재로 전제하면서 생을 영위했던 고대 중국인의 총체적이고 유연한 生死觀을 평이한 문장으로 서술하고 있다.

서울大學校東洋史學講義叢書 XIV
7 칭기스칸 - 그 생애와 업적

라츠네프스키 저 / 김호동 역
신국판 / 반양장 304쪽 / 값 10,000원

'오랫동안 기다려진 칭기스칸 전기의 결정'이라는 평가를 받을 만큼, 종래의 연구가 갖는 문제점들을 극복하고 12, 13세기라는 역사적 맥락 속에서 칭기스칸의 생애와 활동을 엄격한 사료비판적 태도로써 담담하게 묘사한 책으로, 몽고족과 칭기스칸의 계보, 칭기스칸 원정도를 비롯한 각종 도판 등이 부록으로 실려 있다.